AF550207

DER SIEG DES ABENDLANDES

Rodney Stark

DER SIEG DES ABENDLANDES

Christentum und kapitalistische Freiheit

Aus dem Englischen von Stefan Flach

Edition Sonderwege

INHALT

EINFÜHRUNG: VERNUNFT UND FORTSCHRITT

Als die Europäer den Erdball zu erkunden begannen, überraschte sie weniger die Existenz der westlichen Hemisphäre, als vielmehr das Ausmaß ihrer eigenen technologischen Überlegenheit über den Rest der Welt. Nicht nur die stolzen Völker der Maya, Azteken und Inka waren den europäischen Invasoren gegenüber vollkommen hilflos, sondern ebenso die legendären Zivilisationen des Ostens: China, Indien und sogar die islamische Welt waren unterentwickelt gegenüber dem Europa des 17. Jahrhunderts. Wie war das möglich? Wie kam es, dass zwar viele Völker die Alchemie betrieben, sie aber nur in Europa die Chemie zur Folge hatte? Warum besaßen über Jahrhunderte nur die Europäer solche Dinge wie Brillen, Kamine, präzise Uhrwerke, schwere Kavallerien oder ein System der musikalischen Notation? Wie konnten Völker, die aus der Barbarei und dem Schutt des untergegangenen römischen Reiches erwachsen waren, den Rest der Welt derart überflügeln?

Verschiedene Autoren haben den westlichen Erfolg in jüngster Zeit an örtlichen Gegebenheiten festgemacht. Doch hatte der gleiche Kontinent schon lange Zeit europäische Kulturen beherbergt, die wiederum den asiatischen weit unterlegen waren. Andere Autoren verbinden den Aufstieg des Westens mit Stahl, Waffen oder Segelschiffen; noch andere führen ihn auf einen besonders ertragreichen Ackerbau zurück. Doch ist das Problem dabei, dass all diese Begründungen auf etwas aufbauen, was zuvor einmal geklärt werden müsste: *Warum* waren und sind die Europäer solche Meister der Metallurgie, des Schiffbaus oder der Landwirtschaft? Um hierauf die richtige Antwort zu finden, muss die Dominanz des Westens zusammen mit dem Aufstieg des Kapitalismus gesehen werden, schon weil letzterer ausschließlich in Europa entstand. Selbst die ärgsten Feinde des Kapitalismus gestehen ihm eine vormals ungeahnte Produktivität und eine nie gekannte Fortschrittsfähigkeit zu. In ihrem »Kommunistischen Manifest« schreiben Karl Marx und Friedrich Engels, dass die Menschen vor dem Kapitalismus »in der trägsten Bärenhäuterei« verharrten und dass das kapitalistische System »massenhaftere und kolossalere Produktivkräfte geschaffen hat, als alle vergangenen Generationen zusammen«. Der Kapitalismus macht dieses »Wunder« möglich, indem er erzielte Erträge immer wieder neu investiert, um damit die Produktivität zu erhöhen – sei es durch größere Leistung oder verbesserte Technologie – und gleichermaßen Führungs- wie Arbeitskräfte mittels steigender Löhne anzuspornen.

Doch auch wenn man annimmt, dass der Kapitalismus für Europa den einen großen Schritt nach vorn bedeutete, bleibt immer noch zu klären, warum er gerade dort gemacht wurde. Manche erkennen die Wurzeln des Kapitalismus in der Reformation, andere in diversen politischen Umständen. Gräbt man jedoch etwas tiefer, wird deutlich, dass das eigentliche Fundament des Kapitalismus sowie des westlichen Erfolges überhaupt in einem besonders starken Glauben an die *Vernunft* bestand.

Dieses Buch erkundet eine Reihe von Entwicklungen, in denen die Vernunft jeweils den Sieg davontrug und der abendländischen Kultur ihr spezifisches Gepräge gab.

Der wichtigste dieser Siege fand innerhalb des Christentums statt. Während die anderen Weltreligionen besonderen Wert auf das Mysterium und die Intuition legten, machte allein das Christentum die Logik und Vernunft zu Orientierungshilfen für seine religiöse Wahrheit. Das christliche Vertrauen in die Vernunft war zwar von der griechischen Philosophie beeinflusst. Wichtiger jedoch ist, dass diese Philosophie sich nicht auch auf die griechischen Religionen auswirkte. Diese verharrten in der altbekannten Sphäre des Mysterien-Kults, in der man sich mit Doppeldeutigkeiten und logischen Widersprüchen zufriedengab, da man in ihnen Grundbausteine der heiligen Ursprünge erkannte. Ähnliche Annahmen, die die grundsätzliche Unerklärlichkeit der Götter betrafen, ebenso die intellektuelle Überlegenheit der Introspektion, dominierten auch alle anderen Weltreligionen. Demgegenüber lehrten die Kirchenväter von Anfang an, dass das größte Geschenk Gottes die Vernunft ist, welche es gerade ermöglicht, das Verständnis der Bibel und der Offenbarungen *progressiv zu vergrößern*. Folglich war das Christentum immer auch *der Zukunft zugewandt*, wohingegen die anderen Religionen der Vergangenheit den Vorzug gaben. Im Grundsatz, wenn auch nicht immer in der Praxis, konnte die christliche Glaubenslehre stets im Namen des Fortschritts, so er nur vernünftig erschien, modifiziert werden. Ermutigt durch die Scholastiker und verkörpert durch die großen, von der Kirche gegründeten Universitäten, durchdrang der Glaube an die Kräfte der Vernunft die gesamte westliche Kultur und befeuerte die Wissenschaft wie die Entwicklung der Demokratie in Theorie und Praxis. Der Aufstieg des Kapitalismus war nicht zuletzt ein Sieg jener durch die Kirche inspirierten Vernunft. Denn in seiner Essenz ist der Kapitalismus nichts anderes als eine systematische und fortwährende Anwendung der Vernunft auf dem Gebiet des Handels – etwas, das zunächst in den großen Klöstern betrieben wurde.

Im vergangenen Jahrhundert haben westliche Intellektuelle häufig den europäischen Kolonialismus auf seine christlichen Ursprünge zurückgeführt. Dagegen sahen sie nur sehr ungern ein, dass das Christentum in keiner Weise (es sei denn durch Intoleranz) den westlichen Dominanz-Ansprüchen zugearbeitet hat. Stattdessen wird behauptet, der Erfolg des Westens habe sich erst dann wirklich eingestellt, als er die religiösen Fortschritts-Schranken *hinter sich ließ*, besonders solche, die die Wissenschaft behinderten. Das ist jedoch Unsinn. Der Erfolg des Westens einschließlich des Emporkommens der Wissenschaft hatte zur Gänze eine religiöse Grundlage; ebenso waren die Menschen, die ihn herbeiführten, fromme Christen. Leider sehen selbst solche Historiker, die dem Christentum eine formende Kraft im westlichen Fortschritt zugestehen, günstige Faktoren allein auf Seiten der protestantischen Reformation, wobei selbst diese bloß religiöser Natur gewesen sein sollen. Es klingt dann so, als wären die vorangegangenen fünfzehnhundert Jahre der Christenheit entweder unwichtig oder gar schädlich gewesen. Akademischer Anti-Katholizismus dieser Prägung war verantwortlich für das berühmteste Buch, das je über den Kapitalismus geschrieben wurde.

Zu Beginn des 20. Jahrhunderts veröffentlichte der Soziologe Max Weber eine Studie[1], die schon bald große Wirkung haben sollte: *Die protestantische Ethik und der »Geist« des Kapitalismus.*[1] Darin vertritt er die Ansicht, dass der Kapitalismus deshalb seinen Ursprung in Europa hatte, weil von allen Weltreligionen allein der Protestantismus den Menschen eine moralische Vision darbot, in der sie einerseits ihren materiellen Konsum beschränkten und andererseits entschieden Glück und Reichtum suchten. Vor der Reformation, so Weber, sei die Konsumbeschränkung notwendig mit Askese und folglich mit einer Verurteilung des Handels einhergegangen. Im Umkehrschluss habe man das Streben nach Reichtum stets mit verschwenderischem, liederlichem Konsum gleichgesetzt. Weder das eine noch das andere Muster hätte sich mit dem Kapitalismus vertragen. Laut Weber wurden diese althergebrachten Verknüpfungen erst durch die protestantische Ethik über den Haufen geworfen, indem diese nämlich eine ganze Kultur sparsamer Unternehmer hervorbrachte, die es zufrieden waren, ihre Profite systematisch zu reinvestieren, um so noch größere Gewinne zu erzielen. Und genau darin liege der Schlüssel zum Kapitalismus und zum Aufstieg des Abendlandes.

Es mag an der Eleganz dieser These gelegen haben, dass sie im großen Stil übernommen wurde, selbst wenn sie offensichtlich falsch ist. Noch heute wird der *Protestantischen Ethik* unter Soziologen[2] ein fast heiliger Status zuerkannt, auch wenn Wirtschaftshistoriker Webers erstaunlich schlecht dokumentiertes[3] Werk schon seinerzeit auf der unbestreitbaren Grundlage abqualifizierten, dass der europäische Aufstieg des Kapitalismus bereits Jahrhunderte *vor* der Reformation stattgefunden hatte. Hugh Trevor-Roper sagt es so: »Die Vorstellung, dass der großangelegte Kapitalismus vor der Reformation ideologisch unmöglich gewesen sei, wird schon dadurch ausgehebelt, dass es ihn ja gegeben hat.«[4] Nur eine Dekade nach Webers Buch trug der berühmte Henri Pirenne[5] eine Vielzahl von Literaturnachweisen zusammen, die allesamt »den Umstand belegen, dass das gesamte Grundinventar des Kapitalismus – Alleinunternehmertum, Kreditvorschüsse, kommerzieller Profit, Spekulationen usw. – bereits vom 12. Jahrhundert an in den Stadtrepubliken Italiens, Venedig, Genua oder Florenz, zu finden war«. Eine Generation später beklagte der ebenfalls vielgefeierte Fernand Braudel, dass »zwar alle Historiker dieser dürftigen Theorie (der protestantischen Ethik) entgegengetreten sind, es aber keiner geschafft hat, sie ein für allemal zu widerlegen. Und das obwohl sie eindeutig falsch ist. Die Länder des Nordens übernahmen einfach eine Position, die zuvor lange und wirkungsvoll von den alten kapitalistischen Zentren des Mittelmeerraumes besetzt worden waren. Sie selbst haben keinerlei Erfindungen gemacht, weder in technologischer noch betriebswirtschaftlicher Hinsicht.«[6] Darüber hinaus waren diese kapitalistischen Zentren des Nordens in der kritischen Phase ihrer Wirtschaftsentwicklung allesamt katholisch, nicht protestantisch – die Reformation lag noch in ferner Zukunft.

John Gilchrist, ein führender Historiker des Wirtschaftslebens in den mittelalterlichen Kirchen, hat von einem anderen Punkt aus dargelegt, dass die ersten Beispiele für den Kapitalismus in den großen christlichen Klöstern zu finden waren.[7] Ebenso ist es bewiesen, dass noch im 19. Jahrhundert die protestantischen Regionen und Länder des Kontinents[8] den katholischen Gegenden keineswegs voraus waren, vom »rückständigen« Spanien abgesehen.[9]

Aber auch wenn Weber falsch lag, ging er völlig zu Recht davon aus, dass religiöse Vorstellungen beim Aufstieg des Kapitalismus in Europa eine höchst vitale Rolle gespielt haben. Die materiellen Vorbedingungen für den Kapitalismus waren auch in anderen Zivilisationen gegeben, etwa in China, der islamischen Welt, Indien, Byzanz und vermutlich auch im alten Rom und in Griechenland. Doch ging keine dieser Gesellschaften voran und entwickelte den Kapitalismus, da keine von ihnen eine ethische Vision besaß, die mit einem dynamischen Wirtschaftssystem kompatibel gewesen wäre. Stattdessen huldigten die führenden Religionen fernab des Westens der Askese und prangerten das Profitstreben an, während gleichzeitig habgierige Eliten die von Kleinbauern und Handeltreibenden erwirtschafteten Gewinne zu einem Gutteil wieder einstrichen.[10] Warum haben sich die Dinge in Europa anders entwickelt? Weil sich die Christen dort einer rationalen Theologie anheimgaben – ein Umstand, der später zwar auch die Reformation hervorgebracht haben mag, der dieser jedoch um mehr als ein Jahrtausend vorausging.

Gleichwohl hat sich der Kapitalismus nur an *manchen* Orten entwickelt. Warum nicht überall? Weil es in manchen europäischen Gesellschaften wie auch im großen Rest der Welt viele gierige Despoten gab, die ihn verhindern wollten. Was dort fehlte, war ein Grundbestandteil der kapitalistischen Entwicklung, nämlich die *Freiheit*.

Hier schließt sich eine weitere Frage an: *Warum war die Freiheit fast überall auf der Welt ein so seltenes Gut und wie kam es, dass einige Staaten des europäischen Mittelalters sie gehegt und gepflegt haben?* Auch hierfür war ein Sieg der Vernunft verantwortlich. Noch lange bevor einer dieser europäischen Staaten seine Regierung in die Hände einer gewählten Versammlung legte, hatten christliche Theologen bereits Theorien über Fragen der Gleichheit und der individuellen Rechte aufgestellt. So beruhen etwa die späteren Arbeiten eines solch »säkularen« politischen Theoretikers des 18. Jahrhunderts wie John Locke auf egalitären Axiomen, die bereits vorher von Kirchengelehrten erarbeitet worden waren.[11]

Um es zusammenzufassen: der Aufstieg des Westens beruhte auf vier grundlegenden *Siegen der Vernunft*. Der erste war die Genese des Fortschrittsglaubens in der christlichen Theologie. Der zweite war die Übertragung und Einspeisung dieses Glaubens in technologische und organisatorische Innovationen, von denen viele aus dem Klosterleben stammten. Der dritte Sieg beruhte darauf, dass die Vernunft dank der christlichen Theologie ebenso die politische wie die praktische Philosophie durchdrang, und zwar bis zu dem Punkt, an dem hierfür empfängliche Staaten im mittelalterlichen Europa den Weg für ein großes Ausmaß an persönlicher Freiheit ebneten. Der letzte Sieg beinhaltete die Anwendung der Vernunft auf den Handelsverkehr, was schließlich zur Entwicklung des Kapitalismus in den sicheren Häfen jener willigen Staaten führte. Durch genau diese Siege wurde das Abendland groß.

Der Plan des Buches

Der Sieg des Abendlandes besteht aus zwei Teilen. Der erste wendet sich den *Fundamenten* zu. Er untersucht die Rolle der Vernunft im Christentum und zeichnet nach, wie sie der politischen Freiheit und dem Aufkommen von Wissenschaft und Kapitalismus den Weg bereitet hat. Teil zwei befasst sich damit, wie die Europäer auf diesen Fundamenten etwas *errichteten*.

Kapitel 1 widmet sich den Ursprüngen und Konsequenzen des christlichen Zuspruchs zu einer rationalen Theologie. Wie kam es dazu? Und warum resultierte es in dem revolutionären Umstand, dass die Anwendung der Vernunft auf das Verständnis der Bibel zu einem *theologischen Fortschritt* führte? Es wurde zu einem Grundsatz der christlichen Theologie, dass das Verständnis Gottes mit der Zeit besser und größer werden könne und auch feststehende Doktrinen durchaus radikal veränderbar seien. Nachdem ich die rationalen und fortschrittlichen Aspekte der christlichen Theologie dargelegt habe, wende ich mich Beispielen und Folgeerscheinungen zu. Zunächst behandele ich die absolut zentrale Rolle, die die rationale Theologie beim Aufkommen der Wissenschaft gespielt hat und zeige auf, warum die Wissenschaft sich zwar sehr wohl in Europa entwickelte, nicht aber in China, der islamischen Welt oder im alten Griechenland. Danach wird der Fokus auf wichtige moralische Innovationen gerichtet, die von der mittelalterlichen Kirche geleistet wurden. So begünstigte das Christentum eine sehr nachdrückliche Konzeption des Individualismus, die dennoch mit den eigenen Doktrinen bezüglich des freien Willens und der Erlösung vereinbar war. Daneben kultivierte das mittelalterliche Mönchswesen den Respekt vor Tugenden wie *Arbeit* oder *einfachen Lebensweisen*, der der protestantischen Ethik fast um ein Jahrtausend vorausging. Dieses Kapitel umreißt zudem den Anteil des Christentums bei der Heranbildung neuer Ideen der *Menschenrechte*. Denn für die Entwicklung des Kapitalismus war es erforderlich, dass Europa nicht länger eine Zusammenballung von Sklavengesellschaften war. Wie auch in Rom und allen anderen damaligen Zivilisationen existierte die Sklaverei überall im frühen mittelalterlichen Europa. Unter allen führenden Glaubensrichtungen bildete einzig das Christentum einen moralischen Widerstand gegen die Sklaverei aus, welcher ab dem 7. Jahrhundert dann wiederum in eine religiöse Opposition überging. Ab dem 12. Jahrhundert war die Sklaverei fast überall im Westen verschwunden und hielt sich nur hier und da in Grenzgebieten.[12] Dass die Sklaverei einige Jahrhunderte später wieder eingeführt werden sollte, ist ein anderes Thema, doch auch dann bemühte sich das Christentum erneut um ihre Abschaffung.[13]

Kapitel 2 blickt auf die religiösen Grundlagen des Kapitalismus, die im sogenannten finsteren Mittelalter statuiert wurden. Es wird aufgezeigt, dass diese Epoche alles andere als ignorant und rückständig war, sondern im Gegenteil eine Zeit spektakulären technologischen und intellektuellen Fortschritts darstellte, sobald die Innovation einmal aus den Klauen des römischen Despotismus befreit worden war. Der christliche Einsatz für den Fortschritt spielte nicht nur eine wichtige Rolle bei der

Suche nach neuen Technologien, sondern ebenso bei deren zügiger und großflächiger Anwendung. Obendrein führte die Bejahung des Fortschrittsgeschehens durch viele Kirchenführer und Gelehrte zu einigen bemerkenswerten theologischen Revisionen. Nicht anders als die übrigen Weltreligionen hatte auch das Christentum über Jahrhunderte die moralische und spirituelle Überlegenheit des Asketismus betont und auf dessen Gegensatz zu Kommerz und Finanzwesen hingewiesen. Doch wurden diese Grundhaltungen im 12. und 13. Jahrhundert von katholischen Theologen verworfen, die nun stattdessen den privaten Besitz und das Profitstreben verteidigten. Wie konnte das geschehen? Ganz einfach dadurch, dass Theologen das Handelstreiben, das in den großen klösterlichen Anwesen begonnen hatte, moralisch neu beurteilten, da sie dessen früheres Verbot nun theologisch nicht mehr angemessen fanden.

Kapitel 3 beginnt mit einer kurzen Darstellung der Planwirtschaft: es wird gezeigt, wie despotische Regierungen regelmäßig Innovation und Handel unterdrücken, indem sie zwar Reichtum anhäufen, verbrauchen und enteignen, ihn aber kaum je reinvestieren. Da der Aufstieg des Kapitalismus den Sieg über despotische Staaten erforderlich machte, widmet sich der Rest des Kapitels der Ausbreitung der Freiheit in Europa, die die Form kleiner und häufig überraschend demokratischer politscher Einheiten annahm. Zuerst wird die christliche Grundlage des westlichen Demokratie-Konzepts untersucht, d.h. die Genese der Doktrinen von individueller moralischer Gleichheit, der Rechte des Privatbesitzes und der Trennung von Kirche und Staat. Danach wird erklärt, wie in einigen italienischen Stadtstaaten und in Nordeuropa eine relativ demokratische Gesetzgebung entstehen konnte.

Kapitel 4 geht der Perfektionierung des Kapitalismus in den italienischen Stadtstaaten nach und zeigt, wie die für das Funktionieren von großen, rationalen und industriellen Unternehmen erforderlichen Organisationsstrukturen und Finanztechniken entwickelt wurden. Kapitel 5 zeichnet die Ausbreitung von »kolonialen« kapitalistischen Unternehmen aus Italien in die Städte des Nordens nach. Am Ende des Kapitels befasst sich ein längerer Abschnitt mit der Frage, wie die Engländer das leistungsstärkste kapitalistische Wirtschaftssystem in Europa entwickeln konnten.

Kapitel 6 blickt auf die wichtigsten *negativen* Fälle, schon weil eine umfassende Erörterung der Frage, warum der Kapitalismus sich in bestimmten Regionen Europas ausbreiten konnte, ebenfalls erklären muss, warum das Gleiche andernorts misslang. Wie kam es, dass Spanien, das reichste und mächtigste Land Europas im 17. Jahrhundert, stets ein vor-kapitalistischer, feudaler Staat blieb? Warum wollte Spanien die kapitalistische Vitalität der italienischen Stadtstaaten sowie der spanischen Niederlande zerstören? Und was waren die Gründe dafür, dass Spanien in der Folge rasch zu einer drittrangigen Macht wurde und sein Herrschaftsgebiet verlor? Was Frankreich angeht – warum stagnierten der Kapitalismus und die Freiheit auch dort? Um diese Fragen zu beantworten, wende ich mich erneut den erdrükkenden wirtschaftlichen Folgen des Despotismus zu.

Vor diesem Hintergrund wechselt Kapitel 7 den Standort und blickt auf die Neue Welt sowie auf das dramatische ökonomische Gefälle, das die Vereinigten Staaten, Kanada und Lateinamerika voneinander absetzen sollte. Die Schilderung dieser Geschichte wird nicht zuletzt als Zusammenfassung des ganzen Buches dienen, da die hier wirksamen Faktoren praktisch eine Wiederholung der wirtschaftlichen Historie Europas darstellen. Auch hier spielten das Christentum, die Freiheit und der Kapitalismus die entscheidenden Rollen. Im Fazit wird die Frage gestellt, ob das heute wohl immer noch so ist. Oder können durch die Globalisierung alternativ auch völlig andere moderne Gesellschaften entstehen, die weder christlich noch kapitalistisch oder auch nur frei sind?

TEIL I:
FUNDAMENTE

KAPITEL 1: DIE SEGNUNGEN DER RATIONALEN THEOLOGIE

Die Theologie steht bei den meisten westlichen Intellektuellen in schlechtem Ruf. Das Wort wird verstanden als eine Vergangenheitsform religiösen Denkens, das auf Irrationalität und Dogmatismus beruht. Das Gleiche gilt für die Scholastik. Welche Ausgabe des Merriam-Webster-Wörterbuchs man auch immer bemüht, »scholastisch« bedeutet »pedantisch und dogmatisch« und kennzeichnet die Sterilität der mittelalterlichen Kirchenlehre. John Locke, der britische Philosoph des 18. Jahrhunderts, lehnte die Scholastiker ab und bezeichnete sie als »große Münzpräger« nutzloser Begriffe, die letztlich doch nur »die eigene Unwissenheit verschleiern« sollten.[1] Aber weit gefehlt! Die Scholastiker waren vielmehr brillante Gelehrte, die für die Gründung der großen europäischen Universitäten und den Aufstieg der westlichen Wissenschaft verantwortlich waren. Was die Theologie betrifft, hatte sie wenig gemein mit dem ansonsten vorherrschenden religiösen Denken, sondern war eine hochentwickelte und höchst *rationale* Disziplin, wie sie so nur im Christentum entwickelt wurde.

Die Theologie, die manchmal auch als »Wissenschaft des Glaubens«[2] bezeichnet wird, stellt ein *rationales Nachdenken über Gott* dar. Das Hauptaugenmerk liegt dabei auf dem *Aufspüren* der Natur Gottes, seiner Absichten und Forderungen, sowie dem Verständnis der Art und Weise, wie die Beziehung zwischen Gott und den

Menschen von diesen definiert wird. Auf den Göttern des Polytheismus könnte dagegen nie eine Theologie aufbauen, da sie viel zu widersprüchlich sind. Die Theologie erfordert das Gottesbild eines bewussten und rationalen übernatürlichen Wesens mit unbeschränkter Kraft und Reichweite, welches die Menschen ernst nimmt und ihnen moralische Codes und Verantwortlichkeiten auferlegt. Dabei werden höchst gewichtige intellektuelle Fragen aufgeworfen, zum Beispiel: Warum erlaubt uns Gott zu sündigen? Verbietet das Fünfte Gebot auch den Krieg? Ab wann hat ein Kleinkind eine Seele?

Um das Wesen der Theologie wirklich zu verstehen, ist es sinnvoll, in den Osten zu schauen und zu erkennen, warum es dort niemals Theologen gegeben hat. Nehmen wir etwa den Taoismus. Das Tao wird als eine übernatürliche Essenz begriffen, ein unter den Dingen liegendes mystisches Kraft-Prinzip, das das Leben reguliert. Dabei ist es jedoch unpersönlich, unnahbar, es hat kein Bewusstsein und ist nimmermehr ein Wesen. Vielmehr ist es der »ewige Weg«, eine kosmische Kraft, die Harmonie und Gleichgewicht herstellt. Nach Lao-Tse ist das Tao zugleich »niemals da« und »immer da«, es ist »namenlos«, hat aber auch »den Namen, der genannt werden kann«. Ebenso »klang- wie formlos« hat es »niemals ein Begehr«. Man kann ewig über eine solche Essenz meditieren, doch lässt sie sich logisch kaum durchdenken. Das Gleiche gilt für den Buddhismus und den Konfuzianismus. Selbst wenn die volkstümlichen Varianten dieser Glaubensrichtungen polytheistisch sind und über ein enormes Personal an kleinen Gottheiten verfügen (was auf den gemeinverständlichen Taoismus ebenfalls zutrifft), so sind die »reinen« Formen dieser Glaubensrichtungen, wie sie von den intellektuellen Eliten aufgefasst werden, letztlich gottlos und beziehen sich auf eine nur vage heilige Essenz. Buddha etwa negierte ausdrücklich die Existenz eines bewussten Gottes.[3] Im Osten existieren schon deswegen keine Theologen, weil all jene, die eine solche intellektuelle Aufgabe ansonsten erfüllen würden, nicht einmal deren erster Grundvoraussetzung Rechnung tragen können, nämlich der Existenz eines Gottes, der ebenso bewusst wie allmächtig ist.

Im Gegensatz dazu haben christliche Theologen jahrhundertelang darüber nachgedacht, was Gott in spezifischen Stellen der Bibel wirklich sagen will, und manche dieser Interpretationen haben im Laufe der Zeit höchst dramatische und weitreichende Diskussionen nach sich gezogen. Zum Beispiel verbietet die Bibel die Astrologie nicht nur nicht, sondern die Geschichte der Heiligen Drei Könige, die dem Stern von Bethlehem folgen, belegt sogar deren Statthaftigkeit. Andererseits legte Augustinus im 5. Jahrhundert *vernünftig* dar, dass die Astrologie falsch sein müsse, da der Glaube an ein vorbestimmtes Schicksal nicht vereinbar sei mit dem freien Willen, den Gott uns geschenkt habe.[4] Ähnlich war es mit der theologischen Konzeption von Maria: obwohl viele frühe Christen, darunter der Apostel Paulus, die Annahme stützten, dass Jesus Brüder gehabt habe,[5] ihrerseits gezeugt von Josef und geboren durch Maria, geriet diese Ansicht in energischen Konflikt mit ihrer weiteren Auslegung durch spätere Theologen. Das Problem wurde dann im 13. Jahrhundert gelöst, als Thomas von Aquin die Doktrin von Mariens Jungfrauengeburt dergestalt definierte, dass Maria keine anderen Kinder zur Welt gebracht habe: »So behaupten wir ohne Vorbehalt, dass die Mutter Gottes als Jungfrau schwanger wurde, als Jungfrau gebar und auch nach der Geburt Jungfrau geblieben ist. Die Brüder des Herrn waren keine natürlichen Brüder, die von der gleichen Mutter geboren wurden, sondern Blutsverwandte.«[6]

Dies und ähnliches waren nicht nur bloße Erweiterungen der Bibeltexte, sondern Beispiele für sorgfältige und *vernünftige* Schlussfolgerungen, aus denen dann wiederum neue Doktrinen entstanden: die Kirche verbot die Astrologie, die Immerwährende Jungfräulichkeit Mariens wurde zur offiziellen katholischen Lehre. Wie diese Beispiele zeigen, vermochten große Geister oftmals eine Kirchendoktrin durch logisches Denken erheblich zu verändern oder gar umzudrehen. Niemand konnte dies besser und hatte größeren Einfluss als die Heiligen Augustinus und Thomas von Aquin. Natürlich haben auch tausende anderer Theologen versucht, den Doktrinen ihren Stempel aufzudrücken. Manchen gelang es, die meisten wurden übergangen und noch andere wurden als Häretiker ausgesondert. Es geht aber stets darum, dass hinter jeder Darlegung gleich welchen Aspekts der christlichen Theologie eine hohe Autorität stehen muss. Es ließen sich problemlos in den Arbeiten tausender unbedeutender Theologen Zitate finden, die die bizarrsten Standpunkte belegen. Entsprechend haben Historiker oft diesen Ansatz gewählt; doch ist es nicht meiner. Ich werde geringere Persönlichkeiten nur dann zitieren, wenn ihre Ansichten auch von großen Theologen bestätigt worden sind, wobei ich im Hinterkopf behalte, dass die maßgebende Position der Kirche sich in vielen Fällen weiterentwickelte und das mitunter so sehr, dass ihre früheren Lehren ins Gegenteil verkehrt wurden.

Führende christliche Theologen wie Augustinus und Thomas von Aquin entsprachen nicht eben dem, was heutzutage mit strenger Bibel-Exegese in Verbindung gebracht wird. Vielmehr bedienten sie sich stets ihrer Vernunft, um größere Einsicht in die göttlichen Pläne zu gewinnen. Tertullian sagte es im 2. Jahrhundert so: »Die Vernunft ist insofern ein Ding Gottes, als es nichts gibt, das Gott der Schöpfer uns nicht durch Vernunft verliehen oder auferlegt hat. Und so soll auch nichts von dem, was er *nicht* will, mit Mitteln der Vernunft verstanden und gehandhabt werden.«[7] Im gleichen Geiste sprach Clemens von Alexandria im 3. Jahrhundert die Warnung aus: »Denkt nicht, dass wir behaupten, diese Dinge könnten durch den Glauben allein empfangen werden, stattdessen muss die Vernunft sie zunächst immer bestätigen. Denn tatsächlich ist es ein Wagnis, diese Dinge dem bloßen Glauben zu überlassen, da die Wahrheit sicherlich nie ohne die Vernunft existieren kann.«[8]

Daher drückte Augustinus in erster Linie etwas aus, das bloß dem letztgültigen allgemeinen Stand der Weisheit entsprach, als er sagte: »Der Himmel bewahre, dass Gott in uns gerade das zu hassen beginnt, mit dem er uns den Tieren überlegen gemacht hat. Der Himmel bewahre, dass unser Glaube nicht die Vernunft begehre oder zumindest akzeptiere, da uns der Glaube ja gar nicht möglich wäre, besäßen wir keine vernunftbegabten Seelen.« Augustinus hatte erkannt, dass »der Glaube der Vernunft vorangehen und zunächst das Herz reinigen muss, damit es bereit ist das helle Licht der Vernunft zu empfangen und auszuhalten«. Und er fügte hinzu, dass, obwohl es nötig sei, »dass der Glaube der Vernunft vorangeht, in gewissen, bis dahin noch nicht begreifbaren Momenten, der sehr kleine Anteil der Vernunft, der uns von diesem Umstand überzeugt, wiederum dem Glaube vorausgehen muss«.[9] Die scholastischen Theologen setzten weitaus mehr Glauben in die Vernunft, als die meisten Philosophen es heutzutage tun.[10]

Natürlich widersetzten sich manche einflussreiche Kirchenmänner diesem Primat der Vernunft und hielten dagegen, dass die besten Diener des Glaubens der Mystizismus und das spirituelle Erleben seien.[11] Ironischerweise hat der inspirierendste Fürsprecher dieses Standpunkts seine Thesen auf eine Weise formuliert, die ganz besonders elegant und vernunftdurchtränkt war.[12] Der Widerspruch gegen die Vernunft war natürlich in manchen religiösen Orden sehr populär, besonders bei den Franziskanern und den Zisterziensern. Doch konnten sich ihre Ansichten nicht durchsetzen – und wenn auch nur aus dem einen Grund, weil an den Universitäten, in denen die Vernunft im Besonderen regierte, die offizielle Theologie der Kirche den Ton angab.[13]

Der christliche Glauben in seinem Fortschritt

Auch das Judentum und der Islam haben sich das Bild eines Gottes zu eigen gemacht, dem eine Theologie hätte zur Seite gestellt werden können, doch ließen ihre Gelehrten dieses Feld unbestellt. Stattdessen sehen sowohl das traditionelle Judentum[14] wie die Muslime in der Heiligen Schrift vor allem *einen Gesetzestext, der verstanden und angewandt werden muss* und nicht eine Grundlage für Untersuchungen in der Frage nach dem letzten Sinn. Daher fassen Gelehrte das Judentum und den Islam oft als »orthopraktische« Religionen auf, denen es vor allem um die korrekte (*ortho*) Anwendung (*praxis*) von Glaubenssätzen geht und die »ganz fundamental die Einhaltung von Gesetzen und Regeln im Gemeinschaftsleben betonen«. Dagegen bezeichnen die Gelehrten das Christentum als »orthodoxe« Religion, weil es das korrekte (*ortho*) Fürwahrhalten (*doxa*) hervorhebt und »das Hauptaugenmerk auf den Glauben und seine intellektuelle Strukturierung durch das Credo, den Katechismus und die Theologien« legt.[15] Bei einer typischen Kontroverse zwischen jüdischen und muslimischen Denkern geht es darum, ob eine bestimmte Handlung oder Erfindung (etwa die Reproduktion der Heiligen Schrift durch die Druckerpresse) im Einklang mit dem bestehenden Gesetz ist. Eine typische christliche Kontroverse ist dagegen doktrinär und befasst sich etwa mit Themen wie der Heiligen Dreifaltigkeit oder der Immerwährenden Jungfräulichkeit Mariens.

Natürlich haben auch führende christliche Denker sich mit dem Gesetz beschäftigt und manch jüdischer wie muslimischer Gelehrter sich mit theologischen Fragen auseinandergesetzt. Und doch haben die drei Glaubensrichtungen an dieser Stelle sehr verschiedene Stoßkräfte und besondere Konsequenzen.

Rechtsauslegungen beziehen sich auf Präzedenzfälle und werfen daher sozusagen ihre Anker in die Vergangenheit, während das Bemühen um ein besseres Verständnis der göttlichen Natur dagegen von einer Möglichkeit des *Fortschritts* ausgeht. Und genau diese Annahme des Fortschritts ist es, die den entscheidendsten Unterschied zwischen dem Christentum und allen anderen Religionen ausmachen dürfte. Sieht man vom Judentum ab, begreifen die anderen großen Glaubensrichtungen die Geschichte entweder als endlos wiederholten Kreislauf oder als unabwendbaren Niedergang – so soll Mohammed gesagt haben: »Die beste aller Generationen ist meine eigene, gefolgt von der nächsten und dann wiederum der nächsten.«[16] Im Gegensatz dazu haben Judentum und Christentum eine richtungsweisende Konzeption der Geschichte, die in die Wiederkehr Christi und das Millennium mündet. Allerdings betont die jüdische Vorstellung der Geschichte nicht so sehr den Fortschritt, als vielmehr das Moment der Sequenz, des Nacheinanders, wohingegen das Christentum die Idee des Fortschritts verinnerlicht hat. John Macmurray schrieb dazu: »Daß wir überhaupt an so etwas wie Fortschritt denken, zeigt das ganze Ausmaß des christlichen Einflusses.«[17]

Die Dinge lägen vielleicht anders, hätte Jesus eine schriftliche Mitteilung hinterlassen. Doch anders als Mohammed und Moses, deren Schriften als göttliche Übermittlungen aufgefasst wurden, hat Jesus nie etwas verfasst, so dass die Kirchenväter von Anfang an aus den Implikationen seiner Worte – einer Sammlung von Aussagen, die nur der Erinnerung der Evangelisten entstammten – ihre Schlüsse ziehen mussten. Das Neue Testament ist kein vereinheitlichtes Dokument, sondern eine *Sammelschrift*.[18] Demzufolge steht im Hintergrund aller theologischen Deduktion stets das Wort des Paulus: »Denn Stückwerk ist unser Erkennen, Stückwerk ist unser prophetisches Reden.«[19] Man vergleiche dies mit der zweiten Sure des Korans: »Dies ist die Schrift, an der nicht zu zweifeln ist.«[20]

Von Anfang an gingen christliche Theologen davon aus, dass der Gebrauch der Vernunft zu einem *umso genaueren* Verständnis des Willen Gottes führe. Augustinus bemerkte, dass, obwohl »es in der Heilslehre gewisse Dinge gibt, die wir uns noch nicht erschließen können [...], wir eines Tages dazu fähig sein werden«.[21] Doch Augustinus rühmte nicht nur den theologischen, sondern auch den weltlichen, materiellen Fortschritt. Bereits im 5. Jahrhundert schrieb er: »Sind nicht durch den Menschengeist so viele und großartige Künste erfunden und betätigt worden, teils unentbehrliche, teils dem Vergnügen dienende, dass die überragende Kraft des Geistes und der Vernunft selbst auch in ihren überflüssigen oder sogar gefährlichen und verderblichen Strebungen davon zeugt, welch herrliches Gut sie ihrem Wesen nach ist, welches es ihr ermöglichte, derlei Dinge zu erfinden, sich anzueignen und zu betätigen. Zu welch wunderbaren, staunenswerten Erzeugnissen ist menschliche Betriebsamkeit im Bekleidungs- und Baugewerbe gelangt; wie weit hat sie es in der Bodenbebauung, in der Schifffahrt gebracht ...« Und weiter hob er hervor, »welch große Kenntnis hat diese Kraft des Geistes und der Vernunft in Maß und Zahl erlangt, mit welchem Scharfsinn die Bahnen und Stellungen der Gestirne erfasst; welche Unsumme von Wissen über die Dinge der Welt hat sie gespeichert!« All das gehe zurück auf das »höchste und unwandelbare Gute«, das Gott seinem Geschöpf mitgegeben habe, nämlich eine »vernunftbegabte Natur«.[22]

Augustinus' Zuversicht war typisch; der Fortschritt lockte die gesamte Christenheit. Gilbert de Tournai schrieb im 13. Jahrhundert: »Niemals werden wir die Wahrheit finden, wenn wir uns mit dem begnügen, was wir bereits wissen ... Was vor unserer Zeit geschrieben wurde, sind keine Gesetze, sondern Wegweiser. Die Wahrheit steht uns allen offen, da wir sie noch nicht zur Gänze besitzen.«[23] Daran schließt sich an, was Fra Giordano 1306 in Florenz gepredigt hat: »Weder sind alle Künste bereits ausgeschöpft worden, noch werden wir mit ihnen je an ein Ende kommen. Man sollte jeden Tag eine neue Kunst freilegen.«[24] Vergleichen wir dies mit der zur gleichen Zeit vorherrschenden Überzeugung in China, wie Li Yen-Chang sie charakterisierte: »So die Gelehrten dahin gebracht werden, ihre Aufmerksamkeit einzig auf die Klassiker zu richten und man sie davon abhält, sich mit dem vulgären Tun späterer Generationen zu befassen, wird es dem Kaiserreich fürwahr wohlergehen!«[25]

Das christliche Bekenntnis zum Fortschritt mittels der Rationalität erreichte seinen Höhepunkt in der *Summa theologica* des heiligen Thomas von Aquin, die im späten 13. Jahrhundert in Paris veröffentlicht wurde. Dieses Monument der rationalen Theologie besteht aus logischen »Beweisen« christlicher Doktrinen und diente allen späteren christlichen Theologen als Maßstab. Da Thomas zufolge allen menschlichen Wesen der hinreichende Intellekt fehle, um direkt in das Wesen der Dinge zu blicken, sei es nötig, dass sie sich ihren Weg in die Erkenntnis Schritt für Schritt mit Hilfe der Vernunft bahnen. Aus diesem Grund sprach sich Thomas, selbst wenn er die Theologie als die höchste der Wissenschaften betrachtete, da sie sich unmittelbar mit göttlichen Offenbarungen befasse, für den Gebrauch der Werkzeuge der Philosophie aus, besonders für logische Prinzipien, mit denen erst eine Theologie begründet werden sollte.[26] Folgerichtig gelang es ihm, mit der Kraft der Vernunft in Gottes Schöpfung den profundesten Humanismus auszumachen.[27]

Doch hätten sich Thomas von Aquin und seine vielen begabten Kollegen niemals in der rationalen Theologie hervortun können, wenn sie Jehova als ein unerklärliches Wesen betrachtet hätten. Sie konnten ihre Bemühungen nur rechtfertigen, indem sie in Gott die Verkörperung der Vernunft schlechthin sahen.[28] Überdies mussten sie, da sie Gottes Willen auf fortschrittliche Weise zu erschließen suchten, akzeptieren, dass die Bibel nicht stets und nicht wörtlich zu verstehen sei. Auch dies entsprach der konventionellen christlichen Sichtweise, da, wie Augustinus anmerkte, »unterschiedliche Dinge unter diesen Worten zu verstehen seien, die wiederum alle wahr sind«. Augustinus gestand sogar offen ein, dass späteren Lesern mit Gottes Hilfe einmal ein Verständnis gewisser Bibelstellen möglich sein werde, obwohl derjenige, der sie niederschrieb, »sie gar nicht verstanden hat«. Und er fährt fort: »Wenn also jeder sich bestrebt, in der heiligen Schrift das zu erkennen, was der Verfasser dachte, wie kann es dann böse sein, wenn er darin findet, was du, Licht aller derer, welche die Wahrheit aufrichtig suchen, ihm als wahr zeigst, wenn auch der, dessen Worte er liest, dies nicht dachte, so dachte er doch Wahres, wenn auch nicht gerade dieses.«[29] Da Gott darüber hinaus unfähig sei, Fehler zu machen, könne der Grund, warum die Bibel der Erkenntnis zu widersprechen scheine, nur an einem Verständnisproblem des »Verfassers« liegen, welcher Gottes Worte fixierte.

Diese Ansichten standen in völligem Einklang mit dem christlichen Grundsatz, dass Gottes Offenbarungen sich stets am jeweils aktuellen menschlichen Verständnisvermögen orientierten. Im 4. Jahrhundert schrieb der heilige Johannes Chrysostomos, dass selbst die Seraphe Gott nicht als das erkennen könnten, was er ist. Stattdessen sähen sie »etwas, das an ihre Natur angepasst ist und sich zu dieser herablässt. Zu dieser Herablassung kommt es, wenn Gott erscheint, allerdings nicht als der, der er ist. Stattdessen zeigt er sich dem, der ihn doch nicht ganz zu erschauen vermag, gerade soweit, dass dieser ihn ein stückweit erblickt. Auf diese Weise lässt Gott sich proportional zu der Schwäche derer erkennen, die seiner gewahr werden.«[30] Angesichts dieser langen Tradition gab es auch nichts ansatzweise Ketzerisches an der These Johannes Calvins, dass Gott seine Offenbarungen den Grenzen des menschlichen Verständnisses anpasse und etwa der Autor der Genesis »ordiniert war, ein Lehrer der Ungelernten und Primitiven zu sein, nicht anders als der bereits Wissende; ohne auch krude Mittel der Instruktion zu verwenden, hätte er sein Ziel nicht erreichen können«. Das heißt, Gott »offenbart sich uns entsprechend unserer Grobheit und Schwäche«.[31]

Das christliche Gottesbild ist das eines Wesens, das *an den menschlichen Fortschritt glaubt* und sich umso vollständiger offenbart, desto mehr die Menschen ein Vermögen zu besserem Verständnis *gewinnen*. Da Gott zudem als vernunftbegabtes Wesen das Universum geschaffen hat, hat auch dieses notwendigerweise eine rationale, gesetzmäßige, stabile Struktur, die *nur darauf wartet, von den Menschen besser verstanden zu werden*. Hierin lag der Schlüssel zu manchen intellektuellen Vorhaben, von denen die Wissenschaft ein wesentlicher Teil war.

Theologie und Wissenschaft

Die sogenannte wissenschaftliche Revolution des 16. Jahrhunderts ist von all jenen fehlinterpretiert worden, die stets eine Art Ur-Konflikt zwischen Religion und Wissenschaft ausmachen wollen. Es sind höchst wunderbare Dinge in dieser Epoche geschaffen worden, doch lag das nicht an einem jähen Ausbruch säkularen Denkens. Im Gegenteil waren diese Errungenschaften der krönende Abschluss eines jahrhundelangen systematischen Fortschritts durch mittelalterliche Scholastiker, die ihrerseits unterstützt wurden von der singulär christlichen Erfindung des 12. Jahrhunderts, der Universität. Nicht nur stellten sich Wissenschaft und Religion als kompatibel heraus, sie waren sogar nicht voneinander zu trennen – denn der Aufstieg der Wissenschaft wurde von zutiefst religiösen christlichen Gelehrten ermöglicht.[32]

Es ist wichtig zu erkennen, dass Wissenschaft nicht bloß aus Technologie besteht. Eine Gesellschaft kann sich nicht deshalb der Wissenschaft rühmen, weil sie in der Lage ist, Schiffe zu bauen, Eisen zu schmelzen oder weil sie das Essen auf Porzellantellern serviert. Die

Wissenschaft ist eine *Methode,* die in organisierten Versuchen benutzt wird, um der *Natur einer Sache auf den Grund zu gehen und um sie zu formulieren.* Dabei ist sie stets Modifizierungen und Korrekturen durch *systematische Beobachtung* unterworfen.

Anders gesagt, besteht die Wissenschaft aus zwei Bausteinen: *Theorie und Forschung.* Die Theorie ist der erklärende Teil der Wissenschaft. Wissenschaftliche Theorien sind abstrakte Aussagen darüber, *warum* und *wie* bestimmte Teile der Natur (einschließlich des menschlichen Gemeinschaftslebens) ineinander passen und funktionieren. Allerdings gehen nicht alle abstrakten Aussagen, und selbst nicht alle erklärenden, als wissenschaftliche Theorien durch. Ansonsten wäre auch die Theologie eine Wissenschaft. Abstrakte Theorien sind vielmehr nur dann wissenschaftlich, wenn man von ihnen einige verbindliche Vorhersagen positiver wie negativer Art darüber ableiten kann, was überhaupt beobachtet werden wird. Und hier kommt die Forschung ins Spiel. Bei ihr geht es darum, Beobachtungen anzustellen, die für die empirischen Vorhersagen relevant sind. Dabei wird klar, dass die Wissenschaft auf Aussagen über die natürliche und materielle Wirklichkeit beschränkt ist – also über Dinge, die zumindest grundsätzlich beobachtbar sind. Aus diesem Grund gibt es auch manche diskursiven Gefilde, die die Wissenschaft überhaupt nicht erreichen kann – etwa die Frage nach der Existenz Gottes.

Man beachte auch, dass die Wissenschaft eine organisierte, gemeinschaftliche Bestrebung darstellt und nicht auf Zufallsfunden beruht oder in der Abgeschiedenheit stattfindet. Freilich haben manche Wissenschaftler auch allein gearbeitet, jedoch niemals in der Isolation. Seit den ersten Tagen haben Wissenschaftler Netzwerke gegründet und unterhielten durchweg viele Kontakte.

In Übereinstimmung mit der Ansicht heutiger Historiker und Wissenschaftstheoretiker schließt diese Definition der Wissenschaft alle Versuche aus, die es im Laufe der Menschheitsgeschichte gab, um die materielle Welt zu erklären und zu kontrollieren, selbst solche, die mit dem Übersinnlichen nichts zu tun hatten. Die meisten dieser Bemühungen kann man deshalb aus der Kategorie der Wissenschaft herausnehmen, da bis vor kurzem, wie Marc Bloch sagte, »technischer Fortschritt, selbst großen Ausmaßes, auf bloßer Empirie beruhte«.[33] Das heißt, der Fortschritt war das Ergebnis von Beobachtung sowie praktischem Herumprobieren, doch fehlte ihm die Erklärung – die Theorie. Aus diesem Grund stellen die frühen technischen Innovationen aus griechisch-römischen Zeiten, der islamischen Welt oder aus China, ganz zu schweigen von solchen aus der Vorzeit, keine Wissenschaft dar und beruhten vielmehr auf überliefertem Wissen, Geschicklichkeit, Weisheit, Technik, Handwerk, Technologie, Ingenieursbegabung, Bildung oder einfachen Kenntnissen. Auch ohne Teleskope waren die Menschen der Antike zu großartigen astronomischen Beobachtungen fähig, doch bevor diese mit nachprüfbaren Theorien verknüpft waren, verharrten sie in der Sphäre bloßer *Gegebenheiten*. Charles Darwin hat diesen Aspekt anschaulich beschrieben: »Vor dreißig Jahren wurde oft gesagt, dass die Geologen beobachten und nicht theoretisieren sollten; und ich erinnere mich noch gut an jemanden, der meinte, dass man ebenso gut in einer Kiesgrube die Steine zählen und ihre Farben beschreiben könnte. Wie seltsam ist das, dass jemand nicht versteht, dass alle Beobachtung immer für oder gegen eine bestimmte Ansicht sprechen muss, so sie überhaupt von Nutzen sein will!«[34]

Was die intellektuellen Errungenschaften der griechischen oder östlichen Philosophen angeht, war ihr Empirismus so a-theoretisch, wie ihre Theorien nicht-empirisch. Schauen wir auf Aristoteles. Obwohl er für seinen Empirismus gerühmt wird, hielt er diesen doch von seinen Theorien fern. So lehrte er zum Beispiel, dass die Geschwindigkeit, mit der Objekte auf den Boden fallen, proportional zu ihrem Gewicht sei – dass ein Stein, der doppelt so schwer als ein anderer sei, darum auch zweimal so schnell falle.[35] Schon ein Besuch auf den Felshängen in seiner Nachbarschaft hätte ihn eines Besseren belehren können.

Gleiches lässt sich auch von den anderen berühmten Griechen sagen – entweder sind ihre Werke ausschließlich empirisch oder aber sie erfüllen nicht die Kriterien der Wissenschaft, da es ihnen an Empirie mangelt. Auf diese Weise bleiben sie rein abstrakte Thesen, die keinerlei feststellbare Folgen miteinbeziehen oder die diese sogar ignorieren. Als Demokrit erklärte, dass die gesamte Natur aus Atomteilchen bestehe, bewegte er sich damit keineswegs in Richtung der wissenschaftlichen Atomtheorie. Sein Modell war rein spekulativ und beruhte weder auf Beobachtungen noch auf Empirie. Dass es sich dennoch als richtig herausstellte, ist nicht mehr als ein linguistischer Zufall, der Demokrits Annahme ebenso viel oder wenig Bedeutung zukommen lässt, wie der seines Zeitgenossen Empedokles, als dieser behauptete, die Natur bestehe einzig aus Feuer, Luft, Wasser und Erde, oder Aristoteles' Variante aus dem Folgejahrhundert, welche besagte, die Natur sei ein Gemisch aus Hitze, Kälte, Trockenheit, Feuchte und Quintessenz. Das Gleiche betrifft Euklid: trotz seiner analytischen Bravour und seines Scharfsinns war er doch kein Wissenschaftler, da sein Steckenpferd, die Geometrie, an und für sich keine Substanz hat und sie bloß einige Aspekte der Wirklichkeit beschreibt, jedoch nicht zu erklären vermag.

Die echte Wissenschaft erhob sich nur ein einziges Mal: in Europa.[36] China, die islamische Welt, Indien und das alte Griechenland hatten zwar ihrerseits die Alchemie entwickelt, doch wurde sie nur in Europa zur Chemie. Analog dazu hatten zwar viele Gesellschaften elaborierte Systeme der Astrologie entwickelt, doch führte nur in Europa die Astrologie zur Astronomie. Warum? Die Antwort darauf hat erneut mit verschiedenen Gottesbildern zu tun.

In den Worten des großen, wenn auch missachteten mittelalterlichen Wissenschafts-Theologen Nikolaus von Oresme ist die Schöpfung Gottes »ungefähr so wie die eines Menschen, der eine Uhr baut und ihren Gang in der Folge ihr selbst überlässt«.[37] Im Gegensatz zu den religiösen und philosophischen Doktrinen der nichtchristlichen Welt entwickelten Christen die Wissenschaft, weil sie *glaubten*, dass sie entwickelt werden *konnte* und *sollte*. Alfred North Whitehead sagte im Rahmen seiner Lowell-Vorlesungen 1925 in Harvard, dass die Wissenschaft in Europa entstanden sei aufgrund des breit gefächerten »Glaubens in die Möglichkeit der Wissenschaft ... welcher von der mittelalterlichen Theologie abgeleitet war«.[38] Whiteheads Erklärung schockierte nicht nur seine distinguierte Zuhörerschaft, sondern westliche Intellektuelle im Allgemeinen, sobald seine Vorlesungen veröffentlicht waren. Wie konnte dieser große Philosoph und Mathematiker, Bertrand Russells Co-Autor der bahnbrechenden *Principia Mathematica* (1919–1913), etwas so Obskures behaupten? Wusste er denn nicht, dass die Religion der Todfeind der wissenschaftlichen Untersuchung ist?

Whitehead wusste etwas viel Besseres. Er hatte verstanden, dass die christliche Theologie für den Aufstieg der Wissenschaft im Westen ganz unerlässlich gewesen war, und ebenso, dass nicht-christliche Theologien das wissenschaftliche Streben überall sonst abgewürgt hatten. Er erklärte: »Der größte Beitrag des mittelalterlichen Geistes zur Wissenschaftsbewegung war der unbezwingbare Glauben, dass ... da ein Geheimnis war, ein Geheimnis, das gelüftet werden konnte. Wie kam es, dass diese Überzeugung so tief in den europäischen Geist eingewurzelt war? ... Es muss mit der mittelalterlichen Fixierung auf die Vernunft Gottes zu tun gehabt haben, die man sich als persönliche Energie Jahwes verbunden mit der Rationalität eines griechischen Philosophen ausmalte. Jedes Detail wurde überwacht und kontrolliert: die Suche nach den Geheimnissen der Natur konnte nur in einer Bekräftigung des Glaubens an die Vernunft resultieren.«[39]

Whitehead schloss mit der Anmerkung, dass die in anderen Religionen zu findenden Gottesbilder, zumal die asiatischen, zu unpersönlich und zu irrational waren, als dass sie die Wissenschaft hätten stützen können. »Gleich welches Geschehnis könnte gerade auch auf den willkürlichen Befehl eines despotischen Gottes zurückzuführen sein« oder einen »unpersönlichen und völlig undurchschaubaren Ursprung haben. Es gibt da nirgends das gleiche Zutrauen in die begreifliche Rationalität eines persönlichen Wesens.«[40]

Tatsächlich gehen die meisten nicht-christlichen Religionen sowieso nicht von einer Schöpfung aus: das Universum ist vielmehr ewiglich oder bewegt sich bestenfalls zyklisch, es hat jedenfalls weder Anfang noch Ende und, das Wichtigste dabei, es kennt keinen Schöpfer. Infolgedessen betrachtet man das Universum als allwaltendes Mysterium, als widersprüchlich, unvorhersehbar und beliebig. Für jemanden mit diesen religiösen Prämissen verläuft der Pfad der Weisheit über Meditation und mystische Erkenntnis. Der Vernunft zu huldigen, besteht hier kein Grund.

Der kritische Punkt in all dem ist methodologisch. Ganze Jahrhunderte der Meditation werden niemals ein empirisches Wissen hervorbringen. In dem Maße dagegen, wie die Religion Anstöße dazu gibt, das Werk Gottes zu begreifen, wird das Wissen immer größer werden. Und da man, sofern man etwas gründlich verstehen will, es auch erklären können muss, agiert die Wissenschaft hier als »Magd« der Theologie. Nicht anders sahen sich all jene, die an den großen Errungenschaften des 16. und 17. Jahrhunderts beteiligt waren: als Fährtensucher in den Geheimnissen der Schöpfung. Newton, Kepler und Galileo sahen in der Schöpfung ein *Buch*[41], das sich der steten Lektüre und Durchdringung darbot. Das wissenschaftliche Genie des 17. Jahrhunderts René Descartes begründete sein Forschen nach den »Gesetzen« der Natur damit, dass es solche Gesetze ja schließlich geben müsse, da Gott vollkommen sei und sich daher »auf eine Weise verhält, die so konstant und unveränderbar wie nur möglich ist«, abgesehen von gelegentlichen Wundern, die er wirkt.[42] Umgekehrt gab es solche kritischen religiösen Auffassungen in anderen Gesellschaften nicht, die ansonsten das gleiche Potential zur wissenschaftlichen Entfaltung gehabt hätten – aber eben doch nicht hatten: den chinesischen, griechischen und islamischen.

China

Nur drei Jahre bevor sein Co-Autor Alfred North Whitehead erklärte, dass das Christentum die Basis für das wissenschaftliche Streben gelegt habe, wunderte sich Bertrand Russell über das Ausbleiben der Wissenschaft in China. Von seiner militant atheistischen Warte aus betrachtet, hätte es die Wissenschaft in China lange vor Europa geben müssen. Er schrieb: »Obwohl die chinesische Zivilisation bis dato in Dingen der Wissenschaft unzulänglich geblieben ist, steht sie dieser doch nicht feindselig gegenüber, so dass der Ausbreitung ihres Wissens keine Hürden in den Weg gelegt sind wie seitens der Kirche in Europa.«[43]

Trotz seiner Überzeugung, dass China bald darauf den Westen bei weitem überrunden werde,[44] konnte Russell nicht erkennen, dass es sehr wohl religiöse Hindernisse waren, die die chinesische Wissenschaft beeinträchtigten.

Obwohl die einfachen Leute in China über Jahrhunderte sehr viele und verschiedenartige Gottheiten verehrten, allesamt von kleinem Rang und oft mit nur wenigen Charaktermerkmalen versehen, rühmten sich die chinesischen Intellektuellen, dass sie »gottlosen« Religionen folgten. In diesen stellt das Übernatürliche eine Essenz dar, vielleicht auch ein das Leben bestimmendes Prinzip – wie etwa das Tao –, das unpersönlich ist, unnahbar, aber ganz bestimmt kein Wesen. Wie kleine Gottheiten kein Universum erschaffen, bewerkstelligen unpersönliche Essenzen oder Prinzipien dies ebenso wenig – das *Tun* schlechthin scheint ihnen fernzuliegen.

Das Universum, so wie die chinesischen Philosophen es auffassen, ist und war einfach schon immer da. Es gibt keinen Grund zu der Annahme, dass es rationalen Gesetzen entsprechend funktioniere oder man es eher unter physikalischen, denn mystischen Gesichtspunkten betrachten sollte. Demzufolge haben chinesische Intellektuelle über Jahrtausende hinweg »Erleuchtung« gesucht und keine Erklärungen. Zu diesem Schluss kam die große Autorität auf dem Gebiet der Wissenschaftsgeschichte, Joseph Needham, der fast seine ganze Laufbahn und viele Bücher der chinesischen Technologie-Entwicklung widmete. Nachdem er jahrzehntelang eine materialistische Erklärung gesucht hatte, kam er schließlich zu der Einsicht, dass die Chinesen bei der Entwicklung ihrer Wissenschaft aus religiösen Gründen gescheitert sind und die chinesischen Intellektuellen deshalb nicht an Naturgesetze glauben konnten, weil »die Vorstellung eines himmlischen Gesetzgebers, der einer nicht-menschlichen Natur Befehle erteilt, sich nie entwickelt hat«. Und

Needham fuhr fort: »Es war nicht so, dass es für die Chinesen keine Ordnung in der Natur gegeben hätte. Doch war das keine Ordnung, die ein rationales, persönliches Wesen festgelegt hatte, weshalb es auch keinen Glauben daran gab, dass andere rationale und persönliche Wesen in ihren unbedeutenderen weltlichen Sprachen den göttlichen Gesetzestext ausbuchstabieren könnten, den Er einstmals festgelegt hatte. Die Taoisten hätten eine solche Idee schon deshalb abgelehnt, weil sie gegenüber der Feinsinnigkeit und Komplexität des Universums, so wie sie es sich vorstellten, zu naiv sei.«[45] Ganz genau.

Graeme Lang, respektierter Anthropologe der städtischen Universität Hongkong, verwarf vor einigen Jahren die Ansicht, dass der Einfluss von Konfuzianismus und Taoismus auf die chinesischen Intellektuellen für die Fehlentwicklung der dortigen Wissenschaft verantwortlich gewesen seien. Kultur sei stets flexibel, so Lang, und »wenn chinesische Gelehrte wissenschaftlich hätten arbeiten wollen, hätte die Philosophie allein nie ein ernsthaftes Hindernis sein können«.[46] Das mag sein. Doch stellte Lang die Grundfrage nicht: Warum *wollten* die Gelehrten denn keine Wissenschaft betreiben? Weil, wie Whitehead, Needham und viele andere festgestellt haben, den Chinesen die *Möglichkeit* der Wissenschaft gar nicht bewusst wurde. Grundlegende theologische und philosophische Annahmen entscheiden sehr wohl darüber, ob jemand die Wissenschaft in Angriff nehmen will. Die westliche Wissenschaft entstand aus der enthusiastischen Überzeugung heraus, dass der menschliche Intellekt die Geheimnisse der Natur entschlüsseln könne.

Über Jahrhunderte schienen die alten Griechen an der Schwelle zum wissenschaftlichen Aufbruch zu stehen. Es gefiel ihnen, die natürliche Welt mit angemessen abstrakten und allgemeinen Prinzipien zu erklären. Einige von ihnen beleuchteten die Natur systematisch – und das, obwohl Sokrates Empirismen wie die astronomische Beobachtung als »Zeitverschwendung« abtat und Platon ihm nur zustimmen konnte, wobei er seinen Studenten empfahl, »den Sternenhimmel in Frieden zu lassen«.[47] Auch bildeten griechische Gelehrte Netzwerke – die berühmten philosophischen »Schulen«. Doch war alles, was sie letztlich zustande brachten, nicht- oder sogar anti-empirische, spekulative Philosophie, nicht-theoretische Kompilationen von Tatsachen, isolierte Zünfte und Technologien – ein wissenschaftlicher Durchbruch hat nie stattgefunden.

Dafür gab es drei Gründe. Erstens waren die Götter, wie die Griechen sie sich vorstellten, nicht wirklich als bewusste Schöpfer aufzufassen. Zweitens begriffen die Griechen das Universum nicht nur als ewig und unerschaffen, sondern als eingeschlossen in endlose Zyklen von Fortschritt und Verfall. Drittens verwandelten die Griechen, die ja auch die Himmelskörper als echte Götter ansahen, leblose Objekte in lebendige Kreaturen mit Zielen, Gefühlen und Wünschen – wodurch sie dem Streben nach physikalischen Theorien einen Strich durch die Rechnung machten.[48]

Von all den Göttern, die das himmlische Pantheon der Griechen bevölkerten, brachte keiner und nicht einmal Zeus die nötige Befähigung als Schöpfer eines Gesetzen unterworfenen Universums mit. Nicht anders als die Menschen waren auch die Götter dem unerbittlich waltenden Kreislauf aller Dinge unterworfen. Einige griechische Gelehrte, etwa Aristoteles, postulierten zwar einen allmächtigen »Gott«, in dessen Betätigungsfeld das gesamte Universum fällt, doch sahen sie in ihm, ähnlich wie das Tao, lediglich eine Essenz. Ein solcher Gott verlieh einem zyklischen Universum und dessen hypothetischen, abstrakten Eigenschaften eine gewisse spirituelle Aura, doch blieb »Gott«, da er ja nur eine Essenz war, praktisch immer *tatenlos*. Platon wiederum ging von einem sehr geringwertigen Gott als Schöpfer der Welt aus, dem Demiurgen, denn für ein solches Unternehmen sei der höchste »Gott« allzu vergeistigt und entrückt gewesen. Aus diesem Grund sei die Welt auch so unvollkommen.

Viele Gelehrte hatten Zweifel daran, ob Platons Postulat des Demiurgen wörtlich zu verstehen sei.[49] Doch gleichgültig, ob er ein wirklicher oder metaphorischer Schöpfer war – der Demiurg Platons erblasst vor einem allmächtigen Gott, der das Universum aus dem Nichts hat entstehen lassen. Außerdem war für Platon das Universum nicht im Einklang mit wirkmächtigen *Prinzipien* erwachsen, sondern mit *Idealen*. Diese stellten vor allem musterhafte Formen dar. So gesehen, konnte das Universum nichts Handfestes, sondern bloß eine Sphäre sein, denn diese war seine symmetrische und perfekte Form.[50] Auch konnten die Himmelskörper nur in einem Kreis rotieren, da diese Bewegungsform als die allerperfekteste angesehen wurde. Als Sammlung apriorisch angestellter Mutmaßungen war Platons Idealismus für die Entdeckung und Erkenntnis lange Zeit ein echtes

Hindernis – noch Jahrhunderte später war es sein unerschütterlicher Glaube an ideale Formen, der Kopernikus von dem Gedanken abhielt, dass die Planetenbahn nicht kreisförmig, sondern elliptisch sein *könnte*.

In mancherlei Hinsicht ist es seltsam, dass die Griechen überhaupt nach Wissen und Technologie gestrebt haben, da sie die Idee des Fortschritts doch für das Seins-Modell eines endlosen Kreislaufs aufgaben. Platon war immerhin noch der Ansicht, dass das Universum geschaffen wurde. Andere griechische Gelehrte betrachteten es stattdessen als unerzeugt und einfach ewig. Aristoteles verurteilte die Vorstellung, »dass das Universum zu einem bestimmten Zeitpunkt ins Dasein gekommen ist ... als undenkbar«.[51] Obwohl die Griechen das Universum als ewig und unveränderlich ansahen, berücksichtigten sie die unübersehbare Tatsache, dass Geschichte und Kulturen sich ständig veränderten, dies aber nur in den Grenzen einer endlosen Wiederholung. In seinem Werk *Über den Himmel* schrieb Aristoteles, dass »die Menschen die gleichen Ideen nicht ein- oder zweimal haben, sondern immer und immer wieder« und in seiner *Politik* betonte er, dass alles »mehrfach im Laufe des Weltalters erfunden wurde, oder im Laufe einer Zeit ohne Ziffern«. Da er außerdem in einem Goldenen Zeitalter lebte, war die Technologie auf einem höchsten zu erreichenden Niveau, was weiteren Fortschritt entbehrlich machte. Was Erfindungen betraf, galt auch für Individuen – ein und derselbe Mensch wurde wieder und wieder geboren, während die blinden Zyklen des Universums vor sich hin kreisten. Laut Chrysippos in seinem verschollenen Werk *Über den Kosmos* lehrten die Stoiker, dass »der Unterschied zwischen einer früheren und jetzigen Existenz bloß äußerlich und zufällig ist; doch führen diese Unterschiede nicht zu einem neuen Menschen, der sich von seinem Gegenstück aus einem früheren Weltalter unterscheidet«.[52] Im Universum selbst sei, Parmenides zufolge, jeder Eindruck von Veränderung bloße Illusion, da das »unerschaffene und unzerstörbare« Universum sich in einer konstanten Perfektion befinde, »in dem alles vollständig, ortsfest und endlos ist«.[53] Andere einflussreiche Griechen wie die Ionier lehrten, das Universum sei zwar unbegrenzt und ewig, jedoch seinerseits der Abfolge unendlicher Kreisläufe unterworfen. Platon sah das etwas anders, doch glaubte auch er felsenfest an Zyklen und dass, durch ein ewiges Gesetz bewirkt, auf jedes Goldene Zeitalter Chaos und Zusammenbruch folgen müssten.

Schließlich ließen die Griechen es sich nicht nehmen, den Kosmos sowie unbelebte Dinge im Allgemeinen in *lebende Wesen* zu verwandeln. Platon lehrte, der Demiurg habe den Kosmos als »einzelnes sichtbares lebendiges Gebilde« geschaffen, wodurch auch der Welt eine Seele zukomme. Obwohl sie »alleinsteht«, sei sie »durch ihre Vortrefflichkeit in der Lage, sich selbst Gesellschaft zu leisten, wobei sie keine weiteren Bekanntschaften oder Freunde braucht, sondern sich selbst genügt«.[54]

So man aber Mineralien Leben zuerkennt, geht die Erklärung natürlicher Phänomene notwendig in eine falsche Richtung. Man schreibt dann den Grund, warum ein Gegenstand sich bewegt, *Motiven* zu und nicht natürlichen Ursachen. Von den Stoikern, insbesondere von Zenon, dürfte die Idee stammen, den Gang des Kosmos auf der Basis seiner willentlichen Vorsätze zu erklären, doch wurde sie bald Allgemeingut. So bewegten sich Aristoteles zufolge die Gestirne in Kreisen, weil ihnen diese Bewegung so gut gefiel und Dinge fielen deswegen zu Boden, »weil sie eine angeborene Liebe für den inneren Kern der Welt empfinden«.[55]

Letztlich wurden die griechischen Denkschulen durch ihre eigene innere Logik auf ein totes Gleis gefahren. Nach Platon und Aristoteles gab es bis auf einige Erweiterungen der Geometrie kaum mehr Neues. Als Rom die griechische Welt in sich eingliederte, begrüßte es die griechischen Denkschulen – ihre Gelehrten hatten den gleichen Erfolg unter der Republik wie unter Caesar.[56] Auch im Byzantinischen Reich sollten die Denkschulen nicht untergehen, doch misslang ihnen hier erneut jede Innovation.[57] Der Niedergang Roms behinderte die Ausbreitung des menschlichen Wissens nicht mehr als die »Genesung« des griechischen Denkens, die diesen Prozess wieder neu beginnen ließ. Das griechische Denken war ein Hindernis für den Aufstieg der Wissenschaft! Es führte weder die Griechen noch die Römer zu einem wissenschaftlichen Verständnis und erstickte zudem den intellektuellen Fortschritt im Islam, wo es ebenfalls sorgfältig studiert und aufrechterhalten wurde.

Der Islam

Man könnte denken, dass die Vorstellung, die sich der Islam von Gott macht, dem Aufstieg der Wissenschaft hätte günstig sein müssen. Aber so war es nicht.[58] Allah wird nicht als gesetzgebender Schöpfer angesehen, sondern als ein extrem tatkräftiger Gott, der genau so weit in die Welt eindringt, wie er es für angemessen hält. Über diese Vorstellung entstand im Islam ein großer theologischer Block, der alle Versuche, Naturgesetze zu formulieren, als Blasphemie verurteilt, da sie ja Allahs Handlungsfreiheit leugnen würden. So machte der Islam sich nie wirklich die Idee zu eigen, dass das Universum auf bestimmten, von Gott zu Anfang festgelegten Grundprinzipien beruhe, sondern er glaubt vielmehr, dass Gott mittels seines Willens kontinuierlich auf die Welt einwirke. Als Beleg hierfür gilt eine Aussage des Korans: »Wen Allah will, leitet er irre, und wen er will, den führet er auf den rechten Pfad«. Obwohl die Zeile sich auf Gottes Beeinflussung individueller Schicksale bezieht, wurde sie zumeist so verstanden, als bezöge sie sich praktisch auf alle Dinge.

Wann immer es um islamische Wissenschaft und Bildung geht, betonen die meisten Historiker, dass das griechische Denken schon seit Jahrhunderten lebendiger Teil des Islams war, während es in der christlichen Welt noch lange nicht ankam. Das ist sicher richtig, nicht anders als der Umstand, dass etliche klassische Schriften das christliche Europa erst über den Kontakt mit dem Islam erreichten. Und doch hat der Besitz der griechischen Erkenntnisse zu keinem bedeutenden intellektuellen Fortschritt im Islam geführt, ganz zu schweigen von einer Entwicklung islamischer Wissenschaften. Stattdessen sahen muslimische Intellektuelle im griechischen Denken, zumal in den Arbeiten von Aristoteles, gewissermaßen eine heilige Schrift,[59] der man vielmehr *glaubte,* als dass man sie auslotete.

Das griechische Denken unterband jede Möglichkeit eines Aufstiegs der islamischen Wissenschaft, und zwar aus dem gleichen Grund, aus dem es selbst zum Stillstand kam: der Annahme von Thesen, die im fundamentalen Gegensatz zur Wissenschaft standen. Das *Rasa'il Ichwan as-Safa,* die große Enzyklopädie des Wissens, verfasst von frühen muslimischen Gelehrten, übernahm zur Gänze die griechische Vorstellung der Welt als eines großen, bewussten und lebendigen Organismus, der zugleich einen Intellekt und eine Seele hat.[60] Die Chancen für die Wissenschaft wurden auch dann nicht verbessert, als im 12. Jahrhundert der gefeierte Philosoph Averroës und dessen Studenten aus ihren Werken alle muslimischen Doktrinen zu streichen begannen, die durch die *Rasa'il Ichwan as-Safa* nicht gedeckt waren. Vielmehr wurden Averroës und seine Jünger zu unbeugsamen und doktrinären Aristotelikern. Die aristotelische *Physik,* so behaupteten sie, sei vollendet und unfehlbar – und sofern einmal eine Beobachtung, die jemand anstellte, nicht mit Aristoteles' Ansichten in Einklang zu bringen war, musste die Beobachtung sicherlich falsch sein oder eine Illusion.

Daher konnten islamische Gelehrte nennenswerte Fortschritte einzig auf bestimmten Fachgebieten erlangen, etwa in Teilbereichen der Astronomie und Medizin, die keine allgemeine theoretische Grundlage benötigten. Doch war es nach einer Weile selbst mit diesen Fortschritten vorbei.

Im Gegensatz zu den üblichen Darstellungen hat die »Genesung« des griechischen Denkens Europa nicht wieder auf Kurs in Richtung Wissenschaft gebracht. Angesichts der Wirkung, die dieses Denken auf die Griechen, die Römer und die Muslime hatte, scheint es von größter Wichtigkeit gewesen zu sein, dass die griechische Philosophie erst dann in Europa zugänglich wurde, *nachdem* christliche Gelehrte ein unabhängiges intellektuelles Rahmengerüst aufgebaut hatten. Das heißt, als ihnen die Arbeiten Aristoteles' zum ersten Mal begegneten, waren sie bereits willens und fähig, sie anzufechten! Als die Scholastiker sich der Wissenschaft annäherten, standen sie in direkter Opposition zu Aristoteles und anderen klassischen griechischen Autoren. Zwar waren viele Gelehrte des Mittelalters, die außerhalb der Wissenschaft standen (und vornehmlich in der Kunst und der spekulativen Philosophie zu Hause waren), glühende Bewunderer der griechisch-römischen Klassiker und viele große Wissenschaftler des 16. und 17. Jahrhunderts sprachen regelmäßig von ihrer »Schuld« gegenüber Aristoteles und anderen. Allerdings widerlegten ihre eigenen Arbeiten praktisch alles, was die Griechen über die Funktionsweisen der Welt je gesagt hatten.

Dies soll die Bedeutung des griechischen Denkens für die christliche Theologie oder überhaupt das intellektuelle Leben in Europa keineswegs schmälern. Augustinus etwa war direkter Erbe dessen, was die griechische Philosophie im Ganzen hinterlassen hatte, und Thomas von Aquin und die Seinigen sprachen der hellenistischen Bildung gegenüber stets ihren großen Dank aus. Dennoch widersetzten sich Augustinus sowie die Scholastiker dem anti-wissenschaftlichen Element des griechischen Denkens, und lange bevor die griechisch-römische Bildung der Klassiker-Abteilung überantwortet wurde, war sie gerade *nicht* die bevorzugte Philosophie der Wissenschaftler. Es ist zwar richtig (und wird ständig von Altphilologen hervorgehoben), dass Newton in einem Brief an Robert Hooke im Jahre 1675 schrieb, »wenn ich weiter geblickt habe (als Sie und Descartes), so deshalb, weil ich auf den Schultern von Riesen stand«, doch findet sich eine derartige Hochachtung für die Altvorderen weder in seiner Arbeit noch in seinem Habitus. Vielmehr standen Newton und seine Kollegen, als sie ihren Durchbruch schafften, geradewegs in Opposition zu den griechischen »Riesen«. Die Errungenschaften der Großmeister des 16. und 17. Jahrhunderts – darunter Descartes, Galilei, Newton und Kepler – bezeugten im Gegenteil einen felsenfesten Glauben an einen Schöpfergott, dessen Werk von rationalen Gesetzen bestimmt war, die noch immer der Entdeckung harrten.

Der Aufstieg der Wissenschaft war kein Ausläufer der klassischen Bildung, sondern eine natürliche Folge der christlichen Lehrmeinung, dass die Natur nur deshalb existiere, weil Gott sie erschaffen habe. Um Gott tatsächlich lieben und ehren zu können, ist es notwendig, die Wunder seines Könnens zur Gänze zu würdigen. Und da Gott perfekt ist, stehen die Funktionen seines Könnens in Harmonie mit *unveränderlichen Prinzipien*. Wenn man nur weidlich Gebrauch der gottgegebenen Kräfte der Vernunft und der genauen Beobachtung macht, sollte es möglich sein, diese Prinzipien zu erkennen.

So lauteten die wesentlichen Ideen, welche dafür verantwortlich waren, warum die Wissenschaft im christlichen Europa zur Geltung kam und nirgendwo sonst.

Die Segnungen, die die Theologie der Vernunft mit sich brachte, waren nicht nur auf die Wissenschaften beschränkt. Von Beginn an zeigte sich das Christentum ebenso erfinderisch in seinen Entwürfen der menschlichen Natur und in Fragen der Moral. An erster Stelle standen Entwürfe grundlegender Menschenrechte, etwa der Freiheit. Im Hintergrund solcher Ideen und Vorschläge gab es aber etwas noch Fundamentaleres: die »Entdekkung« des Individualismus, letztlich des menschlichen Selbst.

Die Aussage, dass der Individualismus überhaupt erst *entdeckt* werden musste, erscheint dem modernen Geist absurd, und in gewissem Maß ist sie das auch. Alle normalen Menschen sehen sich als Einzelwesen mit einem je singulären Blick auf die Welt und einem völlig singulären Nervensystem. Dennoch betonen manche Kulturen die persönliche Eigenständigkeit, während andere die Kollektivität hervorheben und das Gespür für das Ich unterdrücken. Im zweiten Fall, der sich weltgeschichtlich weitaus häufiger findet, ist die Wahrnehmung des eigenen »Seins« vielmehr ins Kollektive verlagert: jedes individuelle Recht, das jemand besitzt, wird nicht ihm selbst gewährt, sondern seiner *Gruppe*. Gleichzeitig ist sie es, die ihm Rechte überträgt und gewährt. Unter diesen Bedingungen glaubt niemand daran, dass er allein »der Meister seines Schicksals« sei. Vielmehr drängt sich ihm der Fatalismus-Gedanke auf: denn das eigene Schicksal scheint nicht der eigenen Kontrolle zu unterliegen, sondern voll und ganz von äußeren Kräften bestimmt zu sein.

Selbst die griechischen Philosophen besaßen noch kein Konzept, das unserer Vorstellung einer »Person« entsprochen hätte.[61] So lag Platons Augenmerk, als er den *Staat* schrieb, auf der Polis, der Stadt, und nicht auf ihren Bürgern – er stellte sogar den Privatbesitz in Abrede. Im Gegensatz dazu legte das christliche politische Denken stets den Schwerpunkt auf den individuellen Bürger, und dieser Umstand prägte ganz entschieden die Ansichten späterer europäischer politischer Philosophen wie Hobbes und Locke. Hieran lag etwas ganz entschieden Revolutionäres, da die christliche Betonung des Individualismus letztlich eine »kulturelle Exzentrizität« darstellte.[62] Auch das Konzept der Freiheit gibt es in vielen, vielleicht sogar den meisten Kulturen überhaupt nicht. Sehr viele nicht-europäische Sprachen besitzen für Freiheit nicht einmal ein Wort.[63]

Es ist daher kein Wunder, dass die avancierteren dieser Kulturen allesamt die Sklaverei begrüßten und despotische Staaten hervorbrachten, in denen ein Begriff wie »individuelle Menschenrechte« gar nicht hätte verstanden werden können. So lange das der Fall war, fehlte auch die für den Aufstieg des Kapitalismus notwendige Freiheit. Um diese Heraufkunft überhaupt nachvollziehen zu können, muss man zunächst verstehen, wie und wann die Europäer Begriffe wie Individualismus, Freiheit und Menschenrechte entwickelt haben.

Der Aufschwung des Individualismus

Man vergleiche die Dramen Shakespeares mit denen der alten Griechen. Colin Morris wies darauf hin, dass

Ödipus sein trauriges Ende gar nicht kraft seiner Taten verdient hatte. Sein »persönlicher Charakter … spielt in seinem Unglück überhaupt keine Rolle, dieses wird ihm von einem Schicksal verordnet, das von seinen Begierden ganz unabhängig ist«.[64] Nicht, dass Ödipus keine Fehler gehabt hätte, doch ging mit seinem Vergehen keinerlei Schuldbewusstsein einher; er fiel einfach seiner Bestimmung zum Opfer. Im Gegensatz dazu waren Othello, Brutus oder das Ehepaar Macbeth alles andere als Gefangene eines blinden Schicksals. Wie Cassius es gegenüber Brutus ausdrückt: »Der Fehler, lieber Brutus, liegt nicht in den Sternen, sondern in uns selbst.«[65]

Es ist viel geschrieben worden über die Ursprünge des Individualismus.[66] All diese Bücher und Artikel sind sicher sehr gelehrt und mitunter sogar übertrieben fachkundig. Doch haftet ihnen auch etwas seltsam Vages und Ausweichendes an, womöglich, weil sie sich scheuen ihre eigene Grundthese offen auszusprechen: dass nämlich die westliche Vorliebe für den Individualismus durch das Christentum herbeigeführt wurde.

Seit Anbeginn lehrt das Christentum, dass die Sünde eine persönliche Angelegenheit sei, dass sie also nicht vorrangig in einer Gruppe zu finden sein könne, sondern jedes Individuum sich um sein persönliches Seelenheil selbst zu kümmern habe. Vielleicht ist für die christliche Hervorhebung des Individualismus nichts so wichtig wie die Doktrin des freien Willens. Wenn der Fehler, wie Shakespeare schrieb, »in uns selbst liegt«, dann nur deshalb, weil wir überhaupt eine Wahl haben und es uns obliegt, sie richtig zu treffen. Anders als bei den Griechen und Römern, deren Götter bemerkenswert wenige Werte kannten und die sich kaum um menschliches Fehlverhalten scherten (es sei denn, man hatte die Götter nicht gebührend gnädig gestimmt), ist der christliche Gott ein Richter, der die »Tugend« belohnt und die »Sünde« bestraft. Dieses Konzept ist mit dem Fatalismus nicht vereinbar. Etwas anderes zu behaupten, liefe darauf hinaus, für die eigenen Sünden Gott verantwortlich zu machen. Es hieße, dass Gott die Sünden nicht nur bestraft, sondern sie auch selbst ins Werk setzt. Eine solche Idee liefe der gesamten christlichen Vorstellungswelt zuwider. Die Ermahnung »Geh hin und sündige nicht mehr« würde ins Leere laufen, wären wir bloße Gefangene unseres Schicksals. Ganz im Gegenteil beruht das Christentum auf der grundlegenden Doktrin, dass den Menschen die Möglichkeit und damit auch die Verantwortung mitgegeben ist, über ihre Handlungen selbst zu entscheiden. Wieder und wieder hat Augustinus betont, dass wir »einen Willen besitzen« und dass »daraus folgt, dass, wer immer auch rechtschaffen zu leben wünscht, dies auch erreichen kann«.[67] Dies widerspricht auch gar nicht der Lehre, dass Gott bereits im Voraus weiß, welche Wahl wir treffen werden. In Widerrede zu den griechischen Philosophen beteuerte Augustinus, »dass einerseits Gott alles weiß, bevor es geschieht, und dass andrerseits wir all das mit freiem Willen tun, was immer wir nach dem Zeugnis unserer Empfindung und unseres Bewusstseins nur mit freiem Willen tun. Dagegen behaupten wir nicht, dass alles auf Grund eines Fatums geschehe«.[68] Während Gott zwar weiß, für welche Handlungen wir uns frei entscheiden werden, greift er doch nicht ein! Es bleibt daher uns überlassen, die Tugend oder die Sünde zu wählen.

Augustinus' Ansichten fanden in Generationen christlicher Denker ihren Nachhall. Thomas von Aquin etwa griff sie auf, als er schrieb, dass die Lehre, der zufolge die Menschen eine moralische Wahlfreiheit hätten und Gott dennoch omnipotent sei, keineswegs einen Widerspruch in sich berge: »Ein Mensch kann seine Handlungen seinerseits bestimmen und leiten. Die Kreatur nimmt daher teil an der göttlichen Vorsehung nicht nur, indem sie beherrscht wird, sondern auch indem sie selbst herrscht.«[69] Augustinus nahm sogar bereits Descartes' berühmtes »Ich denke, also bin ich« vorweg,[70] etwa in Aussagen wie diesen: »Ohne daß sich irgendwie eine trügerische Vorspiegelung der Phantasie und ihrer Gebilde geltend machen könnte, steht mir durchaus fest, daß ich bin, daß ich das weiß und es liebe. In diesen Stücken fürchte ich durchaus nicht die Einwendungen der Akademiker, die da entgegenhalten: Wie aber, wenn du dich täuschest? Wenn ich mich nämlich täusche, dann bin ich. Denn wer nicht ist, kann sich natürlich auch nicht täuschen; und demnach bin ich, wenn ich mich täusche ... Folglich täusche ich mich auch darin nicht, daß ich um dieses mein Bewußtsein weiß. Denn so gut ich weiß, daß ich bin, weiß ich eben auch, daß ich weiß.«[71]

Der Gedanke des freien Willens kam zwar ursprünglich nicht von den Christen (Cicero hatte bereits Ähnliches wie Augustinus gesagt[72]), doch war er für sie viel mehr als eine obskure Angelegenheit der Philosophie. Der freie Wille war vielmehr das Grundprinzip ihres Glaubens. Während die gewöhnlichen Griechen und Römer dem Fatalismus zusprachen, ungeachtet der Vorbehalte mancher ihrer alten Philosophen, lehrte Jesus dagegen, dass jedes Individuum für seine moralischen Fehltritte einstehen und büßen müsse, weil diese eben *falsche Entscheidungen* darstellten. Es hätte keine zwingendere intellektuelle Gewichtung des Selbst und der Individualität geben können als diese.

Die Abschaffung der mittelalterlichen Sklaverei

Der Aufstieg des Individualismus regte nicht nur zur Selbstbeobachtung an, sondern warf auch Fragen bezüglich der Grenzen persönlicher Freiheit auf. Wenn wir Einzelwesen sind, die nach unseren Handlungen beurteilt werden, für die wir uns frei entschieden haben, welche Pflicht hat der Christ dann bezüglich der Handlungsfreiheit eines anderen? Als die Kirchenväter über die Implikationen des freien Willens sinnierten, gerade auch nach dem Fall von Rom, wurde ihnen die Institution der Sklaverei immer zweifelhafter.

Anders als in asiatischen Sprachen gibt es im Griechischen wie im Latein Wörter für Freiheit, ebenso betrachteten viele Griechen und Römer sich als frei. Jedoch stand ihre Freiheit im Kontrast zu einer Masse von Sklaven, da die Freiheit in antiken Zeiten ein Privileg darstellte, aber kein Recht.

Platon opponierte gegen die Versklavung der »Hellenen«, also seiner griechischen Landsleute, sah die »barbarischen«, sprich fremdländischen Sklaven wiederum als eminent wichtig für seinen idealen Staat an, da diese in ihm alle produktive Arbeit übernehmen sollten.[73] Die Regeln, die Platon für die Behandlung der Sklaven vorsah, waren sogar ganz besonders brutal.[74] So glaubte er, dass Menschen nicht durch einen bösen Zufall zu Sklaven würden, sondern dass die Natur selbst »Sklavenvölker« erschaffe, denen durch geistige Unfähigkeit der Weg zu Tugend und Kultur verbaut sei und die allein dienen könnten. Obwohl sie, wie Platon es sah, streng diszipliniert werden müssten, damit keine sozialen Unruhen unter ihnen ausbrachen, so sollten sie doch niemals grausam behandelt werden.[75] Aus Platons Testament geht hervor, dass er selbst auf seinem Grundstück fünf Sklaven beschäftigte.

Aristoteles wiederum lehnte den Standpunkt der Sophisten ab, demzufolge jegliche Autorität auf Gewalt beruhe und sich daher von selbst rechtfertige, da er die politische Tyrannei zu verurteilen suchte. Wie wäre die Sklaverei aber ansonsten zu rechtfertigen? Ohne dass Sklaven sich um die körperliche Arbeit kümmerten, so Aristoteles, hätten die aufgeklärten Männer weder genügend Zeit noch Energie, um sich auf den Weg der Tugend und Weisheit zu begeben. Auch stützte er sich auf Platons biologistische Ansicht, dass die Sklaverei sich schon dadurch rechtfertige, dass dumme Rohlinge sich als Sklaven ungleich mehr anboten, als freie Männer. »Von der Stunde ihrer Geburt an sind manche zur Unterwerfung ausersehen, andere zur Herrschaft.«[76] Als er starb, besaß Aristoteles auf seinem Anwesen vierzehn Sklaven.

Der Niedergang der Sklaverei war in der Spätzeit des römischen Imperiums eine direkte Folge von dessen militärischer Schwäche. Nicht länger wurden dicke Trauben von Gefangenen auf siegreichen Schiffen zu den Sklavenmärkten verschickt. Zudem ging die Geburtenrate unter den römischen Sklaven, die ausgezehrt waren und denen es an Frauen mangelte, steil nach unten. Schließlich führte der Fehlbestand an Sklaven dazu, dass Landwirtschaft und Industrie eine neue Figur entstehen ließen: den freien Lohnarbeiter, auf den sie sich fortan stützten.

Nach dem Fall von Rom und mit den erfolgreichen Militärfeldzügen der neuen germanischen Reiche wuchs der Sklaverei eine zentrale Rolle in der Produktion zu. Obwohl niemand genau weiß, wie viele Sklaven es in Europa während des, sagen wir, 6. Jahrhunderts gab, so scheinen sie doch in rauen Mengen vorhanden und ihre Behandlung durchweg gröber gewesen zu sein als zu Zeiten der Antike. In den Gesetzbüchern der diversen germanischen Verbünde, die nun anstelle der römischen Statthalter regierten, waren Sklaven nicht mit anderen Menschen, sondern dem Viehbestand gleichgestellt. Nichtsdestotrotz sollte die Sklaverei einige Jahrhunderte später bereits der Vergangenheit angehören.

Manche Historiker bestreiten, dass der Sklaverei des Mittelalters tatsächlich ein Ende gesetzt wurde – vielmehr glauben sie bloß an eine sprachliche Verschiebung, bei der aus dem Wort »Sklaven« das Wort »Leibeigene« gemacht wurde.[77] Doch ist es nicht die Geschichte, die hier linguistische Spielchen spielt, es sind die Historiker. Leibeigene gehörten nicht zum Mobiliarvermögen, sie besaßen Rechte und eine gewisse Privatsphäre. Sie konnten heiraten, wen sie wollten, und ihre Familien durften weder verkauft noch auseinandergerissen werden. Sie bezahlten ihre Miete, verfügten über ihre Zeit und entschieden, wie schnell oder langsam sie eine Arbeit verrichteten.[78] Sofern ein Leibeigener, wie es mancherorts geschah, seinem Herrn eine feste Anzahl von Arbeitstagen pro Jahr schuldete, war seine Verpflichtung eben nicht unbegrenzt und eher der eines Leiharbeiters, denn eines Sklaven vergleichbar. Auch waren die Leibeigenen zwar über viele Obliegenheiten an ihre Herren gebunden, diese jedoch auch an sie, ebenso wie an eine höhere Autorität, der sie wiederum unterstanden. Und so ging es die Leiter immer weiter nach oben, denn die Koppelung gegenseitiger Verpflichtungen war ein Wesensmerkmal des Feudalismus.[79]

Selbst wenn man nicht behaupten kann, dass die Bauern des Mittelalters im heute gebräuchlichen Sinn frei gewesen wären, so waren sie doch keine Sklaven. Die brutale Institution der Sklaverei war am Ende des 10. Jahrhunderts zur Gänze aus Europa verschwunden. Nun gestehen die meisten heutigen Historiker diesen Umstand zwar ein, doch wollen immer noch die wenigsten wahrhaben, dass das Christentum dafür verantwortlich war. Robert Fossier schrieb etwa: »Die allmähliche Aufhebung der Sklaverei war in keiner Weise das Werk von Christen. Die Kirche legte den Sklaven vielmehr Demut nahe und versprach eine Gleichstellung im Jenseits ... Sie hatte keine Gewissensbisse, als riesige Herden von Tieren mit menschlichem Antlitz in der Knechtschaft verblieben.«[80] Auch Georges Duby sah die Kirche bei der Aufhebung der Sklaverei gänzlich unbeteiligt: »Das Christentum hat die Sklaverei nicht verurteilt, sondern ihr höchstens einen flüchtigen Knuff verpasst.«[81] Man behauptet stattdessen, die Sklaverei sei verschwunden, weil sie unrentabel wurde und einem veralteten Produktionsmodell entsprach.[82] Selbst Robert Lopez übernahm diese Sichtweise und behauptete, die Sklaverei sei nur verschwunden, weil durch Erfindungen wie das Wasserrad »die Sklaven nutzlos oder unergiebig« geworden waren.[83] So entstand die Idee, dass das Ende der Sklaverei auf keiner moralischen Entscheidung, sondern auf reinem Egoismus seitens der Elite beruht habe. Das gleiche Argument wird angeführt, wenn es um die Abschaffung der Sklaverei in der westlichen Hemisphäre geht. Das eine wie das andere steht selbstverständlich im Einklang mit marxistischen Lehrmeinungen, nicht jedoch mit ökonomischen Realitäten. Selbst zu Beginn des amerikanischen Bürgerkriegs stellte die Sklaverei sehr wohl noch einen sehr profitablen »Produktionszweig« dar.[84] Nicht anders war es im Europa des frühen Mittelalters.

Doch genug davon! Die Sklaverei kam im mittelalterlichen Europa nur zum Erliegen, weil die Kirche ihre Sakramente nun auch auf Sklaven erweiterte und es ihr gelang, ein Verbot der Versklavung von Christen (aber auch Juden) durchzusetzen. Im damaligen Kontext kam diesem Verbot tatsächlich der Rang einer universalen Abschaffung zu.

Zu Beginn hatte die Kirche die Sklaverei durchaus als legitim angesehen, wenn auch mit einer gewissen Doppeldeutigkeit. Schauen wir etwa auf die hierzu prominenteste Stelle im Neuen Testament (Brief an die Epheser 6,5-8): »Ihr Sklaven, gehorcht euren irdischen Herren mit Furcht und Zittern und mit aufrichtigem Herzen, als wäre es Christus ... Denn ihr wisst, dass jeder der etwas Gutes tut, es vom Herrn zurückerhalten wird, ob er ein Sklave ist oder ein freier Mann.« Doch zitiert man nur ungern auch das hierauf Folgende (6,9): »Ihr Herren, handelt in gleicher Weise gegen eure Sklaven! Droht ihnen nicht! Denn ihr wisst, dass ihr im Himmel einen gemeinsamen Herren habt. Bei ihm gibt es kein Ansehen der Person.« Dass Gott alle gleich behandelt, ist von fundamentaler Wichtigkeit für die christliche Botschaft, der zufolge alle Menschen erlöst werden. Das war es, was die frühe Kirche darin bestärkte, Sklaven in den Glauben aufzunehmen und wenn möglich ihre Freiheit zu erwirken. Selbst Papst Calixt I. (gestorben 222) war einmal ein Sklave gewesen.

So lange das Römische Reich bestand, hielt die Kirche ihre Legitimierung der Sklaverei aufrecht. Das christliche Konzil in Granges verurteilte im Jahr 324 jeden, der unter den Sklaven Unmut entfachte,[85] was im Umkehrschluss natürlich bedeutet, dass es einen solchen auch gab. Und doch wuchs die Spannung zwischen der Befürwortung der Sklaverei und der Hervorhebung der Gleichheit aller Menschen vor Gott. Als das Imperium dahinschied, wurde der Druck sogar noch größer, da die Kirche weiter auf Letzterem beharrte, immer mehr Sklaven umwarb, aufnahm und ihnen einzig die Priesterweihe versagte. Pierre Bonnassie beschrieb diesen Umstand so: »Ein Sklave ... wurde getauft und hatte folglich eine Seele. Mithin war er unmissverständlich ein Mensch.«[86]

Da Sklaven nun als vollständige Menschen und Christen angesehen wurden, begannen Priester auch auf deren Besitzer einzuwirken, um die Sklaven freizulassen. Dies wurde ihnen als »unendlich rühmenswerter Akt« angepriesen, der auch ihrem eigenen Seelenheil zuträglich sei.[87] Die Glaubenslehre, dass Sklaven Menschen und kein Vieh seien, hatte noch eine weitere wichtige

Folge: die Mischehe. Obwohl diese fast überall in Europa verboten war, gibt es nicht wenige Beweise für solche Ehen ab dem 7. Jahrhundert, die zumeist freie Männer und weibliche Sklaven betrafen. Die berühmteste dieser Eheschließungen fand 649 statt, als der Frankenkönig Chlodwig II. die englische Sklavin Bathilde heiratete. Nach Chlodwigs Tod im Jahr 657 amtierte Bathilde als Regentin, bis ihr ältester Sohn den Thron übernehmen konnte. Auch nutzte Bathilde ihre Stellung, um dem Sklavenhandel ein Ende zu bereiten und Sklaven loszukaufen. Nach ihrem Tod wurde sie von der Kirche heiliggesprochen.

Am Ende des 8. Jahrhunderts opponierte Karl der Große gegen die Sklaverei, während der Papst und andere einflussreiche Kirchenmänner die Position der heiligen Bathilde übernahmen. Als das 9. Jahrhundert anbrach, wetterte Bischof Agobard von Lyon: »Alle Menschen sind Brüder, alle rufen den gleichen Vater an – Gott: die Sklaven und die Herren, die Armen und die Reichen, die Unwissenden und die Gelehrten, die Schwachen und die Starken ... Keiner steht über dem anderen ... niemand ist versklavt oder frei ... sondern in allen Dingen und ewiglich gibt es nur Christus.«[88] Um die gleiche Zeit herum schrieb der Mönch Smaragd von Saint-Mihiel in einem Fürstenspiegel, der Karl dem Großen zugeeignet war: »Barmherzigster König, bitte untersagt, dass es Sklaven gibt in Eurem Reich.«[89] Bald schon »bezweifelte niemand mehr, dass die Sklaverei dem göttlichen Gesetz zuwiderlief«.[90] Im 11. Jahrhundert engagierten sich sowohl der heilige Wulfstan wie der heilige Anselm von Canterbury für eine Ausmerzung der letzten Überreste der Sklaverei und bald darauf sollte es heißen: »Kein Mensch, jedenfalls kein Christ, soll darnach berechtigterweise als das Eigentum eines anderen gehalten werden dürfen.«[91] Doch gab es auch Ausnahmen, die immer wieder durch Wechselwirkungen mit dem Islam entstanden. So fuhren in Spanien die christlichen und muslimischen Armeen damit fort, die Gefangenen der jeweils anderen Seite nach einer Schlacht zu versklaven. Auch bestand der Sklavenhandel, bei dem norditalienische Exportunternehmen und muslimische Käufer beteiligt waren, bis ins 15. Jahrhundert hinein fort, ungeachtet der Kirchenmeinung. Die Zahl der bei diesem Handel beteiligten Sklaven war klein. Sie wurden aus sklavischen Stämmen des Kaukasus eingekauft (das Wort »Sklave« ist von »Slav« abgewandelt) und manche wurden als eine Art Luxusgut von sehr reichen Italienern wie den Medici gehalten, die meisten jedoch wurden in islamische Länder exportiert. Besonders weiße Sklaven waren »wertvoller als Gold, wenn mit Ägyptern gehandelt wurde«.[92] Dieser Restbestand des Sklavenhandels wurde regelmäßig von Kirchenseite verurteilt und verkümmerte mit der Zeit, um jedoch mit voller Kraft erneut in der Neuen Welt aufzutauchen. Die Kirche opponierte vehement und schickte im 16. Jahrhundert einige wütende Stiere gegen den Sklavenhandel der Neuen Welt ins Feld – jedoch war der damalige Einfluss der Päpste allzu beschränkt, so dass ihr zorniger Widerstand erfolglos blieb.[93]

Das theologische Fazit, dass die Sklaverei eine Sünde sei, ist dem Christentum exklusiv zu eigen (auch wenn einige jüdische Religionsgemeinschaften die Sklaverei ebenfalls verurteilten).[94] Auch hier kann man das Prinzip des theologischen Fortschritts am Werk sehen, der es nämlich Theologen ermöglichte, neue Interpretationen in die Glaubenslehre einzubringen, ohne sich dem Vorwurf der Ketzerei aussetzen zu müssen. Wie schon gesagt, orientieren sich alle anderen großen Religionen streng auf die Vergangenheit hin und huldigen dem Prinzip, dass die Geschichte rückschrittlich sei und Fehler stets nur von späteren Generationen gemacht werden können. Daher würden Buddhisten, Konfuzianer, Hindus und auch Moslems niemals sagen, dass die Weisen und Heiligen der vergangenen Zeiten ein unvollständiges oder gar fehlerhaftes Verständnis ihrer Religion gehabt hätten. Während christliche Theologen auf überzeugende Weise den Willen Gottes, so wie Paulus ihn verstand, auf die Sklaverei hin korrigieren können, wären solche Verbesserungen in den anderen Religionen undenkbar – es sei denn als Häresien. Ein zweiter wichtiger Punkt ist, dass sich von allen Weltreligionen nur das Christentum ernsthaft und ausdauernd mit den Menschenrechten – und weniger mit den menschlichen Pflichten – auseinandergesetzt hat. Die anderen großen Glaubensrichtungen schmälern den Individualismus und betonen die Gebote des Kollektivs. Sie sind, wie Ruth Benedict es treffend ausgedrückt hat, weniger Kulturen der Schuld, als vielmehr der Scham.[95] Man bedenke erneut, dass es in den Sprachen, in denen ihre Glaubensschriften verfasst wurden (einschließlich des Hebräischen) nicht einmal ein eigenes Wort für »Freiheit« gibt.[96]

Was den Islam angeht, steht vor der theologischen Verurteilung der Sklaverei eine unüberwindbare Mauer: Mohammed kaufte, verkaufte und besaß selbst Sklaven, die er zu diesem Zweck eigens gefangen genommen hatte.[97] Dennoch verlangte der Prophet, dass sie gut behandelt werden: »Gebt ihnen das zu essen, was auch ihr verzehrt und versorgt sie mit der gleichen Kleidung wie euch selbst ... Sie sind Menschen Gottes wie ihr, seid also gut zu ihnen.«[98] Auch entließ Mohammed einige seiner Sklaven zurück in die Freiheit, adoptierte einen als seinen Sohn und heiratete eine Sklavin. Darüber hinaus sagt der Koran, dass es falsch sei, »eure Sklavinnen zur Prostitution zu nötigen« (24:33) und dass einem Gläubigen für die Tötung eines anderen Gläubigen vergeben werde, so er zur Sühne einen Sklaven in die Freiheit entlässt. Die Vorbildfunktion Mohammeds und seine Ermahnungen führten vermutlich zu besseren Lebensbedingungen der Sklaven im Islam, allemal verglichen mit denen in Griechenland und Rom. Und doch wurde die grundlegende Sittlichkeit der Institution Sklaverei nie in Frage gestellt. Dass christliche Theologen die biblische Rechtfertigung der Sklaverei weitestgehend umgehen konnten, wäre nie möglich gewesen, wenn Jesus selbst Sklaven gehalten hätte.[99] Dass Mohammed das sehr wohl getan hat, stellte für muslimische Theologen ein Faktum dar, das sie durch kein intellektuelles Manöver hätten umschiffen können, selbst wenn sie es gewollt hätten.

Wenn der Erfolg des Abendlandes auf Siegen der Vernunft beruht, dann war der Aufstieg des Christentums sicher das wichtigste Ereignis in der europäischen Geschichte. Es war die Kirche, die eine unerschütterliche Basis für die Kraft der Vernunft und der Möglichkeit des Fortschritts bot – das Prinzip des »Eines Tages werden wir ...« lag hierin beschlossen. Und eines Tages »taten wir« genau dies. Auch gab es keine jahrhundertelange Verzögerung des Versprechens durch Aberglauben und Unwissenheit. Der intellektuelle wie der materielle Fortschritt kam sehr schnell zustande, sobald einmal die engen Fesseln der römischen Unterdrückung wie des verfehlten griechischen Idealismus gelockert waren.

KAPITEL 2.
FORTSCHRITT IM MITTELALTER: TECHNISCH, KULTURELL UND RELIGIÖS

Der christliche Einsatz für die Vernunft und den Fortschritt war nicht bloßes Gerede; nach dem Untergang Roms läutete er eine Epoche bestechender Erfindungen und Innovationen ein. Um diese Leistung aber tatsächlich würdigen zu können, ist es notwendig, zunächst eine unerhörte Lüge aufzudecken, die seit langer Zeit unser geschichtliches Wissen verunstaltet.

Seit zwei oder drei Jahrhunderten hat jeder gebildete Mensch zu hören bekommen, dass Europa zwischen dem Untergang Roms und dem 15. Jahrhundert herum im »finsteren Mittelalter« festgesteckt habe – sprich in Jahrhunderten der Unwissenheit, des Aberglaubens und des Elends –, aus dem es unerwartet und gleichsam wie durch ein Wunder gerettet wurde, wofür einerseits die Renaissance, andererseits die Aufklärung verantwortlich gewesen sei.[1] Doch war es keineswegs so. Stattdessen überflügelte in diesen sogenannten finsteren Zeiten die europäische Technologie und Wissenschaft die gesamte restliche Welt.[2]

Die Vorstellung, dass Europa dem finsteren Mittelalter gleichsam zum Opfer fiel, ist ein Schwindel, den verbittert antireligiöse und vor allem anti-katholische Intellektuelle des 18. Jahrhunderts in die Welt gesetzt haben. Diese versuchten mit allen Mitteln, die kulturelle Überlegenheit ihrer eigenen Zeit hervorzuheben und untermauerten diesen Anspruch, indem sie frühere Jahrhunderte schlechtmachten. Mit einem Wort von Voltaire sprachen sie von dieser Zeit als einer, in der »Barbarei, Aberglaube und Unwissenheit das Angesicht der Erde bedeckten«.[3] Dergleichen Ansichten sind bis vor kurzem so oft und einträchtig wiederholt worden, dass selbst Lexika und Wörterbücher das »finstere« Mittelalter als historisches Faktum ansehen.[4] Manche Autoren gehen gar so weit zu behaupten, dass die Menschen, die, sagen wir, im 9. Jahrhundert lebten, ihre eigene Zeit als abergläubisch und zurückgeblieben betrachtet hätten.

Zum Glück sind diese Ansichten in den letzten Jahren so gründlich diskreditiert worden, dass selbst manche Enzyklopädien inzwischen damit anfangen, den Begriff des Finsteren Mittelalters als Mythos bloßzulegen.[5] Allerdings ist dieser Mythos so tief in unsere Kultur eingesunken, dass selbst die meisten Gelehrten es für bare Münze nehmen, dass sich – in den Worten Edward Gibbons – nach dem Untergang Roms »der Triumph der Barbarei und Religion« vollzog.[6] Zum Teil liegt das daran, dass es keine angemessenen, überblicksartigen Darstellungen dessen gibt, was wirklich geschehen ist.

Das Kapitel versucht, diese Lücke zu füllen. Es möchte etwa zeigen, dass, als mit dem Untergang des Römischen Reiches »Millionen Steuerzahler von ihrer bedrückenden Zwangsherrschaft befreit wurden«[7], viele neuartige Technologien entstehen konnten, welche rasch und weithin übernommen wurden, was wiederum zur Folge hatte, dass normale Leute fortan viel besser leben konnten und, nach Jahrhunderten des Niedergangs unter den Römern, die Bevölkerungen wieder zu wachsen begannen. Nicht länger mussten die produktiven Klassen bluten, um den gigantischen Ausschweifungen der römischen Eliten zu dienen, um imperialen Egos riesige Monumente zu bauen oder um die vielen römischen Kolonien mit gigantischen Armeen aufrechtzuhalten. Stattdessen wurden menschliches Arbeitsbemühen und Geschick nun auf andere Dinge verwendet – auf die Verbesserung der Landwirtschaft, der Seefahrt, des Gütertransports, des Kirchenbaus, der Kriegsführung, der Bildung und sogar des Musizierens. Da aber noch heute, Jahrhunderte später, viele Beispiele großer griechischer und römischer Baukunst als Ruinen stehen, sehen sich viele Intellektuelle veranlasst, den Verlust dieser »großartigen Zivilisationen« zu beklagen. Selbst viele, die sich ansonsten klar darüber sind, wie viel menschliches Leid diese Herrlichkeit gekostet hat, spielen die Sklaverei herunter und nennen sie »das Opfer, das für diese Errungenschaften bezahlt werden musste«.[8]

In mancherlei Hinsicht war der Untergang Roms eher der einer einzelnen Stadt und weniger der einer Zivilisation. Während des 2. Jahrhunderts zählte die Bevölkerung Roms eine ganze Million, im 8. Jahrhundert weniger als 50 000 und im Jahr 1377, als der Papst seinen Hofstaat von Avignon wieder zurück nach Rom verlegte, lebten in der Stadt nicht mehr als 15 000 Menschen. Obwohl die Stadtbevölkerung auch in anderen Teilen Europas zurückging, waren die Verluste in Italien jedoch moderat und bald wieder wettgemacht,[9] selbst auf dem Höhepunkt der imperialen Macht waren diese Städte, abgesehen von Rom, nicht groß – nur Mailand und Capua hatten mehr als 30 000 Einwohner.[10] Es stimmt natürlich, dass abseits des städtischen Niedergangs auch das gesamte Reich zerfiel. Bedauern kann dies jedoch nur, wer eine Vorliebe für lasterhafte Herrscher, gesprochenes Latein und der Reichen Müßiggang hat.

Deutlich gesprochen heißt das, dass zu lange zu viele Historiker leichtgläubig wie Touristen gewesen sind. Mit offenen Mündern bestaunten sie die alten Denkmäler, die Paläste, den offenkundigen Verfall Roms (oder Athens oder Istanbuls) und stellten dann gehässige Vergleiche an zwischen solch »kosmopolitischen« Metropolen und »provinziellen« Gemeinden wie etwa den mittelalterlichen Handelsstädten. Irgendwie scheinen diese Historiker, obgleich selbst mit nur bescheidenen Mitteln ausgestattet, stets vorausgesetzt zu haben, dass sie, hätten sie damals gelebt, sicher Teil der Elite und nicht der missmutigen, verarmten Massen gewesen wären. Freilich wäre ihnen das lieber gewesen, denn als bloße Bürger in langweiligen Mittelalter-Städtchen gelebt zu haben.

Aber vielleicht gab es die Langeweile ja auch gar nicht. Nachdem es die Fesseln der Tyrannen los war, erlebte das sogenannte finstere Mittelalter geradezu eine Explosion von Innovationen sowohl auf dem Gebiet der Technologie wie auf dem der Kultur. In manchen Fällen handelte es sich um genuine Erfindungen, anderes kam aus Asien herüber. Doch noch erstaunlicher am Mittelalter war der Umstand, dass das ganze Potential der neuen Technologien sehr rasch erkannt und weitgehend erschlossen wurde – so, wie man es von einer Kultur, die von einem Glauben an den Fortschritt dominiert wird, ja auch erwarten darf; man denke nur an Augustinus' Wort der »überschäumenden Erfindungen«. Auch war die Innovation nicht auf die Technologie beschränkt. Es gab ebenso einen bemerkenswerten Fortschritt im Bereich der Hochkultur – die Literatur, Kunst und Musik betreffend. Darüber hinaus sollten die neuen Technologien auch neue Organisations- und Verwaltungsformen anregen, was einen Höhepunkt in der Geburt des Kapitalismus in den großen klösterlichen Anwesen fand. Dies führte dann wiederum im Umkehrschluss zu einer vollkommenen Neubewertung der moralischen Implikationen des Handelsverkehrs seitens der Theologie. So lehnten die führenden Gelehrten es ab, Profit und Zinsgewinn im Vorhinein doktrinär zu beanstanden, wodurch sie zwei elementare Bestandteile des Kapitalismus für statthaft erklärten. So historisch wichtig all diese Entwicklungen jedoch auch waren, sie stellten doch eine »Revolution im Geheimen« dar, wie R. W. Southern[11] es treffend ausdrückte – geheim, weil wir in den meisten Fällen gar nicht wissen, wer da genau was, wann und wo entdeckt hat. Das einzige, was wir wissen, ist, dass sich durch diese Innovationen der Westen schlagartig an die Spitze der Welt setzten sollte.

Technischer Fortschritt

Der Umstand, dass es nach dem Untergang Roms zu einem solchen Boom der Erfindungen kam, beweist, dass despotische Staaten den Fortschritt pauschal hemmen und sogar verhindern. Warum sollten Bauern auch neue und bessere landwirtschaftliche Technologien übernehmen, wenn das Mehr an Produktion ihnen ja doch weggenommen wird? Wer würde seine Profite in die Ausweitung einer Industrie stecken, wenn diese durch den Adel enteignet wird? Erfindung und Innovation entstehen meist nur dann, wenn das Eigentum vor der Beschlagnahme geschützt ist – sei es, weil der Staat sie durch eigene Unordnung nicht bewerkstelligt oder weil sein Machteinfluss gemindert wird. Die imponierende Epoche der Innovation, die auf den Zusammenbruch Roms folgte, war so gesehen auch eine Vorschau auf die Zukunft und bot eine Gelegenheit für rapiden Fortschritt und die Heraufkunft des Kapitalismus. Es empfiehlt sich daher, das ganze Ausmaß der technologischen Innovationen des frühen Mittelalters in den Blick zu fassen. Hierbei lassen sich drei Varianten unterscheiden: Innovationen gesteigerter Produktionsfähigkeit, der Kriegsinstrumente und des verbesserten Transports.

Innovationen im Produktionsbereich

Womöglich war es die größte Leistung des Mittelalters, als erstes eine Wirtschaft herausgebildet zu haben, die nicht mehr allein auf menschlicher Arbeitskraft beruhte.

Die Römer hatten zwar die Wasserkraft begriffen, sahen aber keinen Anlass, sie auszuschöpfen, da sie ja genug Sklaven hatten, die sich um die entsprechenden Aufgaben kümmerten. Warum hätte ein römischer Edelmann sein Geld in die Konstruktion eines Abflusskanals und eines Wasserrads stecken sollen, um Getreide zu Mehl zu vermahlen, wenn er doch genügend Sklaven hatte, die die Mühle mit ihren Händen antrieben? Im Gegensatz hierzu zeigt ein Inventar aus dem 9. Jahrhundert, dass zu dieser Zeit bereits ein Drittel aller Gutshöfe im Gebiet der Seine und um Paris herum Wassermühlen besaßen, die meisten waren Klöster.[12] Das auf Veranlassung von Wilhelm I. im Jahr 1086 zusammengestellte *Domesday Book*, ein Vorläufer des modernen Zensus, belegt, dass es in England zumindest 5.624 wasserbetriebene Mühlen gab bzw. eine für jeweils fünfzig Familien.[13] Jenseits des Ärmelkanals wurde im frühen 11. Jahrhundert in Toulouse ein Unternehmen gegründet, die Société du Bazacle, um Aktien einer Reihe von Wassermühlen längs der Garonne auszugeben. Die Anteile wurden frei gehandelt, weshalb Jean Gimpel die Société »das vielleicht älteste kapitalistische Unternehmen der Welt« nannte.[14] Ein Jahrhundert später waren Wassermühlen bereits so wichtig geworden, dass es in Paris entlang der Seine 68 Mühlen auf einer Strecke von anderthalb Kilometer Länge gab, was bedeutete, dass auf alle 21 Meter Flusslauf eine Mühle entfiel![15]

Die Mühlen der Seine und der Garonne, aber letztlich die meisten anderen Wassermühlen auch, waren unterschlächtig – das Wasser läuft unter dem Rad hindurch und die benötigte Kraft wird allein von dem Strom des Flusses oder Bachs gespendet. Sehr viel größere Kraft kann ein oberschlächtiges Wasserrad nutzen – das Wasser strömt durch eine Rinne zum Scheitelpunkt des Rades, fällt dort in dessen Zellen und setzt das Rad durch sein Gewicht und seine kinetische Energie in Bewegung. Bis auf wenige Ausnahmen benötigt das oberschlächtige Wasserrad jedoch einen Damm, der das Wasser vom Mutterfluss oder -bach ableitet und in einem künstlichen Kanal mit wenig Gefälle zum Rad geleitet. Niemand weiß genau, wann diese Räder zuerst zum Einsatz kamen. Sie werden häufig in Schriften des 14. Jahrhunderts erwähnt, doch angesichts dessen, dass Dämme schon um einiges früher gebaut worden waren, dürften auch oberschlächtige Wasserräder bereits früher zum Einsatz gekommen sein. Obwohl Dämme manchmal auch zur Hochwasserregulierung gebaut werden, dienen sie noch heute vor allem zur Stauung des Wassers, um dessen Gewicht und Druck zur Energiegewinnung zu nutzen. Bereits im 12. Jahrhundert hatte man sehr große Dämme gebaut – einer in Toulouse war knapp 400 Meter lang und bestand aus tausenden von riesigen Eichenstämmen, die, ins Flussbett gerammt, auf der Vorder- und Rückseite eine Palisade bildeten, die man außerdem mit Schlamm und Steinen aufgefüllt hatte.[16] Zusätzlich angebrachte Zahnräder und Kurbeln sollten die Energieleistung der Wasserräder erhöhen und aus ihrer Drehung nicht mehr ein bloßes Rotieren, sondern eine Umkehrbewegung machen. Bald schon wurde die Wasserkraft genutzt, um Holz zu sägen und Stein zu zerkleinern, um Messer und Schwerter zu schleifen, um Stoff zu walken, um Metall zu bearbeiten, als Drehbank, als Seilzug und um Stofflumpen zu zerstampfen, aus denen dann Papier hergestellt wurde.[17] Was letzteren Punkt angeht, schreibt Jean Gimpel, dass Papier, »das über tausend Jahre mit bloßen Händen und Füßen hergestellt wurde, nachdem es in China erfunden und von den Arabern übernommen worden war, schließlich zur mechanischen Erzeugung gelangte, sobald es das mittelalterliche Europa des 13. Jahrhunderts erreicht hatte ... Die ganze Welt hatte schon Papier gesehen, doch keine Kultur oder Zivilisation hatte versucht, seine Herstellung zu mechanisieren«[18], bevor die Europäer es taten.

Aber es war nicht nur die rasche Ausbreitung, fortlaufende Verbesserung und Adaptierung der Wasserkraft, die das frühe Mittelalter kennzeichnete. Der Wind sollte von den Europäern nicht weniger schnell genutzt werden. Die großen Reiche des mittleren Ostens und Asiens, in denen die Hydraulik zum Einsatz gekommen war, hatten sich noch darauf beschränkt, dass sie Wasser auf ihre Felder gossen; das mittelalterliche Europa vergrößerte stattdessen seine landwirtschaftliche Produktion, indem es Wasser von potentiellen Anbauflächen abpumpte – große Teile des heutigen Belgiens oder der Niederlande standen zu Zeiten der Römer noch unter Wasser. Mit Hilfe tausender Windmühlen, die Tag und Nacht liefen, legte man sie trocken und machte sie urbar.

Windmühlen breiteten sich sogar noch schneller aus als Wasserräder, da der Wind ja überall wehte. Um sich seiner bestmöglich zu bedienen, und auch dann, wenn der Wind die Richtung wechselte, erfanden Ingenieure des Mittelalters die Bockwindmühle, bei der die Flügel an einem drehbaren Untergestell, dem »Bock«, eingehängt sind, wo sie sich frei und dem Wind entsprechend bewegen. Am Ende des 12. Jahrhunderts standen schon derart viele Windmühlen in Europa, dass manche ihrer Besitzer untereinander vor Gericht zogen, weil sie behaupteten, der Nachbar blockiere den Wind.[19]

Doch das genügte noch nicht. Die Europäer des Mittelalters richteten ihre Aufmerksamkeit zudem auf Pferdestärken, und zwar im Wortsinn. Weder die Römer noch andere klassische Zivilisationen hatten ihre Pferde tatsächlich zu nutzen verstanden. Bevor dies den Europäern im Mittelalter gelang, waren Pferde auf die gleiche

Weise wie Ochsen genutzt worden. Sie trugen sogar das gleiche Geschirr. Damit ein Pferd sich dabei nicht selbst strangulierte, musste es stets den Kopf nach hinten geworfen halten und konnte bloß leichte Lasten schleppen. Die Römer, denen das Problem bewusst war, wussten sich nicht anders denn mit einem Gesetz zu behelfen. Der Codex Theodosianus sah schwere Strafen vor, wenn einem Pferd Lasten aufgeladen wurden, die schwerer waren als fünf Kilogramm.[20] Im Gegensatz dazu wurde im Mittelalter ein unelastisches, gut gepolstertes Geschirr gefertigt, das das Gewicht einer Traglast nun auf dem Rücken und nicht mehr auf dem Hals des Pferdes platzierte, was es diesem ermöglichte, genauso viel zu schleppen wie ein Ochse, jedoch ungleich schneller als dieser zu sein. Mit dem neuen Geschirr wechselten die Bauern sehr bald von Ochsen auf Pferde, was ein großes Plus an Leistungsfähigkeit bedeutete – ein Pferd konnte etwa beim Pflügen zweimal so viel Arbeit leisten wie ein Ochse.[21]

Auch musste Rom erst untergehen, bevor die Europäer Metallbeschläge erfanden, die Pferden unter die Hufe genagelt wurden, um sie vor Abrieb und Rissen zu schützen, wodurch die Tiere zuvor oft lahm geworden waren. Die Römer hatten zwar bereits mit diversen Arten von Pferdeschuhen experimentiert (die Tiere Neros hatten Schuhe aus Silber), doch fielen diese bereits herab, sobald die Pferde auch nur trabten. Mit den neuen metallenen Sohlen jedoch waren die Pferde viel weniger von Erlahmung bedroht und konnten ihre Hufe tiefer in die Erde graben, was wiederum positiv auf ihre Zugkraft wirkte.

Nachdem sie nun einen sehr viel besseren Ersatz für den Ochsen gefunden hatten, erfanden die Europäer des Mittelalters bald den schweren Pflug auf Rädern, der die Erträge der fruchtbaren, aber sehr schweren Erdböden verbessern sollte. Bis ins 6. Jahrhundert hinein wurde im Ackerbau allein der Hakenpflug verwendet, ein einfaches Gerät, das bloß aus mehreren, in einer Reihe angebrachten Wühlstöcken bestand.[22] Der Hakenpflug gräbt die Erde nicht um, sondern wird bloß über deren Oberfläche gezogen, wobei er nur wenig tiefe Furchen hinterlässt. Dies mag zwar ausreichen für seichte und trokkene Böden, wie es sie etwa in Italien gibt, doch nicht für die schweren, feuchten Böden Nordeuropas. Was hier benötigt wurde, war ein schwerer Pflug mit schweren Klingen bzw. Scharen, die tiefe Furchen hinterlassen. Zudem brauchte man eine zweite Schar – das messerartige Sech –, das, in einem bestimmten Winkel angebracht, eine Schicht der soeben umgewälzten Erde wegschneidet. Zuletzt wurde ein Streichbrett angefügt, das diese herausgeschnittene Erde zur Gänze umwendete, und Räder an den Pflug angebracht, so dass man ihn leicht von einem Feld zum nächsten fahren konnte. Und siehe da! Land, das die Römer zuvor überhaupt nicht hatten bewirtschaften können, wurde auf einmal sehr fruchtbar. Selbst auf seichteren Böden konnte der Ernteertrag durch die verbesserte Pflugtechnik nahezu verdoppelt werden.[23] Diese unglaubliche Steigerung der landwirtschaftlichen Produktivität reduzierte gleichzeitig den Bedarf an Arbeitskraft und vergrößerte die Ernten. Auch entstanden in ihrer Folge ganze Ortschaften und Städte, welche auf diese Weise ernährt werden konnten.[24]

Doch bauten die Bauern des Mittelalters nicht nur Feldfrüchte an, sondern züchteten auch Fische. Schon die Römer hatten ein wenig Fischzucht betrieben, doch sollte hieraus erst im 8. Jahrhundert eine ganze Industrie werden, als nämlich die Kirche den Verzehr von Fleisch an Freitagen und Fastentagen untersagte (in einem Jahr betraf das damals 150 Tage). Da Fisch nicht mit Fleisch gleichgesetzt war, entstanden nun überall in Westeuropa künstliche Seen und Teiche, in denen oft nur eine besondere Sorte Fisch gezüchtet bzw. der Lebenszyklus einer speziellen Gattung erhalten wurde. Sogar Burggräben wurden hierfür genutzt.

In klösterlichen Anwesen, vornehmlich der Zisterzienser, war man bei der Fischzucht ganz besonders aktiv, da Mönchen das Essen von Fleisch generell verboten war. Manche Klöster legten so viele Teiche und Aquarien an, in denen sie Karpfen und Forellen züchteten, dass sie damit den Bedarf ganzer Regionen abdecken konnten.[25] Auch der Adel tat sich bei der Fischzucht hervor: Wilhelm I. besaß ein großes und aufwendiges Teich-System, das er um 1086 in York hatte bauen lassen und das den englischen Hof über Jahrhunderte mit Fisch versorgte. Auch entdeckten erfindungsreiche Züchter mit der Zeit, dass die Böden der Fischgründe durch Exkrementablagerungen extrem fruchtbar wurden. Daher legten sie sie alle paar Jahre trocken und pflanzten auf ihnen Getreide. Nach einer reichen Ernte wanderten die Böden dann zurück in den Fischteich.[26] Bis im 12. Jahrhundert kommerzielle Fangflotten in der Nord- und Ostsee entstanden, blieben Bauernhöfe die wichtigste Bezugsquelle für Fisch in ganz Europa.

Das Potential der damaligen Landwirtschaft, nicht nur für das Nötige zu sorgen, sondern sogar Überschüsse zu produzieren, wurde noch vergrößert durch die Einführung der Dreifelderwirtschaft. Bei dieser wird das Ackerland in drei Parzellen geteilt: eine, auf dem Wintergetreide wie etwa Weizen angepflanzt wurde; eine zweite, die Sommergetreide trug, so etwa Hafer (der besonders wichtig wurde, als Pferde verstärkt zum Einsatz kamen), Hülsenfrüchte (vor allem Erbsen und Bohnen) und Gemüse; und eine dritte Parzelle, die unbepflanzt brachliegen durfte. Im Folgejahr wurde auf letzterer dann das Wintergetreide angebaut, auf der zweiten Parzelle das Sommergetreide und die, auf der vorher das Sommergetreide wuchs, ließ man nun ihrerseits brachliegen. (Vor dem Einsatz von Kunstdünger mussten Ackerflächen regelmäßig unbestellt gelassen werden, damit sie sich erholten und ihre Fruchtbarkeit zurückgewannen.)

Die Dreifelderwirtschaft tauchte zuerst im 8. Jahrhundert auf und wurde so schnell und weithin übernommen, dass viele Historiker des 19. Jahrhunderts fälschlicherweise annahmen, sie stamme bereits aus römischen Zeiten. Doch gab es bei den Römern bloß ein Zwei-Felder-System, da sie nicht wussten, dass sich Ackerland durch den Anbau von Hülsenfrüchten regeneriert und daher weniger oft brachliegen muss. So blieb die Hälfte ihrer Böden jedes Jahr ungenutzt, wogegen das mittelalterliche System mit nur einem Drittel auskam.[27] Nicht nur aßen die meisten Europäer des Mittelalters weitaus besser als unter den Römern, sie waren dadurch auch gesünder, vitaler und wahrscheinlich auch intelligenter.

Dass man das brachliegende Land zum Weiden der Tiere nutzte, hatte dramatische Auswirkungen auf die mittelalterliche und frühe kapitalistische Wirtschaft. »Dünger war sehr teuer, da er ein seltenes und kostbares Produkt darstellte, das keinesfalls verschwendet werden durfte. Das Tier, das sich damals am glücklichsten schätzen durfte, war das Schaf.«[28] Schafe stellten Milch zur Verfügung, Butter, Käse und Fleisch. Aus ihrer Haut wurde Pergament gemacht, auf dem Skribenten ihre Bücher abschrieben. Doch vor allem gaben Schafe Wolle. Da Kleider aus Wolle im Mittelalter ausgesprochen begehrt waren, war Vlieswolle das wichtigste industrielle Rohmaterial. Die frühen Tage des Kapitalismus waren von ihrer Verarbeitung bestimmt. Kleiderhersteller in Italien und Flandern etwa verwendeten »Millionen von Schafpelzen« pro Jahr.[29]

Das bringt uns natürlich zu einer weiteren herausragenden Innovation des Mittelalters: der Kleiderherstellung. Bevor die damaligen Europäer den Trittwebstuhl erfanden, die wasserbetriebene Walkmühle, das Spinnrad und die mit einem metallenen Tambour versehene Kardiermaschine, war die Kleiderherstellung extrem arbeitsintensiv und fand nur in kleinem Maßstab statt, da alles mit der Hand gemacht werden musste. Erst die Mechanisierung des Arbeitsprozesses ermöglichte das Entstehen von Zentren und Industrien der Kleiderherstellung, welche ihrerseits ein wichtiger Antriebsmotor für den Handel und, damit natürlich einhergehend, die Geldwirtschaft werden sollten.

Zusätzlich zu der direkt in der Produktion genutzten Technologie profitierten die Europäer des Mittelalters von drei Erfindungen, die indirekt von größter Bedeutung waren: Kamine, Brillen und Uhren.

Römische Gebäude waren notorisch unbeheizt. Es gab keine Feuerstellen, Herde oder Öfen, weil man noch nicht wusste, wie man den Rauch abziehen lassen sollte. In ihren Hütten und Schuppen saßen die römischen Bauern um ein offenes Feuer herum, dessen Rauch durch ein großes Loch im Dach abzog, durch das aber auch Regen, Schnee, Wind und Kälte eindrangen.[30] In den Städten hatten die Römer noch nicht einmal das; wenn sie mit Holz und Kohle kochten, verbreitete sich der Rauch im Innern. Erstickungen konnten nur vermieden werden, weil die Häuser extrem zugig und die Fenster gar nicht mit Glas verschlossen waren, sondern nur mit Tüchern aus Stoff oder Haut verhängt.[31] Während die Caesaren sich also mit der Kälte herumplagen und den Küchenrauch ertragen mussten, lernten die Europäer des Mittelalters – die Bauern ebenso wie der Adel – schon bald, wie es sich viel besser leben ließ. Sie erfanden Feuerstellen mit Kamin, so dass auch größere Flammen den Raum nicht länger mit Rauch erfüllten. Zudem waren zugige Wohnungen nicht mehr vonnöten. Sobald der Rauch einmal bequem durch den Schornstein abziehen konnte, bereiteten die Menschen des Mittelalters ihre Speisen besser zu, atmeten weitaus reinere Luft und hatten es im Winter sehr viel wärmer.

Die menschliche Biologie will es, dass viele Menschen von Kindheit an nicht gut sehen und sich das Sehvermögen obendrein ab der Lebensmitte verschlechtert. Aus diesem Grund war vor der Erfindung der Brille ein sehr großer Anteil der arbeitenden Erwachsenen, besonders die Handwerker, in ihrem Tun massiv eingeschränkt. Als um 1284 in Norditalien die Brille erfunden wurde, hatte das dramatische Auswirkungen auf die Leistungsfähigkeit. Ohne Brillen waren viele Handwerker des Mittelalters im Alter von vierzig erledigt gewesen. Mit Brillen konnten sie nicht nur ihre Arbeit weiterführen, sondern hatten durch ihre lange Erfahrung ihre besten Jahre sogar noch vor sich.[32] Zudem konnte der Einsatz von Lupen viele Aufgaben erleichtern, selbst für Arbeiter, deren Sehkraft nichts zu wünschen übrigließ. Zuvor hatten diese Aufgaben noch außerhalb des Möglichen gelegen. Kein Wunder also, dass sich Brillen rasend schnell verbreiteten. In dem Jahrhundert nach ihrer Erfindung entstand in florentinischen und venezianischen Betrieben eine echte Massenproduktion, die zehntausende Brillen pro Jahr bereitstellte. Gleichwohl waren noch 1492, als Kolumbus Amerika entdeckte, Brillen ausschließlich in Europa bekannt.[33]

Irgendwann im 13. Jahrhundert erfand irgendwer irgendwo in Europa eine zuverlässige mechanische Uhr. Bald darauf war die europäische Gesellschaft die einzige auf der Welt, in der die Leute wussten, wie spät es war. Wie Lewis Mumford anmerkte, war »die Uhr – und nicht die Dampfmaschine – die Schlüssel-Apparatur des Industriezeitalters«,[34] da sie die genaue Planung und Koordinierung von Arbeitsgängen ermöglichte. Die ersten mechanischen Uhren war sehr groß, so dass es in manchen Orten oder Ortsteilen mitunter nur eine einzige gab (am Kirchturm oder am Rathaus) und man sich Techniken des Glockengeläuts einfallen ließ, womit der gesamten Einwohnerschaft die genaue Uhrzeit angegeben wurde.

Wie die Brille gab es auch die mechanische Uhr jahrhundertelang allein in der westlichen Welt. Offenbar waren zu Beginn des 12. Jahrhunderts auch in China einige mechanische Uhren gebaut worden, doch hatten die Mandarine derart wenig für technische Apparate übrig, dass sie alsbald deren Zerstörung anordneten. Danach gab es bis in die Neuzeit hinein überhaupt keine Uhren in China.[35] 1560 wurde berichtet, dass man öffentliche Uhren auch aus dem Osmanischen Reich (und anderen islamischen Ländern) verbannt hatte, da diese die Zeit als solche verweltlichen würden.[36] Doch war der Islam hier nicht allein: auch die orthodoxe Kirche des Ostens weigerte sich bis ins 20. Jahrhundert, in ihren Kirchen mechanische Uhren zuzulassen.[37] Erfreulicherweise hatte man in der römisch-katholischen Kirche nichts dagegen, die genaue Tageszeit zu wissen, und baute in die Türme tausender Gotteshäuser mechanische Uhren ein.

Dies sind nur einige der Innovationen und Erfindungen, durch die das angeblich so finstere Mittelalter den Grundstein für den Kapitalismus legte. Man könnte noch anderes anführen, etwa die Verbesserungen von Kränen und Flaschenzügen, die Fortschritte beim Bergbau, dem Hüttenwesen und der Metallverarbeitung, die neuen Techniken beim Aussäen von Saatgut oder auch nur die Erfindung der Schubkarre. Doch war der Erfolg der Europäer nicht nur auf verbesserte Produktionsmethoden oder höhere Lebensstandards beschränkt. Man ließ den Rest der Welt auch deshalb hinter sich zurück, weil man es besser verstand, Krieg zu führen.

Innovationen in der Kriegsführung

Vor dem Mittelalter gab es keine schwere Kavallerie. Berittene Truppen preschten nicht vornüber gebeugt im Galopp voran oder legten das ganze Gewicht von Pferd und Reiter hinter einen Lanzenstoß.[38] Denn es gab keine Steigbügel und angemessene Sättel. Ohne den Widerstand der Steigbügel, gegen die er mit den Füßen drükken konnte, wäre der Reiter beim Lanzenstoß einfach vom Pferd gefallen. Gleichermaßen kann die Stabilität des Reiters bei plötzlichen Erschütterungen durch einen hohen Vorder- und Hinterzwiesel deutlich verbessert werden – letzterer ist am besten gewölbt, damit er einen Teil der Hüften des Reiters abdeckt.[39] Es war weder Rom noch ein anderes kriegerisches Imperium, das die schwere Kavallerie erfand; deren berittene Truppen saßen allesamt auf leichten und fast flachen Satteldecken oder ritten gar ungesattelt und kannten sicher noch keine Steigbügel. Erst die »barbarischen« Franken schickten im Jahr 732 die erste schwere Kavallerie ins Feld: Ritter in ihrem Harnisch saßen fest auf normannischen, mit Steigbügeln und hohen Zwieseln versehenen Sätteln und streckten ihre Lanzen nach vorn.

Noch lange nach dem Aufkommen der Artillerie waren berittene und mit Rüstungen versehene Kämpfer in Kriegen eine gängige Erscheinung. Die Chinesen waren die ersten, die Schwarzpulver benutzten, allerdings kam es bei ihnen nur für Feuerwerke und als Brandbeschleuniger zum Einsatz. Dennoch entwickelten sie eine Frühform der Kanone,[40] womöglich zur gleichen Zeit, als die Kunde des chinesischen Schwarzpulvers Europa erreichte, nämlich zwischen 1300 und 1310. Während aber die

Chinesen ihre Kanonen nur sehr langsam entwickelten, sie selten benutzten und deren Technik auch nicht auf Schusswaffen zu übertragen vermochten, wurde in Europa schon innerhalb kürzester Zeit scharf geschossen. Womöglich kamen Kanonen zum ersten Mal 1324 bei einer Schlacht im Krieg von Metz zum Einsatz.[41] Sicher aber ist, dass ab 1325 Kanonen in ganz Westeuropa benutzt wurden und das Feldgeschütz in den Händen der Europäer das gesamte Kriegswesen revolutionierte.[42] So konnten nun die Adeligen sich nicht länger auf ihre Burgen zurückziehen, um vor Angreifern sicher zu sein, die keine tagelange Belagerung riskieren wollten, und selbst hochwertigste Rüstungen boten auf dem Schlachtfeld keinen Schutz mehr. Das neue Kriegsgerät hatte eine zu große Durchschlagskraft. Die Kanone konnte sich außerdem so schnell ausbreiten, weil die Grundlage ihrer Fertigung durch den Glockenbau – in beiden Fällen kamen ähnliche Herstellungstechniken zum Einsatz – in ganz Europa bereits etabliert war.

Daneben bildeten sich im Europa des Mittelalters die großen Seemächte heraus. Deren größter Nutznießer dürfte auf lange Sicht das Handelswesen gewesen sein, weniger das Militär. Und doch legte dieses den Grundstein für jenes – nur weil Kriegsschiffe die Seestraßen der Welt kontrollierten, war es den Europäern möglich, ein Monopol im Fernhandel zu erringen und überseeische Imperien aufzubauen.[43]

Eine der ersten Erfindungen auf diesem Gebiet war das Heckruder. Die Griechen und Römer manövrierten ihre Seefahrzeuge mit Steuerrudern, zumeist mit zweien gleichzeitig, einem auf je einer Seite des Hecks. Im frühen 11. Jahrhundert brachten die Europäer ein weiteres Ruder an den Achtersteven an, wodurch ein Schiff sehr viel besser zu steuern war. Um den Gebrauch dieses Ruders auf größeren Seefahrzeugen zu erleichtern, wurden mechanische Verbindungsstücke entwickelt, die es einem einzelnen Steuermann ermöglichten, ein Schiff selbst bei schwerem Seegang zu manövrieren.[44] Eine weitere Innovation betraf den Schiffbau. Die römischen und griechischen Konstrukteure hatten die Schiffsrümpfe noch so gebaut, dass sie die einzelnen Planken durch Zapfen miteinander verbanden und erst in einem späteren Arbeitsgang ein stützendes Skelett bzw. einen Rahmen hinzufügten. Die Europäer des Mittelalters dagegen bauten zuerst den Rahmen und brachten dann die Planken für den Rumpf übereinander lagernd an, verbanden sie mit Hilfe von Dübeln und kalfatertern die Fugen (dichteten sie mit Werg und Teer ab), anstatt aufwendige Verbindungsstücke dazwischen zu setzen. Die mit dieser Technik gebauten Rümpfe waren zwar weniger strapazierfähig, doch konnte durch sie viel kunstfertige Feinarbeit eingespart werden, so dass sehr viel mehr Boote für die gleichen Herstellungskosten gebaut werden konnten.[45] Eine dritte Innovation bestand darin, dass man die Überlegenheit der Feuerkraft bei Seegefechten erkannte. Im frühen maritimen Kriegswesen wurde noch von Schiff zu Schiff gekämpft. Kriegsschiffe waren daher bis zum Bersten vollgestopft mit Soldaten. Sobald sie aber aus der Kanone ein Präzisionswerk entwickelt hatten, begriffen die Europäer, dass es vernünftiger war, feindliche Schiffe aus einer gehörigen Distanz zum Sinken zu bringen. Auf diese Weise gelang der Heiligen Liga der erstaunliche Endsieg über die Türken bei der Seeschlacht von Lepanto im Jahr 1571, durch welche die Seemacht des Osmanischen Reiches in sich zusammenbrach. Die europäischen Schiffe hatten nicht nur viel mehr und viel bessere Kanonen als die Türken, sondern sie blockierten nicht länger ihr Schussfeld durch den im Weg stehenden Rammsporn bzw. Schiffsschnabel. Da man nicht länger Schiff an Schiff kämpfte, musste man den Feind auch nicht mehr rammen. Die Europäer feuerten mächtige Salven auf die osmanischen Schiffe ab, während sie gleichzeitig auf sie zusteuerten; die Türken dagegen mussten zunächst anhalten und seitwärts drehen, damit sie feuern konnten, wodurch sie eine viel größere Angriffsfläche boten.[46]

Und doch war die wichtigste maritime Innovation des Mittelalters die Galeasse, eine Kombination aus Segel- und Ruderschiff, bestehend aus Kastellen vorn und achtern, mehreren Masten und einem komplexen Gefüge von Segeln (sowohl des viereckigen Typs Rahsegel wie des dreieckigen Typs Lateinersegel). Die ersten Galeassen wurden »Koggen« genannt und traten zuerst im 13. Jahrhundert in Erscheinung.[47] Koggen hatten keine Ruder und waren echte Segelschiffe, die dennoch weite Reisen mit schweren Frachten bestreiten konnten. Aufgetakelt als Kampfschiffe, konnten Galeeren und ihre späteren Abkömmlinge viele schwere Geschütze mit sich führen – etwa auf dreifachen, übereinanderliegenden Kanonendecks. Auf diese Weise verschaffte sich das Mittelalter Zugang zum offenen Meer. Die Schiffe brauchten sich nicht länger dicht an die Küsten zu halten oder in sicheren Gewässern wie dem Mittelmeer zu segeln. Sie wagten sich nun sogar während der Wintermonate hinaus, was Kapitäne in früheren Zeiten nur äußerst ungern getan hatten, wodurch sich die durch jedes einzelne Schiff erzielten Profite im Winter deutlich erhöhten.

Doch auch wenn die Schiffe nicht länger die nahe Küste als sicheren Hafen benötigten, blieben sie doch auf Grenzmarkierungen angewiesen. Das änderte sich erst durch den Kompass. Die Behauptung, dass der magnetische Kompass Europa von China aus über die islamische Welt erreichte, ist jedoch falsch. Er wurde unabhängig sowohl in China wie in Europa erfunden, vermutlich um das 11. Jahrhundert herum. Die Chinesen waren zufrieden mit einem sehr primitiven Kompass, bei dem eine magnetisierte Nadel in einer Flüssigkeit herumschwamm, die zumindest die Nord-Süd-Achse bestimmen ließ. Die Chinesen benutzten ihn vor allem für magische Riten – an Bord von Schiffen dürften sie den Kompass dagegen erst lange nach den Europäern eingesetzt haben. Diese wiederum fügten dem Kompass bald nach der Erfindung der schwimmenden Nadel ein komplettes Diagramm der Himmelsrichtungen hinzu sowie den Diopter, mit dessen Hilfe die Seemänner nicht nur erkannten, wo Norden lag, sondern auch ihren genauen Steuerkurs bestimmen konnten. Von nun an wussten sie genauen Kurs in jedwede Richtung zu nehmen. Die zeitweilige Häufung schriftlicher Berichte von dieser neuen Erfindung belegt, wie schnell sie sich in nur wenigen Jahren von Norwegen bis Italien ausbreitete.[48] Als sie den Kompass einmal besaßen, begannen europäische Seefahrer damit, ihren Aufzeichnungen eigens Grafiken beizufügen, die die genauen Kompass-Positionen angaben.

Dadurch vermochten sie sicher zu reisen, auch wenn der Himmel allzu bedeckt war, um anhand der Sterne ihre genaue Position zu bestimmen.[49] Ohne Kompass hätte selbst Kolumbus nicht in See stechen können, geschweige denn andere, die seiner Route später folgten.

All diese erstaunlichen Entwicklungen können auf die singuläre christliche Überzeugung zurückgeführt werden, dass der Fortschritt eine gottgewollte Pflicht darstelle, die in der Gabe der Vernunft enthalten sei. Die Überzeugung, dass es stets zu neuen Technologien und Techniken kommen werde, stellte einen wesentlichen Leitsatz des christlichen Glaubens dar. Aus diesem Grund verurteilten Bischöfe auch keine Uhren oder Segelschiffe, selbst wenn diese aus religiösen Gründen in diversen nicht-westlichen Gesellschaften verboten waren. Manch wichtige technische Erfindung stammte sogar von Mönchen oder kam zuerst in ihren Klöstern zum Einsatz. Innovationen breiteten sich rasch von einem Ort zum nächsten aus, da – gänzlich anders als in der falschen Legende eines abgeschotteten und engstirnigen Europas – die Transportmittel des Mittelalters schon bald die der römischen Zeiten bei weitem übertrafen.

Innovationen im Landverkehr

Eine der irreführendsten Behauptungen über den angeblichen Verfall Europas im Mittelalter bezieht sich auf die Vernachlässigung der römischen Straßen – so wurden damals mancherorts Pflastersteine entnommen und im lokalen Bauwesen wiederverwendet. Als die Straßen auf den Hund kamen, so lautet die Mär, verkam auch der Fernhandel. Europa sei zu einem Archipel von isolierten und weltabgewandten Gemeinden geworden. Allerdings übersieht man dabei, dass der römische Handel vor allem Luxusgüter betraf und ansonsten höchst unproduktiv war. Überhaupt spielte der Handel im Wirtschaftsleben der römischen Städte bloß eine kleine Rolle, da der Reichtum der urbanen Eliten viel eher in ländlichen Regionen erzielt wurde[50] und ansonsten politischer Korruption zuzuschreiben oder Beute aus Eroberungsfeldzügen war. Zum Teil erlahmte der Fernhandel wegen der mangelnden Nachfrage nach Luxusgütern, die wiederum mit dem Schwund an privatem Reichtum zu tun hatte. Maßgeblicher war allerdings, dass der Großteil dessen, was römischer Fernhandel genannt wurde, eigentlich gar kein Handel, sondern eher einseitige Entwendung war. Es war ein »Verschieben von Pachten und Tributen«, was im Unterschied zum regelrechten Handel keine Erlöse hervorbrachte, sondern nur jene verarmen ließ, denen Güter abgenötigt wurden.[51] Ebenso oft wird der Umstand übersehen, dass alle Handelsaktivitäten, die die Zeit überstanden, von gleich großem Nutzen waren für Ex- wie für Importeure.[52] Die römischen Straßen wurden jedoch deshalb vernachlässigt, weil sie zum Gutteil unbrauchbar waren.

Die Behauptung, dass es den Europäern des Mittelalters sowohl an Urteilskraft wie Mitteln fehlte, um die »prachtvollen« römischen Straßen weiter zu unterhalten, stammt von Altphilologen, die entweder nie eine der noch existierenden Straßen besichtigt haben oder die so derart keine praktische Erfahrung besaßen, dass sie selbst offensichtliche Mängel gar nicht erkannten – etwa den Umstand, dass die römischen Straßen für große Wagen viel zu eng waren[53] oder vielerorts zu steil, um etwas anderes als Fußgänger durchzulassen. Zudem hatten die Römer oft keine Brücken gebaut und sich auf Furten verlassen, die man zwar zu Fuß durchqueren konnte, die aber für Karren und Wagen zu tief waren.[54] Diese Unzulänglichkeiten waren darauf zurückzuführen, dass die römischen Straßen an sich nur dazu da waren, Soldaten einen schnellen Übergang von einem Imperium zum nächsten zu ermöglichen. Natürlich haben zivile Fußgänger sie ebenfalls genutzt, nicht anders als Tragtierkolonnen und auch menschliche Träger. Doch selbst die Soldaten gingen lieber nur an den äußersten Rändern der Straßen, wo ebenso fast alle zivilen Reisenden wanderten oder ihre Tiere entlangführten. Und warum? Weil die römischen Straßen zumeist mit Steinen gepflastert waren, so dass das Gehen darauf bei Trockenheit eine große Belastung für Beine und Füße war, und man bei Nässe gern auf ihnen ausrutschte. Solche Straßen waren bereits mühevoll für unbeschlagene Pferdehufe, jedoch eine echte Zumutung für Pferde mit Eisenhufen.

Man erinnere sich, dass vor dem Mittelalter gar nicht bekannt war, wie Pferde angeschirrt werden müssen, damit sie schwere Lasten ziehen können. Nicht nur sollte die Einführung des Kummets (oder Geschirrs) die Landwirtschaft revolutionieren, sondern in Kombination mit den essentiellen Innovationen im Wagenbau leistete das Kummet das Gleiche auch für das Transportwesen. Die Römer hatten nur langsame Ochsen, die sie zum Ziehen schwerer Lasten verwendeten. Was aber noch schlimmer war: ihre Karren und Wagen waren so primitiv, dass nur selten gewichtige Güter über weite Strecken über Land transportiert werden konnten. Man bedenke zudem, dass römische Karren und Wagen keine Bremsen hatten und daher auf Untergründen, die nicht völlig flach waren, sehr unsichere Vehikel darstellten! Ein weiteres Problem war, dass die vordere Radachse sich nicht drehen konnte, so dass das Gefährt umständlich um jede Ecke gezerrt werden musste.[55] Auch an dieser Stelle haben uns die Altphilologen lange in die Irre geführt, und niemand mehr als Johann Christian Ginzrot, ein deutscher Gelehrter des 19. Jahrhunderts, dessen »Illustrationen« in unzähligen Büchern, Lexika und Wörterbüchern erschienen sind.[56] In seinem berühmten Werk *Die Wagen und Fahrwerke* (1817), veröffentlichte Ginzrot detaillierte Zeichnungen von griechischen und römischen Wagen und Fahrgestellen, die allesamt über ein erstaunlich modernes System an Drehlagern verfügen, welche der vorderen Radachse das Wenden ermöglichen und die darüber hinaus hervorragende Bremsen besitzen. Leider haben Ginzrots akademische Leser jedoch offenbar seine Beichte im Vorwort überlesen, in dem er eingesteht, dass diese Zeichnungen »auf meinen Vorstellungen beruhen, da ich auf keinem alten Bauwerk entsprechende bildliche Darstellungen gefunden habe«.[57] Tatsächlich fehlte es den allermeisten alten Künstlern an jeglichem Gespür für Mechanik, ihre Bilder zeigen häufig Räder ohne Achsen oder ohne Verbindung mit den Vehikeln selbst, unterschiedlich große Räder oder Pferde, die einen Wagen ohne jedes Geschirr ziehen und noch andere offensichtliche Fehler. Von praktischem Nutzen sind diese Illustrationen nicht. Es bedurfte erst sorgfältiger Textanalysen und archäologischer Funde, um die Wahrheit über die römischen Wagen und Karren herauszufinden.

Offenkundig ist allerdings, dass es bis zum Mittelalter gedauert hat, bis in Europa die Mittel für den Transport von schweren und klobigen Lasten auf langen Landstrekken entwickelt wurden. Nicht nur Fürsten und Gemeinderäte ließen Straßen und Brücken bauen, sondern auch Kirchen, Kaufmannsgilden und buchstäblich Hunderte privater Wohltäter.[58] So waren es anonyme mittelalterliche Innovatoren, die Wagen mit Bremsen entwarfen, mit Radachsen, die sich drehten, und die Harnische entwikkelten, mit denen umfängliche Gruppen von Pferden große Wagen ziehen konnten. Außerdem war es den Europäern mit ihren großen Galeeren nun auch möglich, den Atlantik zu erkunden, was ihnen neue und günstigere Handelsrouten von den italienischen Stadtstaaten nach England und in die heutigen Benelux-Staaten eröffnete.

Zu guter Letzt erfanden die Europäer des Mittelalters auch ein Geschirr mit Zügeln, mit welchem große Gespanne von Pferden oder Ochsen in lauter Zweier-Gruppen angeordnet werden konnten. Vorher hatten alle Pferde oder Ochsen Seite an Seite gehen müssen, was die Anzahl der eingesetzten Tiere stark einschränkte. So wäre es früheren Kulturen zum Beispiel unmöglich gewesen, 52 Ochsen nebeneinander einzusetzen, wohingegen die ach so »ignoranten« Europäer des 11. Jahrhunderts ein Gespann von 52 Ochsen in 26 Paaren anordneten, damit sie große Marmorblöcke beim Bau der hoch in den Himmel ragenden Kathedrale des französischen Dorfes Conques bewegen konnten.[59]

Auch wenn man es Voltaire, Gibbon und anderen Verfechtern der Aufklärung nachsehen mag, dass sie die ingenieurtechnischen Errungenschaften und Innovationen in der Landwirtschaft und im Handel nicht wahrgenommen haben, so muss man sie doch ernstlich dafür kritisieren, dass sie die erstaunlichen Großleistungen des mittelalterlichen Europas auf den Gebieten der Hochkultur ignoriert oder gar negiert haben.

Musik. Die Musik der Griechen und Römer war monophon: eine einzelne musikalische Linie wurde von allen Stimmen und Instrumenten gleichzeitig gesungen und gespielt. Erst die Musiker des Mittelalters erfanden die Polyphonie, also das simultane Erklingen von zwei oder noch mehreren musikalischen Linien und folglich Harmonien. Wann genau das geschah, weiß man nicht, doch waren Harmonien offenbar schon vor 900 bekannt, da sie nämlich in einem Handbuch aus dieser Zeit erwähnt werden.[60] Auch wurden im Mittelalter die Instrumente erfunden und perfektioniert, mit denen Harmonien erst wirklich ausgeschöpft werden konnten: die Orgelpfeife, das Clavichord, das Clavicembalo, die Geige, der Kontrabass und noch andere mehr. Das 10. Jahrhundert brachte schließlich ein geeignetes System zur musikalischen Notation hervor, das rasch bekannt wurde, so dass Musik in der Folge auch von Leuten akkurat gespielt werden konnte, die sie zuvor gar nicht gehört hatten.

Kunst. Unglücklicherweise wird die markante künstlerische Epoche, die im 11. Jahrhundert entstand, Romanik genannt, obwohl sie doch gar nichts mit dem zu tun hat, was die Römer geschaffen hatten. Der Name war eine bloße Ausgeburt von Professoren des 19. Jahrhunderts, die glaubten, dass Europa sich aus dem Mittelalter nur retten konnte, indem es auf die römische Kultur *zurückgriff*. So gesehen hätten in dieser Epoche eigentlich nur ärmliche Imitationen von römischen Errungenschaften entstehen können. Doch bestätigen heutige Kunsthistoriker durchgehend, dass die romanische Architektur, Plastik und Malerei auf ihre Weise originell und kraftvoll war, obwohl sie gar nichts mit der römischen Kunst zu tun hatte.[61] Im 12. Jahrhundert folgte auf die Romanik dann die noch viel unvergleichlichere und erstaunlichere Epoche der Gotik. Es mag verwundern, doch wurden Architektur und Malerei der Gotik während der Aufklärung von den Kritikern heruntergemacht, da sie nicht »den Normen der Griechen und Römer entsprechen: ›Möge der, der sie erfunden hat, verflucht sein.‘«[62] Die gleichen Kritiker glaubten, die Stilrichtung gehe auf die »barbarischen« Goten zurück und trage deshalb diesen Namen. Doch wie jeder, der auch nur einmal eine der großartigen gotischen Kathedralen besichtigt hat, weiß, ist das künstlerische Beurteilungsvermögen solcher Schreiber nicht besser als ihr Ruf. Das betrifft überhaupt ihre Missachtung für die architektonischen Errungenschaften jener Zeit, einschließlich des so wichtigen Strebebogens, der zum ersten Mal die Voraussetzung dafür bot, sehr hohe Gebäude mit eher dünnen Mauern und großen Fenstern zu bauen, was in der Folge wiederum zu Hochleistungen in der Produktion farbiger Kirchenfenster führte. Zu guter Letzt waren die nordeuropäischen Künstler des 13. Jahrhunderts die ersten, die Ölfarben benutzten und ihre Werke auf aufgespannte Leinwände malten, anstatt auf Holz oder Gipsputz. Das erlaubte dem Maler, »sich mehr Zeit zu nehmen, mit umso feineren Pinselstrichen zu arbeiten und malerische Wirkungen zu erreichen ... die Wundern gleichkamen«.[63] Jeder, der glaubt, dass die großen Leistungen der Malerei erst in der italienischen Renaissance begannen, sollte sich einmal aufmerksam die Werke von Jan und Hubert van Eyck anschauen. Soviel zu dem Vorurteil, dass das Jahrtausend, das auf den Untergang Roms folgte, eine künstlerische Wüste oder Schlimmeres gewesen sei.

Literatur. Gibbon verfasste seinen *Verfall und Untergang des Römischen Imperiums* auf Englisch, nicht auf Latein. Voltaire schrieb einzig und allein auf Französisch, Cervantes auf Spanisch und da Vinci auf Italienisch. Das war ihnen nur deshalb möglich, weil diese Sprachen eine literarische Form erhalten hatten durch mittelalterliche Großmeister wie Dante, Chaucer, die namenlosen Autoren der Chansons de Geste und all die Mönche, die seit dem 9. Jahrhundert die Lebensgeschichten von Heiligen auf Französisch niederlegten.[64] Auf diese Weise wurde volkssprachliche Prosa in Schriftform abgefasst und populär gemacht. Dies zum Analphabetismus und zur Unwissenheit des finsteren Mittelalters.

Bildung. Als sie von der Kirche im 12. Jahrhundert gegründet wurden, waren die Universitäten etwas gänzlich Neues unter der Sonne – eine Institution, die sich ausschließlich der höheren Bildung verschrieb. Diese christliche Erfindung war etwas völlig anderes als die chinesischen Akademien, auf denen Mandarine ihr Training erhielten, oder auch die Zen-Schulen. Den neuen

Universitäten ging es nicht primär darum, überlieferte Weisheiten weiterzugeben. Stattdessen erlangten sie ihren Ruhm – nicht anders als es noch heute geschieht – stets durch Innovation. So versuchten die Professoren vor allem, ihren Studenten Mittel zur Aneignung von Wissen an die Hand zu geben. Sie gaben sich nicht damit zufrieden, von den Griechen übernommene Weisheiten wiederzukäuen, sondern waren bereits darauf eingestellt, die Altvorderen zu kritisieren und zu korrigieren.[65]

Die beiden ersten Universitäten entstanden Mitte des 12. Jahrhunderts in Paris und Bologna. Um 1200 gründete man Oxford und Cambridge, gefolgt von einer ganzen Flut neuer Institutionen während des ganzen 13. Jahrhunderts: es entstanden Universitäten in Toulouse, Orléans, Neapel, Sevilla, Lissabon, Grenoble, Padua, Rom, Perugia, Pisa, Modena, Florenz, Prag, Krakau, Wien, Heidelberg, Köln, Budapest, Erfurt, Leipzig und Rostock. Ein verbreiteter Irrtum besagt, dass diese Häuser gar keine echten Universitäten gewesen seien, sondern nur aus drei oder vier Lehrern und einigen wenigen Dutzend Studenten bestanden. Aber auch das ist nicht wahr. Bereits im frühen 13. Jahrhundert schrieben sich zwischen 1000 und 1500 Studenten jeweils in Paris, Bologna, Oxford und Toulouse ein – in Paris waren es jedes Jahr sogar ca. 500 neue Studenten. Was die Qualität des Unterrichts angeht, darf man daran erinnern, dass in genau diesen Universitäten die Wissenschaft geboren wurde. Man beachte, dass diese Institutionen zutiefst christlich waren: alle Fakultäten unterstanden Ordensgemeinschaften und demzufolge auch alle frühen Wissenschaftler.

Wissenschaft. Über Generationen hinweg haben Historiker behauptet, dass die wissenschaftliche Revolution im 16. Jahrhundert einsetzte, als das heliozentrische Modell des Sonnensystems durch Nikolaus Kopernikus in Umlauf gebracht wurde. Was hier stattfand war jedoch eine *Evolution* und keine Revolution.[66] So wie Kopernikus einfach den nächsten logischen Schritt in der Kosmologie seiner Zeit ging, so war auch die Blüte der Wissenschaft in dieser Epoche bloß die Kulmination eines allmählichen Fortschritts, der schon in den vorangegangenen Jahrhunderten begonnen hatte. Um die Vorwärtsbewegung bis zum heliozentrischen Sonnensystem kurz zu rekapitulieren, setzt man am besten bei den Griechen an. Diese gingen davon aus, dass es keine Vakuen geben könne und der Raum dementsprechend mit durchsichtiger Materie angestaut sein müsse. Himmelskörper seien folglich darauf angewiesen, ständig Reibung zu vermeiden, um sich selbst fortzubewegen, was im Umkehrschluss die unablässige Einwirkung von Kraft nötig mache. Manche lokalisierten diese Kraft, indem sie in den Himmelskörpern Götter erkannten, die mit hoher Geschwindigkeit durch den Äther flitzen. Andere postulierten die Existenz von übernatürlichen Wesen, die den Auftrag haben, die verschiedenen Sphären kontinuierlich anzuschubsen.

Der Bedarf nach Schubsern ließ erst dann nach, als Jean Buridan (1300–1358), Rektor der Universität zu Paris, Newtons erstem Bewegungsgesetz vorausgriff und erklärte, dass der Raum an sich ein Vakuum sei und dass, nachdem Gott die Himmelskörper einmal in Bewegung versetzt hatte (»einem jeden einen Impetus aufdrückte«), diese Bewegung nicht »danach nachließ oder zum Erliegen kam, da die Gestirne mit genau dieser einen zufrieden waren. Noch gab es einen Widerstand, der den Impetus hätte hemmen oder verderben können.«[67] Buridan schlug einen nächsten logischen Schritt vor, der zu Kopernikus und seinem Modell hinleitete: dass nämlich die Erde sich um ihre eigene Achse dreht. Jedoch war es erst einem späteren Rektor der Pariser Universität vergönnt, diese These unter Dach und Fach zu bringen, nämlich Nicolas d'Oresme (1325 – 82), dem brillantesten der scholastischen Wissenschaftler. Sein Werk war ausgesprochen mathematisch und setzte somit einen hohen Maßstab für spätere Arbeiten in der Funktionslehre und der Astronomie. Die Idee, dass sich die Erde drehe und nicht die Sonne die Erde umkreise, hatten über die Jahrhunderte schon manche gehabt. Doch standen ihr stets zwei Einwände im Weg. Erstens, warum gibt es keinen ständigen, böigen Ostwind, der von der Rotation der Erde verursacht wird? Zweitens, warum fällt ein Pfeil, der in direkter Richtung in den Himmel geschossen wird, nicht ein gutes Stück hinter (oder auch vor) dem Schützen wieder zu Boden? Da genau das nicht passiert und der Pfeil genau geradlinig wieder zurückkommt, könne sich die Erde nicht drehen. Oresme entkräftete diese beiden Einwände. Einen Ostwind gebe es nicht, weil die Bewegung der Erde *allen* Objekten, einschließlich der Atmosphäre gleichermaßen zuteilwerde. Und dies beantworte auch den zweiten Punkt: in die Luft geschossene Pfeile besäßen nicht nur den vertikalen Impetus, der ihnen durch den Bogen mitgegeben werde, sondern gleichfalls einen horizontalen, der von der Erdbewegung herrühre.

Dann erschien Bischof Nikolaus von Kues (1401–64) und erklärte, dass »egal, ob ein Mensch sich auf der Erde, der Sonne oder einem anderen Stern aufhalte – es wird ihm immer so erscheinen, als befinde er sich im regungslosen Zentrum, wohingegen alle anderen Dinge in Bewegung seien«. Daraus folgerte er, dass Menschen ihrer Wahrnehmung, dass die Erde standortgebunden sei, nicht glauben sollten – womöglich war die Erde gar nicht fix. Von hier aus bedurfte es keinen Sprung ins Ungewisse mehr, um auf den Gedanken zu kommen, dass die Erde gar um die Sonne kreise.

All diese mittelalterliche Theoriebildung war Kopernikus wohlbekannt, schon weil er nicht der isolierte Domherr in einem abgelegenen polnischen Städtchen war, als der er oft dargestellt wird, sondern einer der hochgebildetsten Männer seiner Generation, nachdem er an den Universitäten von Krakau, Bologna (womöglich die beste Universität des damaligen Europas), Padua und Ferrara erzogen worden war.

Es gab so viel Fortschritt im sogenannten Finsteren Mittelalter, dass Europa schon im 13. Jahrhundert einen riesigen Vorsprung vor dem antiken Rom, den alten Griechen und auch vor dem Rest der damaligen Welt hatte.[68] Warum? Vor allem, weil das Christentum die Lehre vertrat, dass Fortschritt »normal« war und es sowieso stets zu neuen Erfindungen kommen würde.[69] Genau darin lag der revolutionäre Gedanke. Auch war der Glaube an den Fortschritt keineswegs auf Technologie oder Hochkultur beschränkt. Die Europäer des Mittelalters hatten sich überdies das Ziel gesetzt, immer neue und bessere Wege zu entwickeln, *wie man Dinge tun konnte.*

Die Erfindung des Kapitalismus

Der Kapitalismus ist nicht in einem venezianischen Handelsbüro erfunden worden, noch gar in einer protestantischen Bank in Holland. Er wurde ab dem frühen 13. Jahrhundert von katholischen Mönchen entwickelt, die, obwohl sie weltlichen Dingen ja eigentlich abgeschworen hatten, die ökonomische Stabilität ihrer Klöster absichern wollten. Aber es mag noch mehr erstaunen, dass diese Mönche, während sie den Kapitalismus entwickelten, es als notwendig ansahen, einige grundlegende Doktrinen neu zu formulieren, um ihren Glauben mit dem ökonomischen Fortschritt in Einklang zu bringen. Bevor wir uns diesen Dingen aber im Detail zuwenden, ist es notwendig, kurz rechts ranzufahren und genau zu definieren, was Kapitalismus eigentlich ist.

Über den Kapitalismus

Einige tausend Bücher sind bereits über den Kapitalismus geschrieben worden, doch erklären nur die wenigsten Autoren, was sie mit dem Begriff genau bezeichnen. Das liegt sicher nicht daran, dass eine Definition verzichtbar sei,[70] sondern hat damit zu tun, dass der Kapitalismus schon deshalb schwer zu bestimmen ist, weil er nicht als ökonomisches Konzept entstanden ist. Vielmehr war er ein negativer Kampfbegriff der Linken des 19. Jahrhunderts, mit dem Wohlstand und Privilegien in Verruf gebracht werden sollte. Wenn man den Begriff in eine ernsthafte Analyse einbringt, ist es stets ein wenig so, als wollte man aus dem Ausruf »Du reaktionäre Sau!« ein wissenschaftliches Gesellschaftsmodell machen.[71]

Doch ist die Entwicklung des kapitalistischen Konzepts und seiner diversen falschen Bedeutungen sehr wohl beschrieben worden, und von niemandem besser als von dem Historiker Fernand Braudel.[72] Der Begriff »Kapital« kam im 14. Jahrhundert in Gebrauch und bezeichnete zunächst *Geldmittelbestände, die Rendite abwerfen können* und also nicht nur ihren Eigenwert besitzen. In seinem frühen Gebrauch bezog sich »Kapital*ismus*« daher auf den *Gebrauch* von Vermögen (oder Geld), um wiederum Vermögen (oder Geld) zu *verdienen*. Mit anderen Worten besagte das Wort Kapitalismus, dass durch Vermögen Erträge erzielt werden, wobei der ursprüngliche Wert des Vermögens nicht wie bei Darlehen, für die Zinsen bezahlt werden müssen, geschmälert wird. Es ist die *Investition*, der systematische und nicht ungefährliche Einsatz von Vermögen, um mit ihm Gewinn zu erzielen, der den Kapitalisten von all denen unterscheidet, die ihr Vermögen bloß durch Mieten, Steuern, Eroberungen oder Räubereien eintreiben. Doch abgesehen davon, dass sie Investoren sind, nehmen Kapitalisten zumeist eine sehr viel aktivere Rolle in ihren Unternehmen ein, als reine Investoren wie etwa Geldverleiher. Das heißt, Kapitalisten neigen dazu, in *produktive Arbeitsvorgänge* zu investieren, durch welche neue Gewinne entstehen sollen. Außerdem besteht Kapital (oder Reichtum) ja nicht bloß aus Geld, weshalb manche den Begriff »Kapitalgüter« vorziehen. Fabriken, Ländereien, Schiffe, Minen und Warenhäuser sind gleichermaßen Kapitalgüter. Doch ist es ebenso wahr, dass für einen Bauern eine gerodete Parzelle Land, Werkzeuge und ein Ochse ebenso Kapitalgüter darstellen, indem ja auch sie dazu eingesetzt werden können, neues Vermögen (etwa in Form von Nahrungsmitteln) zu generieren. Das Gleiche ließe sich über den Speer oder den Knüppel eines Jägers aus der Steinzeit sagen oder über das Behältnis, das seine Frau mit sich trug, als sie im Wald Beeren sammeln ging. So man den Kapitalismus aber nicht mit jedweder ökonomischen Tätigkeit von Menschen gleichsetzen möchte, muss man seine Definition enger fassen. Der Begriff »Kapitalismus« impliziert, dass seine Aktivitäten immer auch in gewissem Maße *administriert* und *kontrolliert* (und nicht bloß ausgeführt) werden. Und zu diesen Aktivitäten gehört *kommerzielle Verflechtung, Dauer* und *Planung*, ebenso wie ein gewisses Maß an *Autonomie*, wenn es etwa darum geht, Kaufgelegenheiten auszuwählen und geschäftliches Tun zu dirigieren. Doch selbst nachdem Braudel all diese Aspekte, die beim Kapitalismus eine Rolle spielen, geschildert hatte, wollte er sich auf eine explizite Definition noch immer nicht einlassen.

Obwohl mir klar ist, dass es wohl die ungefährlichere Strategie wäre, es dem Leser zu überlassen, angesichts all der Kompliziertheit des Begriffs eine eigene Definition zu finden, erscheint es mir doch unverantwortlich, umfassende Analysen auf einen unbestimmten Begriff zu gründen. Daher in Kurzform:

Der Kapitalismus ist ein ökonomisches System, in dem gut organisierte und stabile Privatunternehmen komplexe kommerzielle Aktivitäten auf einem relativ freien (nicht regulierten) Markt betreiben, bei denen sie systematisch und langfristig eigenes Vermögen in Produktionsvorgänge investieren und reinvestieren (direkt oder indirekt), die auf angeworbener Arbeitskraft beruhen und von antizipierten wie von tatsächlichen Renditen gesteuert werden.

Die Formulierung »komplexe kommerzielle Aktivitäten« schließt den Einsatz von Krediten und ein gewisses Maß an Diversifikation mit ein, umgeht aber die direkte Transaktion von Produzent zu Konsument. Der Begriff »systematisch« verweist auf eine angemessene Buchhaltungspraxis. »Indirekte« Investition in Produktionsvorgänge erweitert die Definition und schließt auch Bankiers und passive Aktionäre mit ein. Ausgeschlossen aus der Definition sind auf kurzfristigen Gewinn abgestellte, spekulative Freibeuter-Abenteuer oder einmalige Handelskarawanen. Ebenso ausgeschlossen sind Geschäfte, die direkt von Staatsseite gelenkt werden oder unter umfassender staatlicher Kontrolle (oder exklusiver Lizenz) stehen wie etwa der Fernhandel im alten China oder die Steuerpacht im Europa des Mittelalters. Unternehmen, die auf Zwangsarbeit beruhen, wie die römischen Gewerbe mit ihren Sklaven, sind gleichfalls ausgeschlossen. Vor allem aber klammert die Definition schlichte Handelsgeschäfte aus, sprich all das Kaufen und Verkaufen, das unter Groß- und Kleinhändlern aller Länder seit Jahrhunderten stattfindet, wie auch die Herstellung von Allerweltsprodukten.

Grundsätzlich gehen jeder, der über den Kapitalismus schreibt (egal, ob er den Begriff tatsächlich definiert) und ebenso meine Definition davon aus, dass dieser auf freien Märkten, sicheren Eigentumsrechten und freier (zwangloser) Arbeit beruht.[73] Freie Märkte sind nötig, damit Unternehmen Felder betreten können, auf denen sich ihnen neue Verkaufschancen bieten, was nicht möglich ist, wenn der Staat die Märkte verschließt oder zu stark kontrolliert. Und nur mit sicheren Eigentumsrechten sind Leute überhaupt bereit zu investieren, um damit größere Gewinne zu erzielen, anstatt ihr Vermögen beiseitezuschaffen, zu hamstern oder einfach zu verbrauchen. Der Zwangsarbeit mangelt es nicht nur an Motivation, sie ist obendrein schwer zu akquirieren und schwer wieder loszuwerden. Es sind dagegen das Vermögen, die Motivation der Arbeiter anzuspornen, und die systematische Reinvestierung von Gewinnen, die für die kolossale Produktivität des Kapitalismus verantwortlich sind, so wie Weber und Marx es schon vor über einem Jahrhundert beschrieben hatten.

Der Aufstieg des religiösen Kapitalismus

Die Bibel verurteilt oft die Gier und den Reichtum – »Denn die Wurzel aller Übel ist die Habsucht«[74] –, nicht jedoch, zumindest nicht direkt, den Handel oder die Kaufleute. Dagegen haben viele der allerersten Kirchenväter die Ansicht der griechisch-römischen Welt geteilt, dass der Handel eine entwürdigende Betätigung sei, die zumindest moralische Risiken mit sich bringe, da es sehr schwer sei, beim Akt des Kaufens und Verkaufens nicht sündhaft zu handeln.[75] Bald nach der Konversion Konstantins des Großen (im Jahr 312) wurde die Kirche jedoch nicht länger von Asketen dominiert und ihre Einstellung gegenüber dem Handel wandelte sich. Das führte bei Augustinus sogar zu der Lehrmeinung, dass die Sündhaftigkeit dem Akt des Handelns nicht von Natur aus anhafte, sondern dass es auch hier, genau wie bei jedem anderen Tun, dem Einzelnen überlassen bleibe, ob er rechtschaffen lebt oder nicht.[76]

Augustinus äußerte sich ferner zu Preisen und sagte, dass diese nicht nur dazu da seien, die Herstellungskosten des Händlers zu decken, sondern ebenso die Bewandtnis hätten, das Bedürfnis des Käufers auf den zu erwerbenden Gegenstand hin zu lenken. Damit legitimierte Augustinus nicht nur die Händler, sondern auch die grundlegende Beteiligung der Kirche bei der Geburt des Kapitalismus,[77] als dieser zuerst um das 9. Jahrhundert herum in den Klöstern der großen Mönchsorden auftrat. Aufgrund der enormen Steigerung der landwirtschaftlichen Produktivität, die auf den Wechsel von Ochse auf Pferd, die Erfindung des Pflugs mit Streichbrett und die Einführung des Drei-Felder-Systems zurückging, waren die Klöster nicht mehr auf bloße Subsistenzwirtschaft beschränkt. Stattdessen begannen sie ausgewählte Feldfrüchte anzubauen und sich überhaupt auf die Herstellung bestimmter Güter zu spezialisieren, die sie dann verkauften, woraus in der Folge eine auf Bargeld beruhende Wirtschaft entstand. Die Mönche begannen gleichfalls damit, ihre Gewinne bald wieder zu investieren, um auf diese Weise ihre Produktivität zu erhöhen. Als die Profite immer weiter stiegen, entschlossen sich viele Ordenshäuser, eigene Banken zu gründen, die dann etwa Geld an den Adel verliehen. Wie Randall Collins bemerkte, war das nicht nur eine Art Ur-Kapitalismus, der allein die »institutionalisierten Vorbedingungen des Kapitalismus einbezog ..., sondern ein Erscheinungsbild der immer weiter fortschreitenden Charakteristiken des Kapitalismus überhaupt«.[78] Collins fand hierfür den Begriff des »religiösen Kapitalismus«[79] und fügte hinzu, dass die »Dynamik der mittelalterlichen Wirtschaft vor allem die der Kirche war«.[80]

Das ganze Mittelalter hindurch war die Kirche der bei weitem größte Landbesitzer Europas und ihre liquiden Mittel wie ihre Jahreseinkommen überstiegen nicht nur die der reichsten Könige, sondern wohl auch die aller zusammengezählten Adeligen des Kontinents.[81] Ein beträchtlicher Teil dieses Reichtums wanderte in die Kassen der religiösen Orden und war zur Finanzierung liturgischer Dienstleistungen vorgesehen – Heinrich VII. von England etwa zahlte für zehntausend Messen, die er für sein eigenes Seelenheil lesen ließ.[82] Abgesehen davon, dass ihnen auch Land geschenkt wurde, reinvestierten die meisten Orden ihr Vermögen, um so weiteres Land kaufen zu können. Damit begann eine Epoche der raschen Expansion, was häufig bedeutete, dass Orden über Grundbesitz verfügten, der über ganze Regionen verteilt war. Selbst wenn sie gegenüber der riesigen Abtei zu Cluny, die im 11. Jahrhundert über tausend Priorate besaß, recht winzig erschienen, hatten viele Klöster fünfzig oder mehr Außenstellen errichtet.[83] Unter der Führung des heiligen Bernard von Clairvaux protestierten die Zisterzienser im 12. Jahrhundert gegen den extravaganten Aufwand, der in Cluny getrieben wurde, doch da sie gut organisiert und sparsam waren, vermochten sie bald darauf ihrerseits einige der größten Ländereien Europas zu erwerben – viele Häuser der Zisterzienser bewirtschafteten um die 40 500 Hektar Land, und ein einzelnes Kloster in Ungarn besaß Felder, die zusammen über 10 000 Hektar ergaben.[84] Ein Gutteil dieser Expansion wurde auch dadurch erreicht, dass vorher brach liegende Felder kultiviert, Wälder gerodet und überschwemmte Gebiete trockengelegt wurden. So haben Mönche des Klosters Ten Duinen um die 10 000 Hektar fruchtbaren Landes von den Sümpfen der Küste Flanderns zurückgewonnen.[85]

Diese Epoche großer Expansion wurde teilweise durch Bevölkerungswachstum hervorgerufen,[86] vor allem aber durch Steigerungen der Produktivität. Bis dahin hatten die Klosteranlagen vornehmlich sich selbst versorgt – sie produzierten ihre eigene Nahrung und ihren eigenen Brennstoff, sie machten ihre eigene Kleidung und gerbten ihr eigenes Leder, unterhielten eine Schmiede und häufig sogar eine Töpferei. Mit den großen Steigerungen der Produktivität aber kam es zu *Spezialisierung* und *Handel*. Fortan produzierten manche Klöster nichts als Wein, andere bauten nur bestimmte Getreidesorten an, noch andere züchteten bloß Kühe oder Schafe – die Zisterzienser in Fossanova etwa spezialisierten sich auf die Zucht edler Pferderassen.[87] Unterdessen regte die rasche Steigerung an landwirtschaftlichem Überschuss sowohl die Gründung wie die Expansion von Dörfern und Städten an – tatsächlich wandelten sich viele klösterliche Zentren nach einer Weile sogar zu Städten. Als er über die große Abtei von Sankt Gallen schrieb, merkte Christopher Dawson an, dass diese »nicht länger die schlichte Ordensgemeinschaft war, die sich ihre Gründungsväter vorgestellt hatten, sondern vielmehr ein riesiger Komplex von Gebäuden, Kirchen, Werkstätten, Lagerhäusern, Schulen und Armenhäusern, die eine Einwohnerschaft aus Arbeitern und Dienern beherbergte, ganz ähnlich den Tempelstädten der Antike«.[88]

Als die Klosteranlagen zu kleinen Städten anwuchsen, die obendrein über diverse Außenposten verfügten, sich spezialisierten und vom Handel abhängig machten, kam es zu drei wichtigen Entwicklungen. Erstens bauten sie, da von nun an Weitblick vonnöten war, ihre *Verwaltungen* aus. Das wurde ihnen insofern erleichtert, als ihre Geschäfte, anders als die des Adels, nicht den Schrullen ererbter Führungsriegen unterworfen waren. Die Meritokratie, die den Orden stets fundamental zu eigen war, gewährleistete, dass die Verwaltungsarbeiten nur von talentierten und engagierten Leuten ausgeübt wurden, die imstande waren, langfristige Pläne zu verfolgen. Wie Georges Duby schrieb: die neue Ära zwang die klösterlichen »Verwalter, ihre Aufmerksamkeit ganz auf die Binnen-Ökonomie zu richten, fortwährend mit Zahlen zu hantieren, Kosten zu verrechnen, Gewinne und Verluste zu kalkulieren und Überlegungen anzustellen, wie die eigene Produktion noch weiter ausgebaut werden konnte«.[89]

Parallel zur Spezialisierung ergab sich eine zweite Entwicklung: der Wechsel von einer Tausch- zu einer Geldwirtschaft. Es wäre für ein Wein-produzierendes Kloster einfach zu kompliziert und aufwendig gewesen, Güter, die es ansonsten noch brauchte, zu tauschen und hin und her zu verfrachten. Es erwies sich als viel effizienter, den Wein gegen Bargeld zu verkaufen und Dinge des Eigenbedarfs dann ebenfalls von den geeignetsten und kostensparendsten Händlern zu erstehen. Ab dem späten 9. Jahrhundert weitete sich die Geldwirtschaft rasch aus. Nachdem die Mönche in Lucca (nahe Florenz) die ersten waren, die ein auf Bargeldverkehr beruhendes internes Wirtschaftssystem eingerichtet hatten, sollte es sich bald in ganz Europa ausbreiten. Um 1247 schrieb ein Chronist der Franziskaner über das Anwesen seines Ordens in Burgund, dass seine Klosterbrüder »rein gar nichts anbauen oder ernten, noch lagern sie etwas in Scheunen – stattdessen schicken sie auf dem Fluss, der nebenan verläuft, ihren Wein nach Paris, wo er für einen guten Preis verkauft wird; mit dem Geld wiederum bezahlen sie all ihre Nahrungsmittel und all ihre Kleidung«.[90]

Obwohl im Gegenteil von den Gutshöfen der Griechen und Römer (wie auch sonst überall auf der Welt) erwartet worden war, dass sie den Grundbesitzern ihre Miete in Form von landwirtschaftlichen Überschüssen zahlten, versorgten diese sich zur Gänze oder zum Großteil selbst. Häufig waren sie sogar so unproduktiv, dass eine reiche Familie schon äußerst große Anwesen benötigte, um in gutem Stil leben zu können. Durch den Kapitalismus in seinen frühesten Stadien wurden dagegen selbst solche Orden reich, die nur über bescheidene Felder und Herden verfügten.

Die dritte Entwicklung war der *Kredit*. Bei Tauschgeschäften bietet sich ein Kredit nicht an: einen Handel abzuschließen, indem eine zukünftige Zahlung in Form von dreihundert Hühnern vereinbart wird, kann leicht zu Streitereien über den Wert des Federviehs führen: geht es um Gockel, Hühnchen oder alte Hennen? Dagegen besteht über die Bedeutung von zwei Unzen Gold, die einer dem anderen schuldet, keinerlei Zweifel. Doch nicht nur gewährten die großen Klosteranlagen sich gegenseitig Kredit; je reicher sie wurden, begannen sie auch damit, *Geld gegen Zinsen zu verleihen*, das Gleiche taten die Bischöfe. So verlieh während des 11. und 12. Jahrhunderts die Abtei von Cluny regelmäßig große Summen gegen Zinsen an den Adel Burgunds[91], der Bischof von Liège verlieh die unglaubliche Summe von 100 Pfund in Gold und 175 Mark in Silber an die Gräfin von Flandern und ebenso 1300 Mark in Silber und 3 Mark in Gold an den Herzog von Niederlothringen. 1044 verlieh der Bischof von Worms 20 Pfund in Gold und eine große (nicht näher genannte) Summe Silber an den englischen König Heinrich III. Es gab noch viele andere Fälle – laut erhaltener Aufzeichnungen waren zu dieser Zeit Bischöfe und Klöster die üblichen Kreditgeber für den Adel.[92] Im 13. Jahrhundert nahm diese Kreditvergabe die besondere Form der *Hypothek* (wörtlich »totes Pfand«) an, bei der der Schuldner dem Darlehensgeber eigenes Land verpfändete und dieser für die Dauer der Leihgabe jegliche Erträge des Landes einstrich und diese auch nicht von dem verliehenen Betrag abziehen musste. Durch diese Vorgehensweise gewannen die Klöster häufig neues Land, da die Mönche meist nicht zimperlich waren, wenn es um Zwangsvollstreckungen ging.[93]

Allerdings investierten die Mönche nicht bloß in Land und verliehen Geld aus ihren übervollen Schatzkisten. Nach und nach ließen sie ab von ihren Feldern, Weinstöcken und Scheunen und widmeten sich verstärkt der liturgischen »Arbeit«, indem sie endlos viele bezahlte Messen lasen – für verstorbene Seelen, die womöglich im Purgatorium gefangen waren, wie für lebendige Wohltäter, die ihr Schicksal in der nächsten Welt verschönern wollten. Die Mönche lebten nun in Luxus und hatten jede Menge freie Zeit. In Cluny etwa bekamen die Mönche »reichhaltiges und variantenfreudiges Essen. Ihre Kleidung wurde regelmäßig erneuert. Die (von dem heiligen Sankt Benedikt von Nursia im 6. Jahrhundert) vorgeschriebene körperliche Arbeit wurde auf Tätigkeiten in der Küche begrenzt. Die Mönche lebten wie adelige Herren.«[94] In den anderen großen Abteien war es nicht anders. Doch gab es hierfür nur einen Grund: die Klöster hatten damit begonnen, *angeworbene Arbeitskräfte* einzusetzen. Und diese waren nicht nur effizienter als zuvor die Mönche,[95] sondern auch produktiver als Mieter, die im Austausch für ihren Aufenthalt Pflichtarbeit verrichten mussten. Allerdings taten diese Mieter das häufig gar nicht, sondern glichen ihre Obliegenheit mit Geldzahlungen aus.[96] Als der religiöse Kapitalismus sich verbreitete, kamen die Mönche also sehr wohl weiterhin getreu ihren Aufgaben nach, doch arbeiteten sie, abgesehen von den liturgisch Tätigen, nun in der Exekutive, als Geschäftsführer und Vorabeiter. Auf diese Weise hatten die Klöster des Mittelalters eine erstaunliche Ähnlichkeit mit modernen Unternehmen, in denen die neueste technologische Neuerung stets sogleich ausprobiert und, sofern sie etwas taugt, übernommen wird.[97]

Arbeit und Sparsamkeit als Tugenden

Traditionelle Gesellschaften feiern gemeinhin den Konsum und missachten die Arbeit. Das betrifft nicht nur die privilegierten Eliten, sondern ebenso all jene, die ihr Leben lang schuften müssen. Die Vorstellung der Würde und Tugendhaftigkeit von Arbeit wäre im alten Rom wie auch in jeder anderen vorkapitalistischen Ära ein Unding gewesen. So wie sich der Zweck des Reichtums im Geldausgeben erweist, besteht die bevorzugte Einstellung zur Arbeit darin, sie andere tun zu lassen oder, wenn das nicht geht, so wenig wie möglich zu arbeiten. In China ließen die Mandarine ihre Fingernägel so lang wie möglich wachsen (und ummantelten sie sogar mit Schichten aus Silber, um sie vor Bruch zu schützen), um auf diese Weise zu zeigen, dass sie nicht mit den Händen arbeiten mussten. Umgekehrt verlangt und animiert der Kapitalismus eine gänzlich andere Einstellung zur Arbeit – eine, die die Arbeit als immanent tugendhaft ansieht und gleichermaßen einen Wert darin erkennt, den eigenen Konsum zu beschränken. Natürlich war es genau das, was Max Weber als protestantische Ethik bezeichnete – die er jedoch falsch bezeichnete, da er glaubte, die katholische Kirche kenne eine solche Ethik nicht. Doch da irrte sich Weber.

Der Glaube an die Tugenden der Arbeit und des einfachen Lebens hatte den Aufstieg des Kapitalismus sehr wohl begleitet, und zwar schon Jahrhunderte, bevor Martin Luther geboren wurde.[98] Ungeachtet der Tatsache, dass viele oder sogar die meisten Mönche und Nonnen dem Adel oder sehr reicher Familien entstammten,[99] ehrten sie die Arbeit nicht nur in ideeller und theologischer Hinsicht, sondern auch, indem sie selbst arbeiteten. In Randall Collins' Worten »besaßen sie die protestantische Ethik, ohne Protestanten gewesen zu sein«.[100]

Die Tugend der Arbeit wurde zuerst im 6. Jahrhundert von Benedikt von Nursia herausgestellt, der in seiner berühmten Regel schrieb: »Die Trägheit ist der Feind der Seele. Deshalb sollten unsere Glaubensbrüder ebenso genaue Zeiten für körperliche Arbeit wie für andächtige Lektüren festlegen ... Nur wenn sie von der Arbeit ihrer Hände leben, so wie es unsere Väter und Apostel getan haben, werden sie wahre Mönche sein.«[101] Oder wie Walter Hilton, der englische Augustiner-Mönch, im 14. Jahrhundert schrieb: »Erst die Disziplin des physischen Lebens befähigt uns zu spiritueller Leistung.«[102] Es ist dieser starke Zuspruch zur körperlichen Arbeit, der den christlichen Asketismus von dem aller anderen großen Religionen unterscheidet, bei denen die Gläubigkeit doch stets mit einer Abkehr von der Welt und ihren Aktivitäten einhergeht. Im Gegensatz zum Beispiel zu Männern des Ostens, die sich in der Meditation spezialisierten und von Almosen lebten, ernährten sich die christlichen Mönche des Mittelalters von ihrer eigenen Arbeit, was dann wiederum auf ihre höchst ertragreichen Klöster zurückwirkte. Das bewahrte sie nicht nur vor »asketischem Eifer, der in seiner Weltflucht zur Versteinerung neigt«[103], sondern begünstigte auch einen gesunden Umgang mit Fragen der Wirtschaft. Doch obwohl die These der protestantischen Ethik falsch ist, ist es absolut zulässig, den Kapitalismus mit christlicher Ethik an sich zu verknüpfen.

Und so kam es also, dass ab dem 9. Jahrhundert die prosperierenden klösterlichen Anwesen zusehends »gut organisierten und stabilen Privatunternehmen« ähnelten, die »komplexen kommerziellen Aktivitäten auf einem relativ freien Markt nachgingen«, in »Produktionsvorgänge investierten, die auf angeworbener Arbeitskraft beruhten« und von »erwarteten wie tatsächlichen Renditen gesteuert wurden«. Wenn das nicht bereits Kapitalismus in all seiner Herrlichkeit war, so war es doch etwas Ähnliches. Außerdem regte dieses Wirtschaftstreiben der großen Orden die Theologen dazu an, neu über ihre Doktrinen nachzudenken, in denen es um Profite und Verzinsung ging. Augustinus hätte Kapitalerträge sicher gutgeheißen. Aber sind Gewinnmargen nicht auch moralische Grenzen gesetzt? Was den Wucher angeht, ist er seitens der Bibel verboten. Wenn Zinsen aber gleichfalls verboten wären, wie könnte man dann etwas auf Kredit kaufen oder sich benötigte Geldmittel leihen?

Kapitalismus und theologischer Fortschritt

Die christliche Theologie ist nie zu einem Kristall verhärtet. Wie Gott denn möchte, dass die Bibel immer besser verstanden werde, indem die Menschen immer mehr Erfahrungen machen und ihr Wissen erweitern, so erfordert dies eine kontinuierliche Neubewertung von Doktrinen und ihrer Lesart. Und genau das ist geschehen.

Der anfängliche christliche Widerstand gegen Zinsen und Profite

Während des 12. und 13. Jahrhunderts erklärten verschiedene christliche Theologen, unter ihnen Thomas von Aquin, dass Profite moralisch zulässig seien. Während sie andererseits noch Lippenbekenntnisse gegenüber der Verdammung des Wuchers abgaben, legitimierten die gleichen Theologen die Berechnung von Zinsen. Auf diese Weise machte die katholische Kirche ihren Frieden mit dem frühen Kapitalismus schon Jahrhunderte bevor es irgendwelche Protestanten gab.

Das Christentum hatte seine Ablehnung des Zinswuchers von den Juden übernommen. Das 5. Buch Mose (23.19-20) mahnt: »Du darfst von einem Israeliten keine Zinsen nehmen; weder Zinsen für Geld noch Zinsen für sonst etwas, wofür man Zinsen nimmt. Von einem Ausländer darfst du Zinsen nehmen, nicht aber von einem Israeliten.«

Dass Zinsen von Fremden genommen werden durften, erklärt die Rolle der Juden als Geldverleiher in christlichen Gesellschaften – eine Rolle, die ihnen manchmal von Christen in Geldnot aufgezwungen wurde. (Das hatte zur Folge, dass Christen des Mittelalters, die reich genug waren, um Geld zu verleihen, sich häufig als Juden ausgaben. Historiker wollen von diesem Umstand gewöhnlich nichts wissen.)[104]

Doch natürlich untersagte das Verbot im 5. Buch Mose den Christen nicht notwendigerweise die Berechnung von Zinsen, denn sie waren ja keine Israeliten. Dagegen hörte man aus den Worten Jesu im Lukas-Evangelium (6,34-35) ein Verbot von Zinsen: »Und wenn ihr nur denen etwas leiht, von denen ihr es zurückzubekommen hofft, welchen Dank erwartet ihr dafür? Auch die Sünder leihen Sündern in der Hoffnung, alles zurückzubekommen. Ihr aber sollt eure Feinde lieben und sollt Gutes tun und leihen, auch wo ihr nichts dafür zurückbekommen könnt.«

Auf Darlehen erhobene Zinsen wurden daher der Sünde des Wuchers zugeschlagen und weithin verdammt – jedenfalls im Prinzip, nicht so sehr in der Praxis.

Tatsächlich hatten sich, wie schon erwähnt, einige der großen Ordenshäuser bereits im 9. Jahrhundert getraut, Banken zu gründen. Zu ihren besten Kunden gehörten die Bischöfe, die, was die Aufnahme von Darlehen anging, hinter dem Adel auf Platz Zwei standen. Nicht nur liehen sich viele Bischöfe Geld bei den klösterlichen Orden, sondern auch bei italienischen Privatbanken, die das Vertrauen des Vatikans genossen. So kam es, dass im Jahr 1229 der Bischof von Limerick außerstande war, das Darlehen einer römischen Bank zurückzuzahlen, woraufhin der Papst ihn exkommunizierte, und zwar, bis er die entsprechende Summe mit einer Verzinsung von 50 Prozent über eine Dauer von acht Jahren schließlich abbezahlt hatte.[105] Der Bedarf nach Darlehen war so groß und weit verbreitet, dass italienische Banken in ganz Europa Filialen eröffneten. 1231 gab es in England 69 Zweigstellen italienischer Bankhäuser und in Irland fast genauso viele. Obwohl viele Bischöfe, Klosterorden und selbst die römische Amtskirche das Wucherverbot ignorierten, bestand der Widerstand gegen Zinsen fort. Selbst noch beim Zweiten Laterankonzil 1139 erklärte die Kirche, dass der »reuelose Wucherer als vom Alten wie vom Neuen Testament verurteilt wird und daher der kirchlichen Tröstung wie auch des christlichen Begräbnisses unwürdig ist«.[106] Dennoch belegen Aufzeichnungen, »dass 1215 sich Wucherer am päpstlichen Hof aufhielten, von denen ein bedürftiger Prälat ein Darlehen erhalten konnte«.[107]

Wie viele große Klosterorden auch weiterhin ihre Profite maximierten und Geld zu jeder Zinsrate verliehen, die der Markt nur hergab, so sahen sie sich doch einer

Mauer aus Verurteilungen seitens des alten Klerus gegenüber, der ihnen die Sünde des Geizes vorwarf. Was konnte man tun?

Die Theologie des gerechten Preises und rechtmäßigen Zins

Natürlich kann man von Leuten nicht erwarten, dass sie die Früchte ihrer Arbeit einfach weggeben. Aber hat der Preis, den man dafür verlangen darf, nicht auch eine Grenze? Wie können wir sicher sein, dass eine Preisforderung nicht sündhaft hoch ist?

Im 13. Jahrhundert schrieb der heilige Albertus Magnus, dass der »gerechte Preis« einfach dem entspreche, was ein bestimmtes Gut zur Zeit des Kaufes auf dem Markt schätzungsweise wert sei.[108] Das heißt, ein Preis ist dann gerecht, wenn er dem entspricht, was ein Käufer ohne Zwang zu zahlen bereit ist. Adam Smith hätte an dieser Definition nichts auszusetzen gehabt. Indem er seinen Lehrer Albertus Magnus zitierte, wenn auch ungleich wortreicher, begann Thomas von Aquin seine Analyse des gerechten Preises mit der Frage, »ob ein Mann rechtmäßig ein Ding über dessen Wert hinaus verkaufen darf?«[109] Er antwortete, indem er die Aussage Augustinus' zitierte, dass es »natürlich und legitim für dich ist, billig zu kaufen und teuer zu verkaufen«. Dann schloss Thomas den Betrug von den zulässigen Transaktionen aus, um schließlich einzugestehen, dass Wert nicht wirklich etwas Objektives sei – »der gerechte Preis ist nicht absolut eindeutig« –, sondern eine Funktion des Bedürfnisses des Käufers nach dem zu erwerbenden Gegenstand sowie des Willens oder Unwillens des Verkäufers, diesen zu veräußern. Immer unter der Voraussetzung, dass der Käufer nicht fehlgeleitet oder genötigt wurde. Um gerecht zu sein, müsse ein Preis für alle potentiellen Käufer zu einem gegebenen Moment der gleiche sein, so dass Preisdiskriminierung ausgeschlossen sei. Der Respekt des Thomas von Aquin vor den Kräften des Marktes zeigt sich am klarsten in seiner Erzählung über einen Händler, der Getreide in eine Gegend bringt, die unter einer Hungersnot leidet und der weiß, dass schon bald andere Händler noch viel mehr Getreide vorbeibringen werden. Handelt er nun sündhaft, wenn er zu dem marktüblichen, höheren Preis verkauft oder soll er den Käufern sagen, dass bald weiteres Getreide eintreffen wird, was natürlich zu einem Preisverfall führen würde? Thomas kommt zu dem Schluss, dass der Händler mit gutem Gewissen Stillschweigen bewahren und den aktuellen hohen Preis ansetzen dürfe.

Was die Darlehenszinsen angeht, äußerte sich Thomas ungewöhnlich verwirrend. In manchen Schriften verurteilte er pauschal alle Zinsen als Sünde des Wuchers, in anderen akzeptierte er stattdessen, dass Kreditgeber einen Ausgleich verdienten, wobei er aber nicht recht zu sagen weiß, warum oder wie hoch der Zins sein dürfe.[110] Unter dem Einfluss einer rasch expandierenden gewerblichen Wirtschaft waren viele Zeitgenossen des Thomas von Aquin, besonders die Kanonisten, sehr viel weniger zaghaft, sondern begannen diverse Fälle ausfindig zu machen, bei denen Darlehenszinsen keinen Wucher darstellten.[111] Wenn etwa ein Produktiveigentum wie eine Klosteranlage als Sicherheit für ein Darlehen gegeben wird, darf der Verleiher für die Dauer des Darlehens alle dort produzierten Güter an sich nehmen und muss ihren Wert nicht von dem geschuldeten Betrag abziehen.[112] Viele andere Ausnahmen betrafen die Kosten des Verleihers, wenn sein als Darlehen bereitgestelltes Geld nicht für eigene kommerzielle Unternehmungen verfügbar war, etwa um damit Güter zur Weiterveräußerung zu kaufen oder um neue Felder zu erwerben. Da diese Gewinnchancen im Einklang mit dem Gesetz standen, war es ebenso gesetzmäßig, den Darlehensgeber für seinen Verzicht zu entschädigen.[113] In diesem Sinne wurde es gleichfalls als zulässig erachtet, Zinsen auf Güter zu erheben, die auf Kredit gekauft wurden.[114] Die Banken wiederum gaben keine Darlehen mit einer festen Zinsrate, da dies als Wucher hätte ausgelegt werden können, da kein »Wagnis für das Kapital« bestand. Man erachtete Zinsen nämlich nur dann als zulässig, wenn der zu erwartende Gewinn ungewiss und damit ein »Risiko« war. Allerdings mussten die Bankiers nur ein wenig gewieft sein, um an dem Verbot vorbeizukommen, etwa durch Wechsel in obskuren Währungen, die vermeintlich risikobehaftet waren, in Wirklichkeit jedoch über eine vollkommen sichere Deckung verfügten.[115] Während man also weiter von der Sünde des Wuchers sprach, war der Begriff inzwischen zu einer bloßen Hülse geworden.

So hatten die führenden christlichen Theologen also bereits im 13. Jahrhundert die wichtigsten Aspekte des sich entwickelnden Kapitalismus in vollem Umfang debattiert, nämlich Profite, Eigentumsrechte, Kredite, Zinsen und ähnliches. Lester K. Little fasste es so zusammen: »In allen Fällen war ihr Urteil durchweg zustimmend und wohlgefällig, ganz im Gegensatz zu den theologischen Geisteshaltungen, die über die vorangegangenen sechs oder sieben Jahrhunderte vorgeherrscht hatten und von einer Generation zur nächsten weitergegeben worden waren.«[116] Der Kapitalismus war zu guter Letzt von allen Fesseln des Glaubens befreit worden.[117]

Diese Verschiebung war beachtlich. Denn immerhin hatten die betreffenden Theologen sich von der Welt zurückgezogen und das Armutsgelübde abgelegt. Ihre Vorgänger hatten für Kaufleute und Handelsgeschäfte stets nur Verachtung übriggehabt. Wäre es in den Ordensgemeinschaften aber tatsächlich so asketisch zugegangen, hätte die christliche Opposition gegen den Handel kaum aufgeweicht oder gar radikal transformiert werden können. Diese theologische Revolution war vielmehr das Ergebnis direkter Erfahrungen mit den Erfordernissen der Welt. Bei aller Barmherzigkeit hätten die klösterlichen Verwalter ihre Güter doch niemals den Armen übergeben oder auch nur zum Anschaffungswert wiederverkauft. Erst als sich die großen Klöster aktiv auf dem freien Markt betätigten, kamen die Theologen dazu, die Sittlichkeit des Handels an sich neu zu überdenken. Die ausgeprägte Weltlichkeit der Kirchenhierarchie war hierfür ebenfalls von Vorteil.

Im Unterschied zu den Angehörigen der Ordensgemeinschaften hatten in hohen kirchlichen Rängen nur die Wenigsten ein Armutsgelübde abgelegt. Dagegen besaßen viele von ihnen einen ausgeprägten Geschmack für Luxus und Gepränge. Bischöfe und Kardinäle gehörten zu den allerbesten Kunden von Kredithaien. Doch kann das kaum verwundern, da fast jeder, der eine elitäre Kirchenposition bekleidete, seinen Amtssitz nicht zuletzt als Kapitalanlage gekauft hatte, von der er sich handfeste Rendite in Form von Kircheneinnahmen erhoffte. Tatsächlich konnte ein Mann sich damals in die Position eines Bischofs oder gar eines Kardinals einkaufen, ohne dass er zuvor überhaupt einen Kirchenposten bekleidet hatte, manchmal sogar, ohne dass er zum Priester geweiht oder überhaupt getauft worden war![118] Dieser Aspekt der mittelalterlichen Kirche hatte immer wieder Konflikte und Skandale zur Folge, rief diverse Ketzerbewegungen hervor und gipfelte letzten Endes in der Reformation. Jedoch machten sich diese höchst weltlichen Faktoren in der Entwicklung des Kapitalismus mehr als bezahlt. Die Kirche stand ihr nicht nur nicht im Wege, sondern rechtfertigte sie vielmehr und spielte in der kaufmännischen Revolution des 12. und 13. Jahrhunderts selbst eine aktive Rolle.[119] Hätte sie das nicht getan, wäre dem Abendland wohl ein ähnliches Ende beschieden gewesen wie den islamischen Völkern.

Der Islam und die Zinsen

Der Koran verbietet jegliche auf geliehenes Geld erhobene Zinsen (Riba). Mehrerlöse, die durch Güteraustausch oder Dienstleistungen erzielt werden, sind erlaubt, dagegen darf beim Geldverleih die zurückzuzahlende Summe nicht höher sein als die vorgestreckte. In den Worten des Korans (2:275): »Doch hat Allah Verkaufen erlaubt und Zinsnehmen verboten.«

Wie im Christentum wurde auch seitens der Muslime das Zinsverbot beim Geldverleih häufig ignoriert, hier anders als dort jedoch ausschließlich mit dem Ziel des eigenen Konsums, nicht der Investition.[120] Hieraus mag sich erklären, warum islamische Leihgeschäfte nicht zu einer theologischen Neuinterpretation führten und Riba weiter offiziell als Sünde galt. Für Maxime Rodinson liegt der Schluss nahe, dass der Islam seine ökonomischen Regeln unangetastet ließ, weil seine Eliten den Handel verachteten und der Staat die Wirtschaft derart stark einschränkte und verzerrte, so dass es anders als in Europa überhaupt nie den gleichen Anstoß zu einer theologischen Neubewertung geben konnte. Zweifellos war es den Eliten recht, wenn ihre Kreditgeber sich in religiöser Gefahr wähnten und sie ihre Schulden somit durch Usurpation begleichen konnten. Selbst heute noch winden sich die Banken in islamischen Gesellschaften und bemühen umständliche Winkelzüge, um das absolute Verbot des Wuchers, der immer noch als Kompensation für geleistete Darlehen im Raum steht, zu umschiffen.[121] In einer gängigen modernen Lösung für das Wucherverbot gehen Banken Personalgesellschaften mit jenen ein, denen sie Geld vorstrecken. Dabei wird ein Darlehen zu genau seinem Ausgangsbetrag zurückgezahlt, während man die Vergütung für die Leihgabe (die Zinsen) als Gewinnbeteiligung deklariert. Ein weiterer Trick besteht darin, für die Bedienung eines Kredits sehr hohe Gebühren zu erheben. Und dennoch sind die riesigen Gewinne, die in der islamischen Welt aus dem Handel mit Petroleum erwuchsen, zum Großteil im Westen reinvestiert worden und wurden fast gar nicht dazu eingesetzt, die Entwicklung der einheimischen Wirtschaft voranzutreiben. Der religiöse Widerstand gegen den Zins wie auch die Habgier repressiver Regime haben den Aufstieg des Kapitalismus in der islamischen Welt zunichtegemacht und tun es weiterhin. Es gibt dort noch einige Siege der Vernunft zu gewinnen.

Der Weg, der in die modernen Zeiten führte, hat sich ebenso wenig urplötzlich aufgetan, wie er der Stirn des Zeus entsprungen ist. Die Zivilisation des Abendlandes bildete sich stufenweise, nach und nach, in all den Jahrhunderten, die auf den Untergang Roms folgten: das sogenannte finstere Mittelalter war eine Epoche der tiefgehenden Erleuchtung und Aufklärung, sowohl in materieller wie intellektueller Hinsicht – es war überhaupt erst die Verbindung von beidem, verknüpft mit der christlichen Doktrin moralischer Gleichheit, die eine gänzlich neue Welt erschuf, die auf politischer, wirtschaftlicher und persönlicher Freiheit gründete.

KAPITEL 3: DIE TYRANNEI UND DIE »WIEDERGEBURT« DER FREIHEIT

Der Erfolg des Abendlandes hing ab von der Entwicklung freier Gesellschaften, die dem Frühkapitalismus Sicherheit gewährten. Auch hierbei spielte das Christentum die Schlüsselrolle, in dem es der Demokratie eine moralische Basis verlieh, die weit über alles hinausging, was die klassischen Philosophen sich ausgemalt hatten.

Dieses Kapitel untersucht zunächst, auf welche Weisen tyrannische Systeme stets die Wirtschaftsentwicklung behindern. Danach beleuchtet es fundamentale christliche Glaubenssätze, in denen die moralische Gleichheit zur Geltung gebracht und der Despotismus verurteilt wurde. Diese Doktrinen erfüllen sich in dem Maße mit Leben, wie das Kapitel die Entstehung relativ unabhängiger Gemeinden in verschiedenen Teilen Europas beleuchtet und aufzeigt, wie bereits ein wenig Freiheit Kaufleute, Arbeiter, Bankiers und religiöse Gruppen in die Lage versetzte, sich eine gewichtige Stimme in verschiedenen Regierungen zu verschaffen.

Planwirtschaft

Despotische Staaten begünstigen in großem Ausmaß den Geiz. Wenn Machthaber sich darauf verlegen, maximale Beträge bei denen einzutreiben, die sie kontrollieren, machen sie auch diese Menschen geizig – sie konsumieren, horten und verstecken die Früchte ihrer Arbeit bei jeder Gelegenheit. Dabei produzieren sie jedoch nicht halb so viel wie sie unter besseren Umständen könnten. Und selbst wenn manche Leute einmal produktiver sind, kann man davon ausgehen, dass sie durch ihre Mühen doch nur die Machthaber bereichern. Die Folge ist ein Wohlstandsniveau, das weit unter den Produktionskapazitäten einer Gesellschaft liegt.

Im späten 10. Jahrhundert begann sich in Teilen Nordchinas eine Eisenindustrie zu entwickeln.[1] Man nimmt an, dass allein im Jahr 1018 die Schmelzhütten mehr als 35 000 Tonnen Eisen produzierten, was für diese Zeit eine ganz erstaunliche Menge war. Sechzig Jahre später sei man sogar schon bei über 100 000 Tonnen gewesen. Doch stand hinter dieser Leistung keine Regierung. Es waren allein Privatpersonen, die auf die Stunde gesetzt hatten, als sie den gestiegenen Bedarf nach Eisen, Erz und Kohle erkannten. Mit Hütten und Gießereien, die in der Nähe eines ganzen Netzes von Kanälen und schiffbaren Flüssen angesiedelt waren, konnte man das Eisen problemlos zu fernen Märkten bringen. Bald schon erzielten diese neuen chinesischen Eisen-Industriellen enorme Profite und reinvestierten sie wiederum in die Expansion ihrer Hütten und Gießereien. Die Produktion ging immer weiter nach oben. Die Verfügbarkeit großer Mengen an Eisen führte zur Einführung gusseiserner landwirtschaftlicher Werkzeuge, was dann wiederum die Lebensmittelproduktion vorantrieb. Kurzum, China begann den Kapitalismus zu entwickeln und eine industrielle Revolution zu starten. Doch dann kam die Entwicklung zum Erliegen, und zwar so unvermittelt, wie sie begonnen hatte. Schon am Ende des 11. Jahrhunderts wurden nur mehr kleinste Mengen Eisen produziert und wenig später waren aus den Hütten und Gießereien Ruinen geworden. Was war geschehen?

Die Mandarine am Kaiserhof hatten schließlich bemerkt, dass einige Bürger im Herstellungsgewerbe reich geworden waren und sie Landarbeiter zu hohen Löhnen angestellt hatten. Daraufhin verfügten die Mandarine, dass ein derartiges Tun die konfuzianischen Werte wie auch den sozialen Frieden gefährdete; doch ging es eigentlich nur darum, den Reichtum den Eliten vorzubehalten. Sie errichteten ein Staatsmonopol auf die Eisenproduktion und rissen sie somit an sich. Und das war's dann. Für Winwood Reade ist der Grund für Chinas folgende jahrhundertelange ökonomische und gesellschaftliche Stagnation denkbar einfach: »*Das Eigentum ist nicht abgesichert*. In dieser einen Aussage ist die gesamte Geschichte Asiens enthalten.«[2]

Eine ebenfalls erstaunliche Begebenheit stammt aus der Zeit nach der Seeschlacht von Lepanto (1571), bei der die Europäer eine osmanische Flotte versenkten.[3] Als die siegreichen christlichen Seefahrer die türkischen Schiffe ausplünderten, stießen sie an Bord der Sultana, dem Flaggschiff des osmanischen Kapitäns Ali Pasha, auf ein Vermögen in Goldmünzen. Ähnliche Schätze wurden auch auf den Galeeren diverser anderer muslimischer Admirale gefunden. Victor David Hansen erläutert das so: »Da es kein Bankensystem gab und Ali Pasha fürchtete, dass eine Beschlagnahmung den Sultan verärgern könnte, zumal er sowieso stets darauf bedacht war, sein

Vermögen vor den Steuerzahlern zu verbergen, brachte er all seine Aktivposten nach Lepanto.«[4] Nun war Ali Pasha allerdings kein Bauer, der einen Ernteüberschuss in seiner Scheune versteckte, sondern gehörte zur obersten Elite des Landes und war verheiratet mit der Schwester des Sultans. Wenn also ein Mann in seiner Position schon keine sicheren Investitionsmöglichkeiten fand und es ebenso wenig wagte, sein Geld zu Hause zu lassen, wer hätte darauf hoffen sollen, es besser zu treffen?

Es ist kein Wunder, dass der Fortschritt in despotischen Staaten nur sehr langsam und ungleichmäßig abläuft. Denn nicht nur transportierbares Vermögen wie das von Ali Pasha ist in Gefahr, von Staatsseite einkassiert zu werden, sondern letztlich alles, was überhaupt Wert besitzt – Land, Ernten, Tierbestände, Häuser und selbst Kinder –, kann und wird, wie das Beispiel von den chinesischen Eisenmagnaten gezeigt hat, willkürlich konfisziert werden. Aber es geht noch schlimmer: was der tyrannische Staat beschlagnahmt, setzt er wiederum nur sehr wenig ein, um die eigene Produktion zu erhöhen, stattdessen verbraucht er es einfach. Die ägyptischen Pyramiden, die Pariser Tuilerien, das indische Taj Mahal sind allesamt als herrliche Bauwerke unter repressiver Herrschaft errichtet worden; sie besaßen keinerlei Ertragswerte und wurden mit Elend und Not bezahlt. Damit hängt zusammen, warum das Wirtschaftssystem despotischer Staaten als »Planwirtschaft«[5] bezeichnet wird – sowohl der Markt wie die Arbeit sind dem Zwang und der Kontrolle unterworfen und könnten in Freiheit so niemals funktionieren. Gleichzeitig ist die Eintreibung wie die Aufzehrung von Vermögenswerten stets das vorrangige Staatsziel.

Planwirtschaften sind so alt wie die frühesten Staaten und haben in vielen Teilen der modernen Welt bis heute überdauert. Auch haben sie immer noch leidenschaftliche Befürworter.[6] Dabei lassen sie stets die grundlegendste wirtschaftliche Tatsache des Lebens an sich außer Acht: *Wohlstand beruht stets auf Produktion.* Er muss angebaut, umgegraben, abgemäht, gejagt, gehütet, fabriziert oder auf andere Weise *geschaffen* werden. Der Umfang des Wohlstands in einer Gesellschaft hängt nicht nur ab von der Zahl der Menschen, die an Produktionsvorgängen beteiligt sind, sondern auch von ihrer Motivation und der Effizienz ihrer produktiven Technologien. Sieht sich der Wohlstand einer hohen Steuerbelastung oder der ständigen Gefahr der Beschlagnahme ausgesetzt, besteht die Herausforderung darin, ihn zu *behalten und sicherzustellen,* nicht ihn produktiv zu machen. Dieser Grundsatz gilt nicht nur für reiche, sondern gerade auch für sehr arme Leute – die notorische Unterproduktion in Planwirtschaften leitet sich davon ab. Angesichts exorbitanter Steuern, die nur zur Bereicherung einer kleinen Elite da sind, gehen selbst freie Bauern dazu über, Teile ihrer Ernten besser beiseitezuschaffen, als ihre Erträge weiter zu steigern. Desgleichen können auch solche, die Zwangsarbeit leisten müssen – Sklaven etwa oder Bauern, die ein jährliches Arbeitspensum abzuleisten haben – ihren Vorteil allein darin finden, so wenig wie möglich zu tun. Die Reichen und Mächtigen wiederum haben häufig nur Spott übrig für jene, die – allen Risiken und Hindernissen zum Trotz – es doch irgendwie schaffen, die Wirtschaft über Wasser zu halten.

Im Jahr 829 sah Kaiser Theophilos von Byzanz ein besonders schönes Handelsschiff in den Hafen von Konstantinopel einlaufen. Als er nachfragte, wessen Schiff das denn sei, erfuhr er, es gehöre seiner eigenen Frau, woraufhin er einen Wutanfall bekam. »Gott hat mich Kaiser werden lassen«, fauchte er die Gattin an, »du dagegen hättest aus mir einen Schiffskapitän gemacht!« Und er gab den Befehl, das Schiff niederzubrennen. Es schlossen sich ganze Jahrhunderte an, in denen byzantinische Historiker den Kaiser für sein Handeln lobpreisten.[7] Die klassischen Philosophen hätten sicher das Gleiche getan ...

Aristoteles verurteilte das Handelsgewerbe und fand, es sei unnatürlich, unnütz und mit der »menschlichen Tugend«[8] nicht vereinbar. Daher schlug er vor, aus der Agora eine bloße Begegnungsstätte, aber keinen Marktplatz zu machen. Sie sollte »von allen Handelsgütern frei sein und weder Arbeiter, Bauern noch andere Personen dieses Schlages sollen sie betreten dürfen, es sei denn, die Richter haben es eigens erlaubt«.[9] Aristoteles forderte ebenfalls, Tauschgeschäfte nur solchen Leuten zu erlauben, die bereits gesellschaftlich miteinander verbunden waren, und dass die Geschäfte stets einen reziproken Wert haben sollten – so, als ob einem Handelsgut ein fester Wert zu eigen wäre wie seine Farbe oder sein Gewicht.

Doch war Aristoteles kein einsamer Rufer in der Wüste; seine Ansichten waren Konsens in Athen. Arbeit war etwas für Sklaven und der Handel etwas für Nicht-Bürger, also Fremde. Selbst noch wenn Bürger in Landbesitz investierten, ging es ihnen laut M. I. Finley dabei bloß um »Verbesserung ihres Status, nicht um Profitmaximierung«. Finley berichtet, dass in keinem einzigen griechischen Text jener Zeit die Rede sei von Investitionen (einschließlich Krediten), die zur Verbesserungen von Land oder Produktionsvorgängen jeglicher Art hätten dienen können – ganz im Gegensatz zu »vielfachen Belegen für groß angelegte Kreditnahmen, die auf Prestigekonsum und teure politische Verpflichtungen verwendet wurden«.[10]

Obwohl auch die römischen Eliten sich (wenngleich stümperhaft) im Handel betätigten und einander Geld gegen Zinsen liehen,[11] ähnelte ihre Einstellung der von Aristoteles. In einem von Konstantin dem Großen ausgerufenen Gesetz hieß es: »Es soll niemals einer zu Rang und Ansehen kommen, der zu den niedrigen Kaufleuten zählt, den Geldwechslern und Kleinstbediensteten, also all dem Abschaum aus den Kontoren, dem es bloß um unwürdige Profite zu tun ist.«[12] Für Plutarch lag das Problem weniger in der moralischen Mangelhaftigkeit des Handels, sondern vielmehr darin, dass alle Tätigkeiten, die menschlichen Bedürfnissen und praktischen Dingen gewidmet sind, »unedel und vulgär« seien.[13] Und Cicero schrieb voller Verachtung, dass »es an einer Werkstatt nichts Ehrenhaftes gibt«.[14]

Behält man dies im Hinterkopf, war der Untergang Roms alles andere als ein tragischer Rückschlag. Hätte das Imperium weiterbestanden, wäre das, was wir als westliche Zivilisation kennen, gar nicht erst entstanden. Wäre Rom noch immer an der Macht, säße ganz Europa im Sumpf einer brutalen Planwirtschaft fest, es gäbe nur sehr wenig Innovation irgendwelcher Art und der Rest der Welt würde wohl immer noch so aussehen, wie ihn die Europäer im 15. und 16. vorgefunden hatten. Es bleibt dabei: Imperien sind Feinde des Fortschritts!

F. A. Hayek erklärte: »Nichts ist so irreführend ... wie die gängige Formel der Historiker, die den Triumph eines mächtigen Staates als Gipfelpunkt einer kulturellen Entwicklungslinie ansehen: im Gegenteil markiert er häufig ihr Ende.« Im Besonderen stellt Hayek heraus, dass »die Ausbreitung des Kapitalismus – und der europäischen Zivilisation – ihren Anfang und selbst ihre *raison d'être* bloßer politischer Anarchie verdanke«.[15] Wo immer in Europa nicht länger repressive imperiale Strukturen vorherrschten, traten kleine politische Einheiten hervor, die den verschiedensten Interessengruppen häufig sehr wohlwollend begegneten, so etwa den Händlern, Handwerkern und ständischen Körperschaften der Arbeiter. Zwar spielten geographische Unterschiede in der Uneinigkeit Europas eine wichtige Rolle, doch wirkten sie sich natürlich nicht direkt aus auf die Entstehung politischer Theorien oder die Gründung demokratischer Staatsordnungen. Wie bei so vielen anderen Aspekten der Geschichte des Mittelalters auch, war es zuerst die christliche Theologie, die Experimenten mit politischer Freiheit den Boden bereitete.

Die moralische Gleichheit und ihre theologischen Grundlagen

Heutzutage wird jede Menge über Gleichheit geschrieben, doch geht es darin fast immer bloß um die Gleichheit als *Ergebnis*. Aber sind etwa Förderungsmaßnahmen benachteiligter Gruppen überhaupt wünschenswert? Sollte die Steuerpolitik die Verteilungsgerechtigkeit mit einbeziehen? Es ist lange her, seit sich Autoren zuletzt damit zu befassen gewagt haben, ob Menschen in gewissem Sinne gleich *sind* oder ob sie es nur *sein sollten*.[16] »Die erstere Auffassung scheint heute fast überall selbstverständlich zu sein. Wo versucht wird, sie zu belegen, kommt jedoch nichts Substantielles dabei heraus.«[17] Dabei herrschten über die meiste Zeit der Menschheitsgeschichte hinweg ganz andere Auffassungen vor und tun es an vielen Orten noch heute. Der Glaube an die Gleichheit der Menschen würde dort nur Spott und Hohn hervorrufen. Selbst im Westen glaubt kein vernünftiger Mensch an eine Gleichheit von Fähigkeiten, von Fleiß oder Charakter; man geht vielmehr davon aus, dass es eine *moralische Gleichheit* gebe. Es ist der Glaube an diese, der das politische und juristische Handeln durchdrungen und Gleichheit bereits gewährleistet hat, bevor Gesetze und Rechtsgleichheit diese Aufgabe übernahmen.

In dem Maße, wie sich Teilnehmer an Kontroversen über Ergebnisgleichheit überhaupt für die Ursprünge der Annahme moralischer Gleichheit interessieren, führen sie diese meistens auf »weltliche« politische Theoretiker des aufgeklärten 18. Jahrhunderts zurück oder verorten sie sogar noch später, etwa im »Liberalismus«.[18] Viele bekunden dabei auch ihre Bewunderung für John Lockes Werke aus dem 17. Jahrhundert und sehen in ihnen eine Hauptquelle für die politischen Theorien der Moderne. Doch sind sie sich offenbar keineswegs darüber im Klaren, dass Locke seine Thesen den christlichen Doktrinen über die moralische Gleichheit verdankte, was er darüber hinaus sogar zugab.[19] Die meisten Lehrbücher, die sich der Geburt der Vereinigten Staaten widmen, lassen diesen religiösen Aspekt wohlweislich außen vor. Für sie ist es, als hätten ein paar Skeptiker die folgenden berühmten Zeilen der Unabhängigkeitserklärung geschrieben: »Wir halten diese Wahrheiten für ausgemacht, daß alle Menschen gleich erschaffen worden, daß sie von ihrem Schöpfer mit gewissen unveräußerlichen Rechten begabt worden, worunter sind Leben, Freiheit und das Bestreben nach Glückseligkeit.«

Ebenso wenig reicht es aus, die »Wiedergeburt« der Demokratie in einigen europäischen Ländern des Mittelalters dem Einfluss des damals wiedergewonnenen griechischen Denkens zuzuschlagen. Während die klassische Welt zwar einige Ansätze zur Demokratie aufweisen konnte, wurzelten diese jedoch keineswegs in einem generellen Verständnis der Gleichheit, das über die Gleichheit der Eliten hinausgegangen wäre. Noch als sie von gewählten Organen regiert wurden, griffen die meisten griechischen Stadtstaaten und Rom weiter auf Sklavenarbeit zurück. Und genau so, wie es das Christentum war, das schließlich die Institution der Sklaverei auflöste, die es aus Griechenland und Rom geerbt hatte, so verdankt die westliche Demokratie ihren Ursprung wie ihre Legitimierung den christlichen Idealen, und nicht dem griechisch-römischen Vermächtnis. Denn es begann alles mit dem Neuen Testament.

Jesus verfocht ein revolutionäres Konzept der moralischen Gleichheit – und zwar in Taten, nicht nur in Worten. Immer wieder setzte er sich über die Beschränkung sozialer Ränge hinweg und machte sich mit den Stigmatisierten gemein, einschließlich den Samaritern, Zöllnern, unmoralischen Frauen, Bettlern und diversen anderen Parias, wodurch er zu verstehen gab, dass vor Gott alle gleich sind. Und in eben diesem Geist schreib Paulus: »Es gibt nicht mehr Juden und Griechen, nicht Sklaven und Freie, nicht Mann und Frau; denn ihr alle seid ›einer‹ in Christus Jesus.«[20] Wie war das möglich? Paulus meinte wohl kaum, dass es keine christlichen Sklaven mehr gäbe oder Frauen die gleichen Rechte hätten wie Männer. Es ging ihm vielmehr darum, dass ungeachtet aller weltlichen Ungleichheiten es keine Ungleichheit in der allerwichtigsten Perspektive gebe, nämlich in den Augen Gottes und des ewigen Lebens. Auch Paulus spielte hierauf an, als er den Sklavenhaltern den dringenden Rat gab, ihre Sklaven gut zu behandeln, denn »ihr wisst, dass ihr im Himmel einen gemeinsamen Herrn habt. Bei ihm gibt es kein Ansehen der Person«.[21] In dieser wie in vielen anderen Aussagen des Neuen Testaments stellt Paulus klar, dass die Gleichheit in den Augen Gottes die Frage mit einschließt, wie Menschen auf der Welt überhaupt behandelt werden sollten. Jesus lieferte mit seinem Handeln hierauf die Antwort.

Somit war ein Weg vorgegeben. In der extrem standesbewussten römischen Welt hatten die frühen Christen noch darum gekämpft, eine universalistische Auffassung der Menschheit durchzusetzen. Im 3. Jahrhundert hat dies der christliche Theologe Lactantius in seinen vorzüglichen *Göttlichen Unterweisungen* herausgearbeitet:

»Die zweite Grundfeste der Gerechtigkeit ist die *Gleichheit.* Ich meine das ... in dem Sinne, wie man den anderen als seinesgleichen behandelt ... Denn Gott, der den Menschen das Leben schenkte, wollte, dass wir alle gleich sind ... Nun mag einer sagen, ›Aber habt ihr denn keine Reichen und Armen, Sklaven und Herren in eurer Gemeinschaft? Gibt es denn keine Unterscheidungen zwischen einem Mitglied und dem anderen?‹ Keineswegs! Aus genau diesem Grund bezeichnen wir einander auch als ›Brüder‹, da wir glauben, dass wir einander gleich sind. Da der Wert des Menschseins im Geistigen und nicht im Physischen liegt, lassen wir unsere jeweilige physische Situation außen vor. Sklaven sind somit keine Sklaven für uns, sondern wir behandeln auch sie als Brüder im Geiste, die uns im Moment der Gottergebenheit verwandt sind. Reichtum ist ebenfalls kein Grund, um hier eine Unterscheidung zu machen, es sei denn er ermöglicht es dem Einzelnen, eine Vorrangstellung in guten Taten zu erlangen. Reichtum erschöpft sich nicht im *Haben,* sondern erweist sich in seinem *Gebrauch* für die Zwecke der Gerechtigkeit ... Doch obwohl unsere Haltung der Demut uns einander gleich macht, gibt es sehr wohl eine Unterscheidung, die Gott selbst macht, nämlich die der Tugend. Das heißt: je gerechter jemand ist, desto höher steht er. Denn wenn Gerechtigkeit darin besteht, als Gleicher von Geringwertigen zu handeln, dann besteht auch die *Gleichheit,* in der man sich auszuzeichnen sucht, nicht darin, den Geringwertigen nicht *gleich,* sondern ihnen gar untergeordnet zu sein. Erst darin wird man in Gottes Augen einen *höheren* Rang der Dignität erlangen ... So uns allen ein geistiges und seelisches Leben von dem einen Gott gegeben wurde, was sind wir denn anderes als Brüder – Brüder in der Seele, die sich dadurch noch näherstehen, als Brüder in der Physis.«[22]

Von hier aus war es nur noch ein kurzer Weg bis zur Annahme, dass jedes Individuum Rechte besitze, die ohne guten Grund nicht beeinträchtigt werden dürfen: es entstanden die Doktrinen der Gleichheit vor dem Gesetz und der Sicherheit des eigenen Heims und Eigentums. Es versteht sich von selbst, dass solche Grundsätze den Despoten nichts als ein Gräuel waren.

Eigentumsrechte

Die Bibel setzt Eigentumsrechte als selbstverständlich voraus und verurteilt häufig Zuwiderhandlungen wie Diebstahl oder Betrug. Gleichwohl nahmen einige frühe Kirchenväter wie der heilige Ambrosius von Mailand das Recht auf privates Eigentum eher widerwillig hin, da Gott in ihrer Perspektive vielmehr gewollt hatte, dass alle Dinge allen gemeinschaftlich gehören und der Privatbesitz eine bloße Konsequenz der Vertreibung aus dem Paradies sei und damit der Sünde angehöre. Der heilige Augustinus wiederum sah im Privatbesitz einen bloßen Aspekt der menschlichen Natur. Über die folgenden Jahrhunderte sollte diese Ansicht sich durchsetzen. Im späten 11. Jahrhundert schrieb der Autor, der im englischen Raum heute nur mehr als Norman Anonymous bekannt ist, in seinen 34 einflussreichen Traktaten, dass der Privatbesitz ein menschliches *Recht* darstelle: »Gott hat Arme und Reiche aus dem gleichen Lehm geformt; arm und reich werden von der gleichen Erde ernährt. Es gehört zum Recht des Menschen, dass wir sagen, ›Mein Land, mein Haus, mein Diener‹.«[23] Ein Jahrhundert später sollte Aegidius Romanus die Regierenden in die Pflicht nehmen, das Privateigentum zu schützen: »Es wird die Pflicht der weltlichen Macht sein, in diesen Dingen Gerechtigkeit walten zu lassen, so dass keiner des anderen Körper und Eigentum verletzten darf, damit jeder Bürger und gottesfürchtige Mensch seine eigenen Güter genießen kann«.[24] Aegidius' Zeitgenosse Johannes von Paris ging sogar so weit zu behaupten, dass der Privatbesitz für die Aufrechterhaltung der zivilen Ordnung notwendig sei: »Denn würden die Dinge vorbehaltlos allen gehören, wäre es schwer, zwischen den Menschen den Frieden zu bewahren. Aus diesem Grund wurde der Privatbesitz eingeführt.«[25]

Um die gleiche Zeit herum sagte Albertus Magnus, dass der Privatbesitz »zur Annehmlichkeit und zum Nutzen der Menschen« existiere.[26] Thomas von Aquin bekräftigte diese Position mit dem ganzen Gewicht seiner Autorität, als er herausstrich, dass »der Privatbesitz so legitim wie notwendig ist«. Thomas rechtfertigte seine Aussage damit, dass der Privatbesitz zuträglich für das Gemeinwohl sei. »Erstens, weil jeder besser auf Dinge aufpasst, die ihm selbst gehören, denn auf Gemeingut, für das vielmehr die Mitmenschen verantwortlich sind. Zweitens, weil menschliche Angelegenheiten effizienter organisiert werden, wenn jeder Beteiligte allein die ihm anvertrauten Aufgaben übernimmt. Drittens, weil es wahrscheinlicher ist, dass der allgemeine Friede bestehen bleibt, wenn jeder mit den ihm gehörenden Dingen zufrieden ist.«[27]

Abschließend bemerkt Thomas, dass der Privatbesitz, obwohl er nicht durch das göttliche Gesetz ordiniert werde, doch in Harmonie mit dem Naturgesetz stehe – das heißt, dass er der menschlichen Natur, wie wir sie mit Mitteln der Vernunft begreifen können, angehöre.

Natürlich konnte angesichts der Beweihräucherung der Armut, die in manchen Ordensgemeinschaften vorherrschte, nicht einmal Thomas von Aquin die Idee ausmerzen, dass es keinen Privatbesitz geben solle. Dennoch verurteilte 1323 Papst Johannes XXII. die franziskanische Behauptung als ketzerisch, der zufolge Jesus dafür plädiert hätte, dass alle Dinge der Allgemeinheit gehörten und nur derjenige ein wahrer Christ sein könne, der sich für ein Leben in Armut entscheide.[28] Und damit war die Sache erledigt, jedenfalls, was den Katholizismus betraf – selbst wenn das Ideal des gemeinschaftlichen Besitzes in radikalen Doktrinen selbst heute noch fortbesteht, seien sie weltlich oder religiös.

Doch genügte es den christlichen Theologen noch nicht, den Privatbesitz lediglich für rechtmäßig zu erklären. Indem sie aus diesem Recht nun die logischen Schlüsse zogen, kamen Wilhelm von Ockham und seine theologischen Gefolgsmänner zu folgendem Ergebnis: da dieses Recht allen Gesetzen, die von irgendwelchen Regierenden erlassen werden, *vorausgeht*, können die Herrschenden auch nicht den Besitz derer, über die sie herrschen, willkürlich einziehen oder beschränken. Ein Souverän dürfe das Privateigentum nur dann verletzen, wenn »er erkennt, dass das Gemeinwohl vor dem privaten Interesse Vorrang hat«. Aber »er darf auch dies nicht seinem Gutdünken unterwerfen«.[29]

Wilhelm von Ockham schrieb diese Zeilen 1215, kurz nachdem die Magna Carta von König Johann Ohneland und einer Koalition aus britischen Adeligen und Kirchenbeamten – unter ihnen Bischöfe und Vorsitzende des Templer-Ordens – besiegelt worden war. Der erste Artikel »bestätigt, dass die englische Kirche frei sein soll und ihre vollen Rechte und Freiheiten unverletzlich genießen soll«. Die vielen folgenden Artikel bestehen vor allem aus einer langen Liste von Eigentumsrechten und verwahren sich gegen Aneignungen seitens der Krone. Artikel 13 etwa garantiert, dass »die Stadt London alle ihre alten Freiheiten und herkömmlichen Bräuche, sowohl zu Lande wie zu Wasser, fortan beibehalten soll«. »Bräuche« bezieht sich hier nicht auf soziale Konventionen, sondern auf Zollabgaben und Steuern. Artikel 40 versichert, dass »es allen Kaufleuten möglich sein soll, sicher nach England gelangen, es durchreisen und wieder verlassen zu können ... frei von allen Zöllen, ausgenommen in Kriegszeiten«. In Artikel 61 stimmt der König zu, »dass die Barone 25 aus ihren Reihen wählen sollen, welche mit all ihrer Macht dafür Sorge tragen sollen, den Frieden und die Freiheiten, welche wir ihnen zugestanden und durch diesen unseren Freibrief bestätigt haben, zu bewahren und prüfen zu lassen«. Bei dieser Gelegenheit wurde das Oberhaus des britischen Parlaments, das House of Lords, gegründet. In Artikel 62 schließlich vergibt der König allen »Geistlichen und Weltlichen«, die daran beteiligt waren, ihm diese Konzessionen aufzubürden. So vereinigten sich Kreuz und Schwert und begannen, das Königreich zu domestizieren und England individuelle sowie Eigentumsrechte zu geben, die weit über alles hinausgingen, was bis dahin auf dem Kontinent Europa bekannt gewesen war.

Blockierende Staaten und Könige

Mohammed war nicht nur Prophet, sondern auch Staatsoberhaupt. Konsequenterweise hat der Islam stets die Vereinigung von Religion und politischer Herrschaft idealisiert und haben Sultane generell auch den Titel des Kalifen getragen. Bernard Lewis schreibt: »Zu keiner Zeit hatten [Mohammed und seine Nachfolger] eine Institution geschaffen, die auch nur entfernt der Kirche des Christentums geähnelt hätte«[30] – einen Islam also, der vom Staat getrennt wäre. Gleichermaßen richtig liegt Lewis, wenn er sagt, dass die Idee einer Trennung von Kirche und Staat »in einem tiefen Sinn christlich« sei.[31] In den meisten anderen Zivilisationen war die Religion so sehr Teil des Staates, dass Herrscher häufig als göttlich angesehen wurden. Viele römische Kaiser etwa hatten von sich behauptet, Götter zu sein, nicht anders wie die Pharaonen, von denen man glaubte, dass ohne ihre tägliche Fürbitte die Sonne nicht aufgehen würde.

Die Trennung von Kirche und Staat wurde bereits von Jesus gefordert: »Dann gebt dem Kaiser, was dem Kaiser gehört, und Gott, was Gott gehört!«[32] Hätte das Christentum als Glaube der römischen Senatoren-Klasse begonnen, wäre sein späterer Kurs vielleicht ein ganz anderer gewesen. Da die Kirche aber über einige Jahrhunderte bloß aus einer Gruppe von oftmals verfolgten

Außenseitern bestand, war ihre Anbindung an den Staat nie wirklich vollständig. Zwar gab es Kirchenväter, die ihren Monopolstatus, der auf der Repression aller anderen religiösen Rivalen durch den Staat beruhte, weidlich genossen und die Autorität der Kirche über den Staat uniform proklamierten. Dennoch waren sie generell damit zufrieden, die politische Macht den weltlichen Herrschern zu überlassen – selbst wenn ein Bischof, um dessen Palast herum sich eine Stadt bildete, manchmal die Stellung eines »Fürstbischofs« einnahm.

Obwohl Paulus darauf bestanden hatte, dass Christen ihren weltlichen Herrschern stets gehorchen müssten, es sei denn sie verletzten eines der Zehn Gebote, wurden christliche Theologen, sobald sie nicht länger Verfolgungen ausgesetzt waren, zunehmend kritisch gegenüber der moralischen Autorität des Staates. In seinem *Gottesstaat* hob Augustinus hervor, dass es dem Staat, wiewohl er für die Ordnung der Gesellschaft unentbehrlich war, doch weiterhin an grundlegender Legitimität gebrach.

»Was sind überhaupt Reiche, wenn ihnen die Gerechtigkeit fehlt, anderes als große Räuberbanden? Sind doch auch Räuberbanden nichts anderes als kleine Reiche. Sie sind eine Schar von Menschen, werden geleitet durch das Regiment eines Anführers, zusammengehalten durch den Gesellschaftsvertrag und teilen ihre Beute nach Maßgabe ihrer Absprache. Wenn eine solch schlimme Gesellschaft durch den Beitritt verworfener Menschen so ins Große wächst, dass sie Gebiete besetzt, Niederlassungen gründet, Staaten erobert und Völker unterwirft, so kann sie mit Fug und Recht den Namen ›Reich‹ annehmen, den ihr nunmehr die Öffentlichkeit beigibt, nicht als wäre die Habgier erloschen, sondern weil sie keine Strafe dafür zu fürchten hat. Hübsch und wahr ist der Ausspruch, den ein ertappter Seeräuber Alexander dem Großen gegenüber getan hat. Auf die Frage des Königs, was ihm denn einfalle, dass er das Meer unsicher mache, erwiderte er mit freimütigem Trotz: ›Und was fällt dir ein, dass du den Erdkreis unsicher machst? Aber freilich, weil ich es mit einem armseligen Schiff tue, nennt man mich einen Räuber, und dich nennt man Gebieter, weil du es mit einer großen Flotte tust.‹«[33]

Dieser »schockierende Realismus«[34] hat Augustinus' Leser oftmals überrascht und sogar verärgert. Da er aber eine so große Autorität besaß, setzte sich Augustinus' Sichtweise durch und beeinflusste fortan das politische Fingerspitzengefühl: christliche Autoren konnten nun nicht länger all jene für gottlos erklären, die Verbesserungen des Staates oder gar die Abschaffung der Monarchie forderten. Ein wichtiger Schritt in diese Richtung war die energische Zurückweisung der Vorstellung vom »Gottesgnadentum« der Könige – im Gegensatz zu Behauptungen alberner Schulbücher wurde dieser Anspruch, obwohl er von manchen Königen hier und da behauptet wurde, doch *niemals* von der Kirche gutgeheißen.[35] Mehr noch, gerade indem die Kirche die bloße Weltlichkeit des Königtums bekräftigte, ermöglichte sie es, die Grundlagen weltlicher Macht und das Wechselspiel von Gesetz und Herrschaft näher zu beleuchten. Im späten 14. Jahrhundert wies John Wycliffe auf den Umstand hin, dass Gott, so er Könige denn selbst erwählte und in seinem Recht walten ließe, im Umkehrschluss auch die Sünden von Tyrannen befürworten und ihnen gar assistieren würde – »eine blasphemische Folgerung«.[36] Es war also doch keine Sünde, Tyrannen abzusetzen.

Thomas von Aquin hatte das bereits ein Jahrhundert früher eingeräumt, wenn auch widerwillig. Nachdem er vor den Gefahren des Tyrannensturzes gewarnt hatte, der nicht zuletzt dazu führen könnte, dass ein noch schlimmerer Tyrann an seine Stelle träte, schrieb Thomas in seinem Werk *Über die Herrschaft der Fürsten*: »Wenn es zu dem Vorrecht einer Masse von Menschen gehört, sich einen König zu verschaffen, ist es auch nicht unrecht, wenn die Menschenmasse diesen wieder absetzt, so er zum Tyrannen wird und seine königliche Macht missbraucht.« Dennoch riet Thomas dazu, »umsichtige Vorsichtsmaßnahmen zu treffen, die es verhindern, dass die Masse überhaupt in die Hände eines Tyrannen fällt«.[37] Und an eben solchen Maßnahmen, die der Tyrannei vorbeugen könnten, versuchten sich die meisten europäischen Staaten von nun an. Neben der theologischen Rechtfertigung für den Widerstand gegen Despoten profitierten die Europäer nicht zuletzt auch von der Uneinheitlichkeit, die ihren Kontinent auszeichnete.

Europäische Uneinheitlichkeit

Rom war vor allem ein riesiges Reich, das den Mittelmeer-Raum beherrschte. Sicher, Cäsar war über den Kanal gekommen und hatte Großbritannien kolonisiert. Doch sogar dort musste Hadrian einen Wall errichten lassen, um die widerständigen Stämme des Nordens zu isolieren. Ähnliches geschah auch auf dem Kontinent. Die Römer überquerten nur selten den Rhein oder getrauten sich kaum über die Donau. Es ist ungewiss, ob zum Beispiel Spanien oder die Levante dem Reich zugefallen wären, wenn die Legionen ihre Invasion über den Landweg hätten durchführen und selbst ihre spätere Herrschaft nur zu Lande aufrechterhalten müssen. Der Großteil Europas wurde letztlich nie von Rom beherrscht, denn es gab geographische sowie kulturelle Hindernisse, die den Wirkungsbereich des Imperiums von vornherein einschränkten.

Obwohl viel über die politische Uneinheitlichkeit Europas geschrieben worden ist, hat man nur selten die Geographie als Ursache mitberücksichtigt. Und das obwohl schon auf Reliefkarten Europas leicht etwa all jene Gebiete zu erkennen sind, die von einem starken »Nationalismus« geprägt waren. Tatsächlich sieht die Landkarte der europäischen »Staaten« des Mittelalters nicht viel anders aus, als eine Landkarte der Kulturen von Jägern und Sammlern, die es fünftausend Jahre früher gegeben hatte.[38] Denn Europa, anders als etwa in China oder Indien, besteht nicht aus einer einzigen großen Ebene, sondern aus einer Vielzahl fruchtbarer Täler, die von Bergen und dichten Wäldern umgeben sind und von denen jede einzelne das Kerngebiet unabhängiger Staaten darstellt.[39] Und wo immer geographische Sperren die Kommunikation erschweren, entsteht kulturelle Vielfalt. Die kulturelle Vielfalt Europas wurde überdies begünstigt durch verschiedene »barbarische« Migrationswellen. In diesem Sinne hat die Uneinheitlichkeit Europas gleichermaßen natürliche wie kulturelle Gründe.

Die Vielfalt des Kontinents fand ihren Ausdruck in sehr vielen *kleinen* politischen Einheiten: weniger Staaten als vielmehr »Stätchen«. Nur in weiten Ebenen, wie etwa um Paris oder London herum, siedelten sich größere politische Einheiten an, alle anderen variierten zwischen klein und winzig. Während des 14. Jahrhunderts gab es in Europa etwa eintausend unabhängige Staaten.[40] Diese Vermehrung hatte etliche wichtige Konsequenzen. Erstens wurden dadurch stets einzelne Regenten geschwächt, zweitens ergab sich ein kreativer Wettbewerb und drittens wurde Leuten die Gelegenheit geboten, neue wirtschaftliche Wege einzuschlagen, die ein Mehr an Freiheit versprachen.[41] Infolgedessen begannen einige dieser »Stätchen« damit, sich Regierungen zu verschaffen, die den genannten Entwicklungen gegenüber aufgeschlossen waren. Dieser Teil der Geschichte beginnt etwa im 9. Jahrhundert in Norditalien.

Der Handel und die Kooperationsbereitschaft italienischer Regierungen

In seiner Zeit als Republik war Rom nie von Despoten regiert worden. Es erscheint daher stimmig, dass die ersten kooperationsbereiten Regierungen Europas in Italien entstanden sind. Obwohl die christliche Theologie der Etablierung solcher Regime überhaupt erst die moralische Basis verlieh, gediehen sie doch nur in bestimmten Teilen der Christenheit. Warum aber gerade in den italienischen Stadtstaaten? Dafür gibt es zwei Hauptgründe. Zum einen besaß man dort das Geschick, imperiale, päpstliche und byzantinische Ambitionen gegeneinander auszuspielen und genau dadurch *eigene Unabhängigkeit* zu erlangen und zu untermauern. Zum anderen war es die führende Rolle dieser Städte im sich damals ausbreitenden Fernhandel, die zu einer *Aufsplitterung und Verlagerung der politischen Macht* in Gebilde von gut aufeinander abgestimmten Interessengruppen führte: das heißt, nicht nur die der Aristokratie, des Militärs und Klerus, sondern genauso die der Händler, Bänker, Handwerker sowie der Arbeiterzunft. Am Klarsten und Interessantesten lassen sich die Entwicklungen anhand der vier großen Stadtstaaten Norditaliens portraitieren: Venedig, Genua, Florenz und Mailand (siehe Karte 3-1).[42] Wobei anzufügen ist, dass es ähnliche Entwicklungen auch in Dutzenden anderer, kleinerer Stadtstaaten dieser Region gab.

Im Folgenden soll weniger die Entstehung des Kapitalismus in Italien nacherzählt, sondern vielmehr aufgezeigt werden, wie in diesen Stadtstaaten sich relativ demokratische Regierungen haben bilden können, da diese eine unverzichtbare Vorbedingung für die Entwicklung des Kapitalismus waren. Auf einige industrielle wie wirtschaftliche Aspekte wird ebenfalls eingegangen werden, da die politische Freiheit eng mit ihnen zusammenhing.

Venedig

Anfangs war Venedig ein küstennahes Dorf, in dem Seefahrer lebten und das in einem sumpfigen Gewirr dutzender kleiner Inseln lag – es war daher relativ leicht zu verteidigen. Im Jahr 568 rief die Invasion Italiens durch die Langobarden eine rapide Migration seitens des Festlands hervor, da »wohlhabende Männer ihren Wohnsitz in die Lagunen verlegten und all jene mitnahmen, die ihnen unterstanden, und so viel wie möglich von ihrem Besitz«.[43] Mit ihrer Abschirmung durch herrliche natürliche Grenzen und mit unbehindertem Zugang zum Meer, vermochte es die Stadt, alle langobardischen Eroberungsversuche abzublocken. Durch seinen Zugang zum Meer war Venedig sogar ein Außenposten des oströmischen bzw. byzantinischen Imperiums. Dadurch ergaben sich viele ökonomische Vorteile, etwa die Befreiung von der byzantinischen Steuer und Zollpflicht beim Handel mit dem Osten. Jedoch war die Hoheitsgewalt Byzanz' über Venedig durch dessen große Entfernung und anwachsende Seemacht bestenfalls nominell. Als 810 die Herrschaft der Langobarden durch die Franken abgelöst wurde, versuchten auch diese die Küstenregion einschließlich Venedigs zu erobern. Jedoch kamen sie in den Sümpfen und Lagunen nicht weiter; außerdem hatte der byzantinische Kaiser eine Flotte zur Unterstützung seiner Provinz abkommandiert. Zu diesem Zeitpunkt war Venedig außerordentlich wichtig für Byzanz geworden, da es dessen wichtigstes Absatzgebiet im Westen darstellte. Das wurde noch dadurch untermauert, dass der Islam ein Handelsnetz entlang der Küste aufgebaut hatte, das gleichermaßen Spanien, Sizilien, den Zeh Italiens und Nordafrika mit einschloss. Gleichwohl war die Herrschaft Byzanz' über Venedig nur eine zweckdienliche Fiktion, die schon bald wieder aufgegeben werden sollte.

Denn was dort entstand und prosperierte, war eine Stadt, in der zahlreiche Familien lebten, die zwar über keinen Landbesitz mehr verfügten, der sie mit Mieteinnahmen hätte versorgen können, die stattdessen die Gelegenheit der Stunde wahrnahmen und sich auf den Handel verlegten. Damit machten sie die venezianische Gesellschaft zu der ersten überhaupt, die ausschließlich vom Kommerz lebte.[44] Und anfangs war es nur der Handel, schlicht und ergreifend, denn in Venedig wurden keine wichtigen Lebensmittel und Gebrauchsartikel hergestellt. Man transportierte stattdessen viele Frachten von Salz, Getreide, Wollkleidung und Metallen – alles Dinge, die man von anderen Orten her bezog – nach Nordafrika und in den Nahen Osten, wobei man auf dem Rückweg wiederum Seide und Gewürze mitbrachte, die zum Großteil in andere italienische Städte und nach Nordeuropa geliefert wurden. Als die venezianischen Händler allerdings ihre Geschäftsmöglichkeiten überdachten, wurde ihnen klar, dass sie zu noch viel mehr Geld kommen könnten, wenn sie nicht nur die Mittelsmänner, sondern die eigentlichen Produzenten ihrer Exporte wären. Warum sollten sie nur Wollkleidung aus Nordeuropa verkaufen? Warum importierten sie kein Vlies und machten daraus ihre eigene Wolle? Und warum überhaupt nur Wolle? In außergewöhnlich kurzer Zeit stellte Venedig eine große und sehr profitable Textilindustrie zusammen, die fortan Wolle, Baumwolle und Seidenstoffe verarbeitete. Und nachdem dieser Pfad einmal eingeschlagen war, wurde Venedig auch ein bedeutender Herstellungsort von Brillen, Farbstoffen, Fensterscheiben, mundgeblasenem Glas, Kristallglas, Tellern und Schüsseln, Eisen, Messing, Preziosen, Schuhen, Waffen, Hanfseilen und Lederwaren. Diese Industrialisierung hatte tiefgreifende politische Auswirkungen, indem sie nämlich die unabhängigen Machtzentren in einem Gefüge bündelte, das bereits grundlegend demokratisch war.

Seit den Tagen Karls des Großen besaß Venedig die Herzogswürde und wurde von einem Herzog verwaltet, den man den Dogen nannte. Doch war Venedig anders als die meisten anderen Herzogtümer, und das in mehrfacher Hinsicht. Zum einen griff der Doge nicht auf Steuern oder Pachten zurück, sondern verdankte seinen Reichtum der eigenen Beteiligung am Handel. Der früheste dokumentierte Hinweis auf eine Finanzinvestition im Mittelalter findet sich im Testament des Dogen Giustiniano Partecipazio. Als dieser 829 starb, gehörten zu seinem Besitz 1.200 Pfund von »arbeitenden *solidi* – vorausgesetzt, sie kommen sicher von der See zurück«.[45] Zum anderen war die Stellung des Dogen nicht durch Vererbung übertragbar (auch wenn auf den Vater gelegentlich der Sohn folgte). Laut der venezianischen Überlieferung wurde sogar bereits der erste Doge vom »Volk« gewählt, da die Venezianer von Anfang an beträchtliche politische Freiheit genossen. Das mag stimmen oder nicht, aus verlässlichen Aufzeichnungen geht immerhin hervor, dass der Doge gewählt wurde. Und selbst wenn das Volk nicht alle Einwohner Venedigs umfasste, war es doch eine große Menge – all jene, die entweder reich waren, im Militär etwas zu sagen hatten, Wirtschaftsbetriebe besaßen oder zum Klerus gehörten. Mit der Zeit begriff diese Gruppe immer mehr Leute ein, unter anderem Repräsentanten der Handwerksgilden, und wurde in dem Maße größer und mächtiger, wie sich die Industrie der Stadt ausweitete. Währenddessen wurde die Macht des Dogen immer stärker eingeschränkt und die Autorität der gewählten Konzile ausgeweitet, was schließlich zur Bildung der »Commune« führte, die aus Bürgern mit Wahlrecht bestand sowie der von ihnen gewählten Exekutive und Legislative.

Venedig war aber nicht der erste Stadtstaat mit einer Commune; diese Ehre gebührt vielmehr Pisa.[46] Zur Mitte des 12. Jahrhunderts war die venezianische Commune jedoch bereits im Vollbetrieb und besaß fünf Autoritäts-Ebenen.[47] An der Spitze der Pyramide stand der Doge – ein Regierungschef, gewählt auf Lebenszeit, der jedoch keine königlichen Vorrechte besaß und dessen Befugnisse von seinem Amtseid penibel eingegrenzt wurden. Unter ihm stand der Herzögliche Rat, bestehend aus sechs Mitgliedern, die je einen geographischen Bereich Venedigs repräsentierten. Die Räte wurden gewählt, um eine Amtszeit von je einem Jahr zu durchlaufen und konnten nicht wiedergewählt werden, so sie zuvor nicht zwei Jahre lang ihren Posten geräumt hatten. Die Räte standen in regelmäßigem und engem Kontakt mit dem Dogen, der die Auflage hatte, bei wichtigen Entscheidungen die Zustimmung der Räte einzuholen. Unter dem Rat wiederum waren die Vierzig und der Senat. Die Vierzig waren eine Art Berufungsgericht und bestanden aus sechzig Männern, die sich vor allem mit Dingen des Handels und der Außenpolitik befassten. Die Vierzig und der Senat wurden vom Großen Konzil ausgesucht (mal durch Wahlen, mal durch Losverfahren), das außerdem die Flottenkommandanten bestimmte. Das Große Konzil, das häufig mehr als tausend Mitglieder besaß, wurde seinerseits durch die Generalversammlung gewählt, die aus allen überhaupt wahlberechtigten Venezianern bestand. Die Generalversammlung tagte unregelmäßig und hatte den Auftrag, grundlegende Gesetze sowie die Wahl des neuen Dogen zu ratifizieren. Als 1071 ein Doge verstarb, »versammelten sich zahllose Boote, vollgepackt mit Venezianern, überall in den Lagunen«[48] und ein neuer Doge wurde bestimmt, ohne dass auch nur irgendwer einen Fuß an Land gesetzt hätte.

Zu Anfang war die Teilnahme an der venezianischen Politik den diversen Eliten vorbehalten. Im Laufe der Zeit jedoch, und zumal als Venedig ein wichtiger Herstellungsstandort und Handelshafen geworden war, wurden die Privilegien ausgeweitet. Der hauptsächliche Kniff, mit dem man dies bewerkstelligte, bestand in der Einrichtung von *Gilden*, sprich Verbänden von Arbeitern, die sich in einem speziellen Handwerk oder Handelsgewerbe betätigten. Gilden entstanden während des Mittelalters in ganz Europa und dienten oft dazu, standardisierte Löhne und Honorare festzusetzen oder Zulassungen für bestimmte Arbeitsgebiete zu kontrollieren. Es gab eigene Gilden für Anwälte, für Ärzte, ja selbst für Prostituierte. In Venedig wie im Großteil Westeuropas vertraten die meisten Gilden hochqualifizierte Handwerker wie etwa Glasbläser, Apotheker, Juweliere, Schneider, Pelzhändler und Orgelbauer. Doch hatten auch gewöhnlichere Gewerbe ihre Gilde, so die Metzger, Bäcker, Barbiere oder Segelmacher. Des Weiteren verbanden Gilden auch diverse Gruppen von Krämern. Da sie klug organisiert und auch finanziell gut ausgestattet waren, stiegen die Gilden zu einer so bedeutenden politischen Kraft auf, dass ihnen sogar Sitze im Rat überantwortet wurden. Auf diese Weise erhielten die Massen eine hörbare Stimme in der Regierung. Hinzu kam der Einfluss der religiösen, aus Laien bestehenden Bruderschaften, die der religiösen Hingabe huldigten, sich aber auch gegenseitige Hilfe boten; sie waren den modernen Freimaurerlogen vergleichbar. Manche dieser Bruderschaften nahmen nur bestimmte Berufsgruppen auf, andere waren dagegen offen für alle, die einen guten Ruf genossen, egal ob sie arm oder reich waren. Jedenfalls mobilisierten Gilden und Bruderschaften große Teile der städtischen Bevölkerungen und erlangten innerhalb demokratischer Staaten erheblichen politischen Einfluss.

Gemessen an modernen Standards waren Venedig sowie andere führende italienische Staatstaaten der damaligen Zeit mittelgroße Städte. Im Jahr 1000 hatte Venedig eine Einwohnerzahl von etwa 30 000, während die anderen drei größten Städte wesentlich kleiner waren.[49] Jeder kannte jeden, die gängige öffentliche Meinung war einigermaßen transparent und Einigkeit war häufig leicht zu erzielen. Dies verbunden mit dem Umstand, dass die politischen Institutionen relativ offen und aufgeschlossen waren, ermöglichte Venedig ein beträchtliches Maß an Freiheit. Das Geheimnis hinter all dem war eine rasch expandierende Wirtschaft, die nicht nur einigen wenigen riesige Vermögen einbrachte, sondern einer großen Anzahl von Familien mit Handlungs- wie Geldmitteln ausstattete, was wiederum in einem bis dahin ungekannten Wohlstand resultierte.

Genua

An der Spitze des ligurischen Meeres im Westen Italiens gelegen, stritt Genua mit Venedig um die führende europäische Seemacht. Wie auch Venedig war Genua keine alte römische Stadt und verdankt seine Existenz seinem herrlichen Naturhafen, der auf einem sehr schmalen Küstenstreifen liegt. Zwar ist Genua nach Norden und Osten hin von schroffen Bergen abgeschirmt, doch kann es problemlos von Westen und Süden auf dem Land- sowie dem Seeweg erreicht werden. Es war daher kein Zufall, dass Genua, anders als Venedig, dessen geographische Lage es von Anfang an zur Unabhängigkeit befähigte, zunächst von den Langobarden beherrscht und in den Jahren 934/935 von Muslimen überfallen und geplündert wurde.[50] Da der beste Landweg von Rom nach Frankreich und von dort nach Spanien über besagten schmalen Küstenstreifen verlief, wurde Genua durch seine zentrale Lage bald der wichtigste Hafen des westlichen Mittelmeeres. Ebenso günstig war der Umstand, dass die anderen Städte Frankreichs und Spaniens, die sich ebenfalls um diese Stellung bewarben, dadurch benachteiligt waren, dass sie von einheimischen Despoten regiert wurden, »einem feudalen Herrscher oder König, der hohe Tribute einstrich und die Bewohner in seine privaten Querelen verwickelte«[51] – ein Zustand, der die Hafenstädte in Süditalien und auf Sizilien ebenfalls betraf. Im Gegensatz dazu wurde Genua wie Venedig von seiner eigenen Kommune regiert. Doch anders als Venedig erhielt Genua keine direkten Hilfen aus Byzanz. Mitunter mussten die Genuesen sogar die Vorstöße verschiedener Kaiser des Heiligen Römischen Reiches abwehren, die der Stadt germanisches Recht aufzuzwingen versuchten. Daher schloss sich Genua oft mit Rom zusammen und tat sein Bestes, den Kaiser gegen den

Papst auszuspielen. Zu guter Letzt erlangte Genua unangefochtene Macht im westlichen Mittelmeer, als es in der Seeschlacht von Meloria – der größten Seeschlacht des Mittelalters – die Stadt Pisa besiegte, nach mehr als einem Jahrhundert voller Zwist und Konkurrenz.

Anfangs wurde Genua von einem Rat von Adeligen regiert, was der Tradition des römischen Senats entsprach. Und ebenfalls ähnlich wie in Rom wurde dieser Rat von einer autokratischen Koalition übernommen. Die Folge waren zwei Bürgerkriege, einmal von 1164 bis 1169 und noch einmal von 1189 bis 1194. In beiden Fällen gab es keinen Gewinner, da jede Seiten über sehr gute Kastelle verfügte, die praktisch nicht eingenommen werden konnten. Die immensen Kosten dieser Konflikte, die sowohl den Handel zum Erliegen brachten und zu einem Verlust an überseeischen Kolonien führten, machten es jedoch offenkundig, dass beide Seiten von einer dauerhaften politischen Lösung profitieren würden.[52] Obwohl das politische System, das Genua daraufhin übernehmen sollte, etwas merkwürdig erscheint, stand es doch in bestem Einklang mit der modernen Spieltheorie und – es funktionierte.

Podesteria genannt, hatte das System eine ähnliche Funktion wie das heutige City-Management. Jedes Jahr ernannte der Stadtstaat einen auswärtigen *Podestà* zu seinem Militärführer, obersten Richter und politischen Verwalter.[53] Obwohl ein gewähltes Konzil aus Adeligen den *Podestà* auswählte und dessen Regelwerk und Sachziele festlegte, genoss der *Podestà* höchste Autorität und brachte eine eigene Kompanie Soldaten und eigene Richter mit ins Amt. Während des einen Jahres, in dem er Genua regierte, durften weder er noch seine Männer Genuesinnen heiraten, dortige Grundstücke erwerben, sich in Handelsgeschäften betätigten und mussten am Ende der Amtszeit die Stadt für einige Jahre verlassen. Dennoch funktionierte das System, da der *Podestà* genügend eigene Truppen besaß, die, wenn sie sich mit der einen Genueser Fraktion verband, die jeweils andere schlagen konnte. Eine mögliche Diktatur wiederum konnte ausgeschlossen werden, da der *Podestà* dann doch nicht genügend Soldaten hatte, um *beide* Seiten schlagen zu können. Das System erwies sich als so erfolgreich, dass es daraufhin von vielen anderen italienischen Kommunen übernommen wurde.[54]

Mit einer ehrbaren Regierung und unbelastet durch lokale Interessen und Verpflichtungen, eröffnete sich Genua ein goldenes Zeitalter. Von 1191 bis 1214 stieg sein Handel jährlich um sechs Prozent, so dass am Ende des Jahrhunderts Genua der reichste nördliche Stadtstaat war, gefolgt von Mailand und Venedig.[55] 1293 brachte allein der Seehandel der Stadt Einnahmen von beinahe vier Millionen Genueser Pfund – ein Betrag, der zehnmal so hoch war wie die jährlichen Einnahmen der französischen Staatskasse![56]

Das Genueser Regierungssystem wurde 1257 modifiziert, als eine Rebellion der Gilden und Bruderschaften den Weg zu noch größerer Demokratie ebnete. Der Rat wurde auf 32 Mitglieder ausgeweitet, die sich in gleich großen Gruppen aus verschiedenen Bezirken organisierten und paritätisch aus Adel und »Volk« zusammengesetzt waren. Anstelle eines auswärtigen *Podestà,* der nur für ein Jahr bestellt worden war, war es fortan ein

»Hauptmann«, der vom Rat für eine Amtszeit von zehn Jahren gewählt wurde. Auf diese Weise entwickelte sich Genua zu einem umso kooperationsbereiteren Staat, der den Bürgern noch mehr Freiheiten einräumte. Das spiegelte sich bereits in der Entscheidung, als ersten Hauptmann Guglielmo Boccanegra zu ernennen, einen äußerst wohlhabenden Bürger. Seine Wahl legt die Vermutung nahe, dass die eigentliche Basis für die Schaffung einer noch demokratischeren Regierung Genuas florierende gewerbliche Wirtschaft war. Nachdem es zu Beginn des 12. Jahrhunderts noch eine Einwohnerzahl von 10 000 hatte, lebten 1250 bereits 50 000 Menschen in Genua, womit die Stadt eine der größten in ganz Europa war.[57] Wie in Venedig war es nicht der Handel allein, der zu Wohlstand und Wachstum geführt hatte; zu einer echten Industrialisierung kam es auch in Genua erst dann, als man die meisten Güter, die man exportierte, vor Ort herstellen konnte.[58]

Florenz

Eine riesige Menge versnobten Blödsinns ist über Florenz geschrieben worden. Da es vielen nicht genügte, stolz darauf zu sein, dass die Stadt Leonardo da Vinci und Michelangelo hervorgebracht hat, stellten sie die fadenscheinige Behauptung auf, dass Florenz Europa aus dem finsteren Mittelalter hinausgeführt hätte. Das Werk Jacob Burckhardts ist lange Zeit dafür bejubelt worden, diese Ansicht populär gemacht zu haben. In *Die Kultur der Renaissance in Italien* geht Burckhardt sogar so weit, Florenz dafür zu preisen, das bis dahin »erhabenste politische Denken« sowie eine Regierung hervorgebracht zu haben, die »den Titel des ersten modernen Staates« der Weltgeschichte verdiene.[59] Was die Denker angeht, konnte Burckhardt natürlich solch große Männer wie Dante, Machiavelli, Petrarca und Boccaccio ins Feld führen. Doch beging er den Fehler, Kunst und Zivilisation zu verwechseln und schrieb ein Kapitel mit dem Titel »Der Staat als Kunstwerk«, in dem er behauptete, dass die politische Philosophie einen größeren authentischen Gehalt besäße als die politische Realität. Hierbei mögen ästhetische Erwägungen eine Rolle gespielt haben, denn Realität, wie Burckhardt natürlich sehr wohl wusste, besteht oftmals aus hässlichem und blutigem Krawall. Aber wie auch immer, Florenz wurde zu einem Fanal der Produktionsleistung des Kapitalismus, da es ein Zentrum der Herstellung von Wollwaren und Seide war und florentinische Banken am Ende des 13. Jahrhunderts Niederlassungen in ganz Westeuropa besaßen.

Im Prinzip war Florenz eine Republik. Die Kommune hatte ein *Parlamento* mit nicht weniger als tausend Mitgliedern, die sich einmal jährlich trafen, um Richtlinien für Politik und Besteuerung festzulegen und einen *Podestà* für das kommende Jahr zu ernennen. Dieser Prozess wurde regelmäßig dadurch gestört oder unterbrochen, dass entweder die Guelfen (Unterstützer des Papstes) oder die Ghibellinen (Unterstützer des Heiligen Römischen Reiches) die Macht an sich rissen. 1282 wurde eine neue Verfassung verabschiedet, die in Zusammenarbeit mit dem florentinischen Kardinal entstanden war und fortan den Gilden größeres Mitsprachrecht einräumte.[60] Acht Jahre später zahlte sich diese Machterweiterung für die Bürger aus, als in die Verfassung ein

Absatz eingefügt wurde, der den Schutz von Zivilpersonen vor dem Missbrauch des Adels vorsah und Hunderten von Adeligen und deren Verwandten das Recht absprach, öffentliche Ämter zu bekleiden. Um diese Bestimmungen auch wirkmächtig durchzusetzen, wurde obendrein ein neues Regierungsamt geschaffen, hinter dem eine eintausend Mann starke Milizarmee stand.[61] Es kam zu Revolten, der Wohnsitz des *Podestà* wurde geplündert und der wichtigste Urheber der Verordnung zum Tode verurteilt, allerdings konnte er nach Frankreich fliehen. Einmal mehr bestimmte innerer Tumult die Lebenswirklichkeit der Stadt, und das betraf nicht nur die Adels-Fraktionen der Guelfen und Ghibellinen, sondern überhaupt die Kluft zwischen Adeligen und Bürgern. In seiner *Geschichte von Florenz* schrieb Machiavelli, dass »die tiefe und natürliche Feindschaft zwischen den Männern des Volkes und den Adeligen, die hervorgerufen wird durch den Wunsch der Letzteren, zu beherrschen, und den Wunsch der Ersteren, zu gehorchen, die Wurzel allen Übels in der Stadt darstellt«.[62] Man darf sich schließlich fragen, ob Machiavelli all seine beachtlichen politischen Werke überhaupt hätte schreiben können, hätte er in einer Stadt ohne jene Unruhen und ständigen politischen Verschwörungen gelebt, wie sie in Florenz an der Tagesordnung waren.

Unabhängig davon, welche Fraktion gerade am Steuer war, wurde das neue Mitspracherecht der Gilden in der Verfassung verankert. Am Ende des 14. Jahrhunderts kamen die Gilden sogar an die Macht und bildeten ein Regierungsorgan mit dem Namen Signoria; es bestand aus neun Männern: sechs, die die großen Zünfte, zwei, die

die kleineren repräsentierten, sowie dem *Gonfaloniere*, dem Bannerherrn der Stadt, der hier als Obmann agierte. Die Mitglieder der Signoria wurden durch eine Gruppe von Bürgern berufen, die Priori, die ihrerseits durch Losentscheid gewählt wurden. Doch waren sich bei all dem selbst die verfeindetsten Lager in einem einig: keiner wollte die Gans schlachten, die derart viele goldene Eier legte. Daher unterstützte man weiter den Handel, besteuerte ihn nur gering und ließ ihm ansonsten freie Hand. Dabei wurden sogar Arbeiter, die man benötigte, importiert.

Im 15. Jahrhundert waren die wirklichen Regierungschefs von Florenz Mitglieder der Familie Medici, selbst wenn diese sich in politischen Dingen sehr zurückhielten und alle demokratischen Formalitäten stets befolgten.[63] Dennoch sahen sie sich mehrfach Rebellionen gegenüber und konnten einigen Staatsstreichversuchen nur knapp entgehen. Man bedenke auch, dass die Medici keine Ländereien geerbt hatten, sondern ihr Vermögen der Geldwirtschaft verdankten, da sie eine der ersten Banken des mittelalterlichen Europas gegründet hatten, welche schon bald über Niederlassungen in ganz Italien sowie im Ausland verfügte.[64] Als Stadtherren von Florenz legten sie großen Wert auf den Schutz des Privatbesitzes und kaufmännischer wie industrieller Freiheiten und waren den Belangen der Bürger gegenüber durchweg aufgeschlossen. Doch natürlich konnte das nicht ewig so bleiben, und im 16. Jahrhundert waren aus den Medici schließlich Tyrannen geworden, die mitverantwortlich waren für den wirtschaftlichen Niedergang ihrer Stadt.

Mailand

Mailand liegt inmitten der nordwestlichen Poebene und schmiegt sich an eine Gruppe von Bergen. Fernab vom Meer, war Mailand seit den Zeiten der Römer ein zentrales Kommunikationszentrum, da dort wichtige Alpenpässe zusammenlaufen. Aufgrund dieser Lage wurde Mailand die zweite Hauptstadt des römischen Reiches. Doch war die große Bedeutung, zu der die Stadt im Mittelalter auflaufen sollte, keine Selbstverständlichkeit. Das römische Mailand wurde 452 von Attila dem Hunnen verwüstet und ein Jahrhundert später von den Ostgoten praktisch zerstört. Im 8. Jahrhundert wurde Mailand in das Fränkische Reich unter Karl dem Großen eingemeindet, woraufhin die Kaiser des Heiligen Römischen Reiches über Jahrhunderte versuchten, germanische Stammesrechte in der Stadt geltend zu machen.

Dabei erwies sich Mailand jedoch als äußerst widerstandsfähig und zutiefst christlich. Innerhalb der Stadtmauern standen Dutzende von Kirchen und der Marktplatz lag »inmitten des Dombezirks, direkt gegenüber der Kathedrale«.[65] Zwar galt ein Verkaufsverbot an Sonntagen, doch stand die Kirche dem Handel ansonsten sehr wohlwollend gegenüber. Ab dem späten 10. Jahrhundert lag die politische Macht in den Händen des hiesigen Erzbischofs, der nach dem Papst der wichtigste Kirchenmann Italiens war. Dies führte schließlich auch hier zur Bildung jener aufs Blut verfeindeten Fraktionen, der Guelfen und der Ghibellinen, die das gesamte politische Leben Norditaliens in zwei Hälften teilte. Und nicht anders als Florenz litt auch Mailand in dieser Zeit geradezu chronisch an blutigen Konflikten seiner Bürger.

Die politische Macht des Erzbischofs stützte sich auf Hauptmänner, »die von ihm ein Burglehen erhielten und Teil seines Hofes waren«.[66] 1045 kam es jedoch zu einem Zerwürfnis, bei dem ein Hauptmann sich an die Spitze einer Gruppe von Bürgern stellte, die sich eine demokratischere Regierung wünschten, woraufhin Mailand sich bald als Kommune organisieren und dann sogar zur Republik entwickeln sollte. Ab 1186 wurde die Stadt von einem *Podestà* geführt, auch wenn der Erzbischof seine Autorität zum Gutteil behielt und sie häufig dazu einsetzte, um demokratische Anliegen zu protegieren. 1225 wurde die behördliche Konzession zur Ausübung von Gewerben dergestalt erweitert, dass nun auch die kleineren Händler und größeren Zünfte mehr Rechte erhielten.[67] Nichtsdestotrotz musste die Stadt einige Male ihre Existenz gegen die imperialen Mächte verteidigen. Äußere Bedrohungen verbunden mit den inneren Zwistigkeiten einer Aristokratie, die weniger dem Handel, als ihrem privaten Landbesitz vertraute, machten Mailand anfällig für Autokraten, die gern einmal die zivile Ordnung an sich rissen. Das betraf zumal die mächtige Familie Sforza, aus der zunächst viele Söldner hervorgingen (*Sforza* heißt auf Italienisch »Anstrengung« und »Stärke«). Zu Mailands Glück waren die Sforza jedoch Realisten und besaßen finanzielles Feingefühl, so dass sie während ihrer Herrschaft immer wieder Investitionen unterstützten und den Interessen des Handels wohlgesonnen waren.

Doch muss auch hervorgehoben werden, dass die Kirche bei der Verteidigung der Demokratie in Norditalien äußerst aktiv und resolut war. Nicht nur verfocht sie unmissverständlich die moralische Gleichheit, sondern wagte sich oft auch in die politische Arena, um für bürgerliche Rechte zu plädieren. Wie bereits gesagt, machten sowohl der Erzbischof von Mailand wie der Kardinal von Florenz gemeinsame Sache mit den Gilden. Dabei waren sie keineswegs verkappte Liberale, im Gegenteil: ihre religiösen wie politischen Standpunkte waren durchaus repräsentativ und entsprachen dem Geist der Zeit.

Fassen wir es zusammen: die moderne libertäre Losung »freie Gedanken und freie Märkte« war von den damaligen italienischen Stadtstaaten bereits verinnerlicht worden. Die Revolution ihrer Kaufleute bedurfte einer Freiheit, die wiederum – als politische Freiheit – erst durch ihren Handel ermöglicht wurde. Das Negativbeispiel Süditaliens belegt diese Schlussfolgerung nur umso mehr.

Unterdrückung in Süditalien: der Fall Amalfi

Dass es in Süditalien keine prosperierenden Wirtschaftszentren gab, hatte genau einen Grund: die Unterdrükkung. Im Unterschied zu den »Großen Vier« in Norditalien und ihre diversen Trabanten waren die Städte Süditaliens absolut unfähig, ihre Unabhängigkeit aufrechtzuerhalten und begaben sich stattdessen in die Hände ausländischer Despoten, die sie gnadenlos ausbeuteten. Der Fall Amalfis ist besonders bitter und erhellend.

Im Jahr 1000 mag Amalfi, das damals geschätzte 35 000 Einwohner beherbergte, die größte Stadt Italiens gewesen sein.[68] An der Mittelmeerküste und damit sehr viel südlicher als Rom gelegen, war es ein Knotenpunkt des überseeischen Handels. Seit ihrer Gründung verband die Stadt Seefahrt und Handel in einer Art Dreieck, das neben Amalfi sogar das muslimische Nordafrika und Byzanz miteinschloss. Lange Zeit lief es immer gleich ab: zuerst stellte man in Amalfi Frachten mit lokalen Gütern zusammen, etwa Getreide, Wein, Früchte oder Nutzholz.[69] Diese wurden dann gegen verschiedene Güter sowie Gold in den Häfen Tunesiens sowie gegen Gewürze und Gold in Ägypten eingetauscht. Danach ging es nach Byzanz, wo mit dem Gold vor allem östliche Luxusprodukte und religiöse Güter wie Priestergewänder, Altardecken und Weihrauch erstanden wurden.[70] Zurück in Amalfi veräußerten Händler diese Waren wiederum und benutzten den Erlös, um lokale Güter zu erstehen und neue Reisen zu finanzieren. An diesem Handelssystem war nichts willkürlich. Vielmehr bezeugte es eine »perfekte Organisation und Routine von Handelsvorgängen, die politisch wie diplomatisch abgesichert wurden«.[71]

Die Frage muss gestellt werden: Warum nicht Neapel? Warum hat diese berühmte alte Stadt, die über einen sehr viel besseren Hafen und eine schlagkräftige Marine verfügte, das eben erst emporgekommene Amalfi nicht überflügelt? Immerhin hatten sowohl Cicero wie Vergil dort verweilt, Nero trat dort zum ersten Mal als Sänger auf und selbst noch im 9. Jahrhundert war Neapel wesentlich größer als Amalfi. Doch ist die Antwort auf dieses »Warum nicht Neapel?« sehr einfach. Das Hinterland Neapels war sehr groß und fruchtbar und lag in den Händen diverser adeliger Grundbesitzer. Hierdurch ergab sich eine äußerst stratifizierte Gesellschaft, die wenig Spielraum für kaufmännischen Wagemut ließ.[72] Im Gegensatz dazu besaß Amalfi weder üppiges Hinterland noch dreinredende Adelige, vielmehr wurde die Stadt seit ihren ersten Tagen vom Handel dominiert. Im späten 12. Jahrhundert waren die Kaufleute Amalfis allesamt Größen im Außenhandel. Und dann – folgte auch schon das Ende.

Geschichtsbücher über das europäische Mittelalter widmen sich gerne den Raubzügen der Wikinger, doch abgesehen davon, dass sie beiläufig einräumen, dass Wilhelm der Eroberer ja eigentlich ein Normanne war, gehen sie auf den Einfluss, den die Wikinger auf die europäische Gesellschaft hatten, praktisch nicht ein. Doch kamen die Wikinger nicht nur irgendwann nach Süden – sie blieben auch dort. Einer von ihnen war Roger Guiskard, der mit einer winzigen Truppe von Normannen 1060 in Sizilien einfiel, die muslimischen Herrscher besiegte und die Macht übernahm. Später setzte er sich auch an der Fußspitze Italiens fest, kaum achtzig Kilometer vom sizilianischen Messina entfernt. Sein Sohn gab sich selbst den Titel Roger II., König der Normannen im Königreich Sizilien. Ähnlich klug und respekteinflößend wie sein Vater, brachte Roger 1131 seine Truppen entlang der Meerenge von Messina in Stellung und fiel von dort aus nach Süditalien ein. Schon bald kontrollierten die Normannen das gesamte Gebiet des italienischen Stiefels bis hinauf nach Neapel.

Roger II. scheint ein sehr aufgeklärter Herrscher seiner Zeit gewesen zu sein. Er unterstützte die Entwicklung des Handels und rief in Sizilien sogar eine Seidenindustrie ins Leben. Sein Sohn allerdings schien sich seinen Namen Wilhelm der Böse tatsächlich verdienen zu wollen. Er führte ein Leben in verschwenderischem

Luxus und bezahlte dafür in der altbewährten Manier von Despoten: durch widerrechtliche Aneignung und hohe Steuern. Und genau das versetzte der wirtschaftlichen Bedeutsamkeit Amalfis den Todesstoß.

Manche modernen Historiker verteidigen die Unterdrückung Süditaliens durch das normannische Königreich mit dem Argument, dass damit in ansonsten verfeindeten Gemeinden Frieden eingezogen sei: »Wäre das Königreich in seine Bestandselemente zerfallen, hätte es auch nicht das goldene Zeitalter freier Gemeinden entstehen lassen können, sondern permanent lokale Konflikte produziert.«[73] Das mag sein. Jedoch haben die chronischen Konflikte der unabhängigen norditalienischen Stadtstaaten keineswegs deren kommerzielles goldenes Zeitalter verhindert. Tatsächlich war die kaufmännische Mentalität in diesen freien und unabhängigen nördlichen Gemeinwesen bereits derart hoch entwickelt, dass man das Kämpfen eigens angeheuerten und bezahlten Truppen überließ, während man selbst sich weiter um seine Geschäfte kümmerte.

Die Freiheit des Nordens

Zur vollen Blüte kam der Kapitalismus in den Stadtstaaten Italiens, doch breitete er sich rasch auch im Norden aus – allerdings nur an Orten, wo es genügend Freiheit gab. Mit der Ausnahme Englands waren dies nicht einmal »Stätchen«, sondern kleine Gemeinden, denen es gelungen war, dem Zugriff der einheimischen Herrscher zu entgehen und eigenständige gutgesinnte Regierungen einzusetzen. Da diese kleinen Orte die Stadtstaaten als Hauptentwicklungszentren des europäischen Kapitalismus ablösen sollten, ist es wichtig zu überblicken, wie sie überhaupt zu ihrer Freiheit kamen.

Es gab keinerlei Vorsorge für Städte innerhalb des feudalen Systems, denn dieses war ein starres Gebilde aus gegenseitigen Verpflichtungen, das die ländlichen Besitztümer in die Form einer Pyramide zwängte: von den winzigen Lehnsgütern einzelner Ritter bis zu den riesigen Ländereien der Herzöge, Könige und Kaiser. In der Frühzeit des Mittelalters »gehörten« die meisten Gemeinden (Dörfer, kleine oder größere Städte, die teils noch im Entstehen waren) noch einem hiesigen Adeligen, einem Bischof (um dessen Sitz die Gemeinde sich bildete) oder einem klösterlichen Orden. Alle Bewohner mussten eine Bodenrente für das Land bezahlen, auf dem die Gemeinde siedelte. Dementsprechend musste die Frage, wem ein Haus eigentlich gehörte, häufig offen bleiben. Außerdem war das Eigentumsrecht an Land stets aufgeteilt zwischen dem hiesigen Adeligen und einem meist entfernt lebenden Prinzen oder König, in dessen Reich sich die Gemeinde befand. Seltsamerweise war es gerade dieser Dualismus, der den Orten ihre Unabhängigkeit geben sollte.[74]

Seitdem der Handel eine urbane Tätigkeit darstellte und die Städte wuchsen, haben Zusammenschlüsse von Händlern stets zu verhindern gesucht, dass sie mit Steuern belastet oder von Außenstehenden kontrolliert werden, die wenig oder nichts zum Wohl ihrer Gemeinden beitrugen. Sie gründeten belastbare Kaufmannszünfte, die den lokalen Adeligen Paroli zu bieten wussten. Im Übrigen hatten viele der Händler keinen gemeinsamen Ursprung, sondern gehörtem dem Kleinadel an. Sie erkannten schnell die neuen Chancen und spielten im wirtschaftlichen Aufstieg bald eine führende Rolle.[75] Dass die Händler nicht bloß eine Gruppe gewöhnlicher Bürger waren, mag die gerissenen Taktiken erklären, mit denen sie häufig über den Kopf des lokalen Adeligen hinweg ihre ranghöheren Herrscher in der Ferne um Hilfe baten, wobei sie ihnen im Gegenzug höchst attraktive Vergütungen für ihre Unabhängigkeit offerierten.

Was als erstes verschwinden musste, war die Bodenrente. Mancherorts erreichte man dies durch Verhandlungen mit dem jeweiligen Adeligen, in vielen anderen Fällen wurde das entsprechende Land von wohlhabenden Bürgern einfach gekauft. Zumeist aber warben Städte Truppen an, um den fernen Herrscher gegen dessen Kontrahenten zu verteidigen, besonders gegen subalterne lokale Adelige, von denen viele Fürstbischöfe waren. Da so viele Städte um Bischofssitze herum entstanden waren (häufig errichtet auf römischen Ruinen), wanderte zeitweilig auch die Herrschaft in Bischofshände. Früh schon hatten deutsche Könige in den Bistümern Fürstbischofe eingesetzt, wodurch sie mehr Kontrolle über urbane Rivalen bekommen wollten. Doch gerieten durch die Doppelfunktion des Fürstbischofs Kirche und Monarchie in Widerspruch zueinander, und es kam zu einer Annäherung des fernen Herrschers und der lokalen Führer.[76] Als 1073 etwa einige Bischöfe aus dem Rheinland versuchten, den römisch-deutschen König Heinrich IV. abzusetzen, stellten sich die Bürger von Worms gegen ihren Bischof, jagten ihn aus der Stadt und unterstützten den König. Um wiederum seine Dankbarkeit zu zeigen, legte Heinrich die Autorität über die Stadt in die Hände der Kommune. Damit wurde Worms zu einer unabhängigen Stadt, die ausschließlich der Krone verpflichtet war. Somit war Worms die erste Freie Reichsstadt, viele andere sollten folgen. Durch ähnliche Abkommen mit dem König erlangten ganze 85 nordeuropäische Städte den gleichen Titel.[79] Da sie sich allein um ihre eigenen Angelegenheiten kümmerten, wurde die Redewendung »Stadtluft macht frei« nicht bloß zu einem Slogan, sondern gar zu einem Rechtsgrundsatz.[80]

Die Freiheit in diesen nördlichen Städten wurde einerseits durch gewählte Räte, andererseits durch eine ständige Ausweitung der Bürgerrechte verwirklicht. Beides hatte eine ausdrückliche religiöse Grundlage – schon der Begriff der Gemeinde besaß für die Ortsansässigen einen Aspekt des Heiligen. Im frühen 15. Jahrhundert erklärte das Konzil von Basel daher, dass »oberstes Ziel der Regierung einer jeden Stadt die Bekräftigung und Vermehrung der Ehre Gottes sein soll und sie jede Ungerechtigkeit unterbinden möge«.[79] In diesem Geist richteten die kommunalen Räte ihre Aufmerksamkeit nicht bloß auf weltliche Dinge, etwa auf Schulen oder Straßen, sondern befassten sich häufig auch mit religiösen Angelegenheiten, einschließlich der Reform hiesiger Klöster oder der Errichtung von Schreinen, in denen Reliquien bewahrt werden konnten.

Der Gedanke, dass kleine ebenso wie große Städte von kommunalen Räten regiert werden sollten, stammte vermutlich aus Italien, so wie das Wort selbst (*concilium*). Dennoch führte die Demokratie in den Städten des Nordens nie zu solch großartig ausgeklügelten Gebilden wie in Italien. Zunächst war die Demokratie der Oberschicht vorbehalten, da diese eine Gruppe aus ihren Reihen wählte, welche dann als Regierung fungierte. Bald aber schon gewannen andere wichtige Gesellschaftsgruppen an Einfluss und schließlich konnte sogar eine Volksregierung eingesetzt werden. Da es für die Unabhängigkeit einer Stadt unerlässlich war, dass auswärtige Adelige keine Ansprüche auf Einwohner geltend machen konnten, verabschiedete man ein Gesetz, nach dem jeder Leibeigene, der in eine Stadt kam, von allen feudalen Bindungen an seinen Herrn freigesprochen wurde, so er mindestens ein Jahr und einen Tag in der neuen Stadt verbracht hatte. Womit nicht zuletzt die Tatsache unterstrichen wurde, dass der Feudalismus in den freien Handelsstädten des Nordens nicht länger existent war. Überdies mussten viele dieser Städte nicht erst dem Zugriff des Kleinadels *entkommen*, da sie bereits als freie Gemeinden *gegründet* worden waren; Kaufmänner hatten sich zu diesem Zweck eigens Urkunden von Königen ausstellen lassen, die den hiesigen Aristokraten übergeordnet waren.

Dass eine Stadt nur mehr einem fernen Monarchen verpflichtet war, zahlte sich letztlich für beide Seiten aus. Die Städte erwiesen sich als wichtige Verbündete gegen aufsässige Untergebene des Monarchen, und dieser wiederum bot den Städten Sicherheit vor lokaler Einmischung. Die Adeligen konnten keine Steuern erheben oder Zollschranken für den Fernhandel errichten (man erinnere sich an die Magna Carta). Als Gegenleistung für ihre Unabhängigkeit zahlten die Städte eine überschaubare festgelegte Summe an den Monarchen, der sich in das von den Stadtbewohnern festgelegte Steuersystem weiter nicht einmischte. Diese lokalen Steuern wurden zumeist für Sicherheitsmaßnahmen eingesetzt (etwa um Gebäude und Stadtmauern instand zu halten), um dem Handel und dem Gewerbe öffentliche Marktplätze zur Verfügung zu stellen, um Straßen und Hafenanlagen auf einen besseren Stand zu bringen, oder mancherorts auch, um einmal pro Jahr große Handelsmessen zu veranstalten.

Die »Wiedergeburt« der Freiheit in manchen Gegenden Europas hatte mit drei wesentlichen Dingen zu tun: christlichen Idealen, verschlankten politischen Einheiten und – als Bestandteil von beidem – dem Emporkommen verschiedener gut aufeinander abgestimmter Interessengruppen. Gesellschaften wie diese hatte es bis dahin auf der Welt nicht gegeben.

Und nun, da auch die letzte notwendige Bedingung vergegenwärtigt wurde, ist es an der Zeit, den Aufstieg des Kapitalismus und den Erfolg des Abendlandes ins Auge zu fassen.

TEIL II:
ERFÜLLUNG

KAPITEL 4: DIE PERFEKTIONIERUNG DES ITALIENISCHEN KAPITALISMUS

Das Vertrauen in die Vernunft ist der wichtigste Aspekt der westlichen Zivilisation. In dieser schlichten Aussage liegt der Schlüssel, um die Evolution der mittelalterlichen Geschäftspraktiken zu verstehen, die man später Kapitalismus nennen sollte.

Es begann alles damit, dass die Mönche in den großen Klöstern ihre frühere Subsistenzwirtschaft aufgaben und zu leistungsstarken Aktivposten in den rasch sich entwickelnden Handelsnetzwerken wurden. Dabei beruhte die Frühform des klösterlichen Kapitalismus zunächst nur auf der Agrarwirtschaft und dem gelegentlichen Verleihen von Geld; die Mönche gründeten nicht gleich Handels-, Finanz- oder auch nur Produktionsunternehmen. Jedoch schufen sie ein Geschäftsmodell, das in der Folge zum Aufstieg privater kapitalistischer Unternehmer führte, die diese naheliegenden nächsten Schritte schließlich selbst gehen sollten. Diese Entwicklung vollzog sich in den relativ freien und gutgelegenen Städten Norditaliens. Bald schon besaßen italienische Unternehmen ein westeuropäisches Monopol auf den Handel, auf Banken und in geringerem Umfang auch auf die Produktion von Gütern. Auf ihrem Höhepunkt im späten 13. wie im 14. Jahrhundert erstreckte sich die italienische Handelsmacht »bis nach England, den Süden Russlands, in die Oasen der Sahara-Wüste, nach Indien und China. Sie war das größte Wirtschaftsreich, das die Welt je gekannt hatte«.[1] Aus diesem Grund untersucht dieses Kapitel, wie die Italiener den Kapitalismus perfektionierten und gleichzeitig dieses riesige Wirtschafts- und Finanz-Imperium aufbauten.

Obwohl der Kapitalismus schon in Kapitel 2 definiert wurde, muss allerdings noch die Frage geklärt werden, warum es ihm möglich war, den Reichtum der Nationen derart stark zu transformieren. Natürlich wird es einer Gesellschaft immer besser gehen, wenn ihre Mitglieder produktiv sind, schon weil jeder Reichtum zunächst einmal erwirtschaftet werden muss. Eine kapitalistische Wirtschaft maximiert ihre Produktivität auf mehreren Wegen. Seitdem das Privateigentum geschützt ist und Arbeit nicht mehr erzwungen wird, profitieren die Menschen ganz direkt von ihren produktiven Leistungen, was sie wiederum dazu anspornt, noch mehr zu produzieren. Da Besitzer (oder Investoren) ihrerseits von Produktionssteigerungen profitieren, werden sie ihren Verbrauch klugerweise zügeln, um den erzielten Profit erneut in die Produktion einzuspeisen, in größere Leistungsfähigkeit, verbesserte Technologien oder besser qualifizierte Arbeitskräfte. Der Wettbewerb zwischen den Arbeitgebern wiederum wird Löhne und Vergünstigungen anheben, was die Arbeiter dazu bewegen wird, ihren Konsum zu steigern. Im Umkehrschluss wird dadurch wiederum der Markt erweitert, da all jene, die, sagen wir, Autos oder Fernsehapparate herstellen, die gleichen ja auch kaufen. Das »Wunder« des Kapitalismus liegt ganz einfach darin: *Mit zunehmender Zeit wird jeder mehr haben.*

Die unmittelbare Ursache für die Entstehung des italienischen Kapitalismus war die Befreiung von habgierigen Herrschern, die wie fast überall auf der Welt auch in Europa den wirtschaftlichen Fortschritt unterdrückt und zerstört hatten. Obwohl sie politisch oft ein turbulentes Leben führten, waren diese Stadtstaaten doch echte Republiken und vermochten die Freiheit, die der Kapitalismus benötigt, zu gewährleisten. Ferner hatten Jahrhunderte des langsamen technologischen Fortschritts die notwendigen Bedingungen für den Aufstieg des Kapitalismus geschaffen, hauptsächlich in Form von Agrarüberschüssen, die für das Wohlergehen ganzer Städte nötig waren. Zudem ermutigte die christliche Theologie extrem optimistische Zukunftsaussichten, die langfristige Investitionsstrategien umso mehr rechtfertigten. Mit der Zeit stellte die Theologie überdies moralische Legitimationen für verschiedenste Geschäftspraktiken zur Verfügung, die für den Kapitalismus wichtig waren. Um die große »kaufmännische Revolution des Mittelalters«[2] aber tatsächlich zustande zu bringen, war es unerlässlich, eine neue Art Unternehmen zu perfektionieren und überhaupt neue Wege zu beschreiten, wie Geschäfte zu tätigen sind.

Rationale Unternehmen

Der Handel wurde nicht im Mittelalter erfunden – es hatte ihn schon in der Steinzeit gegeben, wenn nicht noch früher. Was die Europäer jedoch erfanden, war ein neuer Ansatz, bei dem der Handel »nicht länger ein Abenteuer darstellte«,[3] sondern zur Routine wurde, so repetitiv und risikofrei wie möglich. Erreicht wurde das durch eine besondere Form der Organisation – das rationale Unternehmen –, die auf der Grundlage verlässlicher Regeln administriert wird.[4] Die Anwendung solcher Regeln wird dadurch möglich, dass ein Unternehmen sich auf gleichmäßige, kontinuierliche und genau definierte Aktivitäten beschränkt, welche ständig beobachtet werden, wodurch wiederum Rückschlüsse auf zukünftige Aktivitäten gezogen werden können. Das erfordert jedoch, dass alle Aktionen schriftlich dokumentiert werden und eine lückenlose Buchführung stattfindet. Die Berechnung der Ergebnisse und die Supervision wie die Koordinierung der Aktivitäten erfordern genau definierte Befugnisse und Hierarchien.[5] Wer einen höheren Posten bekleidet, muss ein entsprechend umfängliches Training auf seinem Gebiet erfahren haben, etwa in der Buchhaltung; auch wird seine Arbeit regelmäßig evaluiert. Aus diesem Grund werden Manager vor allem auf der Basis ihrer Leistungen angestellt oder befördert, und nicht etwa als Teilzeitkräfte. Es wird von ihnen erwartet, dass sie sich ihren Aufgaben so vollständig widmen, dass sie selbst noch in ihrem Privatleben zur Rechenschaft gezogen werden können. Die Perfektionierung des Kapitalismus bedurfte im Kontext des rationalen Unternehmens daher eines »objektiven« Ansatzes, sowohl was das Personal, das Management wie auch die Finanzpraktiken anging.

Das Personal

Will man die Wahrheit über den Aufstieg des privaten Kapitalismus erfahren, fängt man am besten bei den Menschen an. Wie haben die italienischen Unternehmen Norditaliens ihr Personal trainiert, ausgewählt, befördert und kontrolliert? Vielleicht lässt es sich schon an einer einzigen Statistik ablesen: im Florenz des Jahres 1338 besuchte ungefähr die Hälfte aller Kinder im entsprechenden Alter die Schule,[6] obwohl es zu dieser Zeit im Großteil Europas noch gar keine Schulen gab und selbst viele Könige Analphabeten waren. Ein ähnliches Schulniveau gab es in Venedig, Genua, Mailand und anderen norditalienischen Handelsstädten. Damit wird deutlich, dass nicht nur »all die Geschäftsleute ... lese- und schreibkundig waren«, sondern gleichfalls die meisten Handwerker.[7] Auch wird der Schulerfolg dadurch eindrucksvoll belegt, dass die vielen Handelsbücher, Briefe, Tagebücher und andere Dokumente dieser Zeit eine große Ähnlichkeit der Handschriften aufweisen – das Ergebnis eines vereinheitlichten Unterrichts.

Doch genügte das den rationalen Unternehmen noch nicht. Im Allgemeinen stellten sie Heranwachsende ein, die ihre Schulbildung an sogenannten »Abakus-Schulen« weiterführten, wo sie mit Hilfe von Rechenschiebern ihr kalkulatorisches Können verfeinerten und überhaupt mit mathematischen Grundsätzen vertraut gemacht wurden. Es wird angenommen, dass diese Schulen im 13. Jahrhundert entstanden, nachdem Leonardo Fibonacci ein Rechenbuch veröffentlicht hatte, das sich weit verbreiten sollte. Fibonacci, auch als Leonardo von Pisa bekannt, war einer der größten Zahlentheoretiker in der Geschichte der Mathematik und hatte einen enormen Einfluss auf den Frühkapitalismus. Sein *Liber Abaci* erschien 1202 und machte die hindu-arabischen Ziffern sowie das Konzept der Null zum ersten Mal außerhalb der Zirkel professioneller Mathematiker bekannt. Es wurde in ganz Norditalien begierig aufgegriffen, da es neue und effiziente Methoden für die Multiplikation und Division aufzeigte, beides Disziplinen, die äußerst schwierig zu handhaben sind, sofern man die römischen Zahlen benutzt – selbst Addition und Subtraktion waren schwierige Operationen für die Römer. Es mag seinem Genie entsprochen haben, dass Fibonacci die Arithmetik nicht bloß in abstrakter Form darstellte, sondern sie anhand von Beispielen aus der Geschäftswelt erklärte, etwa wenn es galt, Handelsspannen und Zinssätze zu ermitteln, Gewichte und Maße umzurechnen oder Gewinne und Verluste anteilig unter Geschäftspartnern zu verteilen.[8] Um zu verdeutlichen, wie wirksam die damaligen Schulinstruktionen waren, machte sich der große Wirtschaftswissenschaftler Armando Sapori die Mühe und prüfte alle Berechnungen der heute noch erhaltenen damaligen Wirtschaftsbücher nach und fand in ihnen keinen einzigen Fehler. Auch vermieden es die Buchhalter des Mittelalters, anders als ihre modernen Kollegen, Summen aufzurunden, und das selbst nicht bei Transaktionen im Einhunderttausender-Bereich.[9] So wies der Kontostand des Bankhauses Bardi in Florenz einmal die riesige Summe von genau 1 266 755 Pfund und 11 Schilling auf.[10]

Abakus-Schulen breiteten sich schnell in ganz Norditalien aus und schon bald besuchte sie jeder zweite Junge nach Abschluss seiner Grundschulzeit. 1340 gab es allein in Florenz mindestens sechs Abakus-Schulen und in anderen großen Kapitalzentren Italiens war es kaum anders. Doch man beachte, dass diese Schulen nicht bloß Büroangestellte und Buchhalter ausbildeten.[11] Viele Absolventen dominierten schon bald die Führungsetagen in Unternehmen, etwa als leitende Angestellte, und selbst noch wenn sie weniger Erfolg hatten, bezogen sie doch hohe Gehälter – die Hälfte derer, die 1335 bei der Handelsgesellschaft Peruzzi in Florenz angestellt waren, verdienten jährlich mindestens 70 Florentiner bzw. Goldgulden, was ein sehr stattliches Einkommen war.[12] Schon um 1400 verdienten Büroangestellte der Medici-Bank üblicherweise 100 Florentiner, was ausreichte, um in einem feinen Haus zu leben und Diener zu beschäftigen.[13] Unternehmen hielten so große Stücke auf die Abakus-Schulen, dass sie sich nicht bloß um deren Absolventen bemühten, sondern auch andere ihrer Angestellten auf die Schulen schickten. Die Unterlagen zweier Schulen in Pisa und Florenz dokumentieren, dass ihre Studenten Jungen im Alter von 11 bis 14 waren und den Unterricht an sechs Tagen in der Woche sowohl morgens wie abends besuchten.[14] Ein Text, den ein trauernder Geschäftsmann im Andenken an seinen mit 22 Jahren verstorbenen Sohn schrieb, bietet Einblick in die damalige Ausbildung eines Kaufmanns:

Da er einen guten Geist und bemerkenswerten Einfallsreichtum besaß, lernte er sehr zügig Lesen und Schreiben und beeindruckte uns alle damit. Seine Fortschritte waren so rasch, dass er die Sprachlehre bald abgeschlossen hatte. Ich nahm ihn dann [mit 14] *aus der Schule und schickte ihn in ein Woll-Unternehmen ... Als er zum Buchhalter befördert wurde, führte er das Wirtschaftsbuch so genau, als hätte er es schon vierzig Jahre lang getan ... Es wäre aus ihm sicher einer der erfolgreichsten und maßgeblichsten Kaufmänner der Stadt geworden.*[15]

Als im 15. Jahrhundert ein deutscher Kaufmann einem angesehenen Mathematik-Professor die Frage stellte, wo er seinen Sohn am besten ausbilden lassen solle, bekam er zur Antwort, dass für das Addieren und Subtrahieren Deutschland zwar ausreichend sei, man für das Dividieren und Multiplizieren jedoch besser nach Italien gehe. Wenig später entstanden Abakus-Schulen auch in den kapitalistischen Zentren der Niederlande und in Süddeutschland, wo sie »italienische Schulen« genannt wurden – allein in Nürnberg gab es bald schon achtundvierzig.[16]

Die vielen Chancen, die den Abakus-Absolventen geboten wurden, deuten eindeutig darauf hin, dass diese Unternehmen groß waren und vornehmlich Angestellte beschäftigten, weniger Familienangehörige der Besitzer. Die Belegschaft »setzte sich aus den Besten und Klügsten zusammen ... und überraschend wenige kamen aus den Familien der Besitzer und Anteilseigner«. Von den 133 Kommissionären (Angestellte, die in einer Zweigniederlassung beschäftigt waren) der Peruzzi-Gesellschaft Mitte des 14. Jahrhunderts »waren nur dreiundzwanzig ... mit den Besitzern der Gesellschaft verwandt ... Die wenigen Sprösslinge des Familienunternehmens lassen erkennen, dass es erfrischend wenig Vetternwirtschaft gegeben haben muss; das Geschäft war viel zu wichtig, um es den Inkompetenten zu überlassen, egal, wie lieb und teuer sie einem waren.«[17] Darüber hinaus waren diese frühen rationalen Unternehmen in sehr weitem Umkreis verstreute Firmen mit vielen Niederlassungen. Bereits im Jahr 1250 besaß die Bank Riccardi in Luca elf Filialen, eine gar im weit entfernten Dublin. Fünfzig Jahre später hatte die Peruzzi-Gesellschaft in Florenz fünfzehn Filialen, einschließlich einer in London und einer in Tunis.

Man bedenke aber auch, dass »Banken« in jenen Tagen nicht bloße Finanzinstitute waren; sie hatten ebenso viel mit dem Handel und der Herstellung von Gütern zu tun wie mit dem Geldwesen. Wenn heute etwa die Bank of America mit General Motors fusionieren würde, wäre das Ergebnis, was Funktionen und Einfluss betrifft, vergleichbar mit der Riccardi-Gesellschaft.

Viele der Bankfilialen entstanden in Reaktion auf die berühmten Messen, die seinerzeit jährlich in der Region der Champagne veranstaltet wurden (sie dauerten je sechs Wochen). An Stätten wie diesen trafen sich europäische und besonders italienische Händler, um verschiedenste Waren, vor allem aber Wolle, zu kaufen und zu verkaufen. Die Champagne-Messen dominierten den nordeuropäischen Händel für den Gutteil des 13. Jahrhunderts und verebbten erst, als der Handel so umfänglich geworden war, dass die italienischen Händler entschieden, ihre Repräsentanten nicht länger aus der Ferne anreisen zu lassen, sondern vielmehr ständige Filialen in der eigenen Region zu errichten und regelmäßig direkt von den nördlichen Herstellern zu kaufen.[18] Der Erfolg der Zweigstellen in Flandern wie in Rom, wo man sich vor allem um Kirchengeschäfte kümmerte, führte bald zu einem regelrechten Wildwuchs von Filialen großer Unternehmen.

Obwohl man viele dieser Unternehmen als Personengesellschaften bezeichnen könnte, greift dieser moderne

Begriff doch zu kurz, da sie in Wahrheit eher Aktiengesellschaften glichen. Das typische mittelalterliche Handelsunternehmen war nur insofern eine Personengesellschaft, als ihre Besitzer im Falle des Konkurses haftbar gemacht werden konnten. Doch basierten die meisten Unternehmen, zumal die großen, auf »anteiliger Eigentümerschaft, bei der jeder Akteur eine bestimmte Geldmenge einsetzt und dafür an Gewinnen wie auch Verlusten beteiligt wird«, je nachdem, wie hoch seine oder ihre (Frauen wirkten häufig mit) Anlage war. Solche Unternehmen »hatten korporative Satzungen, ein Unternehmenssiegel und eine ganze Reihe von Konten«.[19]

Zudem wurde klar unterschieden zwischen Eigentümerschaft und Geschäftsführung. Zumindest in der zweiten Generation waren viele Eigentümer nur mehr passive Anteilseigner und das Unternehmen wurde von einer ganz anderen Person geführt – häufig war es jemand, der mit den Besitzern nicht verwandt war, sondern sich innerhalb des Unternehmens nach oben gearbeitet hatte oder, auf typisch moderne Weise, von einem anderen Unternehmen abgeworben worden war.[20] Zwar mögen die Geschäftsführer keine genauen Stellenpläne geschrieben haben, doch hätte es auch anders sein können. Die Unternehmen waren hierarchisch organisiert und Befugnisse wie Verantwortlichkeiten waren eindeutig verteilt.

Nicht zuletzt waren die mittelalterlichen Kapitalisten oftmals in Sorge um die Moral und Sittlichkeit derer, die sie beschäftigten, besonders wenn sie in den Chefetagen saßen. In dem Schriftstück, das die Niederlassung der Medici-Bank in Brügge besiegelte, ließ Cosimo de Medici eigens festhalten, dass Junior-Partner Angelo Tani, der die Bank leiten sollte, in seinen Geschäftsräumen keine Frauen empfangen, nicht um Geld spielen und keine Geschenke annehmen dürfe, die mehr als ein Pfund wert waren.[21]

Das Management und seine Finanzpraktiken

Als Grundwerkzeug ihres Managements führten die ersten italienischen Unternehmen sehr sorgfältige und detaillierte Protokolle und Konten. Am Ende des 13. Jahrhunderts wurde die doppelte Buchführung erfunden und bald weithin angewendet. Das erleichterte die Einbeziehung mehrerer Buchhalter und bot einen permanenten Einblick in die aktuelle Finanzsituation des Unternehmens, was die schnelle und akkurate Bewertung spezifischer Projekte ermöglichte. Gleichwohl waren die Unternehmen fast ebenso gut durch die einfache Buchführung dokumentiert. Überhaupt wurde es damals hochgeschätzt, wenn Dinge schriftlich festgehalten wurden, was sich auch an der Vielzahl entsprechender Sinnsprüche erkennen lässt. Zwei Beispiele:

Spare nie an Stift und Tinte!

Der faule Mann, der seine Umsätze nicht aufschreibt, wird nicht lange leben ohne Schaden und Fehler.[22]

Doch benötigt der Kapitalismus mehr als eine gute Registerführung; es war an der Zeit für weitere finanzielle Innovationen.

Sobald ein Handel kein bloßes Tauschgeschäft ist, stellt sich die Frage der Bezahlung. Das stellte besonders den Fernhandel vor ein Problem. Wobei gar nicht das Geld an sich problematisch war, sondern der Umstand, dass im Mittelalter alles Geld aus kostbarem Metall bestand, das zum Großteil in Münzen ausgeprägt wurde. Als der Handel sich ausweitete, gab es oft einen Mangel an Münzen. Außerdem wurden die Münzen durch ihre Präger immer wieder verschlechtert: Silbermünzen verloren fortschreitend an Wert, »wenn die dunkle Färbung des Kupfers und Bleis den Glanz des feinen Metalls immer mehr verbarg«.[23] Aber sogar noch, als in Florenz und Genua eine 24-karätige reine Goldmünze mit einem Gewicht von 3,5 Gramm hergestellt wurde (die bald als Florentiner bekannt werden sollte), um die vielen minderwertigen Silbermünzen zu ersetzen, löste dies das Geldproblem nicht gänzlich. Denn es gab auch Schwierigkeiten mit dem Transport der Münzen über längere Distanzen. Zum einen sind Münzen recht schwer und verlangen ab einer gewissen Menge dem Transport einiges ab. Zum anderen hat eine Münze keine wirkliche Herkunft, sondern gehört immer nur dem, der sie aktuell vorweisen kann; weshalb es ausgesprochen heikel ist, Bargeld zu transportieren. Nehmen wir ein einschlägiges Beispiel: Im Sommer 1328 hatte Papst Johannes XXII. ein Söldnerheer auszuzahlen, das seinen Dienst in der Lombardei geleistet hatte. So ließ er 60 000 Florentiner bzw. Goldgulden in Säcke packen und auf diverse Lasttiere verteilen. 150 Kavalleristen sollten den Konvoi von Avignon aus über die Alpen bis nach Italien bewachen. Dennoch wurden sie in der Nähe von Pavia hinterrücks von Räubern überfallen, die ihnen mehr als die Hälfte des Goldes abnahmen und viele Reiter gefangen nahmen. So verlor der Papst nicht nur den Großteil seines Schatzes, sondern musste obendrein die Gefangenen auslösen und hatte immer noch Schulden bei seinem

Heer.[24] Da ihnen die Unzulänglichkeiten des Bargelds bewusst waren, hatten die Händler schon lange vorher eine Methode entwickelt, um Geldmittel vermittels Papier zu transferieren und dies selbst aus der Ferne. Die Unternehmen, die diese Transfers ermöglichten, wurden bekannt als – Banken. Geboren wurden sie in Italien und über Jahrhunderte sollten italienische Banken mit all ihren Zweigstellen das Herzstück des Kapitalismus bilden, sowohl im In- wie im Ausland. *The Cambridge Economic History of Europe* zählt 173 große italienische Banken auf, die allein im 14. Jahrhundert operierten, abzüglich der Zweigstellen. Davon saßen 38 in Florenz, 34 in Pisa, 21 in Lucca, 18 in Venedig und 10 in Mailand. Und man bedenke, dass all diese Gemeinden damals klein waren.

Die Bank des Mittelalters entwickelte sich aus dem Geldwechselwesen – das Wort »Bank« leitet sich vom Tisch des Geldwechslers her. Über Jahrhunderte hin bedurfte die große Vielfalt der Münzen, die im Umlauf waren sowie ihre diversen Abnutzungsgrade, über die sich die Frage der Echtheit der Münzen stellte, eines Spezialwissens, wenn es etwa um die Begleichung von Schulden ging. Geldwechsler fungierten als Mittelsmänner, die den relativen Wert von Münzen festlegten: »Entsprechen diese 20 Schillinge nun einem Florentiner oder brauche ich, wenn der Wechselkurs fair sein soll, vielmehr 23 Schillinge?« Geldwechsler berechneten für ihre Dienste stets eine Gebühr, weshalb sie lange des Wuchers bezichtigt wurden. Doch kam man ohne sie auch nicht aus. Mit der Zeit begannen die Geldwechsler für ihre Klienten Konten anzulegen und Geld ebenso zu verleihen wie zu wechseln, wodurch sie praktisch zu

Bankdepots wurden. Von da war es nur noch ein Schritt von der Begleichung einer Rechnung zwischen zwei Klienten bis zur Gutschreibung des Betrages auf das eine und dessen Abzug von einem anderen Konto.

Als nächstes begannen lokale Bankiers, die Konten ihrer Einleger sich gegenseitig bonifizieren und belasten zu lassen. Auf diese Weise konnten große Mengen Geld transferiert werden, ohne dass Münzen eingesetzt werden mussten. Wenn ein solcher Transfer über eine große Entfernung stattfand, machte er einen *Wechsel* nötig – ein notariell beurkundetes Dokument, das die Geldanweisung von einem bestimmten oder an ein bestimmtes Unternehmen autorisierte. Um etwa das Entgelt für Wollkleidung zu regulieren, die von Brügge nach Genua verschifft wurde, schickte eine Bank in Genua einen Wechsel an eine andere Bank in Brügge, woraufhin diese den entsprechenden Betrag des Kleidungsunternehmens gutschrieb und ihn in ihren Unterlagen als Schuld seitens der Genueser Bank festhielt. Da der Wechsel nicht mehr als ein bloßes Stück Papier war und Wert ausschließlich für die Bank in Brügge besaß, konnte er auch schnell und sicher transportiert werden. Diese Lektion ging an der Kirche nicht vorbei. Anstatt den Fehler von Papst Johannes zu wiederholen, begannen die Bischöfe, Wechsel aufzukaufen, um auf diese Weise Geld nach Rom zu schicken. 1410 war das englische House of Commons bereits so angesäuert von der jährlichen Geldvermehrung des Vatikans, dass es italienischen Banken, die in London operierten, schlichtweg untersagte, Wechsel für den Klerus aufzukaufen. 1449 erlegten die Commons allen ausländischen Banken hohe Steuern auf.[25]

Das ständige Transferieren von Geldmitteln ermöglichte es den Banken, ihre Schuldposten und Guthaben im Gleichgewicht zu halten, doch wurde der Prozess erst dann wirklich vereinfacht und beschleunigt, als die Banken in Brügge und Genua zu Zweigen der gleichen Bank wurden. Aus diesem Grund verbreiteten sie sich überall dort, wo italienische Händler ihr Geschäft betrieben. Auf ähnliche Weise natürlich verliehen die Banken Geld häufig in Form bloßer Wertpapierabwicklungen, indem das Vermögen des einen Kontos gemindert, das des anderen erhöht wurde. Häufig ging mit einem Wechsel sogar automatisch ein Darlehen einher, das die Bank dem Käufer gewährte. Es ist ungewiss, wann genau Wechsel erfunden wurden, doch anders als manche behaupten, wurde er nicht aus der islamischen Welt kopiert. Das früheste bekannte Beispiel für einen Wechsel stammt aus dem Genua des 12. Jahrhunderts,[26] doch ist zu vermuten, dass sie auch schon früher zum Einsatz kamen. Depositenbanken tauchten ebenfalls ein wenig früher auf.[27]

Der mittelalterliche Fernhandel barg viele Risiken, besonders die des Schiffbruchs und der Piraterie. Frühe Kapitalisten lernten schnell, den Prozentsatz an Frachtgütern zu berechnen, die auf Handelsreisen verloren gingen und benutzten diesen Erwartungswert, um Risiken zu minimieren und die ungeschützten Güter entsprechend umzuverteilen.[28] So segmentierte ein Kaufmann seine Fracht und verlud sie auf verschiedene Schiffe nach dem Prinzip, dass der Verlust von einem oder von zwei Stükken ausgeglichen würde durch die sichere Ankunft der vielen anderen. Wie Antonio in Shakespeares *Kaufmann von Venedig* sagt: »Ich danke meinem Schicksal dafür /

Meine Wagnisse, Güter auf der See, sind nicht nur einem Schiffe anvertraut.«[29] Aber schließlich fand jemand eine noch bessere Lösung: anstatt die Fracht auf mehrere Schiffe zu verteilen, sollte der Wert eines Seetransports durch eine bestimmte Vergütung oder Provision durch eine kleine Gruppe von Investoren verbürgt werden, von denen jeder einen kleinen Betrag für jedes beteiligte Schiff einsetzte – die *Versicherung* war erfunden. Auch hier weiß man nicht, wann genau das war, doch weisen Geschäftsbücher aus Florenz wie Venedig bereits im 14. Jahrhundert Einträge auf, die offenbar Versicherungsbeiträge waren. Auch gibt es viele Belege dafür, dass sich noch vor Ende des Jahrhunderts Verbände von »Bürgen« bildeten.[30] 1396 etwa setzten vierzehn Investoren 1250 Florentiner ein, sollte eine Fracht mit Wollvlies auf dem Seeweg von Mallorca nach Venedig nicht wohlbehalten ankommen. Der individuelle Beitrag jedes Bürgen reichte von 50 bis 200 Florentinern,[31] wobei letzterer Betrag für die Versicherungsverbände meist die Obergrenze darstellte. Daneben wurden einige der größten Unternehmen zu Bürgen, ohne das Risiko mit einem Verband zu teilen, da ihre Ressourcen es ihnen erlaubten, das Risiko gleichzeitig auf so viele Schiffe zu verteilen, dass sie sich auf das Gesetz des Durchschnitts verlassen konnten. So zahlte die Bardi-Gesellschaft schon 1319 eine Versicherungsgebühr von 18,5 % für die Verschiffung von Kleidern, die auf den Champagne-Messen gekauft, nach Pisa geliefert und danach von einem Unternehmen in Florenz in Kommission genommen werden sollten.[32]

Wie inzwischen klar geworden sein sollte, war die wichtigste Institution des mittelalterlichen Kapitalismus weniger die Bank an sich, als die internationale Bank. Diese war aus drei Gründen notwendig: Erstens war der Handel im Mittelalter an sich bereits international, wofür der Wollhandel das beste Beispiel ist. Früh bereits schiffte man unverarbeitete Wolle aus England nach Flandern, wo man sie zu Kleidung verwob, auf den Champagne-Messen an italienische Händler verkaufte, die sie nach Italien mitnahmen, von wo aus sie wiederum auf südländische Märkte gebracht wurden, meistens in den Nahen Osten und an die Nordküste Afrikas. Zweitens war die Kirche das mit Abstand größte geldwirtschaftliche Unternehmen jener Epoche und folglich eine internationale Körperschaft, die regelmäßig auf die Transfers sehr großer Geldbeträge angewiesen war. Drittens waren Europas geopolitische Angelegenheiten international. Da die Königreiche immer größer und ihre Kriege immer teurer wurden, benötigte der Adel immer wieder umfängliche Darlehen, für welche er den finanzstarken Leihgebern viele geschäftliche Vergünstigungen oder Alleinverkaufsrechte einräumte.

Die Umstände begünstigten folglich die Formierung großer Banken, die im Stande waren, riesige Vermögen zu transferieren und ganze Königreiche zu finanzieren. International wurden diese Banken, als sie an den wichtigen politischen und wirtschaftlichen Knotenpunkten Filialen eröffneten. Auf diese Weise wurden die Geldtransfers von einer zur anderen Zweigstelle natürlich einfacher und auch sicherer, da praktisch alles unter einem Dach blieb. In diesem Punkt hatten die italienischen Banken einen enormen Vorteil, da ihre Filialen bereits die ersten echten Universalbanken gewesen zu sein scheinen. Die italienische Dominanz im internationalen Handel hatte schon früh zur Etablierung kleiner wie großer Filialen geführt, wodurch die Banken ihre Marktstellung festigen und ausländische Konkurrenten hinter sich lassen konnten. Dass der Papst die meiste Zeit in Italien lebte, war ein weiterer Vorteil. Da es italienischen Bankhäusern damals eher leichtfiel, einander zu vertrauen (angesichts der komplexen Verbindungen von Familie und Geldwirtschaft unter den Anteilseignern), vermochten sie ihre Geschäfte vermittels Schriftverkehr zu betreiben. Wie bereits an anderer Stelle dieses Buches ausgeführt, wurden Wechsel, die die Gutschrift eines Betrages von einem Käufer- auf ein Verkäuferkonto anordneten, geradezu zum Lebenselixier des mittelalterlichen Handels und bildeten die Grundlage für das italienische Bankmonopol. Selbst wenn mitunter prominente Ortsansässige geringe Anteile an der Zweigstelle einer italienischen Bank im Ausland besaßen, wurden Nicht-Italiener allerhöchstens in dienender Funktion beschäftigt. Das Personal noch der entlegensten Zweigstelle war ausschließlich in Italien ausgebildet und angeworben worden, und die Geschäftssprache war ebenfalls Italienisch. Infolgedessen waren, soweit man weiß, bis gut ins 15. Jahrhundert hinein selbst kleinste Banken in Westeuropa italienischer Herkunft und es gab mit Sicherheit keine internationale Bank, die in einem anderen Land zu Hause gewesen wäre. Auch weiß man, dass alle englischen, irischen und flandrischen Banken italienische Ableger waren und auch das mittelalterliche Frankreich und Spanien allein italienische Banken kannte.[33]

Indem sie sich international ausrichteten, sahen sich die italienischen Banken jedoch genau den Gefahren gegenüber, die den Aufstieg des Kapitalismus an anderen Orten und zu anderen Zeiten stets verhindert hatten. Zu Hause in ihren relativ demokratischen Stadtstaaten waren sie zumeist geschützt vor Tyrannei oder widerrechtlicher Inbesitznahme. Doch galt dies keineswegs an vielen anderen Orten, wo sie Zweigstellen eröffneten. Die internationalen Banken Italiens sahen sich daher häufig einem gefährlichen Dilemma gegenüber. Einerseits konnten lokale Herrscher ihnen irreparablen Schaden zufügen, so die Bankiers ihnen kein Geld vorschießen wollten, ihnen aber auch außerordentliche Gewinnmöglichkeiten verschaffen, so sie es doch taten. Andererseits war allen bewusst, dass solche Darlehen wegen des enormen Machtgefälles zwischen Herrschern und Bankiers extrem riskant waren. Wie der Geschäftsführer einer italienischen Bank in Brügge einmal einem Kollegen in Barcelona schrieb: »Niemand lässt sich mit den großen Herren ein, ohne schließlich Federn zu lassen.«[34] Und so ließen die Banken mitunter ihre Federn, wenn die großen Herren ihre Darlehen einfach nicht zurückzahlen wollten. Die berühmtesten Fälle dieser Art betrafen die Peruzzi-Bank 1343 und die Bardi-Bank 1346. Beide waren die größten Bankhäuser ihrer Zeit und beide liehen dem englischen König Eduard III. sehr große Summen, die dieser zu Beginn des Hundertjährigen Krieges einsetzte. Zwar hielten sie sich noch ein paar Jahre, gingen aber in großem Stil bankrott, als Eduard sich weigerte, seine gigantischen Schulden zu begleichen – 600 000 Florentiner gegenüber Peruzzi und 800 000 gegenüber Bardi.

Die spätere Insolvenz der Medici-Bank dokumentiert das große Risiko, wenn königliche Verlierer in den vielen Kriegen der damaligen Zeit große Summen in die Hand bekamen. Doch konnten Banken sogar dann zerstört werden, wenn sie sich allzu sehr mit einem siegreichen König einließen. Das Profil der Ricardi-Bank, das als erstes italienisches »Superunternehmen«[35] angesehen wird, soll uns nun zeigen, wie modern und hochentwickelt das Bankwesen des Mittelalters bereits geworden war.

Aufstieg und Fall des ersten italienischen Superunternehmens

Das Bankhaus Riccardi wurde um 1230 in Lucca gegründet, der wohlhabenden Stadt in der Nähe von Florenz, die von ihrem großen Nachbarn stets ein wenig beneidet wurde. Über die frühen Tage der Bank ist wenig bekannt, doch besaß sie um die Mitte des Jahrhunderts herum bereits Zweigstellen in Rom, Nîmes, Paris, Flandern, London, York und Dublin, ebenso in den vier Städten der Champagne, wo die jährlichen großen Handelsmessen abgehalten wurden. In seinem bemerkenswerten Portrait des Bankhauses schreibt Richard Kaeuper, dass »es keine geringe Leistung war, rationale Geschäftsaktivitäten über eine Entfernung von mehr als 1500 Kilometern zu koordinieren, wobei der Weg über schlechte Straßen, rasante Flüsse und hohe Gebirgspässe führte sowie an konkurrierenden Rechtssprechungen vorbei«. Die Riccardi vollbrachten dies durch »einen fortwährenden Strom von Briefen«, die »von ihren hauseigenen Kurieren befördert wurden: so lesen wir von Stefano, Rubino und Bocco, die ständig Briefe mit sich herumtrugen ... Man kann sich leicht vorstellen, wie diese Männer unförmige Säcke mit Dokumenten über Konten, Wechseln, Kopien von Briefen wichtiger Kunden und sonstiger Unternehmenspost durch die Lande trugen«.[36]

In einem dieser Schriftstücke berichtet das Hauptbüro in Lucca, dass die Filiale in der Champagne eine »große Geldsumme« an die Pariser Filiale der Bonsignori-Bank von Siena verliehen und diese wiederum versprochen hatte, das Geld entweder an die Riccardi-Niederlassung in London oder in Dublin zurückzuzahlen. Verschiedene Vertreter der Bonsignori-Bank seien diesbezüglich befragt worden, doch hätten »alle sich bloß entschuldigt und behauptet, dass sie nicht wüssten, ob das Geld dort [in London] oder in Irland eingezahlt worden sei, noch, wie groß die Summe gewesen sei«. Weiter heißt es in dem Brief: »Wir bitten Sie daher, uns mitzuteilen, wie viel genau Sie und unsere Männer in Irland erhalten haben.« Lucca, Champagne, Paris, Siena, London und Dublin! Kann ein Bankwesen wohl internationaler sein?

Die Riccardi-Bank war aber nicht nur groß in geographischer, sondern auch in finanzieller Hinsicht. In einem frühen Dokument veranschlagte der Sitz in Lucca die Kreditlinie der Bank mit der unglaublichen Summe von 320 000 Florentinern während der Champagne-Messen. Wir werden noch sehen, dass eine solche Summe durchaus im Einklang stand mit weiteren Finanzoperationen der Riccardi.

1272 landete die Filiale in London einen großen Coup, als sie zur royalen Hausbank König Eduards I. wurde.

Sie boten dem König eine äußerst elegante Lösung für ein chronisches fiskalisches Problem. Ähnlich wie das Einkommen der meisten anderen Regierungen bestand auch das von Eduard aus einem kontinuierlichen Zufluss von Pachten, Steuern und Zöllen. Doch hatte er zusätzlich zu den normalen Regierungskosten häufig noch andere, unerwartete und hohe Ausgaben abzudecken, die meisten ausgelöst durch Kriege, etwa mit Wales und Schottland, oder um seine militärischen Stellungen in Frankreich zu finanzieren. Die Riccardi gaben etlichen Krediten für diese finanziellen Engpässe statt und rationalisierten zudem die Finanzen des Königs, indem sie einige seiner regulären Einkünfte übernahmen. So nahmen sie die Zolleinnahmen aus Bordeaux und Marmande an sich und auch die Zölle, die auf Wolle und Tierhaut aus England und Irland erhoben wurden, ebenso wie Steuern auf »bewegliche Habe«. Die Gelder wurden entweder zur Abbezahlung von Eduards Schulden benutzt oder für plötzliche Notlagen in der Zukunft zurückgelegt.

Als sie des Königs Bankiers waren (1272-94) liehen die Riccardi Eduard durchschnittlich 112 000 Florentiner im Jahr. Es ist nicht bekannt, in welchem Ausmaß oder auf welche Weise die Riccardi von diesem Arrangement direkt profitierten, obwohl manche Historiker davon ausgehen, dass sie Eduards Schulden jährlich 17 Prozent zuschlugen und sie aus seinem aktuellen Vermögen herausrechneten. Klar ist jedoch, dass ihre indirekten Profite aus der Verbindung mit der Krone immens waren. So ließ sich die englische Regierung dazu herab, unbeglichene Schulden aus Eduards Umkreis zusammenzutragen, um dessen Verbindlichkeit zu verringern, und Eduard selbst wies 1277 die Barone aus seinem Schatzamt dazu an, »alle Schuldner der Riccardi vorzuladen und in ihrer Anwesenheit darüber zu beraten, wie die fälligen Summen wieder eingeholt werden können«.[37] Im Anschluss bekamen die Schultheiße des Königs den Auftrag, die diversen Schulden gegenüber der Riccardi-Bank einzutreiben. Der Ruf, des Königs Bankiers zu sein, verlieh den Riccardi große Glaubwürdigkeit in Eduards Kreisen. Das machten sie sich zunutze, stiegen zum führenden Darlehensgeber auf und fädelten wichtige Geschäfte ein – etwa einen auf Dauer angelegten Vertrag zum Bezug von englischer Wolle, die nun ohne Unterhändler direkt von den Produzenten gekauft werden konnte.

Doch waren die Riccardi nicht bloß die Bankiers des Königs, sie hatten obendrein einen besonderen Draht zum Papst, kassierten häufig Gelder ein, die andere ihm schuldeten und transferierten sie nach Rom. Hieraus ergab sich eine seltsame Konstellation, gerade auch weil der Papst eine Sondersteuer eingeführt hatte, um die Kreuzzüge zu alimentieren. Vorgesehen war dieses Geld eigentlich für Könige und andere große Lords, um Einheiten von Kreuzrittern anzuführen. Eduard hatte bereits 1270 am neunten Kreuzzug teilgenommen, war 1274 zurückgekehrt und nach dem Tod seines Vaters zum König gekrönt worden. Aus verschiedenen Gründen war der Papst jedoch dagegen, dass Eduard die Kreuzzugssteuer erhielt und es sollten Jahre des Streits zwischen den beiden vergehen. Die entsprechenden Beträge häuften sich derweil in der Riccardi-Bank an und betrugen schließlich über 500 000 Florentiner.

1291 ließ der König Frankreichs alle Italiener in seinem Reich festnehmen und verurteilte die Riccardi zur Zahlung sehr hoher Geldstrafen. Zur gleichen Zeit änderte der Papst seine Meinung und gewährte Eduard die Kreuzzugssteuer schließlich doch. Da die Riccardi gute Geschäftsmänner waren, hatten sie das Geld des Papstes jedoch nicht einfach in ihren Tresorräumen hinterlegt, sondern es vielseitig investiert. Die Geschehnisse überraschten sie nun vollkommen. Sie mussten sich praktisch ein Bein ausreißen, um das fällige Geld zusammenzubekommen, was sie äußerst angreifbar machte. 1294 bekriegten sich Eduard I. und der Franzose Philipp IV. um das Gebiet der Gascogne, »eine Generalprobe für den Hundertjährigen Krieg, den später ihre Nachfahren auskämpfen sollten«.[38] Dieser Krieg war eine weitere Last für die Riccardi, die sich bereits völlig verausgabt hatten, um Eduard die Gelder des Papstes auszuhändigen. Ihm nun noch weitere neue Darlehen zur Verfügung zu stellen, die er zur Alimentierung seiner Armee jenseits des Kanals benötigte, stellte sie vor eine unlösbare Aufgabe. Der König wurde wütend und ließ alle Riccardi-Bankiers in London festnehmen, ihre Vermögen beschlagnahmen und jagte sie aus dem Land. Viele andere Könige hätten ihnen vermutlich die Köpfe abschlagen lassen.

Dennoch sollte ihr Leid noch vergrößert werden. Der König von Frankreich beschuldigte die Riccardi-Bankiers, fremdländische Agenten zu sein, da sie ja für Eduard gearbeitet hatten. Ihre Filialen in Paris und Bordeaux wurden daraufhin praktisch überrannt. 1301 musste das Bankhaus schließlich zumachen, was eine riesige finanzielle Katastrophe für alle Beteiligten bedeutete.

Es würde jedoch etwas fehlen, wenn man die Betrachtung der Finanzgeschäfte der italienischen kapitalistischen Unternehmen abschlösse, ohne auf ihre Leistungen in Dingen der Wohltätigkeit einzugehen. »Wann immer sie ein Budget aufstellten, richteten sie mit dem Unternehmensgeld auch einen Fonds für die Armen und Bedürftigen ein. In den Geschäftsbüchern wurde dieser Fonds vermerkt unter ›Unser Guter Gott‹. Wenn Dividenden ausgezahlt wurden, erhielten die Armen einen verhältnismäßigen Anteil.«[39] Wenn ein Unternehmen liquidiert werden musste, ging man sogar so weit, die Armen als Gläubiger mit aufzuführen, freilich in Relation zu ihrem Anteil am Gesamtkapital. In vielen Unternehmen gab es außerdem kleine Geldkassetten, aus denen die Lehrlinge jedwedem Bettler, der vorstellig wurde und um Almosen bat, etwas Geld auszuhändigen hatten. All dies stand im Einklang mit den beiläufigen Danksagungen an Gott, die sich immer wieder in den Geschäfts- und Kontobüchern dieser Unternehmen finden.[40] Aber natürlich waren nicht alle gleichermaßen barmherzig: »Lasst uns Gott und die Jungfrau Maria darum bitten, dass wir bald in der Lage sein werden, allen das zurückzugeben, was sie uns ausgehändigt haben. Einstweilen dürfte es jedoch klüger sein, wenn wir uns bedeckt halten.«[41] So die Randnotiz eines Buchhalters der Riccardi-Bank in London aus dem Jahr 1291.

Italienischer Kapitalismus, »Puritanismus« und Sparsamkeit

Offenkundig ist der Kapitalismus also nicht aus der protestantischen Ethik heraus entstanden, da er in den italienischen Stadtstaaten ja bereits Jahrhunderte vor der Reformation erblüht war. Zwar haben viele Wirtschaftshistoriker behauptet, dass im Gegenteil die protestantische Ethik ein Ergebnis des Kapitalismus sei.[42] Doch fixierten sie sich leider zu sehr auf das 16. Jahrhundert, da sie darzustellen versuchten, dass die Reformation im Gefolge einer neuen, handelstreibenden Klasse (der Bourgeoisie) und auf deren Wunsch nach einer individualistischeren und weniger institutionalisierten religiösen Ausrichtung entstanden sei. Die Idee dabei war, dass das Christentum zunächst den Kapitalismus ermöglicht und dieser dann im Gegenzug die religiösen Vorlieben und Gefühle modelliert habe. So man aber davon ausgeht, dass der Kapitalismus Auswirkungen auf die Religion hatte, sind sie nicht in dem Chaos des 16. Jahrhunderts zu finden, sondern in den ersten kapitalistischen Gesellschaften. Und gab es wohl etwas in den norditalienischen Stadtstaaten, das dem Puritanismus und der protestantischen Ethik entsprochen hat? Allerdings. Der Aufstieg des industriellen Kapitalismus in Norditalien wurde nämlich flankiert von einer ungemein asketischen, proto-puritanischen religiösen Bewegung, von den Humiliaten – lateinisch für: »die Demütigen«. Überdies entstanden allgemeine Normen der Genügsamkeit und Sparsamkeit, die in den Stadtstaaten regelmäßig sogar in Gesetze gefasst wurden.

Italienische Puritaner

Die Humiliaten waren zwar fromme Katholiken, ihr Orden jedoch kein religiöser. Wie die späteren Puritaner waren sie vielmehr eine Laienbewegung, bestehend aus Leuten, die sich an religiösen Normen orientierten, ansonsten jedoch dem säkularen Leben verbunden blieben.[43] Es gab drei Arten von Mitgliedern: die erste waren Kleriker, die typisch klösterliche Gemeinschaften bildeten. Die zweite waren Männer und Frauen, die zusammen in Gruppengemeinschaften lebten und strenge Regeln wie in einem Ordenshaus befolgten, jedoch ohne ein offizielles Gelöbnis abzulegen. Doch erwuchsen diese beiden Gruppen eigentlich erst aus der dritten, der mit Abstand größten und einflussreichsten: den Laien, von denen die meisten verheiratet waren und sich »einer beschränkten Form willentlicher Armut«[44] verschrieben hatten. Diese Gruppe war die Urform der Humiliaten, und es gab in Norditalien hunderte, wenn nicht tausende von ihnen.

Wie ihr Name schon verrät, erstrebten die Humilitaten ein Leben in Demut und gelobten, nicht mehr als zweimal täglich zu essen, keine imposanten Kleider zu tragen und sich »der Austerität, dem Gebet und der Kameradschaft zu verschreiben, nur mit den Händen zu arbeiten und in ihren Familien zu leben«.[45] Um dem Gebot der Handarbeit nachzukommen, wurden viele Humilitaten Weber. Andere arbeiteten in einer Vielzahl von handwerklichen Berufen, wogegen nochmals andere sich als Kaufleute betätigten. Vor allem aber gelobten sie alle, ihr »überschüssiges Einkommen« den Armen zu schenken.[46]

Die Humiliaten gründeten sich irgendwann im 12. Jahrhundert in Mailand und breiteten sich von dort aus in andere kapitalistische Städte des Nordens aus, einschließlich Genuas, wobei die Lombardei das Zentrum blieb. Der unvergleichliche Wohlstand dieser Städte scheint eine wichtige Vorbedingung für die Geburt der Bewegung gewesen sein, da ihre enorme Anziehung keine Reaktion auf die Armut, sondern auf die Privilegien waren. Mehrere Generationen marxistischer Wissenschaftler beschrieben dies in der falschen Reihenfolge, wenn sie im Aufstieg der Humiliaten einen Protest des Proletariats gegen die Ausbeutung durch bürgerliche Kapitalisten erkannten.[47] Später stellten weniger dogmatische Gelehrte fest, dass der Kapitalismus sehr wohl eine zentrale Rolle beim Entstehen der Humiliaten gespielt hat, es dabei jedoch vielmehr um die Reaktion wohlhabender Leute auf den Materialismus ging. Aufzeichnungen dokumentieren »die Beteiligung von reichen Bürgern, Adeligen und Klerikern« wie auch anderer Privilegierter bei den Humiliaten, wobei es »keine einzige Spur für die Beteiligung von ›Proletariern‹ gibt«.[48]

Die Humiliaten nahmen die Austerität nicht nur in Kauf, sie *wählten* sie. Die meisten von ihnen waren »schriftkundig und belesen ... einschließlich vieler aus dem Adel ..., die jedoch ›lieber arm sein und zusammen mit den Armen leben wollten‹ und die diese Rolle umso inbrünstiger verkörperten, als sie denen, die sie nachmachen wollten, ansonsten lächerlich vorgekommen wäre«.[49] All dies war typisch für die Asketen des Mittelalters. Menschen, die hungrig sind, beginnen selten zu fasten – Glaubensrichtungen der Strenge und Enthaltsamkeit ziehen vor allem jene an, die keine Erfüllung in (oftmals ererbtem) Wohlstand und Materialismus gefunden zu haben scheinen.[50] Anstatt sich aber in die klösterliche Zuflucht zu begeben, versuchten die Humiliaten vielmehr, eine neue Lebensweise für alle Christen schlechthin zu begründen, nicht anders als die Puritaner Jahrhunderte später.

Selbstverständlich trat die große Mehrzahl der italienischen Kapitalisten nicht den Humiliaten bei, noch taten es ihre Erben. Dennoch spielte das Beispiel der Humiliaten eine wichtige Rolle bei der Entstehung neuer, genügsamerer Normen für das tägliche Leben in den kapitalistischen Städten Italiens – Normen, die den finsteren Puritanismus und die protestantische Ethik bereits voll und ganz vorwegnahmen.

Sparsamkeit

Nehmen wir diese Maxime: »Das Geld … liegt praktisch tot im Grabe, wenn es für Nichtigkeiten verwendet wird.«[51] Und bedenken wir, dass sie nicht bloß eine beliebte Redewendung war; vielmehr entstammt sie der Präambel eines Gesetzes, das eine Vielzahl hoher Geldausgaben in Venedig verbot. Gesetze dieser Art wurden *Luxusgesetze* genannt und waren als Hilfsmittel gedacht, um einfache Bürger davon abzuhalten, sich genauso zu kleiden wie die Leute, die in der sozialen Rangordnung über ihnen standen – vielerorts durften scharlachrote Kleider oder Pelzaufschläge an Ärmeln nur vom höheren Adel getragen werden. Man wollte mit solchen Statuten also das Status-Streben der zu Geld gekommenen Bürgerlichen in Zaum halten. Und dennoch war es kein »Kastengeist«, sondern der Anspruch auf Schlichtheit und Sparsamkeit, der die Luxusgesetze im kapitalistischen Italien herbeiführte.

Beginnend um 1300 wurden viele Luxusgesetze, die verdächtigen, weil hohen Konsum und luxuriöse Lebensführungen untersagten, in den gesamten norditalienischen Stadtstaaten eingeführt. Zwischen 1209 und 1499 wurden 42 verschiedene Luxusgesetze in Venedig verabschiedet, 61 in Florenz (zwischen 1281 und 1497) und fünf in Mailand (von 1343 bis 1498). Die Absicht dieser Gesetze wird deutlich in den folgenden Auszügen aus ihren Präambeln:[52]

Um die gravierenden und lästigen Ausgaben zu stoppen, die bald von allen Menschen dieser Stadt getätigt werden ... besonders für Kleidung und verschiedene andere Ornamente für Männer und Frauen. (1334)

Damit die unnötigen Ausgaben vermieden werden, die fortwährend von den Bürgern dieser Stadt verursacht werden. (1342)

Um das eitle Streben der Frauen zu mäßigen und die so unnötige wie kostspielige Ornamentierung ihrer Kleider zu unterbinden, erlassen wir das folgende Gesetz ... (1333)

Wie aus dem letzten Zitat unschwer zu erkennen, stand hinter der Einführung dieser Gesetze nicht zuletzt der Wunsch wohlhabender Männer, ihr Einkommen lieber zu reinvestieren, anstatt es von ihren Frauen leichtfertig verjubeln zu lassen. Wo das ständige Tragen von Sonntagskleidern verboten war, konnte man sparsamen Ehemännern auch nicht vorwerfen, knauserig oder undankbar zu sein. Als die Gesetze gar auf das Hausmobiliar ausgeweitet wurden, hatten die Ehemänner vollends die Erlaubnis, ihr Geld zu sparen und zu reinvestieren. Außerdem spiegeln einschlägige Gesetze eine allgemeine Auffassung – hier von Eigentum – ja häufig nicht nur wider, sondern formen sie überhaupt erst. Auch dürfte es im Falle der Luxusgesetze darum gegangen sein, dass sich wohlhabende Männer durch ihr ausdrückliches Sparsamkeitsverhalten größere öffentliche Anerkennung verschafften. Als er die Heimstätten wohlhabender Bürger in Florenz beschrieb, berichtete Christopher Hibbert, dass »selbst die reichsten Familien nur über einfachste Holztische verfügten und wenig einladende Betten. Die Wände waren zumeist nur gekalkt ... die Böden waren aus bloßem Stein und selten mit etwas anderem bedeckt als mit Matten aus Schilfrohr; die Fenster bestanden nicht einmal aus Glas, sondern aus geöltem Baumwollgewebe.«[53]

Mit der Zeit wurde der Konflikt zwischen den Geschlechtern, der den Luxusgesetzen ja ebenfalls innewohnte, immer schärfer. Die Präambel eines Statuts, das 1380 in Lucca erlassen wurde, kritisierte sorgenvoll den Umstand, dass es inzwischen so wenige Eheschließungen gäbe, weil die Männer ihre Erwählten nicht mit »einer rauen Menge von Pelzen, Zierrat, Perlen, Umhängen, Gürteln oder anderen aus bloßer Gewohnheit geforderten Luxusgütern« ausstatten konnten oder wollten. Zwei Jahrhunderte später drückten die Stadtväter Paduas es noch weniger diplomatisch aus: »Die Natur und Bedingtheit des weiblichen Geschlechts, das sich durch so große Eitelkeit und Trägheit auszeichnet ... und die schädlichen Ausgaben, die ihm zuliebe für neue Moden und unnötigen Zierrat getätigt werden, haben der armen Stadt Padua großes Unglück gebracht.« Und so verurteilten sie »diese lüsternen und überzogenen Luxusgüter, die sowohl Gott wie der Welt missfallen und die überdies ein schlechtes Beispiel abgeben«.

Dennoch zeigt der Umstand, dass die italienischen Stadtstaaten dergleichen Luxusgesetze immer und immer wieder erließen, dass diese nicht wirklich erfolgreich waren – und warum auch etwas verfemen, das doch von nur wenigen Leuten getan wurde? Es steht fest, dass manche Bürger, vor allem in Venedig und Florenz, einfach weiterhin Luxusgüter kauften und sich in der Öffentlichkeit keineswegs dafür schämten. Die Frauen aus der Familie Medici trugen sicher keine Lumpen oder unförmige, aschgraue Gewänder. Die Wirkungslosigkeit der Luxusgesetze in den italienischen Stadtstaaten überrascht letztlich auch nicht. Historisch gesehen war die Nichtbefolgung von Gesetzen in puritanischen Kontexten ein eher gängiges Phänomen. Wie wir noch sehen werden, haben selbst im puritanischen Amsterdam keineswegs alle Männer schwarz getragen, ungeachtet der Gemälde Rembrandts und der sittenstrengen Führungsriege der Stadt. Was das puritanische Boston angeht, schrieb George Whitefield 1740 in sein Tagebuch, dass unter puritanischen Frauen »Schmuck, Schönheitspflaster und helle, farbenfrohe Kleidung alltäglich getragen werden«.

Dass Luxusgesetze so oft erlassen wurden, kann nur bedeutet haben, dass sie dem allgemeinen Kulturverständnis entsprachen. Dass sie so wenig Beachtung fanden, legt den Schluss nahe, dass die vielen Leute, die ein anspruchsloses, sparsames Leben bei anderen forderten, sich selbst von diesem ausnahmen. Diesen Punkt findet man, wenn es um »Ethik« geht, häufig. So verfechten die heutigen Amerikaner mit Nachdruck die Sicherheit im Straßenverkehr und verlangen bereits in der High School eine strenge Vorbereitung für die Fahrschule. Und doch wird das Verkehrsrecht von den meisten Fahrern gebrochen. Auf ähnliche Weise war, obwohl er ständig das Sparen und die Genügsamkeit hervorhob, auch Benjamin Franklin alles andere als ein Knauser – ausgenommen gegenüber seiner Frau.

Es wäre jedenfalls falsch zu glauben, dass eine Kultur der Sparsamkeit den Aufstieg des Kapitalismus in jenen italienischen Stadtstaaten ausgelöst hätte, und sei es auch nur teilweise. Diese Annahme würde implizieren, dass die Kultur dem Kommerz vorausginge, und das stimmt einfach nicht. Den Kapitalismus gab es schon vor dem Auftauchen der Humiliaten oder dem Beschluss von Luxusgesetzen. Wenn diese Phänomene überhaupt miteinander verbunden sind, dann höchstens insofern, als dass der Frühkapitalismus eine Spielart des Puritanismus und eine Ethik der Sparsamkeit in Bewegung gebracht hat. Wichtiger jedoch ist vielleicht, dass, selbst wenn dies Reaktionen auf den Kapitalismus gewesen sind, es *keine vorteilhaften* Reaktionen waren: vielmehr *opponierten* sie gegen den kapitalistischen Wohlstand. Wie noch zu sehen sein wird, waren es puritanische Priester, die in Amsterdam, als die Stadt das Herz des kontinentalen Kapitalismus bildete, gegen Habsucht und Materialismus wetterten. Nein, es geschah nicht vermittels des Puritanismus und der protestantischen Doktrinen, dass das Christentum zum Aufstieg des Kapitalismus beitrug. Das tat es vielmehr auf direktem Wege, nämlich durch die aktive Bejahung des Handels, sowie indirekt durch die Ermutigung zu Individualismus und Freiheit.

An diesem Punkt ist es jedoch angebracht, auf eine große Tragödie einzugehen, die Europa im 14. Jahrhundert ereilte, sowie ihre Auswirkung auf den sich weiter entwickelnden Kapitalismus.

Der schwarze Tod

1347 brachten Galeeren, die aus dem Nahen Osten heimkehrten, die Beulenpest in die wichtigsten italienischen Handelsstädte. Als man in Genua von der Gefahr erfuhr, wurden die ersten infizierten Schiffe »mit brennenden Pfeilen und diversem Kriegsgerät aus dem Hafen gejagt«.[54] Aber es war bereits zu spät. Innerhalb eines Jahres sollte sich der schwarze Tod über alle Handelsstraßen Europas verbreiten.[55] Als die Epidemie 1350 zum Erliegen kam, war ihr ein Drittel der europäischen Bevölkerung – etwa 30 Millionen Menschen – erlegen. Das war natürlich eine schreckliche Tragödie, doch hatte sie ironischerweise ökonomische und politische Folgen, die weitgehend positiv waren. Die Überlebenden und ihre Kinder sollten späterhin ein besseres Leben führen.[56]

Zunächst führte die Seuche zu einem Arbeitskräftemangel. Wie man sich denken kann, stiegen alsbald die Löhne, was diverse Könige und Räte erfolglos nach Lohnobergrenzen rufen ließ. Das englische Parlament beschloss daraufhin 1349 ein Arbeitsmarktgesetz mit dem Namen Statute of Laborers, das die Löhne auf dem Niveau von 1346 festsetzte. Doch mussten viele Gutsbesitzer weiterhin um Arbeitskräfte wetteifern, so dass sie das Gesetz vielfach umgingen, indem sie Bewerbern viele nicht-finanzielle Anreize boten. Der wichtigste, hinter dem selbst höhere Löhne weit zurückblieben, betraf die Freiheit und Wahlmöglichkeit, so dass in der Folge viele Leibeigene zu freien Pächtern wurden. Und womöglich weil Pächter, die keinem Arbeitszwang unterworfen sind, eine weitaus höhere Motivation besitzen, ging die landwirtschaftliche Produktion viel weniger zurück als die Nachfrage (da die Bevölkerung viel kleiner geworden war), und für eine Weile senkte der Überschuss die Nahrungsmittelpreise ab. Dies wiederum beflügelte das Bevölkerungswachstum in den Städten, so dass Westeuropa am Ende des 14. Jahrhunderts wesentlich urbaner war als vor der Pest-Epidemie – ungeachtet des Umstands, dass die durch die Pest verursachte Sterbeziffer in den Städten ungleich höher war als auf dem Land. Von essentieller Wichtigkeit für den frühen Kapitalismus war der Anstieg der Kaufkraft des Durchschnittseuropäers: zwar gab es weniger Einwohner, doch einen viel besseren Markt für alle möglichen Güter. Die statistischen Daten des Exports von Wolle belegen dies klar: Infolge der Pest-Epidemie sank die Zahl der von England auf den Kontinent exportierten Stoffe zwischen 1349 und 1350 um fast zwei Drittel und blieb auf diesem Niveau bis Ende 1353. Im Folgejahr jedoch wurde der Export-Pegel aus der Zeit vor der Pest erneut erreicht und »während der nächsten vier Jahre florierte [das Woll-Export-Geschäft] mehr als vor der Seuche ... und hatte sich innerhalb eines Jahrzehnts verdoppelt«.[57] So bekamen die Fabriken in ganz Europa mehr zu tun als je zuvor, die Transportsysteme liefen auf Hochtouren, die Bankkonten verzeichneten erstaunliche Zuwächse und vielerorts erfreuten sich völlig normale Menschen eines Lebensstandards, den ihre Eltern sich nie hätten träumen lassen. Der Kapitalismus erstarkte und weitete sich immer mehr aus.

Das durch den italienischen Kapitalismus bewirkte Wirtschaftswunder konnte unmöglich unbemerkt bleiben. Italien-Reisende aus Nordeuropa brachten Geschichten von unglaublichem Wohlstand und nie gekannter Produktivität mit nach Hause. Bald schon mussten sich die Einwohner Flanderns, Englands und verschiedener Städte der Rhein-Gegend bloß umschauen und hatten auch zu Hause die Auswirkungen dieses Wunders vor Augen, da »kolonialistische« Unternehmen aus Italien ihre heimischen Industrien und Handelsstrukturen einkassierten und neu organisierten, indem sie höchst lukrative und leistungsstarke Betriebe schufen. Binnen kurzem gründeten die Einheimischen ihre eigenen kapitalistischen Unternehmen, so dass der breit gefächerte Wohlstand nicht mehr nur auf Italien oder die italienischen Enklaven Nordeuropas beschränkt blieb. Für viele kommende Jahrhunderte sollte der Kapitalismus das kostbarste Geheimrezept der gesamten westlichen Welt bleiben.

KAPITEL 5: DER KAPITALISMUS ZIEHT NORDWÄRTS

Es war der Wollstoff, der den Kapitalismus zuerst nach Nordeuropa brachte. Schon zu römischen Zeiten waren die Städte Flanderns dafür berühmt gewesen, die hochwertigsten Wollwaren der ganzen Welt herzustellen, und im 10. Jahrhundert erwirtschafteten diese mehr Geld als jeder andere in Europa produzierte Artikel. Auf den großen Handelsmessen in der Champagne-Region, die ab dem 11. Jahrhundert stattfanden, war nichts so begehrt wie Wolle aus Flandern. Vor allem italienische Kaufleute suchten dort nach Waren, die sie im Mittelmeerraum weiterverkaufen konnten. Schließlich aber eröffneten die Italiener ihre ersten Bankfilialen in Nordeuropa und verlegten sich darauf, Wolle nicht mehr nur auf den Messen, sondern nun auch regelmäßig direkt von den Herstellern zu erwerben. Je vertrauter sie mit dem lokalen Umfeld wurden, desto mehr erkannten sie die große Geschäftsgelegenheit, die sich ihnen dadurch bot, dass die Woll»industrie« Flanderns bloß aus einem unorganisierten Netz aus winzigen Webereien und einzelnen Webern bestand, die in den eigenen vier Wänden arbeiteten. Bald schon ergab sich ein riesiger Zugewinn an Produktivität und Effizienz, da die Italiener hunderte dieser Kleinproduzenten dazu überredeten, als Subunternehmer für einige wenige große Unternehmen zu arbeiten, die sich stattdessen um Management, Planung und Marketing kümmerten.

Nachdem sie den Kapitalismus nach Flandern gebracht hatten, nahmen die Italiener ihn auch nach Holland mit und erweiterten ihr Betätigungsfeld, indem sie sich neben der Wollherstellung noch anderen Gütern und Branchen zuwandten. Währenddessen hatten die italienischen Banken ihren kapitalistischen Zauber auch in England gewirkt, erneut zunächst auf dem Sektor der Wolle. Die baldige Ausbreitung des Kapitalismus in England sollte über Jahrhunderte ein gewaltiges industrielles Wachstum in Gang setzen, das die ökonomische und militärische Grundlage eines Weltreichs begründete. Doch hätte nichts davon stattfinden können, wenn die entsprechenden Gebiete und Länder nicht bereits über ein erhebliches Maß an Freiheit verfügt hätten.

Die Woll-Hochburgen Flanderns

Im Mittelalter war Flandern (der Name bedeutet »geflutetes Land«) ein mächtiges Fürstentum im Südwesten der Benelux-Länder, das in etwa dem heutigen Belgien entspricht und Teil des südlichen Hollands war. Vor dem Auftauchen der italienischen Banken waren »Betriebe«, in denen Kleider hergestellt wurden, eigentlich nur aus drei oder vier Webstühlen bestehende kleine Läden, die einem Webmeister gehörten.[1] Anteilseigner gab es keine, Einkünfte wurden zumeist nicht reinvestiert, sondern umgehend verbraucht, und die Unternehmen blieben sehr klein. Teilhaberschaften bestanden nur für spezifische und kurzzeitige Unternehmungen. Auch betrieben diese Unternehmen keinen

Handel. Sie selbst verkauften ihre eigenen Erzeugnisse, meist schon vor dem nächstgelegenen Rathaus, an den Meistbietenden, der die Stoffe dann wiederum auf einer regionalen Handelsmesse weiterverkaufen sollte. So die Aktivitäten der Weberei-Betriebe überhaupt koordiniert und organisiert waren, geschah dies durch die örtliche Weber-Gilde, der die Besitzer und Betreiber der Unternehmen allesamt angehörten. Und genau da lag das Problem. Über Generationen konnte sich der Kapitalismus in der Wollbranche nicht entwickeln, weil es zu wenig Freiheit gab.

Mit der Rückendeckung eines lokalen Fürsten, die eine Gegenleistung für regelmäßige Sonderleistungen war, operierten die Weber-Gilden der verschiedenen Städte als repressive Kartelle, kontingentierten streng die gesamte Industrie und bestraften unangepasste Mitglieder mit aller Härte. Falls jemand etwa die Formel für ein bestimmtes rotes Färbemittel abwandelte, konnte er »zu der Zahlung von vernichtenden 105 Pfund verurteilt werden oder, so er diese nicht begleichen konnte, zum Verlust der rechten Hand«.[2] Auch wurden die einzelnen Betriebe durch die strengen Gilden-Regeln sehr klein gehalten, da sie etwa nur eine gewisse Anzahl von Webstühlen besitzen durften – zumeist weniger als fünf. Preise wurden kontrolliert und auch das Feilschen war verboten, was den Wirkungsbereich der Webereien umso mehr einschränkte. Auch setzten die Gilden die Arbeitszeiten fest und duldeten keine Abweichung.[3]

Das Gleiche betraf die Löhne; auch sie wurden von den Gilden vorgeschrieben, und zwar nicht nur für die angestellten Weber, sondern für alle in der Industrie (bis auf die Besitzer): für die Säuberer der Wolle, die Wollkämmer, die Scherer, Spinner, Färber, Walker und alle anderen. Obwohl die Löhne in Relation zu veränderten Lebenshaltungskosten erhöht oder gesenkt wurden, unterstanden sie doch stets der Kontrolle der obersten Gildenleitung, auch, weil nur Weber mit einem eigenen Laden den Gilden angehörten. Zwischen den einzelnen Betrieben durfte es keine Lohnabweichungen geben und überhaupt war es verboten – nicht nur durch die Regeln der Gilden, sondern oft auch durch das Gemeinderecht –, kollektiv für höhere Löhne zu streiten. Wie zu erwarten war, kam es dadurch häufig zu blutigen Konflikten, die oft auch die politische Freiheit und Unabhängigkeit der betroffenen Gemeinden in Gefahr brachten.

Im 11. Jahrhundert begann die Wollbranche im Norden Europas sich rasch auszuweiten. Das lag einerseits am Bevölkerungszuwachs, andererseits an der Ausweitung des internationalen Handels, die vor allem durch die Champagne-Messen begünstigt wurde, auf denen die italienischen Händler Wollstoffe aufkauften, die sie dann für den Export in den Süden brachten. Doch mindestens genauso wichtig war die Freiheit, die sich in der lokalen Selbstverwaltung niederschlug. Damit soll nicht gesagt sein, dass diese Städte demokratisch waren, denn obwohl sie von kommunalen Räten regiert wurden, setzten sich diese allein aus der Elite – vornehmlich den reichsten Kaufleuten – zusammen. Doch war es für die wirtschaftliche Entwicklung bereits ausreichend, dass die Gemeinden nicht länger der Kontrolle durch den einheimischen Adel unterworfen waren, sondern ihre Steuern an weit entfernte Regenten wie den Grafen von

Flandern oder den römisch-deutschen Kaiser zahlten, da diese sich wie gesagt aus ihren internen Angelegenheiten heraushielten. Leider sahen sie sich jedoch häufig gezwungen einzugreifen, wenn diese Angelegenheiten zu blutigen zivilen Unruhen wurden, mit dem Resultat, dass einige Städte ihre Unabhängigkeit einbüßten und damit auch ihren wirtschaftlichen Erfolg.

Auch ist es wichtig zu verstehen, dass es der übergroße Wohlstand war, der etliche der wollverarbeitenden Städte zerstören sowie die Existenz aller anderen bedrohen sollte. Als die Produktion immer größer wurde und die Gewinne stiegen, entwickelten sich immer heftigere soziale Spannungen zwischen der höchst wohlhabenden Klasse der Kaufleute und den kunstfertigen Handwerkern, die diese beschäftigten. Daraufhin bildeten sich zunächst weitere Gilden: eine für die Weber, eine für die Färber, eine für die Walker usw. Jede von ihnen versuchte, eigene Arbeitsregeln zu spezifizieren und festzusetzen, die Einstiegsmöglichkeiten in das jeweilige Handwerk zu begrenzen, Löhne und Arbeitsbedingungen zu regulieren. Damit trugen die Gilden auch generell zur Oppositionsbildung bei. Bald schon beteiligten sich die Handwerker an gewaltsamen Aufständen, plünderten manchmal sogar die Häuser und Besitztümer der Wohlhabenden und versuchten »klassenlose« Kommunen zu etablieren. Doch oft fielen diese Rebellen-Vereinigungen schnell wieder auseinander, da sich die Gleichheit unter den Beteiligten doch als trügerisch herausstellte und es zu internen Interessenskonflikten kam. In anderen Fällen wurden sie auch wirksam bekämpft. Fast immer jedoch verloren viele Menschen ihren Besitz oder auch ihr

Leben.[4] Daraus ergab sich, dass das Wort »flämisch« alsbald zum Synonym für »aufständisch« wurde.[5] Nach fast einem ganzen Jahrhundert regelmäßiger Auflehnungen brach 1280 in Flandern schließlich eine allgemeine Revolution aus. In vielen Städten und Ortschaften schlossen sich die kleineren Kaufleute mit den Handwerksgilden zusammen und riefen den Graf von Flandern um Unterstützung an, die dieser ihnen auch gewährte. Doch wurde bald klar, dass der Regent damit allein seine absolute Hoheit in den Krisen-Städten wiedererlangen wollte. Angesichts eines möglichen Verlusts lokaler Autonomie wandten sich die kleinen Kaufleute gegen die Handwerker,[6] worauf die Rebellionen aufhörten. Dennoch riefen die Eliten etlicher Städte sogar den französischen König um Hilfe. Auch er kam ihrem Wunsch nach Unterstützung nach, doch abermals aus selbstbezogenen Motiven: er wollte König von Flandern werden. Es gelang ihm auch, Südflandern zu annektieren, doch wurde eine Invasion französischer Truppen im Norden mit vereinter Gegenwehr beantwortet. 1302 bereiteten die nordflandrischen Streitkräfte dem französischen Heer in der sogenannten Sporenschlacht zu Kortrijk eine überraschende und große Niederlage. Flandern wurde dadurch nicht nur vor der französischen Fremdherrschaft bewahrt, sondern entwickelte in seinen Städten des Nordens schließlich auch demokratischere Regierungsformen. So gelang es etwa den Handwerksgilden in Brügge, Gent und Antwerpen erheblichen Einfluss in der Politik zu erlangen. Und siehe da – der Wohlstand kam zurück.

Anderes galt für den südlichen Teil Flanderns. Hier stagnierte der Handel, weil er unter zu hohen Steuern litt und beim Im- und Export Abgaben an den französischen Königshof abführen musste. In Lille, Douai, Orchies, Béthune und Cambrai gab es schon bald keine nennenswerte Wollbranche mehr. Es ergab sich sogar, dass die Kombination aus französischer Repression und einer darniederliegenden Wirtschaft in Südflandern sogar der Industrie des Nordens schadete, da nämlich viele dortige Wollarbeiter lieber nach Italien auswanderten, wo man sie freudig willkommen hieß und ihnen für die Errichtung einer Wollindustrie mannigfache Privilegien einräumte. Eine gesetzliche Bestimmung in Padua etwa befreite »Ausländer, die zum Zwecke der Kleiderherstellung in die Stadt kamen ... von allen Wegegeldern und Zöllen und später sogar von der Steuerpflicht«.[7]

Während die französische Regierung also viele flämische Kleiderhersteller so sehr frustrierte, dass sie ihr Können lieber in Italien zur Verfügung stellten, ermunterten die neu erlangten Freiheiten in Nordflandern viele südländische Unternehmer dazu, sich im Norden umzuschauen. Und als sie das taten, brachten sie den Kapitalismus mit.

Der Kapitalismus kommt nach Nordflandern

Nach der französischen Annexion des wallonischen Landesteils im Süden wurde Flandern zum Zentrum der europäischen Wollindustrie, was sich vor allem auf die Städte Brügge, Gent und Antwerpen konzentrierte. Der Import von Wollvlies aus England und der Tausch von fertigen Kleidern gegen Güter aus Italien machten aus Flandern einen Giganten in Sachen Finanzen und Produktion. Als sie zumindest dem schlimmsten repressiven

Zugriff der heimischen Gilden entkommen waren, wurden die Betriebe immer größer und ließen bereits einige Grundmerkmale des Kapitalismus erkennen. Dennoch entsprang der Kapitalismus nicht geradewegs dem Schoße Flanderns. Vielmehr wurde er von Unternehmern importiert, die die Kaufmanns- und Webergilden ins Abseits drängten und an ihre Stelle gut geführte Betriebe setzten, die alle Aspekte der Wollindustrie in sich vereinigten: den Import von Vlies, die Koordinierung von Arbeitsschritten, die Anstellung von verschiedenen Subunternehmern, die sowohl die Wolle zu Kleidern verarbeiteten wie sich um den Export derselben zu den Bedingungen des Marktes kümmerten. Eine frühe »marktorientierte« Innovation bestand darin, dass Flandern zusätzlich zu seinen luxuriösen und teureren Wollwaren auch erschwinglichere Varianten herstellen ließ, was alsbald zu riesigen Absatzsteigerungen führte.

Diese »flämischen« Unternehmer waren Italiener, ihre Banken waren Zweigstellen von Banken ihres Landes. Man erinnere sich, dass es diesen Banken nicht länger genügt hatte, Stoffe allein auf den Handelsmessen im Norden zu kaufen und sie stattdessen Filialen in den wichtigsten Woll-Zentren eröffneten, um die Ware regelmäßig direkt von den Erzeugern zu beziehen. Indem sie das taten, legten die Banken auch die Unwirtschaftlichkeit des Gildensystems bloß und erkannten, dass sie ihre Gewinne wesentlich erhöhen und ebenso die Produktion besser der Nachfrage anpassen konnten, wenn sie die Industrie letztlich administrierten. Neben der Organisation der Wollindustrie und dem Verkauf der Ware im Ausland importierten und verkauften die Banken noch alle möglichen weiteren Güter. Natürlich ließen sie deshalb ihre früheren Betätigungen nicht außer Acht, sondern verliehen weiterhin Geld und handelten mit Wechseln. Bald aber schon »war es nur mehr das Handelsgebaren und der Kredit der italienischen Kaufleute, der die Webstühle am Laufen hielt«.[8]

Brügge

Wenn es aber die Italiener waren, die die flämischen Webstühle am Laufen hielten, darf man genauso gut sagen, dass diese Arbeitsgeräte aus Flandern derart lebenswichtig für die italienischen Banken waren, dass keine einzige, die in Brügge keine Filiale besaß, je zu etwas gekommen ist. Alle drei »Superunternehmen« betrieben in Brügge ebenso viele Geschäfte wie zu Hause, und das Gleiche sollte ein Jahrhundert später auch für die Medici-Bank gelten. Keine einzige ihrer Filialen, einschließlich der Mutterbank in Florenz, verfügte über eine größere Kapitalausstattung als die in Brügge.[9]

Warum eigentlich die Konzentration auf Wolle? Einfach deshalb, weil der magere Boden Flanderns sich weitaus besser für die Abweidung durch Schafe anbot, als für den Getreideanbau. Außerdem gaben die flämischen Schafe gutes Vlies. Allerdings waren die Schafshöfe weit über das ganze Land verteilt, so dass die frühe Kleiderindustrie eher in kleinen, weit auseinanderliegenden Dörfern verortet war. Auch wurden die flämischen Weber mit der Zeit immer mehr angewiesen auf Vlies aus England, das qualitativ noch höher war als das einheimische. Daraus ergab sich, dass die Wollbranche sich eher in größeren Gemeinden konzentrierte, in denen es Betriebe gab, deren Kapital groß genug war, um auch den Fernhandel zu bedienen. An der Spitze dieser Städte stand Brügge, allemal seit der Ankunft der italienischen Bankiers.

Hingegen wurde Brügge nie zu einer echten Produktions- oder gar Industriestadt, sondern lebte vom Handel und dem Gütertransport. Fast alle Vliese aus England wurden nach Brügge und von dort aus weiter ins Landesinnere verschickt, in Weberstädte wie Gent,[10] von wo aus die fertigen Güter wiederum nach Brügge zum Export verschickt wurden. Bevor italienische Schiffe auf der Bildfläche erschienen, dominierten flämische Kähne (meist aus Brügge) den Handelstransport auf den Kanälen. Später waren es genuesische und venezianische Schiffe, die Gewürze, Seidenstoffe und andere Güter des Südens in Brügge entluden und für die Rückfahrt große Frachten mit Wollstoffen mitnahmen. Mit dieser strategisch günstigen Lage, wurde Brügge (was »Landungssteg« bedeutet) zum wichtigsten Finanz- und Handelszentrum Nordeuropas. Wann genau es dazu kam, ist nicht bekannt, doch binnen weniger Jahre, die auf den Sieg der Genueser über die muslimischen Flotten 1291 folgten, begann der regelmäßige Handelsverkehr zwischen Brügge und Genua auf großen Galeeren. Im Zuge dieser Aktivitäten wurde Brügge zu einer großen Stadt, in der 1340 um die 40 000 Menschen lebten und 1500 schon etwa 90 000.[11]

Wie schon gesagt, war die gewerbliche Entwicklung Flanderns vor allem ein Werk der Italiener, da sie als einzige die notwendigen Geschäftsmethoden beherrschten.[12] Als sie in Brügge, aber auch an anderen zentralen Orten ihre Bankfilialen eröffneten, handelten die Italiener zudem ganz erstaunliche Verträge aus, die ihre Zinspolitik protegierten und immer noch weiter voranbrachten. Das verschaffte ihnen erhebliche Vorteile im Handel sowie extraterritoriale Rechte, die sie gesetzlich von der Standortgemeinde absetzte. Typischerweise wurde in den Klauseln dieser Verträgen, die allesamt wiederholt von den jeweiligen Grafen Flanderns genehmigt wurden, zugesichert, dass (1) der Graf selbst sich nicht der Bank bemächtigen darf; (2) kein italienischer Bankier wegen Geldschulden festgenommen werden darf; dass (3) die örtlichen Behörden sich aus den Disziplinierungsmaßnahmen eines italienischen Kapitäns seiner Mannschaft gegenüber herauszuhalten haben, solange sein Schiff im Hafen liegt; dass (4) ein italienischer Bankier, den die Behörden aus Flandern ausweisen wollen, acht Monate Zeit haben muss, um seinen Besitz zu veräußern; dass (5) eine Bank keine lokalen Steuern zu zahlen hat, sondern nur solche, die durch den Grafen von Flandern verordnet wurden. 1395 willigten wiederum die Italiener ein, dass all ihre Schiffe zuerst in Brügge anhalten und ihre Güter zum Verkauf anbieten mussten, bevor sie weiter nach England fuhren, und somit den flämischen Kaufleuten das Vorkaufsrecht zukam. Die Stadt Brügge versüßte das Abkommen, indem sie den Italienern 9.500 Franken in Gold übergab.[13]

Obwohl sich die Italiener auf ihre Verträge mit dem Grafen von Flandern verlassen konnten, genossen die großen Städte Flanderns dennoch große Unabhängigkeit und zum ersten Mal auch einen beträchtlichen Grad an Demokratie – besonders, als nach der kollektiven Gegenwehr gegen die französischen Eindringlinge auch Wahl- wie Bürgerrechte sowie die Zollfreiheit ausgeweitet wurden. Damit verfügte die Güterproduktion wie der Handel über genügend Freiheit und Sicherheit vor feindlichen Übernahmen, um bestens zu gedeihen. Selbst wenn der flämische Kapitalismus, der sich da entwickelte, solange er von den Italienern dominiert wurde, einen Einschlag ins Kolonialistische hatte, war er doch ein echter Kapitalismus. Überdies wurde die italienische Handelshegemonie im 15. Jahrhundert immer schwächer, je mehr die heimischen Flamen sich selbst die kaufmännischen Fähigkeiten aneigneten, um ihre Betriebe in Eigenregie zu führen. Die allererste Börse überhaupt, also die Vorgängerin der modernen Aktienbörse, wurde sogar von flämischen Kaufleuten 1453 in Brügge gegründet. Zwar wurden an dieser Börse keine Geschäftsanteile verkauft (das Wort Börse bedeutet »Austausch«), doch war es bereits ein Marktplatz, auf dem Investoren zusammentrafen, um Wertpapiere wie etwa Wechsel und Pfandbriefe zu kaufen und zu verkaufen.

Für einige Jahrhunderte ernteten die Italiener die Früchte des flämischen Handelswesens, da die Einheimischen sich in kommerziellen Dingen lange nicht genug auskannten. In dieser Zeit wäre Brügge vermutlich ein verschlafenes Hafenstädtchen geblieben, wären nicht die italienischen Schiffe regelmäßig des Weges gekommen. Doch sollten die Flamen bald erkennen, wie sie ihre eigenen Geschäfte betreiben und die eine Sache vermarkten konnten, die über Jahrhunderte keiner so gut beherrschte wie sie: nämlich das Verweben feiner Wolle.

Gent

Was Brügge für das Handels- und Finanzwesen war, war Gent für die Güterherstellung. Exporteure aus Brügge förderten den Stoffmarkt, der regelmäßig in der Stadthalle Gents stattfand, und Importeure aus Gent kauften dafür Frachten von Wolle, Wein, Getreide und Tierhäuten, die Schiffe aus Brügge einfuhren. Der Handel wurde noch dadurch erleichtert, dass Gent mit Brügge durch den Liève-Kanal verbunden war. Jedoch hatten die Kaufleute in Brügge den Vorteil, dass die italienischen Banken es ihrer Stadt ermöglichten, auf der Basis diversen Schriftverkehrs Fernhandel zu treiben. Da es in Gent solche Banken nicht gab, bedurfte der Handel zwischen den beiden Städten stets des direkten, persönlichen Kontakts. Allerdings war dieses Hindernis zu verkraften, da eine Reise von Brügge nach Gent nicht mehr als zwölf Stunden dauerte,[14] so dass Geschäftsleute aus der einen Stadt, sich regelmäßig in Gasthöfen der anderen einmieteten. Gleichwohl ächzten die lokalen Gerichtshöfe unter einer Last von Klagen, die von unbezahlten Verkäufern sowie unzufriedenen Kunden erhoben wurden.

Die Kleiderherstellung in Gent dürfte noch aus römischen Zeiten datieren, doch stammt der erste Nachweis aus dem späten 10. Jahrhundert. Damals dürfte das Gewerbe noch einen bescheidenen Umfang gehabt haben, da die Stadt um 1100 noch weniger als 5 000 Einwohner hatte. Dann aber blühte das Exportgeschäft auf. 1340 belief sich die Bevölkerung Gents schon auf 50 000,[15] von denen zwei Drittel in der Wollbranche arbeiteten. Später im gleichen Jahrzehnt, als der Schwarze Tod in den meisten europäischen Städten riesige Teile der Bevölkerung ausrottete, scheint Gent eher glimpflich davongekommen zu sein. Andererseits litt es unter den Folgen einer politischen Revolution, die viele Todesopfer gekostet und die Weber entrechtet hatte, so dass viele von diesen wegzogen. In Kombination mit einigen Ausbrüchen der Pest in den 1360er Jahren wurde die Bevölkerung Gents auf diese Weise halbiert. Dann kam es zu zwei Engpässen. Zum einen litt Gents Geschäft mit der Wolle, nicht anders als das der gesamten europäischen Industrie, unter dem schlagartigen Nachfragerückgang durch die vielen Opfer der Pest. Zum anderen konnte Gent, das inzwischen über zu wenige Weber verfügte, die wiederum erhöhte Nachfrage nicht bedienen, die sich durch die gestiegene Kaufkraft der Einzelnen (infolge höherer Löhne durch den Arbeitskräftemangel) ergeben hatte, so dass nun mehr an weniger Menschen verkauft werden konnte. Daher »begannen nun viele Stammkunden, sich anderweitig nach Kleidern umzusehen«[16] und das kurbelte wiederum die Textilindustrie in den italienischen Stadtstaaten an.

Und dennoch führten die Menschen in Gent ihr Handwerk des Spinnens, Webens, Walkens und Färbens fort. Die geschäftlichen Interessen lebten langsam wieder auf und Gents Wollbranche kam erneut in Gang. Nie mehr aber sollte Gent sich bloß auf eine Industrie kaprizieren, noch fehlte es der Stadt fortan an heimischen kapitalistischen Unternehmen. Bald schon entwickelten sich in Gent erfolgreiche Betriebe der Eisenherstellung, des Glockengusses, der Kesselfertigung, der Gold- und Silberschmiedekunst, der Kürschnerei, des Schuhhandwerks und der Maßschneiderei. Die Betriebe wurden nicht zuletzt von Gilden kontrolliert, jedoch nur im Bereich der Werkstätten. Finanzen, Produktionsziele und Marketing lagen in den Händen größerer Betriebe und wurden von kultivierten Kapitalisten administriert. Und so wie Brügge seinen Erfolg weiter auf Handel und Schifffahrt gründete, baute auch Gent seine Funktion als Knotenpunkt des Handels und Vertriebs weiter aus – sowohl von Gütern, die vor Ort produziert als auch von solchen, die importiert wurden. Dabei nutzte die Stadt ihren geographischen Standort und die Nähe zur Schelde, die nämlich im Norden nach Antwerpen führt.

Antwerpen

Wenn man in Nordeuropa wirklich hochentwickelten Kapitalismus finden wollte, musste man nur nach Antwerpen gehen, das im späten 15. Jahrhundert »die mit Abstand reichste und renommierteste Stadt Europas war«[17] und von dem Schriftsteller Lodovico Guicciardini als das »bessere Venedig« beschrieben wurde. Der Umfang des Handels, der sich in Antwerpens Hafen abspielte, ließ alles bisher in der Geschichte Gekannte weit hinter sich. »Denn weder vorher noch nachher hat es irgendwo einen Markt gegeben, der im gleichen Maße das Handelsgeschehen aller wichtigen Wirtschaftsnationen auf der Welt auf sich konzentrierte.«[18]

Die portugiesische Entdeckung eines Seewegs, der von Afrika nach Ostindien führte, machte Antwerpen 1493 als Handelszentrum sogar noch wichtiger, da der König von Portugal fast alles, was in Lissabon aus Asien eingeführt wurde (zumeist Gewürze, bevorzugt Pfeffer), weiter nach Antwerpen schiffen ließ. Das hatte den Grund, dass es dort Syndikate gab, die komplette Frachten aufkaufen konnten, oftmals sogar, während die Schiffe noch unterwegs waren. Dadurch konnten diese Syndikate sozusagen Kurzzeit-Monopole auf die Gewürze erlangen und damit die Preise hochhalten. Die Engländer nutzten eine ähnliche Taktik beim Exportieren von Wolle, indem sie all ihre Stoffe nach Antwerpen verschifften und von dort aus weiter verteilten, wodurch sie ihre Gewinne maximierten. Nicht anders verfuhr man mit großen Ladungen von Metall, besonders Kupfer, das aus Osteuropa kam. Vormals war Venedig der wichtigste Distributionsstandort gewesen, beginnend mit dem frühen 16. Jahrhundert aber landeten Schiffsladungen häufig zunächst einmal in Antwerpen, von wo aus sie dann in den Rest der Welt verschickt wurden.[19]

Dennoch, und selbst wenn die Stadt auch einen gewichtigen industriellen Sektor besaß, lag ihr Hauptaugenmerk auf den Finanzen. »Fast ein Jahrhundert lang ... kontrollierte diese kosmopolitische Stadt exklusiv die Geldmärkte der bis dahin bekannten Welt ... Alle wirklich großen Darlehen wurden dort ausgehandelt.«[20] 1519 etwa gewährte die dortige Niederlassung des Hauses Fugger Karl V. (der seit kurzem König von Spanien war, obwohl er in Gent geboren war) ein Darlehen von über einer halben Million Gulden in Gold, um seine Wahl als Kaiser des Heiligen Römischen Reiches zu finanzieren.

Der Aufstieg Antwerpens zu Macht und Ruhm ging nicht nur schnell vonstatten, sondern verdankte sich praktisch höherer Gewalt. In den Jahren 1375-76 und noch einmal 1406 wurde die Küste Flanderns von heftigsten Stürmen heimgesucht, die mit hohen Wellen und einem gezeitenbedingten großen Tidenhub die Bucht ausspülten, »wodurch es in der Folge möglich wurde, dass auch große Schiffe den Hafen Antwerpens anlaufen konnten«.[21] Zur gleichen Zeit versperrte die Natur Brügge seinen Zugang zum Meer. Hier war es schon einige Jahrhunderte her, dass wilde Stürme der Stadt vermittels des Flusses Zwin ebenfalls einen Hafen »verschafft« hatten. Leider war der Fluss nun aber verschlammt und machte es trotz Drainage erforderlich, dass Schiffe ihre Frachten in immer größerer Entfernung zur Stadt abladen mussten. In den Jahren um 1450 legten Schiffe sogar in Sluis an und verteilten ihre Frachten auf kleine flachkielige Chargen, die über elf Kilometer flussaufwärts nach Brügge getreidelt werden konnten. Doch führte diese Erschwernis verständlicherweise dazu, dass man den Schiffsverkehr besser nach Antwerpen umleitete, das seinen eigenen natürlichen Hafen für diesen Zweck nun erweiterte, große neue Anlagen bauen ließ und sogar Kräne einsetzte, um die Frachten leichter und schneller zu entladen. Zudem hatte Antwerpen den Vorteil, dass es an der Mündung der Schelde liegt, die ihre Quelle in Frankreich hat (wo sie Escaut heißt) und auf ihrem Weg ins Meer durch Lille, Tournai und Gent fließt, weshalb sie lange Zeit eine Hauptader des inländischen Wassertransports bleiben sollte.

Doch auch die Politik spielte eine wichtige Rolle bei Antwerpens Aufstieg. Während Brügge und andere Städte Nordflanderns über Jahrzehnte gewalttätige zivile Unruhen erleiden und zudem in einen Krieg ziehen mussten, um die Annexion durch Frankreich zu vermeiden, war es in Antwerpen eher friedlich, so dass viele Kaufleute, besonders wenn sie aus dem Ausland kamen, Brügge und Gent verließen und sich in die Sicherheit Antwerpens begaben. Was im 13. Jahrhundert noch eine kleine verschlafene Ortschaft gewesen war, sollte im frühen 16. Jahrhundert bereits eine Stadt mit etwa 100 000 Einwohnern sein.[22] Neuankömmlinge fanden nun ein Antwerpen vor, das von Freiheit und Toleranz durchdrungen war. Schon Brügge war »verglichen mit den [meisten] anderen Städten des Mittelalters durchaus frei, verglichen aber mit der absoluten Freiheit, die die ausländischen Kaufmänner in Antwerpen genossen, war Brügge noch finsteres Mittelalter [sic].«[23] So waren in Brügge und praktisch allen anderen Orten die Hotels und Herbergen strengen und kleinlichen Bestimmungen durch die Autoritäten unterworfen; das Gegenteil galt jedoch für Antwerpen – hier durfte schlicht jedermann ein Zimmer mieten, vorausgesetzt er konnte es bezahlen. Was den Handelsverkehr anging, gab es praktisch keine Beschränkungen. Ein Memorandum ausländischer Kaufleute an König Philipp II. drückte es so aus: »Es lässt sich nicht bestreiten, dass die Freiheit, die den Handeltreibenden hier gewährt wird, der eigentliche Grund für das Wohlergehen der Stadt ist.«[24]

Wie in allen unabhängigen Städten des Nordens war (bis zum Beginn der spanischen Repression) ein ferner Edelmann – ein Herzog oder Markgraf – als Titularkönig gesetzt. In Antwerpen wurde er durch den *Schout* (oder Sheriff) repräsentiert, der etwa bei Gerichtsfällen als Anwalt der Krone bzw. als Staatsanwalt auftrat. »Eigentlich war Antwerpen eine freie Kommune«, die von einem dreistufigen Vertretungsorgan regiert wurde.[25] An der Spitze standen zwei Bürgermeister, die Verwaltungsaufgaben übernahmen; gewählt wurden sie von einem Magistraten-Kollegium, das aus 18 *Skepyns* (Ratsherren) bestand, einem Kämmerer, einem Sekretär und einem Advokaten. Das Kollegium wurde wiederum zusammengesetzt und beraten durch das Große Konzil, bestehend aus allen früheren *Skepyns*, zwei *Wijickmasters* aus jedem der zwölf Bezirke der Stadt und zwei Repräsentanten jeder der zwölf Gilden der Stadt. Während der *Schout* eine Kampfabteilung befehligte, die im Krisenfall eingreifen konnte, hatte auch jeder Bezirk seine eigenen Soldaten. Dieses Arrangement bot Gewähr für ein hohes Niveau individueller Freiheit und sichere Eigentumsrechte.

Obwohl der Kapitalismus sich in Antwerpen zu bis dahin ungekannten Höhen aufgeschwungen hatte, betraf dies doch eher Umfang und Perfektionierung von bereits Erreichtem, nicht aber die Innovation. Jede Handels- und Finanztechnik, die hier zum Einsatz kam, war vorher schon gut bekannt gewesen.[26] Was sich in Antwerpen ereignete, war ganz einfach Kapitalismus in einem großangelegten, internationalen Maßstab. Zwar war die erste Börse in Brügge eröffnet worden, doch sollte diese kapitalistische Institution erst in Antwerpen ihr ganzes Potential entfalten. So gab es dort gleich zwei Börsen. Eine wurde von den englischen Kaufleuten kontrolliert und spezialisierte sich auf Verbrauchsgüter. Händler gleich welcher Nationalität »gehen jeden Morgen und jeden Abend zur Börse der Engländer. Dort machen sie Geschäfte mit der Hilfe von mehrsprachigen Maklern, die sich dort in großen Zahlen aufhalten, und verkaufen Bedarfswaren jeder Art.«[27] Zum Gutteil war man an der englischen Börse mit der Vereinbarung von Warentermingeschäften befasst, man stellte also Spekulationen an über Preisschwankungen innerhalb von nur einer Stunde, aber auch von mehreren Monaten. Wie selbst heute noch bargen Warentermingeschäfte ein sehr hohes Risiko und brachten diverse Systeme hervor, mit denen man in die Zukunft zu blicken versuchte – einige davon gründeten sogar auf der Astrologie. Die zweite Börse der Stadt, die schlicht Antwerpener Börse hieß, konzentrierte sich stattdessen auf Finanzpapiere: Wechsel, Hypotheken und kurzzeitige Schuldverschreibungen, die mitunter von Regierungen und Regenten ausgestellt wurden, etwa vom Hause Habsburg. In beiden Börsen gruppierten sich die Händler gemäß ihrer Nationalitäten – »die Antwerpener Börse schien eine kleine abgeschlossene Welt für sich zu sein, die jedoch alle Völker der großen Welt repräsentierte«.[28] Tatsächlich waren die frühen Kapitalisten in Antwerpen Ausländer, sehr oft Italiener, die Brügge wegen der vielen dortigen Gewaltausbrüche verlassen hatten. Obwohl bald auch Einheimische zu ihnen stoßen sollten, wurde die Handelsgemeinschaft der Stadt doch immer kosmopolitischer, da zunehmend auch Unternehmen aus Nord- und Osteuropa sowie Spanien und Portugal hinzukamen.

All dies geschah vor der Reformation, zu einer Zeit, da Antwerpen noch zutiefst katholisch war, »eine Stadt voller Kirchen und religiöser Stifte, die von der gutsituierten Bevölkerung reichlich beschenkt wurden«.[29] Als der Protestantismus einmal da war, rekrutierte er zumeist die am schlechtesten ausgebildeten Arbeiter sowie Bauern aus der Nähe, während »die kapitalistischen Familien der katholischen Kirche zum größten Teil treu blieben«.[30] So viel zu der oft beschworenen protestantischen Ethik. Ironischerweise war es nämlich die Reformation, die den Kapitalismus in Antwerpen wie fast im gesamten Flandern zerstören sollte, wie wir im nächsten Kapitel sehen werden.

Weiter nach Amsterdam

Im späten 16. Jahrhundert machte Amsterdam Antwerpen seine Stellung als Finanzzentrum und wichtigster Hafen Flanderns streitig. Das geschah fast automatisch, da Antwerpens Wirtschaft durch Krieg und spanische Okkupanten zugrunde gerichtet war. Beides zerschlug demokratische Verfahrensweisen, die schon Gewohnheiten geworden waren, und verzehrte die finanziellen wie kommerziellen Institutionen der Stadt.

Es ist erstaunlich, dass Amsterdam als Hafen überhaupt funktionierte, da das Wasser dort eher seicht war und Schiffe, um in den Hafen einzulaufen, über eine große Sand- bzw. Schlammbank hinwegsetzen mussten. Das ganze 15. Jahrhundert hindurch wurde das dadurch bewerkstelligt, dass man nur mit kleinen Schiffen nach Amsterdam einfuhr, die obendrein flachkielig waren. Obwohl die Holländer eher Schiffe dieser Bauart bevorzugten, im Gegensatz zu denen der Engländer, bauten auch sie ab dem 16. Jahrhundert Schiffe, die zu groß und zu tief waren, um über diese Schlammbank zu kommen. Die damaligen Baggertechniken konnten ein solch massives Hindernis nicht abtragen, so dass man den Hafen nur mehr mit Hilfe sogenannter »Schiffskamele ansteuerte, die aus zwei riesigen, mit Wasser gefüllten hölzernen Pontons bestanden, welche man links und rechts des Kiels anbrachte und mit Ketten verband. Pumpte man sie leer, verringerte sich das Gewicht des Schiffes und es konnte über die Sandbank bugsiert werden. Dieses provisorische Hilfsmittel blieb immerhin 135 Jahre im Gebrauch.«[31]

Es ist ja richtig, dass Amsterdam, als es die Rolle Antwerpens als wichtigster Hafenstadt und Finanzmetropole Westeuropas übernahm, bereits eine protestantische Stadt war. Wertet man dies jedoch als Beweis für die These der protestantischen Ethik, übergeht man nicht nur etliche Jahrhunderte des katholischen Kapitalismus, die viel weiter zurückreichen, sondern auch den Umstand, dass der Kapitalismus von extrem vielen Stadtflüchtigen nach Amsterdam gebracht wurde, vor allem von Katholiken, die Antwerpen und Flandern hinter sich ließen und ihre Betriebe sowie ihr Können und ihre Erfahrung mitbrachten.[32] Zwischen 1585 und 1587 kamen etwa 150 000 flämische Aussiedler in den Norden, was Antwerpen, Brügge und Gent jeweils die Hälfte ihre Bevölkerungen kostete. Doch kamen nicht alle nach Amsterdam. Einige siedelten sich in anderen holländischen Städten an, die meisten blieben allerdings nur kurzzeitig in Holland und zogen dann weiter nach Deutschland und England. Um 1600 herum bestand ein ganzes Drittel der Einwohner Amsterdams aus Ausländern, die erst kurz in der Stadt waren. Es kann daher nicht verwundern, dass sich schnell eine neue holländische Textilindustrie bildete, die hauptsächlich von Zugereisten betrieben wurde. Ebenso schnell verlegten die portugiesischen Gewürzhändler ihr Verteilungszentrum von Antwerpen nach Amsterdam. Und da Amsterdam eine Verbindung zum Rhein besitzt, dominierte es bald den Import und Export aus Deutschland.

Dennoch blieben gerade massige und sperrige Bedarfsgüter von großer Bedeutung. Die Holländer hatten im Ostseeraum lange den Transport von Getreide, Bauholz, Salz, Erz und Wein beherrscht. Mit dem Aufstieg Amsterdams als neuem Wirtschaftszentrum boomte dieses Geschäft ganz besonders. In den Jahren 1590 bis 1600 etwa verdrängten die holländischen Schiffer ihre englischen Konkurrenten beim Transport von Handelsgütern nach Moskau, die sie, um ganz Skandinavien herum segelnd, in die Hafenstadt Archangelsk zu bringen hatten.[33] Der Hauptgrund für diese Art Monopol bei der Beförderung sperriger Güter waren einfach niedrige Kosten. Die Holländer bauten sehr breite Schiffe mit eher geringem Tiefgang, auf denen sehr große Frachten Platz fanden. Sie liefen mit kleinen Mannschaften und führten eher wenige Bordwaffen mit, die andernfalls Stauraum weggenommen hätten. Des Weiteren traf es sich, dass die Materialien für den Schiffbau in Holland eher billig waren. Daher konnte man anders als die Engländer größere Frachten aufladen, hatte geringere Arbeitnehmerkosten und musste obendrein viel weniger in den Schiffbau investieren. Den Engländern dagegen war vielmehr die Kampfkraft ihrer Schiffe wichtig, selbst wenn diese auch Handelsschiffe waren, was natürlich ihre Ladekapazität einschränkte, so dass sie sich eher für den »Handel mit Kostbarkeiten« anboten, also für leichte, kleine luxuriöse Güter. Allerdings lockten diese die Piraten an.

Die hatten keinerlei Interesse an Kiefernholz, Getreide oder in Salz eingelegtem Hering, so dass die Holländer weder auf die höhere Schiffsgeschwindigkeit noch auf die größeren Mannschaften oder die Kanonen der englischen Konkurrenz angewiesen war. Auch konnten die Holländer ihre Schiffe viel kostensparender bauen, weil die Engländer mit ihrem einheimischen Nutzholz zwar leicht Schiffsrümpfe bauen konnten, es ihnen aber wesentlich an hohen, schlanken Kiefern fehlte, aus denen Masten und andere wichtige maritime Bestandteile hergestellt wurden. Die große Marine-Historikerin Violet Barbour beschrieb es so: »Die Preise für Nutzholz, Bohlen, Planken, Hanf, Flachs, Pech und Teer waren in England sehr viel höher als in Holland. Die Preise schlugen sich nieder in den Kosten für den Schiffbau und diese wiederum in den Preisen, die für die Transporte erhoben wurden. Die Engländer konnten keine Schiffe günstig bauen, weil sie kein günstiges Nutzholz importieren konnten und sie konnten nicht günstig importieren, weil sie nicht günstig bauen konnten.«[34] Kurz gesagt, um sperrige Güter zu transportieren, kosteten die englischen Schiffe zu viel und beförderten zu wenig.

Viele Autoren verknüpften den holländischen Calvinismus mit dem Kapitalismus, um ein wichtiges Beispiel für die protestantische Ethik zu liefern. In den Worten von R. H. Tawney: »Für die Bürgerschaften im 17. Jahrhundert, die damals noch im Aufstieg begriffen waren, war der Puritanismus ein magischer Spiegel. Sie blickten in ein ernstes, fast finsteres Gesicht, das doch eine Spur nüchterner Begeisterung verriet: eine den

Geboten nacheifernde Generation, den Vergnügungen abhold, pünktlich in der Arbeit, fleißig in der Andacht, sparsam und erfolgreich, voll gehaltenem Stolz auf ihren Beruf, sicher im Bewusstsein, dass beharrliche Arbeit dem Himmel wohlgefällig ist, Leute, die jenen holländischen Calvinisten glichen, deren wirtschaftliche Erfolge ebenso berühmt waren wie ihr eiserner Puritanismus.«[35] Sollte es hieran Zweifel geben, genügte es ja wohl, die verstandesmäßig-trockenen Gesichtsausdrücke und finsteren Garderoben der holländischen Bourgeoisie zu betrachten, die Rembrandt auf seinen Gemälden festgehalten hat. Doch nichts könnte falscher sein! Amsterdam war für eine Stadt ihrer Zeit ausgesprochen offen und geradezu wild. »Die nüchterne Tracht der Aristokratie und des Klerus hob sich scharf ab von den farbenfrohen Kostümen der niederen Klassen und dem Aufputz der federgeschmückten Galane, seien sie einheimisch oder auswärtig gewesen.«[36] Tatsächlich schafften es die calvinistischen Pastoren nicht einmal, Läden und Wirtshäuser am Sabbat schließen zu lassen. Als die Wirtschaftsentwicklung der Stadt sich ihrem Höhepunkt näherte, blieben viele der führenden Kapitalisten dem Katholizismus treu, während ebenfalls viele sich offen als areligiöse »Libertins« bekannten.[37] Natürlich wurde der Calvinismus gerade von ausländischen Zugereisten durchaus begrüßt, da er inzwischen ja die offizielle Glaubensrichtung war, und für eine Weile ächtete das holländische Regime den religiösen Nonkonformismus mittels Verboten – so durften Lutheraner, Mennoniten und Katholiken in einigen Teilen des Landes keine Gottesdienste abhalten und katholische Priester hatten an manchen öffentlichen Orten Hausverbot. Dennoch gab es in den meisten Regionen des Landes immer noch viele Katholiken, und auch in Amsterdam »blieb ein bedeutender Anteil der angesehensten Bürger« katholisch.[38] In hohem Maße »entwickelten sich die holländische Wirtschaft und der Handelsgeist *trotz* der calvinistischen Kirche, nicht dank ihrer ... Der holländische Calvinismus stand dem kapitalistischen Denken entgegen und ... der calvinistische Teil des Landes war höchst verschieden von dem handelsorientierten.«[39]

Von Beginn an wurde die prominente kommerzielle Bedeutung Amsterdams in Frage gestellt und ebenso seine Unabhängigkeit. Über einige Generationen hinweg musste die Republik der Vereinigten Niederlande sich gegen wiederholte Versuche der Spanier erwehren, das Land den Spanischen Niederlanden zuzuschlagen und hatte ähnliche Übernahmebestrebungen der Franzosen zu parieren. Man musste sogar gegen die Engländer kämpfen, um die holländischen Kolonien und den Handel aufrechtzuerhalten. Am Ende ging die winzige Republik dennoch unter. Bedeutsamer ist jedoch der Umstand, dass sie derart lange eine wichtige Rolle hatte spielen können. Über Jahrhunderte widerstanden die Holländer erfolgreich spanischen und französischen Angriffen und hielten gegen die Engländer lange Zeit ein Unentschieden. Die holländische Kampfkraft schwand schließlich binnen dreier Dekaden, in denen das Land durch das napoleonische Kaiserreich unterdrückt und von den Engländern der meisten seiner Kolonien beraubt wurde.[40] Und doch muss festgehalten werden, dass von Anfang bis Ende der Kapitalismus dem holländischen Handelsleben sein eigenes, unverwechselbares Gepräge verliehen hat, nicht anders als Windmühlen und Deiche es mit der dortigen Landschaft tun.

Der englische Kapitalismus

Während die Wirtschaft in Flandern und Holland boomte, setzte der Kapitalismus sich auch in England fest. Wie in Flandern war er auch hier als eine Art italienischer Semi-Kolonialismus ins Land gekommen. Im 13. Jahrhundert vermehrten sich die italienischen Banken in England (und Irland)[41] – ein Umstand, der letztlich bereits durch die 1215 unterzeichnete Magna Carta ermöglicht worden war, da diese allen fremdländischen Kaufleuten die Zusicherung gegeben hatte, ungehindert ins Land kommen und dort ihre Geschäfte führen zu können. Anfang des 13. Jahrhunderts lebten diese auswärtigen Kaufleute in London in Enklaven, die durchaus denen ähnelten, die Kolonisatoren aus dem Westen einige Jahrhunderte später in Asien unterhalten sollten. Doch passt der Begriff *Semi-*Kolonialismus hier besser, da die Kaufleute hier gänzlich im Einklang mit der Krone agierten und sie keine Militärmacht brauchten, um ihnen den Rücken zu stärken. In der sicheren Abgeschiedenheit hinter dem Kanal war England zu einer der wichtigsten Kräfte der westlichen Welt geworden und sollte bald in den Hundertjährigen Krieg ziehen, um seine Besitztümer in Frankreich zu verteidigen.

Auch waren die Engländer gesegnet mit einer äußerst ergiebigen Landwirtschaft, großen Mineralvorkommen sowie überreicher Wasserkraft. Es war daher nur eine Frage der Zeit, dass sie ihre Geschäfte eigenständig führten und damit begannen, ausländischen Unternehmen unvorteilhaft hohe Steuern und Zölle aufzubürden und ihnen gleichzeitig zu beweisen, dass ihre inländische Konkurrenz – die englischen Unternehmen – immer stärker wurde. Und dennoch war es vor allem der Niedergang des Feudalismus und das Gedeihen der politischen Freiheit, was den englischen Kapitalismus in Gang brachte. Wie es die Magna Carta also vorsah, konnten sich die englischen Kaufleute auf sichere Eigentumsrechte sowie freie Märkte verlassen, was sie deutlich von den frühen Kapitalisten in Süditalien und dem wallonischen Teil Flanderns unterschied, die ihrerseits noch schwer unter Despoten zu leiden hatten. Zudem mussten sich die englischen Industrien, anders als die auf dem Kontinent, nicht nur in ein paar überfüllte, teure unabhängige Städte zwängen, sondern konnten auch in ländlichen Gebieten und Kleinstädten die gleiche politische Freiheit genießen wie in London. Als Folge davon waren die englischen Industrien höchst dezentralisiert. Wichtiger aber ist, dass die Freiheit und die gesicherten Eigentumsrechte Erfindung und Innovation anspornten, mit dem Resultat, dass die englischen Industrien Technologien entwickelten oder anwendeten, die denen der europäischen Konkurrenz weit überlegen waren. Die industrielle Revolution war nämlich keine Revolution, sondern eine *Evolution* der Invention und Innovation, die in England womöglich sogar schon im 11. Jahrhundert begonnen hatte.

Nicht anders als in Flandern kam der Kapitalismus nach England als Antwort auf den Wollhandel, so dass alle frühkapitalistischen Entwicklungen in dieser einen Branche stattfanden. Daher bietet ein genauer Blick auf die Art und Weise, wie der Kapitalismus das englische Wollgewerbe verwandelte, auch die beste Perspektive auf den Aufstieg des englischen Kapitalismus überhaupt. Im Anschluss daran werde ich skizzieren, wie diese allerersten kapitalistischen Lektionen angewendet und verfeinert wurden, als England sich von der Holz- auf die Kohlekraft verlegte.

Von der Wolle zu den Wollwaren

Wollte man für die folgende Geschichte ein Diagramm anlegen, fänden sich die entsprechenden Werte in Tabelle 1 (wobei alle Zahlen abgerundet wurden). Noch im 13. Jahrhundert war England kaum mehr als eine große Schafweide, die der kontinentalen Wollproduktion diente, vor allem der flämischen und italienischen. Die englischen Exporte von Stoffen waren so unbedeutend, dass nicht einmal Steuerbücher existierten. Doch dann stiegen die Wollexporte rasant an, nämlich von durchschnittlich 17 700 Säcken pro Jahr von 1278 bis 1280 auf 34 500 Säcke in der ersten Dekade des 14. Jahrhunderts oder, anders gesagt, auf 9 Millionen Vliese (der Standardsack mit Wolle fasste etwa 26 Vliese).[42] In der Mitte jenes Jahrhunderts erschienen die ersten Statistiken über den Export von Wolle.

Tabelle 1: Englische Exporte von Wolle, 1279 – 1540

Jahre	Durchschnittlicher jährlicher Export von Wollstoffen (in Ballen)	Durchschnittlicher jährlicher Export von Vliesen (in Säcken)
1278–80	–	17 700
1281–90	–	23 600
1301–10	–	34 500
1347–48	4 400	–
1351–60	6 400	33 700
1401–10	31 700	13 900
1441–50	49 400	9 400
1501–10	81 600	7 500
1531–40	106 100	3 500
1543–44	137 300	1 200

Quelle: Carus-Wilson und Coleman, 1963

Der Jahresdurchschnitt von 1347-48 betrug 4.400 Ballen von Wollgewebe, das ausgerollt je 25 Meter lang war. Da die Ausfuhrzölle für Vliese in diesen Jahren ausgelagert waren, haben sich für diese keine Aufzeichnungen erhalten, doch belief sich schon in der nächsten Dekade der Durchschnitt auf 33.700 Säcke pro Jahr und etwas weniger um die Jahrhundertwende herum. Von da an stiegen die Stoffexporte rasant an und die Vliesexporte gingen dementsprechend zurück. Am Ende des Jahrhunderts exportierten die Engländer 31.700 Ballen Stoff und nur 13.900 Säcke Vlies. Von 1543-44 stieg der jährliche englische Export von Wollstoffen auf 137.300 Ballen, wogegen der Vlies-Export auf unbedeutende 1 200 Säcke sank.

In der Tabelle spiegeln sich zwei der drei wesentlichsten Merkmale der englischen Wollindustrie und ihres Aufstiegs. Das erste ist die Entstehung englischer Unternehmen, die die Stoffe verarbeiteten. Das zweite ist die Erhebung von Steuern und Export-Zöllen, die das Ziel hatten, die hervorragende englische Wolle nicht in die Hände ausländischer Weber wandern zu lassen. Was die Tabelle nicht zeigt, wenngleich das keine Überraschung ist: die Engländer exportierten zwar den Großteil ihrer Wolle, importierten aber fast all ihre Stoffe. Von 1333-36 bildeten die Importe einen Mittelwert von 6 000 Stoffen pro Jahr. Je größer die englische Wollindustrie aber wurde, desto weniger Importe waren nötig, so dass von 1355-57 die Anzahl der importierten Stoffe auf jährlich 6 000 absank.[43] Als diese drei Trends immer mehr an Dynamik gewannen, dominierten die Engländer den weltweiten Markt für Wolle schließlich vollständig.

Die englische Wollverfertigung begann in eher kleinem Umfang, machte sich aber schon da die Hochwertigkeit der heimischen Wolle zum Vorteil, indem sie sich auf Luxusgüter spezialisierte. Schon im frühen 13. Jahrhundert wollten reiche Europäer ausschließlich englische Wollwaren kaufen,[44] deren allerbeste Varianten häufig scharlachrot gefärbt und von den europäischen Königtümern außerordentlich geschätzt wurden.

Obwohl der Umfang der englischen Woll-Exporte immer noch eher klein war, machten die Venezianer sich bereits diesbezüglich Sorgen und erhoben 1265 einen gesonderten Zolltarif auf englische Wollwaren, wodurch sie deren Preis, den die venezianischen Händler ansonsten für sie verlangten, deutlich in die Höhe trieben, gerade auch verglichen mit den in Italien verfertigten Wollwaren, die sie im Osten und in der islamischen Welt zum Tausch anboten. Die englische Krone merkte sich das gut, denn zehn Jahre später erhob auch sie eine gesonderte Zollgebühr – auf englische Vliese. Das bedeutete natürlich, dass englische Tuchmacher das hochwertige inländische Vlies nun viel günstiger bekamen als ihre flämischen und italienischen Kollegen und sie ihre fertigen Kleider zudem billiger im Ausland absetzen konnten – es gab nur sehr geringe Ausfuhrabgaben auf Wollwaren, und anfangs waren diese sogar bloß ausländischen Kaufleuten auferlegt. Als sie später auch von Engländern gezahlt werden mussten, waren sie schon günstiger geworden. Auf diese Weise abgeschirmt vom kontinentalen Wettbewerb und mit exklusivem Zugriff auf die allerbeste Wolle, erreichte die englische Wollindustrie endlich die Vorrangstellung, die sie über Jahrhunderte innehaben sollte.

Doch hatte der Erfolg noch andere Gründe als gutes Vlies und eine gefällige Steuerpolitik der Regierung. So wie es den Italienern zupasskam, dass so viele fähige Handwerker Flandern verlassen hatten, um den dortigen blutigen Tumulten zu entgehen, und dafür in die Fremde zogen, erging es auch den Engländern. 1271 »ordnete Heinrich III. an, dass ›alle Arbeiter im Bereich der Wollkleidung, Männer wie Frauen, aus Flandern oder aus anderen Ländern, gefahrlos in unser Reich kommen dürfen, um auch dort Kleidung herzustellen‹ und gewährte ihnen Steuerfreiheit für fünf Jahre«.[45] 1337 ließ Eduard III. flämische Schneider sogar extra aus ihrer eigenen Heimat rekrutieren. Aber es waren nicht nur Handwerker, die kamen. Einige Unternehmer brachten ihre eigenen Betriebe inklusive der Arbeiter mit nach England. Und keineswegs wollten all diese Menschen bloß aus Flandern fliehen; nein, sie waren vielmehr angezogen von England, da es dort sehr viel mehr Freiheit und politische Stabilität gab, diverse Kosten geringer waren und bessere Materialien zu haben waren. Aber vor allem lockten sie die höheren Löhne sowie die zu erwartenden Gewinne, als Resultate einer überlegenen Technologie.

Der aber vielleicht verblüffendste Aspekt der englischen Wollindustrie, den späterhin noch etliche andere Industrien des Landes kopieren sollten, war die *Streuung der Betriebe*. Es gab niemals so etwas wie »Woll«-Städte in England, so wie es sie in Flandern oder Italien gegeben hatte. Obwohl die englischen Wollunternehmen nicht kleiner waren als die auf dem Kontinent, fanden sie sich über das ganze Land und seine Dörfer verteilt. Dafür gab es technologische wie auch politische Gründe.

Die industrielle Revolution des 13. Jahrhunderts

1941 wies Eleanora Carus-Wilson darauf hin, dass sich die englische Wollindustrie von den frühesten Tagen an aus den urbanen Gebieten in den ländlichen Raum verlagern wollte. Warum eigentlich? Zwar gab es verschiedene Gründe, doch spielte die wasserbetriebene Walkmühle eine derart wichtige Rolle, dass Carus-Wilson sich gerade auf sie bezog, als sie ihren berühmten Aufsatz »Eine industrielle Revolution des 13. Jahrhunderts« betitelte.

Das Walken ist ein wesentlicher Arbeitsgang in der Herstellung guter Kleider. Wenn der Stoff aus dem Webstuhl kommt, ist er sehr locker und schlaff. Beim Walken wird der Stoff in Wasser getaucht (das zumeist ein Tonmineral beinhaltet, die sogenannte »Bleicherde«) und mit ordentlichem Druck geknetet. Wird das Walken richtig durchgeführt, schrumpft der Stoff dabei auf die Hälfte seines früheren Umfangs, wodurch das Gewebe viel dichter und stabiler wird; auch säubert das Walken den Stoff von Ölen und »Filzen«, seine Oberfläche wird dadurch geschmeidiger und weicher.[46] Es gab drei traditionelle Methoden des Walkens: der eingetauchte Stoff wurde entweder mit Händen, mit Füßen oder mit Keulen geknetet, getreten oder beklopft. Eine Wandmalerei in Pompeji stellt einen fast nackten Walker dar, der in einem Trog steht und mit den Füßen auf Stoff eintritt, wobei er sich an den Rändern des Troges festhält. Diese traditionellen Methoden wurden in Flandern und Italien weiterhin genutzt und für eine Weile auch in England. Irgendwann kam eine neue Technik hinzu: zwei hölzerne Hämmer, die an einer Walze befestigt waren, welche mit einer Kurbel gedreht wurde, hoben und senkten sich auf den in einem Trog liegenden Stoff. Allerdings war bei dieser Methode immer noch Muskelkraft vonnöten. Zu einer bahnbrechenden Neuerung kam es erst, als jemand diese Vorrichtung mit einer Wassermühle verband (die ansonsten vermutlich Getreide zermahlte). Im Ergebnis beaufsichtigte jetzt nur noch eine einzige Person routinemäßig die Bearbeitung großer Stoffmengen durch eine ganze Reihe von Hämmern, was vormals in sehr anstrengender Arbeit oft von einer ganzen Mannschaft von Walkern geleistet worden war. Eine gute Alternative zu der Walkmühle war die Hanfmühle, bei der das gleiche Hammer-Arrangement zum Einsatz kam, diesmal um Flachs zu zerstoßen und dabei die Fasern freizulegen, die später beim Verweben von Leinen gebraucht wurden.

Carus-Wilson wies darauf hin, dass die Erfindung der Walkmühle »ein [für die Wollindustrie] ebenso entscheidender Vorgang war wie die Mechanisierung des Spinnens und Webens im 18. Jahrhundert, selbst wenn wir nicht wissen, wann, wo und noch weniger von wem die Walkmühle erfunden wurde«.[47] Einige Historiker gehen davon aus, dass die ersten Walkmühlen aus dem 11. Jahrhundert stammen, andere glauben, dass sie erst hundert Jahre später aufgetaucht sind, jedoch waren sie spätestens im 13. Jahrhundert schon derart geläufig, dass sie die gesamte englische Industrie revolutionierten und ihr einen riesigen Vorsprung vor dem Kontinent einbrachten. Nicht zuletzt mit der Walkmühle hat die Vorliebe der englischen Wollindustrie für Dörfer und ländliche Gebiete mit vielen Bächen zu tun.[48] Diese Standorte boten mancherlei Vorteil. Fließendes Wasser diente auch den Färbern, die aus Stoffen überschüssige Farbe herauswaschen mussten. Außerdem konnten die Betriebe durch ihre ländliche, abgeschiedene Lage leichter das repressive Regelwerk der Gilden ignorieren, mussten niedrigere Steuern zahlen als in der Stadt und hatten auch geringere Lohnkosten, da der Lebensunterhalt auf dem Land viel billiger war. Daher blieben die Kapitalisten, die

Wollunternehmen führten, den Städten lieber fern und schlugen ihre Zelte auf dem Lande auf.[49]

Warum das Gleiche nicht auch in Europa geschah? Weil es dort nur in den Städten genügend Freiheit und ausreichend sichere Eigentumsrechte gab, um eine Industrie überhaupt aufzurichten. In Europas ländlichen Regionen herrschte weiterhin der Feudalismus und alle Anwohner hatten die Habgier des lokalen Regenten zu fürchten. In England dagegen obsiegten Freiheit und Sicherheit in allen Gefilden, so dass »das alte Sprichwort ›Stadtluft macht frei‹ für einen Engländer praktisch keine Bedeutung gehabt haben dürfte ... zumindest nicht, wenn er ein ehrgeiziger Industriekapitän war«.[50] Daher hatten die englischen Industriellen des Mittelalters keinerlei Grund, sich in überfüllte, teure, unordentliche und schmutzige Städte (häufig ohne Wasserkraft) zu quetschen, so wie es ihre Pendants in Flandern, Holland, Italien und der Rheingegend tun mussten. Ein analoges englisches Sprichwort hätte vielmehr »Landluft macht Geld!« heißen können. Es ist überdies nicht wahr, dass die Betriebe englischer Tuchmacher, nur weil sie auf dem Lande lagen, klein und primitiv waren. Im Gegenteil erforderten die Walkmühlen eine beträchtliche Kapitalanlage und ländliche Unternehmen mussten schon deshalb recht viele Arbeitskräfte an sich binden, weil die Abgeschiedenheit der Orte es schwierig machte, Unterlieferanten zu finden.

Es sollte jedenfalls festgehalten werden, dass das Walken den englischen Stoffen einen großen Vorteil auf dem internationalen Markt verschaffte. Natürlich walkten die Tuchmacher auf dem Kontinent ihre Stoffe ebenfalls, nicht anders als ihre Vorfahren es bereits Jahrhunderte früher getan hatten. Jedoch walkten sie nur *manche* ihrer Stoffe, was einen erheblichen Qualitätsverlust bedeutete[51] – Kleidung aus ungewalktem Stoff ging sehr leicht ein, wenn man damit in den Regen kam, was sie praktisch ruinierte. In der ungewalkten Kleidung spiegelte sich das Fehlen von Walkmühlen und die vermehrte Hand- bzw. Fußarbeit, die äußerst zeitraubend und anstrengend war. Man nimmt an, dass ohne Mühlen beinahe halb so viele Walker wie Weber benötigt wurden, »wohingegen ein Walker, der in einer Mühle arbeitete, das Werk von 40 bis 60 Webern fertigstellen konnte«.[52]

Doch profitierten die Engländer nicht nur von ihrer Nutzung der Walkmühlen; das war nur ein erster Schritt auf eine noch größere Mechanisierung der Textilindustrie hin. Bald nach der Walkmühle wurde die Aufkratzmühle erfunden, die im Gewebe den Flor aufrichtete. Danach kam 1589 eine frühe Form der Strickmaschine, gefolgt vom Schnellschützen – einer Variante des Weberschiffchens (1733), der Spinning Jenny (1770), der Spinning Mule (1779) und schließlich dem mechanischen Webstuhl (1785). All diesen Erfindungen blies heftiger Widerstand seitens der arbeitenden Bevölkerung entgegen, doch als James Watt 1776 schließlich die erste praktikable Dampfmaschine zum Einsatz brachte, waren sie alle bereits vorhanden und warteten nur darauf, an das neue Kraftpaket angeschlossen zu werden! Die technologische Innovation war das wichtigste Gütesiegel des englischen Kapitalismus.

Zu guter Letzt mag die örtliche Streuung und Vielfalt der Unternehmen sowie ein relativ uneingeschränkter

Kapitalismus die Dominanz der englischen Wollwaren noch auf eine weitere, unvermutete Weise beeinflusst haben, und zwar über die Herstellung erlesenerer und modischerer Produkte. Laut A. R. Bridbury reiche es nicht aus, den Erfolg der englischen Wollwaren mit dem Verweis auf bessere Vliese oder niedrige Preise zu erklären; was stattdessen betont werden sollte, seien vielmehr »Sachverstand und Kunstfertigkeit ... exotisch eingefärbte Stoffe und ... das subtile Ineinandergreifen von Design und Farbe dieser Erzeugnisse ... das Bemühen, Kleidung zu kreieren, die der modischen Eleganz im In- und Ausland entspricht«.[53] In den europäischen Zentren der Textilherstellung hielten die Gilden über Entwürfe und Farbgestaltungen stur die tote Hand der Tradition, und auch die Originalität leidet gemeinhin, wenn zu viele kreative Leute zusammengedrängt werden und sich der Arbeit des jeweils anderen bewusst sind. Eine weitaus größere Vielfalt der Stile und der Qualität entstand dagegen in Englands verstreuten Woll-Betrieben, wo die Schneider sich nicht gegenseitig über die Schulter schauen konnten. Da die kapitalistischen Unternehmenseigner bei der Gestaltung ihrer Erzeugnisse wenig Einmischung von außen erdulden mussten, konnten sie auch besser auf positive Rückmeldungen auf ihre Waren reagieren und diese für ihre künftigen Produktionen aufgreifen. Mit einem modernen Begriff gesagt, war das englische Wollgewerbe bereits »marktorientiert«.

Obwohl das Wollgewerbe also die englische Vormachtstellung im internationalen Handelsverkehr begründete, waren es doch vielmehr die im Wollgeschäft gelernten Lektionen und ihre Anwendung auf anderen

Gebieten, die aus England die erste wirklich große Industrienation der Welt machen sollten. Der entscheidende nächste Schritt betraf die Etablierung der Kohleindustrie. An der Entwicklung dieser Branche lässt sich die Verbindung von Kapitalismus und technologischer Innovation besonders gut erkennen.

Kohlekraft

Obwohl Holz für viele Verwendungszwecke ein eher minderwertiger Brennstoff ist, war es früher in den meisten bewohnten Teilen der Erde reichlich vorhanden und zumeist in greifbarer Nähe. Kohle ist dagegen ein sehr viel besserer Brennstoff, doch kommt man auch schwerer an ihn heran. Als die Flöze an der Erdoberfläche einmal verbraucht waren, wurde es extrem schwierig, die Kohle zu gewinnen und ausgesprochen teuer, sie zu transportieren. Daher griffen die Menschen des Altertums doch zumeist auf Holz bzw. Holzkohle zurück; und zwar nicht nur wenn sie kochten, backten und ihre Räumlichkeiten beheizten, sondern überhaupt in allen Bereichen, wo Hitze gewonnen werden musste, so im Hüttenwesen, in der Ziegelei, beim Herstellen von Glas, Seife, Salz, Tongut und sogar beim Bierbrauen. Die nur geringen Temperaturen, die das Holzfeuer liefert, setzten der Qualität dieser Erzeugnisse jedoch enge Grenzen. Zum Beispiel wurden die meisten damaligen Waffen und Rüstungen aus Bronze und Messing hergestellt, da es sich bei ihnen um Legierungen von Leichtmetallen handelt, die schon bei relativ niedrigen Hitzegraden schmelzen. Es war zwar bekannt, dass Eisen für diese Zwecke weitaus geeigneter war, doch benötigte es sehr viel höhere Temperaturen – bei der Verbrennung von Holzkohle ließ es sich zwar bearbeiten, aber doch nicht soweit schmelzen, dass es flüssig geworden wäre.

Im 12. Jahrhundert begann London immer mehr zu wachsen, was dazu führte, dass auch die Preise für Brennholz in die Höhe kletterten, da die dortigen Bestände zur Neige gingen. Bereits ein Jahrhundert später waren die Preise bereits so hoch, dass viele Londoner Familien sie schon kaum mehr bezahlen konnten. In Hampstead, das acht Kilometer von London entfernt liegt, kostete ein Bündel Holz – das damals in der Maßeinheit »Faggot« gehandelt wurde – um 1270 ungefähr 20 Pence. In Surrey, 20 Meilen von London entfernt, stieg der Preis für ein Bündel »zwischen 1280 und 1330 um etwa 50 Prozent«.[54] Doch hatten um 1180 bereits industrielle Betriebe damit angefangen, Kohle aus Newcastle per Schiff nach London zu importieren, wobei der Preis für die Kohle nur sehr wenig stieg, während Feuerholz immer teurer und teurer wurde. Darüber hinaus war die englische Kohle sehr hochwertig und produzierte pro Pfund sehr viel mehr Hitze als Holz. Der Preisabstand zwischen Kohle und Holz schrumpfte zwar auch wieder, doch sattelten immer mehr Unternehmen, die industrielle Hitze benötigten, auf Kohle um. Zum Teil verdankte sich die konkurrierende Preisbildung für Kohle durchaus den technischen Verbesserungen im Bergbau und beim Transport, doch war es in größerem Ausmaß der wachsende Kohle-Markt selbst, der die Erfindung und Anwendung solcher Technologien erst *veranlasste*. Und so wie die Wollbranche erst durch die Wasserkraft dazu bewegt wurde, sich in der Nähe von Bächen anzusiedeln, führte auch der

Wechsel von Holz zu Kohle viele Gewerbe dazu, sich um Bergwerke herum anzusiedeln; infolgedessen »wuchs die Größe der einzelnen Betriebe in einigen Branchen enorm an«.[55]

Aber auch in England, wo es hochwertige Kohle zunächst im Überfluss gab, wurde es irgendwann nötig, die Flöze tief in die Erde hinab zu verfolgen. Es wurden spezielle Bohrstangen erfunden, um Flöze lokalisieren zu können. Der Untertagebau verlangte, dass Grubenwasser, das ansonsten die Mienenschächte fluten würde, zunächst entfernt wurde. Die Römer hatten dieses Problem noch mit der Abschöpfung per Hand und diversen Eimer-Kolonnen zu lösen versucht. Die Engländer setzten dagegen eine Vielzahl von Pumpen ein, die von Wasserkraft angetrieben wurden oder von Pferden, die ein Rad drehten. Auch nutzten die Engländer die gleiche Antriebstechnik und große Ventilatoren, um frische Luft in die Grubenschächte zu blasen.[56] Diese Techniken mögen auf dem Kontinent entstanden sein, wo man sie ebenfalls nutzte, doch schöpften die Engländer sie viel umfangreicher aus, da ihre Minen um einiges größer waren.

Ein weiteres Problem für die Bergbau-Industrie war der Transport schwerer Ladungen Kohle oder Erzminerale. Zum Ende der Herrschaft Elisabeths I. hin fanden unbekannte Erfinder in Nottinghampshire eine Lösung, indem sie metallene Schienen anbrachten, auf denen von Pferden gezogene Förderwagen (die man später Grubenhunte nennen sollte) fahren konnten. Dabei kamen zwei Techniken zum Einsatz: zum einen der Spurkranz, der als Teil der Wagenräder dafür sorgt, dass sie die Spur nicht verlassen; zum anderen der Schienenstuhl, der den Fahrzeuglauf lenkte und seinerseits die Wagenräder in der Spur hielt. Zunächst wurde letzterem der Vorzug gegeben, da der Wagen, so er normale Räder hatte, am Ende der Schienenstrecke sogleich weiterfahren konnte. Doch war die erste Technik viel billiger, denn es kostete weniger, die eine Vorrichtung bloß an einzelne Räder anzubringen, als die andere an ganze Schienenwege. Um es den Wagen, deren Räder mit Spurkränzen versehen waren, leichter zu machen, verlängerte man häufig Schienen von der Mine zu einem benachbarten Gewerbe, etwa einer Schmelzerei, oder zu einem Schifffahrtsweg, wo bereits die Lastkähne warteten. Der große Vorteil von Schienen lag darin, dass sie die Reibung stark reduzierten, so dass viel weniger Kraft nötig war, um eine Ladung zu bewegen. Ein Wagen, der auf einer Schiene in Bewegung versetzt wird, bewegt sich, wenn der Anschub beendet ist, fünfmal schneller als ein Wagen auf einer asphaltierten Straße.[57] Folglich kann ein Pferd eine sehr viel schwerere Last besser auf Schienen als auf der Straße ziehen. Aus diesem Grund gab es schon lange vor der Dampfmaschine riesige Schienensysteme in den industriellen Gebieten Englands. Kein Wunder, dass die Lokomotive gerade dort erfunden wurde und England die weltweite Entwicklung der Eisenbahnnetze anführte.

Wie bereits erwähnt, brauchte man Kohle, um Eisen richtig bearbeiten zu können, sprich, um das Erz zu schmelzen und das Eisen zu verflüssigen. Dies wurde enorm erleichtert durch die Erfindung des Hochofens, bei dem wasserbetriebene Blasebälge zum Einsatz kamen, um starke Hitze zu erzeugen. Die Hochöfen selbst waren sehr groß, mit einem Mauerwerk, das 1,5 bis 2 Meter dick war. Einige wenige Hochöfen hatte es bereits im 15. Jahrhundert auf dem Kontinent gegeben, in großem Stil setzten sie aber erst die Engländer ab Mitte des 16. Jahrhunderts ein. Auch eine Abwandlung dieser Technik, der Brennofen, wurde in England schon bald genutzt, um Bauziegel und Backsteine herzustellen. Von noch größerer Bedeutung war die Entdeckung, auf welche Weise die tönernen Schmelztiegel, in denen aus Sand und Pottasche Glas hergestellt werden sollte, abgedichtet werden konnten. Bald schon hatte man die Möglichkeit, große Mengen Glas so günstig herzustellen, dass die meisten englischen Häuser fortan Fensterscheiben besaßen. Die Glasherstellung war so gesehen typisch: ein Markt nach dem anderen wurde durch die englischen Erzeugnisse erschlossen, ausgebaut und dominiert, da die Pionierleistungen auf dem Gebiet der Produktion immer mit exzellenter Qualitätsarbeit und niedrigen Kosten einhergingen. Im frühen 16. Jahrhundert stellten die Engländer hervorragende Kanonen aus gegossenem Eisen her, die über eine viel größere Reichweite und Treffgenauigkeit verfügten, als ihre Gegenstücke aus Messing und Bronze, die in Europa gebaut wurden. Im Kampf gegen die spanische Armada hatten die Engländer zwar weniger Schiffe, aber die besseren Waffen.

Für die Industrialisierung Englands war der Kapitalismus entscheidend. Gut belüftete Bergwerke, die durch wasserkraftbetriebene Pumpen trocken gehalten und mit Schienensystemen ausgestattet wurden, erforderten ein ausgeklügeltes Management. Schmelzöfen mit aufwändigen Gebläseöfen, die ihrerseits mit mechanischen Blasebälgen versehen sind, betreibt man nicht vom Hinterhof aus. Hier waren sowohl ein beträchtlicher Kapitaleinsatz wie auch eine große, verlässliche Arbeiterschaft gefragt. Daher wurden die englischen Unternehmen seit Beginn der Wollindustrie mit der Zeit immer größer und komplexer – ein Trend, der überraschenderweise weder durch Seuchen, Kriege oder politische Unruhen tangiert oder gar gestoppt wurde.

Doch gilt es zu erkennen, dass sich der englische Kapitalismus als das, was er ist, nur hat entwickeln können, weil die Engländer ein unvergleichliches Ausmaß an Freiheit genossen. Es ist alles andere als ein Zufall, dass die Nation mit der längsten Tradition an individueller Freiheit auch bei den Erfindungen und in der Industrie die schönsten Blüten trieb.

Der Erfolg des Westens beruht überhaupt nur auf Erfindungen. Große, zuverlässige, ausreichend bewaffnete und schnelle Schiffe ließen die Europäer sicher über den Globus segeln. Kompasse, akkurate Karten, präzise Uhrwerke und Teleskope wiesen ihnen den rechten Weg. Wirksame Feuerwaffen halfen ihnen die Stellung zu halten, wo immer sie sich auch niederlassen wollten.

Dies gesagt, waren es jedoch nicht nur materielle Erfindungen, die den Erfolg des Westens ausmachten; *kulturelle Erfindungen* waren sogar von noch größerer Bedeutung, insbesondere Leitbilder und Methoden, die ein effektives gemeinschaftliches Tun motivierten und organisierten. Ohnehin sind Methoden und Leitbilder fundamentale Aspekte des Kapitalismus – rationale Geschäftstechniken, die auf dem Glauben an den Fortschritt und die Vernunft beruhen. Und auch die Freiheit ist keine Aura, die vieldeutig über einer Gesellschaft schwebt; sie existiert nur dort, wo Leute tatsächlich an sie glauben und sich Methoden ausdenken, wie man sie herstellen und aufrechterhalten kann.

Auch militärische Stärke bemisst sich nicht nur nach Waffen und Zahlen. Verwegene Abenteurer der Neuen Welt wie Cortés und Pizarro setzten sich über offenbar unüberwindliche Hürden nicht nur deshalb hinweg, weil sie bewaffnet waren. Sie taten es, weil ihre Truppen diszipliniert und ihre Offiziere bestens trainiert waren – und weil sie selbst noch dann, als ein paar Dutzend Konquistadoren von Tausenden von Azteken oder Inkas umzingelt waren, den Glauben hatten, dass Gott sie siegen lassen werde.

Anders als viele andere Weltreligionen ist das Christentum keine Sammlung diversen Volksglaubens, der von Wanderpriestern verbreitet und dem in verstreuten Tempeln gehuldigt wird. Seit Anbeginn wurde es von gut organisierten Ordensgemeinschaften mit unverwechselbaren Leitsätzen vorangetragen. Selbst wenn es dabei häufig zu unschönen Konflikten gekommen ist, brachte es doch auch höchst vitale Formen der Bekehrung und ein hohes Maß an Eigeninitiativen hervor, die im Erfolg des Westens eine wichtige Rolle gespielt haben – ebenso zu Hause wie im Ausland.

Doch leider sind selbst profunde kulturelle Erfindungen fragile Gebilde. Daher sollten Krieg, Unterdrückung, religiöse Konflikte und habgierige Despoten die Landkarte der europäischen Freiheit und des Kapitalismus im 16. Jahrhundert wieder neu ordnen.

KAPITEL 6: »KATHOLISCHER« ANTIKAPITALISMUS: SPANISCHER UND FRANZÖSISCHER DESPOTISMUS

Wir haben gesehen, wie der Kapitalismus zunächst in Italien entstand und sich von dort aus nach Flandern, Holland und England ausgebreitet hat. Als aber das 17. Jahrhundert aufzog, war der Kapitalismus in Italien und Flandern fast schon wieder verschwunden, während die beiden Nationen, die Europas größte Landmächte darstellten, Spanien und Frankreich, dem Kapitalismus so wenig gewogen waren wie der Demokratie und dem Protestantismus. Und da standen sie, zwei durch und durch katholische Gesellschaften, regiert von Despoten, die das heimische Handelswesen so stark besteuerten, ausplünderten und regulierten, dass es praktisch lahmgelegt war. Derweil trieb der Kapitalismus immer neue Blüten in England und Holland, zwei vornehmlich protestantischen Ländern.

Es ist daher kein Wunder, dass einige Historiker den voreiligen Schluss zogen, der Kapitalismus könne nur in protestantischen Landen prosperieren, wobei sie aber die Tatsache ignorierten, dass er ursprünglich aus zutiefst katholischen Gesellschaften stammte. Gleichwohl ist der Umstand, dass der Kapitalismus sowohl in Frankreich wie in Spanien lahmgelegt war und just Spanien es war, das ihn auch in Flandern und den italienischen Stadtstaaten zerstören sollte, von größtem Interesse. Jede ernstzunehmende Diskussion über den Aufstieg des Kapitalismus in einigen Teilen Europas muss auch seinen Ausfall oder Niedergang in anderen Teilen erklären können. Von den beiden Ländern, um die es nun gehen soll, wirft Spanien vermutlich die wichtigeren Fragen auf, allein weil es in der Neuen Welt einen solch riesigen Reichtum anhäufte, doch sollten wir uns auch mit der Rolle Frankreichs beschäftigen.

Das Hauptargument dieses Kapitels wurde bereits in Kapitel 3 umrissen: despotische Staaten sind habgierig und verschlingen einen Großteil des Vermögens, der ansonsten in die wirtschaftliche Entwicklung wandern könnte. Doch wäre es falsch anzunehmen, dass despotische Staaten schwach seien. In Planwirtschaften wird ein Gutteil der Geldmittel gern darauf verwendet, höchst schlagkräftige Militärverbände aufrechtzuerhalten. Das imperiale Spanien mit seiner riesigen, leistungsfähigen und zornigen Armee, die in wichtigen Teilen Europas die spanische Herrschaft errichten sollte, hat eben dies vorgemacht. Die französischen Könige, die auf ein größeres Reservoir an einsatzfähigen Männern zurückgreifen konnten als jede andere Nation, stellten ihre Armeen im gleichen Geiste zusammen. Die zahlenmäßige Überlegenheit ermöglichte es etwa Napoleon, vorübergehend in einem Großteil Europas – einschließlich Spaniens – seine Herrschaft zu errichten, und das ungeachtet der Tatsache, dass die französischen Bauern im Vergleich zu Bauern aus Holland oder England in jämmerlicher Armut leben mussten.

Doch kann man sich fragen: Wenn der Kapitalismus denn für den Erfolg ganz Europas verantwortlich war, wieso suchten Spanien und Frankreich dann den Widerstreit? Der Grund hierfür liegt nicht in der Größe der Länder, ansonsten würden China und Indien schon längst die Welt beherrschen. Wichtiger war, dass Frankreich und Spanien beides katholische Gesellschaften waren, die ihrerseits einen tief verwurzelten Glauben an Fortschritt und Vernunft besaßen und in denen viele Menschen das Potential neuer Technologien sehr wohl erkannten und fremde Früchte des wirtschaftlichen Fortschritts durchaus importieren wollten, selbst wenn sie diese nicht selbst kultivieren konnten oder wollten. Als die spanische Armada also zum Kampf gegen England in See stach, war sie eine ganz hervorragende Flotte, wobei der einzige spanische Bestandteil die Besatzung war – alles andere, die Waffen oder auch die Schiffe selbst stammten aus der Fremde bzw. waren über kapitalistische Zulieferer importiert worden. Außerdem versuchten manche französischen und spanischen Unternehmer in dem engen Rahmen, den ihre despotischen Regierungen ihnen ließen, ihre Unternehmen nach kapitalistischem Modell zu gestalten und taten dies sogar mit Erfolg. Aber es bleibt dennoch dabei: hätten die Spanier und Franzosen mit ihren territorialen Begehrlichkeiten Erfolg gehabt, wäre die Entwicklung Europas in eine Stagnation verfallen. Zum Glück aber überlebte der Kapitalismus und Europas Fortschritt ging weiter, weil das winzige Holland die spanischen Ambitionen durchkreuzte und die englische Marine zuerst der spanischen Armada standhielt und dann Napoleon in den Ruin trieb. War auch hierfür der Kapitalismus verantwortlich? Vielleicht.

Seit Beginn des 17. Jahrhunderts haben westliche Historiker viel Mühe darauf verwandt, den »Niedergang Spaniens« zu erklären. Der englische Reisende Francis Willughby schrieb bereits 1673, dass Spanien schwere Zeiten zu durchleben hatte, und zwar aus folgenden Gründen: »1. eine schlechte Religion; 2. die tyrannische Inquisition; 3. die allzu vielen Huren; 4. die Unfruchtbarkeit der Böden; 5. die erbärmliche Faulheit des Volkes, darin vergleichbar den Walisern oder Iren; 6. die Vertreibung der Juden und Mauren; 7. viele Kriege und Plantagen.«[1] Vierzig Jahre später notierte der florentinische Botschafter in Spanien, dass »die Armut hier groß ist, und ich glaube, das liegt weniger an der Qualität des Landes als an der Natur der Spanier selbst. Denn diese geben sich überhaupt keine Mühe; lieber verschicken sie Rohstoffe, die in ihrem Königreich gedeihen, ins Ausland, nur um sie dann fertig bearbeitet von dort zurückzukaufen.«[2]

Selbst frühe spanische Schriftsteller klagten über den Niedergang, den Spanien seit dem goldenen Zeitalter, das in die Zeit Ferdinands II. und seiner Gattin Isabellas I. fiel, erleben musste. Pedro Fernández Navarrete drückte es 1600 so aus: »Diese herrlichen Monarchen erhoben Spanien auf die höchste Stufe des Glückes und der Vortrefflichkeit, die es je erklommen hatte und auf der es stehen blieb, bis der Abstieg begann.« Dergleichen Sichtweisen hielten sich hartnäckig. Der altehrwürdige Historiker J. H. Elliott fasste es 1961 so zusammen: »Es scheint unmöglich, dass eine Darstellung des spanischen Niedergangs, egal wie sie auch ausfalle, etwas an dem allgemein übernommenen Spanien-Bild des 17. Jahrhunderts ändern könnte, da die Karten ja immer die gleichen bleiben, egal wie wir sie mischen.«[3] Dann aber zog Henry Kamen einen ganz neuen Kartensatz hervor: *Spanien ging nie zugrunde, weil es nie aufgestiegen war!*[4]

Karmens brillante Umdeutung der herkömmlichen Ansicht hängt mit einer wesentlichen Unterscheidung zwischen Spanien und dem spanischen Kolonialreich zusammen. Das Reich begann mit Karl V., einem in Gent aufgewachsenen Habsburger, dem durch diverse dynastische Heiraten seiner Vorfahren die Krone zugefallen war. Nachdem er sich zum Kaiser des Heiligen Römischen Reiches hatte wählen lassen – wofür er sich aus dem Hause Fugger ein Vermögen leihen musste –, brachte er Teile der heutigen Benelux-Länder sowie einen Großteil Deutschlands unter seine Herrschaft, nebst Spanien und dessen Kolonien in der Neuen Welt. Das Reich war also ein dynastisches und keines, das durch Ausweitung oder, abgesehen von seiner Einnistung in der Neuen Welt, durch Eroberung entstand. Die späteren Beiträge Spaniens zu diesem Reich setzten sich vornehmlich aus Rekruten für das Militär sowie Gold und Silber aus den Kolonien zusammen. Diese großen Mengen an Hartgeld führten in Westeuropa zu einer Inflation, finanzierten aber auch den Unterhalt von großen, gut ausgestatteten Armeen, mit denen Franzosen, deutsche Prinzen, Italiener, Holländer und Engländer bekämpft werden konnten, was denn auch geschah. Allerdings hatte Spanien durch die Reichtümer der Neuen Welt gar keine nennenswerten Vorteile – die feudale Nation blieb schlicht unterentwickelt. Sobald die Rückständigkeit

Spaniens nicht mehr von der Grandezza des Kolonialreiches verdeckt werden konnte, kam es zu der besagten vorschnellen Schlussfolgerung, dass es da einen Niedergang gegeben habe müsse.

Nicht Spanien selbst, sondern das spanische Kolonialreich sollte den Kapitalismus in Italien und Holland zerstören. Um die Schilderung dieser Verwüstung durch das Reich gebührend einzuleiten, bietet es sich an, die wirtschaftliche, soziale und politische Situation Spaniens in seinem goldenen Zeitalter unter Ferdinand und Isabella näher zu betrachten.

Als Columbus 1492 in See stach, gab es eigentlich noch gar kein »Spanien«. Dieses bestand damals aus einem erst kurz zuvor erfolgten und eher nominellen Zusammenschluss zweier unabhängiger Königreiche – Kastilien und Aragón. Selbst heute noch empfinden sich viele Einwohner nicht so sehr als Spanier, denn als Aragonier oder Kastilier. 1492 dürfte das sogar für alle in den jeweiligen Königreichen gegolten haben, einschließlich des royalen Ehepaares Ferdinand und Isabella. Das Kastilien Isabellas war das sehr viel gewichtigere Königreich, besaß zwei Drittel der Landesfläche und 6,2 Millionen Einwohner. Nach ihrer Heirat mit König Ferdinand, der eine eher schwächliche Regentschaft in Aragón behauptete, »vereinten« die beiden ihre Reiche und begründeten damit Spanien. Die neue Nation hatte eine Bevölkerung von etwa 7,2 Millionen, was damals der Hälfte der französischen Population entsprach.[5] Von Anfang an war das Königspaar überaus populär, so dass die Cortes von Kastilien, ein Gesetzgebungsorgan des Adels, der Krone praktisch keinerlei Grenzen mehr setzte und nach 1480 kaum mehr regelmäßig zusammentrat. In der Folge sahen sich die Cortes außerstande, eine riesige Steuererhöhung durch Karl V. abzuwenden, was praktisch bedeutete, dass Kastilien wieder zu einem absolutistischen Staat wurde. Die Cortes in Aragón wiederum übten weiterhin ihren Einfluss auf die örtlichen Steuern aus, doch war Aragón sozusagen bloß der Stummelschwanz des Hundes.[6]

1482 ließen Ferdinand und Isabella Alhama angreifen, eine Stadt des an der Südseite der iberischen Halbinsel gelegenen Königreiches Granada, das damals unter maurischer (muslimischer) Herrschaft stand. Die Stadt fiel alsbald und nach einer Reihe ähnlicher Angriffe ergab sich Granada am 2. Januar 1492 den spanischen Kräften. Während die sogenannte Reconquista des Emirats der spanischen Bevölkerung einige hunderttausend Mauren mehr bescherte, brachte es der Krone nur einen unbedeutenden Gewinn.[7] Da der Krieg teuer gewesen war, ließ der Sieg recht leere Kassen zurück. Die Suche nach neuen Einnahmequellen spielte daher eine wichtige Rolle bei der Entscheidung, Columbus zu finanzieren, der nur wenige Wochen nach Ferdinands und Isabellas Rückkehr von einem triumphalen Besuch in Granada in See stechen sollte.

Der für Granada bezahlte Preis war ein böses Omen für das, was noch kommen sollte. Über das nächste Jahrhundert hinweg bluteten die Kosten des Königreichs Spanien geradezu aus und trugen wesentlich dazu bei, dass es ein Land verarmter Bauern blieb, das nicht nur auf den Import von vollständig produzierten Gütern angewiesen war, sondern sogar von Nahrung.

Die spanische Landwirtschaft litt unter zwei Dingen: den schlechten Böden und einer eigenartigen Institution, die den Namen Mesta trug. Die spanischen Schafe gaben hochwertiges Vlies, das womöglich nicht so gut wie das der englischen Schafe war, aber doch besser als das meiste andere. Infolgedessen war Vlieswolle der wichtigste spanische Exportartikel, und mit der Zeit hatte Spanien England als wichtigste Bezugsquelle von Vlies für die Industrien Flanderns und Italiens abgelöst. Die Mesta war eine Organisation von Schafbesitzern, die das königliche Vorrecht besaßen, mit Millionen von Schafen auf Wanderschaft zu gehen. Sie zogen mit diesen Herden durch ganz Spanien, »von den Sommerweiden im Norden zu den Winterweiden im Süden und wieder zurück«[8], wobei die Tiere grasten, wo sie auch hinkamen, weshalb in diesen Arealen keine andere Landwirtschaft betrieben werden konnte. Kam es zu Konflikten mit den Landbesitzern, ergriff die Krone stets Partei für die Mesta und argumentierte, dass das wichtigste Wirtschaftsgut eben der Wollexport sei. Damit verhinderte die Regierung mit ihrer Protektion in hohem Maße Investitionen in die Landwirtschaft[9] und es wurde für Spanien nötig, riesige Schiffsladungen Getreide sowie andere Nahrungsmittel zu importieren.

Die Geographie machte es obendrein schwer, die spanische Nation zu einen oder auch nur Binnenhandel zu betreiben. Felsige Gebirgszüge boten zwar leicht zu verteidigende Schlupfwinkel (was Wellington später in den Napoleonischen Kriegen demonstrieren sollte), doch behinderten die gleichen natürlichen Barrieren auch den Wirtschaftsverkehr und »sorgten für erschreckende

Preisaufschläge«.[10] Zum Beispiel war es teurer, Gewürze von Lissabon nach Toledo zu transportieren, als diese in Lissabon zu kaufen.

Was die Güterherstellung angeht, hatte Spanien sowieso nicht viel aufzuweisen gehabt, und was es gab, ging seinerseits unter, als aus dem amerikanischen Doppelkontinent so viel Gold und Silber herausgeholt wurde, dass es probater erschien, für Importe zu bezahlen. Auch hat sich in Spanien nie eine einheimische Kaufmannsklasse gebildet, vielmehr lag das Wirtschaftsleben in den Händen von Ausländern, vor allem Italienern. Und gerade auf diesen Punkt waren angesehene spanische Bürger, die Hidalgos, stolz, da sie fanden, dass Herstellung und Handel eher minderwertigen Menschen und Völkern vorbehalten sein sollten. Mögen andere für Spanien schufften!, war ihr Wahlspruch.[11] Während das Kolonialreich also Nordeuropa dominierte, steckte Spanien im Feudalismus fest und hatte nur ein einziges Gut, mit dem es wuchern konnte: junge Männer, viele dem Adel entstammend, die keinen anderen Ausweg aus der zu erwartenden Armut sahen, als professionelle Soldaten zu werden. Diese gut ausgebildeten, auf Dauer verpflichteten und wohlausgerüsteten spanischen Soldaten waren die gefürchtetste und beste Kampfeinheit in ganz Europa. Und doch mussten sie für das Kolonialreich kämpfen, nicht für Spanien. Ihre Siege errangen sie fern der Heimat, in den heutigen Benelux-Ländern, in Italien und im Rheingebiet. Doch auch die Gelder, mit denen sie bezahlt wurden, kamen von weit her, nämlich aus einer Entfernung von tausenden von Kilometern jenseits des Atlantiks.

Das Reich und der Reichtum

Auf seinem Höhepunkt im 16. Jahrhundert kontrollierte Spanien ein riesiges Reich, das sich von den Philippinen bis nach Österreich erstreckte und den amerikanischen Doppelkontinent, die Niederlande, etliche Teile Deutschlands, Tunis, Sardinien, Sizilien, den Großteil von Italien und die gesamte iberische Halbinsel – Portugal, Navarra und das Roussillon – mit einbegriff. Um diesen weiten Raum zu schützen und zu kontrollieren, unterhielt das Reich Berufsheere, die insgesamt circa 200 000 Männer umfassten, die aus ganz Europa stammten – große Gruppen etwa aus Irland, Flandern, Italien, Deutschland und nicht zuletzt aus Spanien. Diese imperialen Streitkräfte gehörten zu den ersten auf Dauer verpflichteten, stehenden Heeren Europas seit dem Untergang Roms.

Doch konnte Spanien diese ausgezeichneten Soldaten nicht bewaffnen. Das Land hatte keine Waffenfabriken, stellte weder Kanonen noch Kanonenkugeln her und nicht einmal Schießpulver. Als 1572 ein akuter Mangel an Kanonenkugeln entstand, schrieb Philipp II. einen Brief nach Italien und bat darum, dass zwei dortige Experten auf diesem Gebiet sofort nach Madrid geschickt werden sollten, da »es hier niemanden gibt, der wüsste, wie diese Kugeln gemacht werden«.[12] Aber das führte zu nichts und als die riesige spanische Flotte 1588 gegen die Engländer kämpfte, waren sämtliche Geschütze, Kugeln und überhaupt praktisch alles an Bord importiert worden, sogar der Schiffszwieback. Was man ebenfalls nicht hatte, waren Landkarten, da es in Spanien keine Kartographen gab. Daher suchte man nach Kapitänen, die die

Küsten des Ärmelkanals gut kannten. Als sich in Spanien aber keiner fand, musste Admiral Herzog Medina von Sidonia für die sichere Fahrt seiner Flotte auf französische Kapitäne zurückgreifen.[13] Natürlich waren die Schiffe ebenfalls nicht in Spanien gebaut worden.

Was es in dem Reich stattdessen gab oder wenigstens zu geben schien, war Reichtum. Dieser stammte vornehmlich aus drei Quellen: Erstens erhob der König erdrückend hohe Steuersätze. So waren die Steuern etwa nirgends so hoch wie in Kastilien – »um 1590 herum ging ein Drittel des durchschnittlichen Jahreseinkommens eines Bauern – und zwar in einem guten Jahr – für die Steuer drauf«.[14] Die Steuersätze in allen anderen Teilen des Reiches waren nur wenig niedriger als in Kastilien. Zweitens stammten enorme Summen aus dem Einkommen der Kirche. Die protestantischen Herrscher hatten große Gewinne bei der Veräußerung von Kircheneigentum gemacht. Da das spanische Reich sich dem Kampf gegen diese »gierigen Ketzer« verschrieben hatte, konnte der Papst sich Forderungen, seine Einkünfte zu teilen, schwerlich widersetzen. So erhielt Karl V. ein Drittel jedes Zehnten, der in seinem Herrschaftsbereich an die Kirche gezahlt wurde, durfte seinerseits Kircheneigentum besteuern und sich noch anderweitig an Kirchenschätzen bedienen.[15] Die Zehnten waren von besonders großem Wert, da ein jeder sie zahlen musste, wohingegen große Gruppen, wie die gesamte Hidalgo-Elite in Spanien, von den Reichssteuern befreit waren.

Und schließlich und vor allem wurde das Reich durch die gewaltigen Gold- und Silber-Importe aus Peru und Mexiko finanziert sowie durch Gewürze und Seide, die von ganzen Kolonnen von Schatzschiffen aus Asien gebracht wurden. Zwischen 1500 und 1650 gelangten aus der Neuen Welt 180 Tonnen Gold und 16 000 Tonnen Silber nach Sevilla.[16] Diese Importe waren dreimal so hoch wie die gesamten europäischen Silbervorräte und vergrößerten den Goldvorrat um 20 Prozent.[17] Doch wegen der außerordentlichen Abhängigkeit von Importen verblieb nur sehr wenig von diesem Reichtum in Spanien. Der venezianische Botschafter drückte es so aus: »Dieses Gold, das da aus Westindien kommt, verhält sich zu Spanien wie der Regen zu einem Dach – erst ergießt er sich in rauen Mengen, dann fließt er ab und versickert.«[18] Große Summen wanderten etwa nach Genua, dessen viele Kaufleute, die in Spanien arbeiteten, einen Großteil (vielleicht die Gesamtheit) seines Handels kontrollierten. Und noch mehr Vermögen wurde im Reich verstreut, um Soldaten zu bezahlen, die lokalen Behörden zu finanzieren und Alliierte zu unterstützen. Große Beträge wurden auch für besondere Projekte verwendet – die direkten Kosten der Armada, die gegen England kämpfte, beliefen sich auf mehr als 10 Millionen Dukaten, was dem doppelten Jahresetat des Reiches entsprach und einem Vielfachen dessen, was Königin Elisabeth jährlich einnahm.

Gleichwohl war das Vermögen des Reiches zum Großteil auch illusorisch, so man denn seine wahrhaft atemberaubenden Schulden mit einrechnet. Es begann schon damit, dass Ferdinand und Isabella es niemals schafften, für ausgeglichene Staatshaushalte zu sorgen und Karl V. bei seiner Krönung sich dazu hinreißen ließ, ihre sehr hohen Schulden zu übernehmen. Doch damit nicht genung, er vergrößerte die Schulden im königlichen Maßstab, indem er sich von den Fuggern eine halbe Million Goldgulden für seine Wahl zum Kaiser des Heiligen Römischen Reiches borgte. Und selbst das war nur ein Detail. Während seiner Herrschaft beschaffte sich Karl fünfhundert Darlehen von europäischen Bankiers, was auf einen Betrag von 29 Millionen Dukaten hinauslief.[20] Das meiste dieses Geldes war noch nicht zurückgezahlt, als 1556 Karls Sohn Philipp II. den Thron bestieg – und ein Jahr darauf selbst Konkurs anmeldete. Und dennoch war die imperiale Schuld fünf Jahre später schon wieder so hoch, dass 1,4 Millionen Dukaten – mehr als 25 Prozent des Jahresetats – als Zinsen für aktuelle Darlehen bezahlt werden mussten.[21] Aber es ging immer noch schlimmer – 1565 belief sich die imperiale Schuld allein in den heutigen Benelux-Ländern auf 5 Millionen Dukaten, wobei die Zinsen plus die laufenden Regierungskosten ein jährliches Defizit von 250 000 Dukaten ausmachten.[22] Das Gleiche galt für das Reich im Ganzen – die Schulden dominierten alles. Während der ersten Hälfte der 1570er Jahre beliefen sich die Einkünfte Philipps II. auf 5,5 Millionen Dukaten im Jahr, wohingegen seine Ausgaben durchweg doppelt so hoch waren und die jährlichen Zinsen mindestens 2,2 Millionen Dukaten betrugen.[23] Es war daher vielleicht keine allzu große Überraschung, als Philipp 1572 seine Schulden, die inzwischen auf 36 Millionen Dukaten angestiegen waren, schlichtweg ableugnete. Damit sorgte er allerdings dafür, dass seine Regierung in den Niederlanden ohne jegliche Geldmittel dastand. Sein Generalgouverneur beklagte sich darüber wie folgt: »Selbst wenn der König zehn Millionen in Gold besäße und sie uns herschicken wollte, könnte er es nicht, da er ja Konkurs angemeldet hat.«[24] Tatsächlich wäre ein Transport per Schiff viel zu riskant gewesen. Wenige Jahre zuvor, 1568, hatten die Spanier versucht, vier kleine Küstenboote mit 155 Truhen voller Dukaten nach Antwerpen zu schicken, um die Soldaten des Herzogs von Alba zu bezahlen. Doch wurden die Boote von den Engländern abgefangen und das meiste des Geldes landete in Königin Elisabeths Staatskasse.[25] Das Geld in einem Brief als Wechsel zu verschicken, war ebenfalls unmöglich, da kein spanischer Bankier in den Niederlanden einen solch hohen Betrag mehr hätte auszahlen können und andere Bankiers von Finanzgeschäften mit den Spaniern die Finger gelassen hätten. Am Ende verlor das Reich die nördlichen Niederlande, weil kein Geld da war, um die dortigen Truppen termingerecht zu bezahlen und weitere Pleitewellen sich einstellten – den nächsten großen Konkurs gab es 1596.

Seit den Tagen Ferdinands und Isabellas verlor das Reich also kontinuierlich sein Vermögen wie Blut bei einem Aderlass. Nachdem Philipp II. über Jahre beinahe täglich an seinem Schreibtisch im Escorial gesessen und Briefe an die Amtsträger seines riesigen Reiches geschrieben hatte, unfähig, seine Konten auszugleichen, immer auf der Suche nach neuen Darlehensquellen, ohne Bestreben, seine Schulden zu begleichen und verständnislos, warum Gott seine Bitten nicht erhörte – blickte er diesen brutalen Wahrheiten nun ins Gesicht. 1598, kurz vor seinem Tod, unterzeichnete er schließlich ein Friedensabkommen mit Frankreich und brach alle Verbindungen zwischen Spanien und den Niederlanden ab.

Damit verblieben allein die Engländer und Holländer als wichtigste Wirtschaftsmächte Europas. Beide Länder hatten fortgeschrittene Stadien des Kapitalismus erreicht und waren jeweils im Begriff, zu Kolonialimperien zu werden. Zu diesem Zeitpunkt hatten sie keine ernsthafte Konkurrenz von Italien und Flandern mehr zu fürchten.

Das spanische Italien

Nachdem sie einmal die Wiege des Kapitalismus gewesen waren, stellten die italienischen Stadtstaaten am Ende des 16. Jahrhunderts keine Wirtschaftsmächte mehr dar. Was war geschehen? Mancherlei: die Konkurrenz der Engländer und Nordeuropas auf den Mittelmeer-Märkten war sehr viel aggressiver geworden, der Nahost-Handel war infolge muslimischer Aggressionen zum Gutteil verloren gegangen und die Stadtstaaten selbst hatten sich zunehmend oligarchisiert. Letzteres resultierte in einem Verlust an Freiheit und instabilen Eigentumsrechten. Der Todesstoß ging jedoch von der Expansion des spanischen Reiches aus.

Es begann damit, dass 1295 Sizilien und Sardinien unter der aragonischen Krone zusammengefasst und zwei Jahrhunderte später, als Ferdinand und Isabella Kastilien und Aragón vereinten, Spanien zugeschlagen wurden. Nach einem Jahrzehnt ständiger Kämpfe zwischen französischen und kastilischen Truppen wurde 1504 das Königreich Neapel, bestehend aus dem gesamten Italien, das südlich des Kirchenstaates lag, an Aragón angegliedert. Als Karl V. 1516 König von Spanien wurde, gehörten diese riesigen Teile Italiens ihm. Doch er wollte noch mehr. Um dieser potentiellen Bedrohung entgegenzutreten, vereinten sich Frankreich, Venedig, Mailand und der Vatikan 1526 zur Heiligen Liga von Cognac, die es sich zum Ziel setzte, die spanische Expansion einzudämmen. Doch erwies sich die Liga als bloßer Papiertiger, als Karl 1527 eine Armee aus spanischen Veteranen und deutschen Landsknechten zu einem Angriff auf Rom und den Papst anwies. Allerdings hatte Karl, mal wieder knapp bei Kasse, seine Soldaten schon eine Weile nicht bezahlt, so dass diese, als sie ungehindert in die Stadt eindrangen, in eine wilde Haudrauf-Stimmung verfielen und sich »Plünderungen, Brandschatzungen und Morden hingaben«.[26] Obwohl Karl sein tiefes Bedauern über diesen »Sacco di Roma«, unter welchem Namen die Plünderung europaweit bekannt wurde, ausdrückte, muss doch gesagt werden, dass weder er noch sein Sohn Philipp späterhin noch einmal auf offenen päpstlichen Widerstand stießen. Im Gegenteil wurde der Vatikan sogar zu einem willigen und zentralen Kostenträger des Reiches.

Natürlich interessierten sich auch die Franzosen für die nördlichen Stadtstaaten. 1499 wurde Mailand durch Ludwig XII. erobert. Vierzehn Jahre später wurde die französische Herrschaft wieder gestürzt und die Dynastie der Sforza übernahm die Kontrolle, nur um wiederum 1515 von den Franzosen in der Schlacht von Marignano geschlagen zu werden. 1529 unterzeichneten die Franzosen wiederum einen Vertrag, der die Sforza zurück an die Macht brachte. 1535 wurde Mailand Teil des spanischen Reiches und fünf Jahre später ernannte Karl V. seinen Sohn Philipp zum Herzog der Stadt. Unter der spanischen Herrschaft, die bis 1706 währte, stand die Wirtschaft praktisch still und Mailand wurde zu einem von mehreren verschlafenen Stadtstaaten, die nur noch auf eine große Vergangenheit zurückblickten.

Genua fiel 1396 unter französische Herrschaft. Diese wurde mehrfach unterbrochen und erneuert, mit Zwischenphasen der Regentschaft Mailands, bis schließlich 1528 der wichtige genuesische Admiral Andrea Doria seine Dienste für Frankreich aufkündigte und sich mit Karl V. zusammentat. Dadurch wurde auch die französische Einflussnahme auf die Geschäfte der Genueser unterbunden und die Position der dortigen Bankiers sowie der genuesischen Händler in Spanien gestärkt. Allerdings führte das auch eine oligarchische Regierung in Genua herbei, die hohe Steuern, Günstlingswirtschaft, Monopole und gelegentlich auch widerrechtliche Inbesitznahmen bevorzugte und sich außerdem der spanischen Kontrolle unterwarf.

Florenz konnte seine Unabhängigkeit nur bewahren, indem es einen Medici als Großherzog akzeptierte, sowie durch eine Vielzahl strategischer Heiraten, die die Medici mit anderen großen europäischen Dynastien verbanden. Doch anders als ihren glanzvollen Vorgängern genügte es den Medici nicht, ihre Regierung einem gewählten Gremium zu überantworten, auf das sie nur bedingten Einfluss hatten. Sie wollten sehr viel lieber Monarchen sein. Dem gegenüber regte sich republikanischer Widerstand und 1529 rebellierte die Stadt gegen ihre Herren. Die Medici riefen nach Beistand, worauf spanische Streitkräfte zusammen mit Truppen des Papstes die Stadt belagerten. Nach elf Monaten gaben die Oppositionellen auf (unter ihnen auch Michelangelo). Ein Jahr später arrangierte Karl V. eine Heirat seiner Halbschwester Margarete mit dem wieder eingesetzten Herzog. Von da an wurde Florenz, obwohl es offiziell ein Herzogtum war, durch das Reich kontrolliert. Die Freiheit blieb eine Erinnerung und der Kapitalismus stagnierte.

Venedig war der einzige der vier großen italienischen Stadtstaaten, der sich Spanien nicht unterordnete. Dennoch rutschte die Stadt, die an drei Seiten von spanischen Besitztümern umgeben war, ebenfalls in die Oligarchie hinein, wurde dementsprechend zu stark reglementiert und zu hoch besteuert, so dass sie auf dem Mittelmeer-Markt nicht länger mit den Engländern und den Holländern konkurrieren konnte. Venedig gibt in dieser Hinsicht ein besonders abschreckendes Beispiel ab, das sich lohnt, gesondert in Augenschein zu nehmen.

Im frühen 16. Jahrhundert dominierten die Venezianer noch immer die Glasindustrie. Ihre Textilien waren prächtig, auch weil die spanischen Vliese sich als adäquater Ersatz für die englische Wolle erwiesen. Ihre Spiegel waren eine Klasse für sich, ebenso ihre Seifen, ihre Bordüren und ihr Porzellan. Zudem waren die venezianischen Drucker, die für die Herstellung ihrer Bleisätze geheime Techniken einsetzten, die besten und wohlhabendsten der ganzen Welt. Die Dinge hatten nie besser gestanden. Fünfzig Jahre später war die venezianische Wirtschaft ein einziger Trümmerhaufen und verfiel immer noch weiter.

Die erste Phase des Abschwungs Venedigs setzte ein, als etliche ihrer wertvollsten Handwerksmeister nach England abwanderten und dabei auch ihre Berufsgeheimnisse mitnahmen.[27] Dort nämlich konnte etwa ein Meister im Glasgewerbe an einem Tag mehr verdienen als in Venedig in einer ganzen Woche. Auf diese Weise wurde es den Engländern ermöglicht, auch zu einem ernsthaften Konkurrenten auf dem Markt für feines Glas zu werden, nachdem sie in der Herstellung von billigem Glas bereits tonangebend waren.

Es stellt sich die Frage, wie die Engländer es schaffen konnten, in einen preislichen Wettbewerb mit den Venezianern einzutreten, wo sie doch deren beste Handwerksmeister mit viel Geld zur Immigration bewegten und außerdem viel längere Wege zurücklegen mussten, um mit ihren Waren auf den Märkten des Mittelmeerraums bestehen zu können. Auch gewinnt die Frage nochmals an Schärfe, wenn man obendrein bedenkt, dass die Engländer ihre Konkurrenten aus Venedig und anderen Orten praktisch überrumpelten, indem sie Güter von gleicher oder noch höherer Qualität für *sehr viel geringere Preise* verkauften. Über Jahrhunderte hinweg hatten alle europäischen Kapitalisten nach dem Prinzip »Verkauf teuer!« gehandelt, also stets die höchstmöglichen Preise veranschlagt. Die Engländer dagegen vollzogen »eine fundamentale Neuausrichtung des ökonomischen Denkens ... [,] wägten den preislichen Wettbewerb gänzlich neu ab ... und verkauften fortan zum niedrigstmöglichen Preis«.[28] Das bedeutet, sie berücksichtigten bei der Berechnung möglicher Erträge zum ersten Mal auch die Volumina geldlicher Transaktionen. Und dabei fiel ihnen auf, dass sie unschlagbare Preisvorteile besaßen, gerade auch verglichen mit Venedig und anderen italienischen Industrien.

Einer dieser Vorteile waren die niedrigeren Produktionskosten. Diese waren zu gleichen Teilen das Resultat niedrigerer Arbeitskosten, fortgeschrittener Mechanisierungsprozesse sowie der besseren Organisation vor allem solcher Branchen, die auf technische Innovationen setzten. Im Gegensatz dazu unterstützte die venezianische Regierung weiterhin stur die verschiedenen Handels- und Handwerksgilden, wobei diese im Gegenzug die Arbeitskosten auf hohem Niveau hielten und alle Innovationsversuche blockierten. Als etwa die Engländer eine neue Methode des Färbens von Textilien erfunden hatten und dabei die Kosten für das Färben überhaupt um zwei Drittel senken konnten, war es den Woll-Unternehmen Venedigs untersagt, sie ebenfalls anzuwenden. »Das Beispiel ist absolut typisch für Dutzende ähnlicher Versuche der Kostenreduzierung, die jedoch von Regierungsseite abgelehnt wurden.«[29] Auch hatten die Engländer ganze Massenmärkte für Güter minderer Qualität gefunden, etwa für billige Wollwaren. Die Erträge, die dabei heraussprangen, überstiegen schon bald jene, die beim Verkauf von Luxuswaren erwirtschaftet wurden. Die Regierung aber fand es viel wichtiger, den Ruhm der Stadt für ihre Luxusgüter aufrechtzuhalten.

Gleichwohl war es vor allem die Steuerbelastung, die dafür sorgte, dass Produkte aus Venedig immer mehr vom Markt abgestoßen wurden – die Regierung erhob Steuern und Zölle, die immer höher und höher wurden. In der Zeit von 1588 bis 1630 beliefen sich die Steuern auf venezianische Wollwaren auf mehr als 40 Prozent des Verkaufspreises. Dazu kamen noch Importzölle auf Rohmaterialien, verschiedene Steuern auf alle verarbeiteten

Güter sowie Exportzölle. In England ermöglichten es dagegen allein die Importzölle, die Preise für Wollwaren 15 Prozent billiger anzusetzen als in Venedig.[30] Da Steuern für die englische Industrie sehr niedrig waren und Exportzölle fast nicht vorhanden, konnten die dortigen Kaufleute, die überdies geringere Produktionskosten zu schultern hatten, häufig ausgezeichnete Profite machen und dabei doch nur die Hälfte der venezianischen Preise berechnen. Es versteht sich von selbst, dass die Kaufleute in Venedig wiederum versuchten, ihre Regierung dergestalt zu beeinflussen, dass sie Steuern reduziere und ihrerseits im Ausland erprobte Techniken zur Kostenreduzierung anwende. Doch leider kam es anders, denn wann immer Despoten sich an goldenen Eiern zu schaffen machen, wandert die Gans bald in den Ofen.

1635 schrieb der venezianische Gerichtsvollzieher von Konstantinopel: »Die Engländer tun alles Erdenkliche, um unsere Leute selbst noch des Wenigen zu berauben, das ihnen von ihrer früheren Handelskraft auf dem Markt geblieben ist.«[31] Doch waren es eben nicht die Engländer, die den Kapitalismus in Venedig überrannt hatten, sondern die venezianische Regierung.

Soviel zum Ruhm des Landes Italien im Mittelalter.

Die spanischen Niederlande

Da der Kapitalismus in den heutigen Benelux-Ländern der Reformation lange vorausging, wäre es Unsinn, als Auslöser für den niederländischen Kapitalismus den Calvinismus anzuführen. Stattdessen darf man davon ausgehen, dass der Calvinismus vielmehr den Kapitalismus in den Teilen der Niederlande zerstört hat, die weiter der spanischen Kontrolle unterlagen – und auch das nur aus dem Grund, weil Philipp II. ein Feind jeglicher religiöser Toleranz war und daher alle feinziselierten Einigungsverträge in den Wind schlug. Stattdessen entfesselte er, was die einen Historiker den Achtjährigen Krieg und die anderen den Niederländischen Aufstand nennen. Dabei war es weniger ein religiöser Krieg, als ein Kampf um politische Freiheit und wirtschaftliche Unabhängigkeit, was bereits daran zu erkennen ist, dass die niederländischen Calvinisten und Katholiken häufig gemeinsam in Opposition gegen Spanien traten und die Calvinisten selbst in den Niederlanden nie in der Mehrheit waren. Doch geht es uns bei diesem Krieg letztlich nur um die Zerstörung des Kapitalismus in den spanischen Niederlanden. Und diese lässt sich gut an einer kurzen Fallstudie Antwerpens erkennen.

Die Zerstörung Antwerpens

1555 ernannte Karl V. seinen Sohn Philipp zum Regenten der Niederlande. Damals war Antwerpen der Dreh- und Angelpunkt des internationalen Kapitalismus, ja das Handels- und Finanzzentrum der Welt. 34 Jahre später hatte die Stadt mehr als die Hälfte ihrer Bevölkerung verloren, ihr Hafen war durch die niederländische Blockade verödet, sie war von spanischen Truppen heimgesucht und geschändet worden und ihre Handelsunternehmen waren allesamt geflohen – die meisten nach Amsterdam.

Die Reformation kam früh nach Antwerpen. Noch bevor Luther seine 95 Thesen an die Schlosskirche im deutschen Wittenberg nagelte, war eine flämische Übersetzung der Bibel in Antwerpen erschienen und die boomende Druckindustrie der Stadt verbreitete ebenfalls Berichte über das Fehlverhalten der römischen Kurie. Auch brachte Antwerpen nicht wenige lutherische Märtyrer hervor. Nachdem die Augustiner 1522 aus der Stadt verbannt worden waren, floh ihr Prior nach Deutschland, wo er sich seinem früheren Augustiner-Kollegen Luther anschloss. Zwei Jahre später wurden zwei Augustiner-Väter aus Antwerpen in Brüssel verbrannt, weil sie Luthers Gedankengut verbreitet hatten. Aus dem gleichen Grund wurde 1525 ein Mönch in Antwerpen ertränkt. Ob solcher Geschehnisse wurde vielen Leuten das ketzerische Denken natürlich verleidet. Doch griff die Drohung nicht bei allen. Das Luthertum, die Wiedertäufer-Bewegung und dann auch der Calvinismus bekamen sogar immer mehr Anhänger. Schlimmer jedoch war die krasse religiöse Intoleranz, die viele Katholiken abschreckte, besonders wenn sie dem Adel angehörten. Diese Gefühle wurden noch dadurch verstärkt, dass sowohl die religiösen wie zivilen Verfolger Spanier waren, ihre Opfer aber Flamen und Holländer. 1566 erreichte diese Spaltung einen Höhepunkt, als einige radikale Calvinisten zurückschlugen.

Der *Beeldenstorm* bzw. der reformatorische Bildersturm bestand aus umherziehenden Banden radikaler Calvinisten, die sich strikt gegen alle religiösen Bildwerke und Ausschmückungen in Kirchengebäuden wendeten und ihre Überzeugungen dergestalt auslebten, dass sie in katholische Kirchen einfielen und die dortigen Kunstwerke und allen Zierrat zerstörten. Es wurde verschiedentlich versucht, die rasende Bildzerstörung, die sich da in den südlichen Niederlanden ausbreitete, mit dem Wegzug vieler Textilarbeiter und einem plötzlichen Anstieg der Lebensmittelpreise zu erklären. Doch selbst wenn dies die Gründe gewesen sein sollten, wie ist es dann zu verstehen, dass nur Kirchen heimgesucht wurden? Wieso keine Regierungsgebäude oder Stadthallen, warum wurden keine Lebensmittelgeschäfte geplündert?[32]

Der *Beeldenstorm* erreichte Antwerpen am 21. August 1566. Als die Ikonoklasten sich an ihr Zerstörungswerk machten, wurden sie von großen jubelnden Mengen umringt – es gab keine Opposition. »Alle 42 Kirchen der Stadt wurden geplündert, die Bildstöcke, Skulpturen und alle möglichen Gegenstände warf man auf die Straße, stahl noch hier und da Gefäße und Teller. In der Nacht ging das Wüten bei Fackelschein weiter.«[33] Im Escorial, dem königlichen Sitz Philipps II. nahe Madrid, jubelte man hingegen nicht. Der König befand, dass es nun an der Zeit sei, die Niederlande mit wirklich harter Hand zu regieren, und dies am besten in der Person von Don Fernando Álvarez de Toledo, dem dritten Herzog von Alba (das man dann häufig Alva nannte). An der Spitze von zehntausend Soldaten (und Hunderten von attraktiven »Kurtisanen«)[34] zog Alba von Mailand, das inzwischen eine spanische Provinz geworden war, über die Alpenpässe ins Rheintal und von dort über die »spanische Straße« bis nach Brüssel, wo er am 22. August eintraf, genau ein Jahr und einen Tag, nachdem der *Beeldenstorm* Antwerpen erreicht hatte. Und dann begann das Blutbad. Es ist nicht klar, wie viele Ikonoklasten Alba zusammentreiben ließ, da sein Zorn generell eher den Hochverrätern, als den Ketzern galt. Und Hochverrat war für ihn jedwede Bestrebung nach lokaler Souveränität. Daher konnte sich kaum mehr jemand seines Lebens sicher sein, nicht einmal der katholische Adel – eine ganze Anzahl Adeliger wurde wegen Hochverrats geköpft.[35] Als direkte Folge von Albas Brutalität gingen viele Angehörige der Oberschicht, so etwa Wilhelm I., in den Widerstand.

Derweil formierten die radikalen Calvinisten eine furchterregende Oppositionsgruppe auf dem Meer. Die »Geusen« (der Name leitet sich von dem französischen Wort für »Bettler«, *gueux,* ab) wurde 1568 von Heinrich von Brederode sowie einigen protestantischen Adeligen gegründet, die sich für die Unabhängigkeit der Niederlande einsetzten. Als die Gruppe bei der von spanischer Seite eingesetzten niederländischen Statthalterin eine Bittschrift einreichte, worin um die Tolerierung des Protestantismus ersucht wurde, verlachte man die Adeligen als Bettler. Als die Bittschrift abgewiesen wurde, behielten sie den Namen sozusagen als Ehrenabzeichen. Sie stellten eine Flotte aus sehr schnellen, kleinen, flachkieligen Kaperschiffen zusammen, die nun regelmäßig nahe der flämischen und niederländischen Küste auf spanische Schiffe Jagd machten – und dabei meist ungeschoren davonkamen. Alba ließ daraufhin riesige Verteidigungsgarnisonen an den wichtigsten Häfen stationieren, nicht zuletzt auch in Antwerpen, wo er obendrein ein großes Fort bauen ließ. Nun konnten die spanischen Soldaten zwar die Hafengelände kontrollieren, waren aber außerstande, Attacken auf Transportschiffe zu verhindern. Bald schon blockierten die Geusen sowohl die Zufahrt solcher Schiffe nach Antwerpen wie anderer wichtiger niederländischer Hafenstädte. Daraufhin setzte ein wahrer Exodus vieler Import- und Export-Unternehmen ein.

Infolge der flächendeckenden Verärgerung über Álvarez' Einsetzung als niederländischer Statthalter 1572 und über eine neue Steuerlast, begannen die »Wassergeusen« damit, nicht mehr nur Handelsschiffe zu überfallen, sondern auch Hafenstädte zu erobern. Brielle war die erste, doch innerhalb weniger Wochen folgten viele andere nach. Die Widerständler vor Ort wurden durch Rebellentruppen verstärkt, die die Geusen in vielen Booten an Land brachten. Das entsprach natürlich einem Kriegszustand. Álvarez' Truppen belagerten einige Hafenstädte und konnten so etwa 1573 Haarlem zurückerobern. Im gleichen Jahr wurde Álvarez als Statthalter jedoch durch Luis de Zúñiga y Requesens ersetzt, der sich auf Befehl Philipps II. von Spanien gen Norden aufmachte, um mit den Aufständischen zu dauerhaften Verhandlungslösungen zu kommen. Doch blieben die Gespräche ohne Erfolg. Wann immer man versuchte sich zu einigen, ging Philipp mit einem Widerwort dazwischen, da er ja glaubte, dass es für Protestanten keine Toleranz geben dürfe.

Indessen bezahlte er außerdem seine Truppen nicht. Im November 1573 meuterte seine königliche Armee, brandschatzte als wilde Horde einige kleinere Städte und erreichte schließlich Antwerpen, das damals immer noch ein loyaler Außenposten des spanischen Königreichs war. Was darauf folgte, wurde unter dem Namen »Spanische Furie« bekannt. Tausende litten und Tausende starben. »Die Spanier hängten die Männer an den Füßen und die Frauen an den Haaren auf; sie peitschten Leute aus und verbrannten ihre Fußsohlen, damit sie ihnen verrieten, wo sie ihre Wertsachen versteckt hatten.«[36] Junge Frauen wurden schreiend in das neugebaute Fort gezerrt. Keiner war mehr sicher, weder die Armen (die häufig sogleich getötet wurden, da sie den Soldaten kein Geld geben konnten) noch die Geistlichen, die ebenfalls häufig durch Folter dazu gezwungen wurden, ihre Wertsachen herauszugeben, was sogar sakrale Gebrauchsgegenstände, etwa Abendmahlkelche betraf.[37] Der Geschäftsführer des Fugger-Unternehmens taxierte, dass der Händlergemeinschaft Antwerpens hierbei 2 Millionen Kronen in Gold- und Silbermünzen verloren gingen.

Als die Truppen wieder abgezogen waren, wechselte Antwerpen die Seiten und unterzeichnete die protestantische »Utrechter Union« – einen Vertrag seitens nördlicher Provinzen und Städte der Niederlande, die sich von den katholischen Südprovinzen, die sich als »Union von Arras« zusammengeschlossen hatten, absetzen wollten. Dabei wurde Antwerpen praktisch zu einem Widerstandszentrum. Anstatt wie zuvor von den Geusen blockiert zu werden, wurde der Seetransport der Stadt nun vielmehr von ihnen beschützt. Und dennoch blieb Antwerpens wirtschaftliches Leben deutlich beschädigt.

1578 wurde Requesens als niederländischer Statthalter durch Don Alessandro Farnese, den Herzog von Parma, ersetzt. Und dieser war ein höchst repräsentativer Statthalter, was sich schon darin zeigte, dass er damit fortfuhr, die niederländische Revolte weiter niederzuschlagen. Zu diesem Zweck ließ er Antwerpen mehrere Male angreifen und, als ihm das nicht genügte, die Stadt 1584 schließlich belagern. Ein Jahr später fiel sie und gelangte wieder fest in spanische Hand. Als Beute taugte sie jedoch nur noch bedingt, da sie durch die Blockade erneut von der See abgeschnitten war. Ein weiteres Mal galten Protestanten als Outlaws, wobei ihnen dieses Mal immerhin vier Jahre Zeit gegeben wurde, um die Stadt zu verlassen. Die meisten gingen aus Angst allerdings schon früher, so dass die Bevölkerung der Stadt rasch und deutlich zusammenschrumpfte, wie man von Tabelle 2 ablesen kann. Was vom Kapitalismus übriggeblieben war, nahmen die Auswanderer mit sich.

Tabelle 2: Bevölkerungs-Profil Antwerpens zur Zeit seines Aufstiegs und Niedergangs

1437	20 000
1480	33 000
1526	55 000
1555	100 000
1584	(Die Stadt fällt dem Herzog von Parma zu)
1585	80 000
1589	42 000

Kämpfende Holländer

Die meisten Abwanderer aus Antwerpen nahmen den Kapitalismus mit in den Norden, und zwar nach Amsterdam, das in der Folge einen regelrechten Boom erlebte. Wirtschaftshistoriker datieren seinen Beginn auf 1585, das Jahr, als Antwerpen in die Hände des Herzogs von Parma fiel. In Amsterdam existierten dagegen Freiheit und Toleranz, alle Steuern mussten von Bürgerseite bewilligt werden, und der Zugang zu Rhein und Maas ermöglichte es den Holländern, den lukrativen und höchst aktiven Ostsee-Handel zu dominieren. Ausländische Kaufleute – besonders Engländer –, die zuvor in Antwerpen zusammengegluckt hatten, taten das Gleiche nun auch in Amsterdam.

Wenn Holland vor sehr langer Zeit einmal dem Atlantik abgerungen worden war, war es nun der Ozean, der die Holländer kraft seiner Wassergrenzen schützte, ja rettete. Zu Hause für ihr Eigenes kämpfend, ausgestattet mit Waffen, die ihre Landsleute hergestellt hatten, finanziert durch eine boomende gewerbliche Wirtschaft, mit ungehindertem Zugang zum Meer und unerschütterlichen englischen Mitstreitern, konnten die Holländer es sich leisten, praktisch noch ewig weiter zu kämpfen. Das spanische Reich dagegen hatte allein sehr teure ausländische Truppen ins Feld geführt, die auf Waffen aus fremdländischer Fertigung zurückgreifen mussten und sogar hauptsächlich mit Lebensmitteln aus dem Ausland versorgt wurden. Da Spanien keine Kontrolle über das Meer hatte, mussten alle seine Güter auf dem Landweg geliefert werden, nämlich über die spanische Straße, die schon Álvarez mit seinen Bataillonen benutzt hatte. Die Kosten hierfür waren schwindelerregend.

Niederlage

Als die 1580er Jahre begannen, standen die Dinge schlecht für Philipp II. Die Holländer vermochten selbst nach vielen Angriffen, noch immer ihre Stellungen zu halten. Dann schickte 1585 Elisabeth I. eine kleine aber wirkungsvolle Armee – 6 350 Infanteristen, 1 000 Kavalleristen, allesamt angeführt von dem Herzog von Leicester – nach Holland, um die Sache der einheimischen Bevölkerung zu unterstützen. Zudem erstand Elizabeth die Aktien einschlägiger Organisationen, die Überfälle auf spanische Schiffe finanzierten, besonders solche, die aus dem Orient und den beiden Amerikas kamen. Doch damit nicht genug: auch die Franzosen verschworen sich weiterhin gern gegen Spanien und waren stets zu Angriffen aus dem Hinterhalt bereit. Es musste etwas geschehen. Philipp und die Seinen beschlossen, dass aus der Gruppe der Spanien-Gegner als erstes England herausfliegen müsse. Zu diesem Zweck würden die Spanier ihre unbezwingbaren Bataillone von den Niederlanden aus über den Kanal verschiffen, die zusammengewürfelte Guerilla-Truppe der Queen einfach überrollen, Elisabeth selbst durch einen katholischen Monarchen ersetzen, und das wär's dann.

Der Plan sah gut aus. Und vielleicht hätte er auch zum Erfolg geführt, wäre England denn ebenfalls von einem Despoten regiert worden. Doch gegen ein Volk von »Ladenbesitzern«, in dem alle möglichen Unternehmen und Technologien erblühten und dessen Königin eine leidenschaftliche Kapitalistin war, hatte Spanien keine Chance.

Die Armada

1587 begann Spanien damit, die riesige Flotte zusammenzustellen, die für die Invasion Englands als nötig erachtet wurde. Der Plan bestand darin, von Norden her in den Ärmelkanal zu fahren und die dortigen englischen Schiffe soweit kampfunfähig zu machen, dass die Armada im Anschluss eine Flotte vieler kleinerer Schiffe, beladen mit Soldaten des Herzogs, von Brügge und anderen Hafenstädten aus an die englische Küste geleiten könnte. Man stattete die kleineren Schiffe bereits dergestalt aus, dass sie sogar Kavallerie-Truppen mitsamt ihren Pferden transportieren und diese beim Anlegen an Land sofort drauflos preschen konnten. Die wichtigsten Sammelhäfen der Armada sollten Cádiz (westlich der Straße von Gibraltar gelegen) und Lissabon sein – Portugal war 1581 von Spanien annektiert worden.

Die Engländer durchschauten den Plan aber und entschlossen sich zu einem Überraschungsangriff, der »alle Anzeichen einer Intervention seitens Elisabeths« trug und einen Durchbruch herbeiführen sollte.[38] Die englischen Streitkräfte wurden befehligt von Francis Drake, der bereits berühmt geworden war für diverse waghalsige und vernichtende Attacken auf spanische Schiffe. Drake stand in Elizabeths Gunst, war aber kein Marine-Offizier. In Anlehnung an die englische Vorliebe für das freie Unternehmertum durften jedoch auch normale Bürger die Befehlsgewalt für Schiffe der Königin innehaben. So geschah es, dass englische Schlachtflotten häufig sowohl aus königlichen wie privat genutzten Schiffen bestanden. Wie viele andere damalige Seemänner auch hatte Drake sich seinen Ruhm durch Raubzüge als Freibeuter erworben, die in seinem Partnerschaftsvertrag mit der Königin sogar verpflichtend vorgesehen waren. Auf dem Kontinent dagegen wurden Seemänner dieser Art schlicht als Piraten betrachtet.

Drake hatte den Plan, sowohl Cádiz wie Lissabon anzugreifen, in der Hoffnung, dass beide Häfen voller Schiffe seien, die jedoch noch nicht kampfbereit waren. Im Aufbau der Flotte zeigte sich, wie Kriegsgerät auf kapitalistische Weise eingesetzt werden konnte und warf ein Licht auf die Einzigartigkeit der elisabethanischen Handelsflotte. An der Spitze standen vier mächtige Schiffe, die Drake selbst gehörten, gefolgt von vier der besten Galeonen Elisabeths, die ebenfalls seinem Kommando unterstanden. Außerdem hatte er die königliche Erlaubnis, so viele Handelsschiffe in die Flotte einzufügen, wie ihm beliebte und wie die Londoner Handelsleute abzugeben bereit waren. Nun kann man sich fragen, welchen Nutzen Handelsschiffe in einer Schlachtflotte haben konnten? Freilich keinen, so sie denn identisch wären mit den ausladenden, tiefkieligen, schwerfälligen und mit wenigen Waffen ausgestatteten Schiffen, die ansonsten für die Kaufleute des Kontinents fuhren. Die englischen Kaufleute bauten hingegen erweiterte Kampfschiffe, deren Nachteile im Handelsverkehr dadurch wettgemacht wurden, dass sie nicht länger für sperrige Frachten, sondern für leichte, hochwertige Güter ausgestattet waren. Zudem mussten sie, kampfbewährt, nicht zur eigenen Sicherheit in Konvois segeln oder sich kostenpflichtig gegen Piratenangriffe versichern. Das heißt, anders als die viel schwerfälligeren Handelsschiffe des Kontinents, die innerhalb einer Kampfflotte höchstens als Brander eingesetzt werden konnten, waren die englischen Schiffe eine hervorragende Marinereserve, die in der Kampflinie ganz selbstverständlich ihren Platz einnahmen. Violet Barbour hat darauf hingewiesen, dass sich ein großes englisches Handels- von einem königlichen Kriegsschiff weder durch den Umfang noch die Takelage, noch die Anzahl an Schießscharten unterschied, sondern allein durch »höchst aufwendige Ornamente«.[39] An den Schiffen der Königin gab es viele Schnitzarbeiten und Schnörkel aller Art und stets eine eindrucksvolle Gallionsfigur. Die Handelsschiffe waren da ungleich bescheidener. Drake überzeugte die Londoner Kaufleute, die mit der Levante Company assoziiert waren, ihm neun dieser Schiffe zu überlassen sowie etliche Fregatten und Pinassen, die den Feind auskundschaften und in Kommunikation zu Drake wie zum Festland stehen sollten. Allerdings waren die Motive der Kaufleute nicht bloß patriotische. Drakes Flotte war nämlich als Kapitalgesellschaft angemeldet worden und sollte allen Beteiligten, einschließlich der Königin, Rendite, Prämien und natürlich auch Beute abwerfen, sollte die Expedition denn erfolgreich sein. Dadurch hatte »der Kriegszug etwas von einer privaten, geschäftlichen Unternehmung«.[40]

Als die Flotte am 29. April 1587 in Cádiz eintraf, erfüllten sich alle Hoffnungen Drakes. Der Hafen war vollgepackt mit spanischen Schiffen, die teils noch keine Waffen und Segel trugen, die Crews waren vielfach nicht an Deck. Drakes Flotte lief ein, versenkte dreißig Schiffe, lief wieder aus und nahm noch diverse Schiffe als Beute mit, die alsdann nach England geschickt wurden. Anschließend fuhr Drake nach Cabo de São Vicente, um den Küstenhandel zu behindern und spanische Schwadronen, die sich nach Lissabon aufmachen wollten, abzufangen. Lissabon erachtete er jedoch als zu mächtig, um es anzugreifen, allemal ohne das nun aufgezehrte Überraschungsmoment. Erneut jedenfalls richtete Drake verheerenden Schaden unter den Spaniern an und nahm Beute und Versorgungsgüter mit.[41] Obwohl dies verglichen mit der gewaltigen Größe der geplanten Armada sozusagen Kleinkram war, reichte es doch aus, um den Abfahrtstermin der Armada um ein Jahr zu verzögern. Drake betrachtete das alles nüchtern und schrieb etwa dem Meisterspion der Königin, Francis Walsingham: »In England möge man sich gut wappnen – am besten nicht erst an Land, sondern schon auf dem Meer!«[42]

Als die Armada dann im Folgejahr auslief, wurden deutliche Schwachstellen des ursprünglichen Plans deutlich. Die englische Flotte konnte nämlich schon deshalb kaum besiegt werden, weil sie nicht auf althergebrachte Weise kämpfte. Anstatt sich auf Gefechte von Deck zu Deck einzulassen, hielten die beweglichen englischen Schiffe zu den spanischen einen großen Abstand und verließen sich auf ihre Längsseiten, von denen aus gefeuert wurde. Zwar waren die spanischen Schiffe vollgepfropft mit Soldaten, die nur zu gern mit Schwertern auf die Engländer losgegangen wären, doch hatten sie zu wenige wie auch zu leichte Kanonen; obendrein wurden ihnen bald Kugeln und Schießpulver knapp. Indem sie so nahe der Heimatküste kämpften, dass Menschenmengen sich sogar häufig am Ufer versammelten, um die Schlachten zu beobachten, konnten die Engländer dagegen leicht für Pulver-Nachschub sorgen und besaßen überdies bereits Feuerzeuge, mit denen sie die Kanonen abfeuerten.

Gleichwohl schlug sich die Armada gut genug, um sich durch den Ärmelkanal vorzuarbeiten, blieb zum großen Teil intakt und war immer noch eine ernstzunehmende Kriegsflotte, als sie die Küste Flanderns passierte, wo der Herzog von Parma auf sie wartete. Nun zeigte sich die nächste taktische Schwachstelle. Niemand hatte damit gerechnet, dass der Herzog seine Invasionsarmee, mit der er die Armada unterstützen wollte, nicht von der Küste wegbekommen würde. Ansonsten hätten sie die Engländer vielleicht tatsächlich zu Kämpfen von Deck zu Deck zwingen können. Und warum kamen sie nicht vom Land weg? Weil Flandern von den holländischen Geusen blockiert wurde, deren Schiffe in den flachen Küstengewässern herumfuhren, außer Reichweite der Armada. Hätte diese ihre kleineren Boote losgeschickt, um die spanische Truppenergänzung abzuholen, wäre das Meer bald voll von ertrinkenden Soldaten und reiterlosen Kavalleriepferden gewesen – die Geusen hätten sie niemals durchkommen lassen.

So hockten die Truppen untätig am Strand, während die Armada sich weiter nach Norden aufmachte, fortwährend beschossen von englischen Kanonen mit großer Reichweite. Als sie Schottland passierte, entschloss sich die Armada, westwärts zu drehen und an Irland vorbei wieder nach Lissabon zu fahren. Das war nun vollends eine schlechte Idee, denn es setzten schreckliche Stürme ein und dutzende spanische Schiffe gingen unter; über die nächsten Wochen hinweg wurden Leichen an die irischen Strände gespült.

Dass es ausgerechnet ein Wetterphänomen war, das der Armada den größten Schaden zufügte, verrät uns noch etwas anderes über die beiden Flotten. Der englische Marine-Schiffbau war so hochwertig und die englischen Seemänner so erfahren, dass während der gesamten 45 Jahre langen Regierungszeit Elisabeths I. »nicht ein einziges englisches Kriegsschiff durch Schiffbruch verlorenging; während in der gleichen Zeit ganze Kompanien von Spaniern im Meer ertranken«.[43]

Das zerfallende Reich

Obwohl die Niederlage der Armada ein arger Dämpfer für den spanischen Hochmut war, erkannte niemand in Sevilla oder im Quasi-Kloster des Escorial, wie entscheidend sie sein sollte. Stattdessen planten Philipp und seine Ratgeber, dass man neue Armeen zusammenstellen und sich erneut in den Kampf stürzen sollte. So geschah es, dass Spanien neun Jahre nach der ersten Niederlage eine zweite Armada nach England schickte. Im naturgemäß stürmischen Monat Oktober brach eine Flotte von etwa hundert Schiffen auf. Diesmal gab es keine Vorwarnung für die Engländer, deren Schiffe in großer Zahl gerade neu instandgesetzt oder gewartet wurden. Nach vier Tagen auf See aber kam die neue Armada in einen riesigen Sturm hinein. Dabei erwiesen sich die spanischen Schiffe erneut als nur bedingt seetüchtig und die Mannschaften als »linkisch und untrainiert«. Als der Sturm vorüber war, wurde offenbar, dass »circa ein Drittel der Schiffe, darunter einige der aller besten Kriegsschiffe, entweder gesunken oder an den benachbarten Küsten entzweigegangen waren; tausende Spanier waren umgekommen«.[44] Gleichwohl schafften es die Spanier 1602 neue Truppen in Irland ins Gefecht zu schicken. Da sie aber zahlenmäßig unterlegen und mit zu wenigen Lebensmitteln versorgt waren, ergaben sie sich bald den Engländern.

Derweil gab es andernorts noch wichtigere Niederlagen für den spanischen Imperialismus. 1594 begannen die Holländer die Karibik zu erkunden und 1595 kolonisierten sie Ostindien. Die Engländer taten es ihnen bald darauf nach und erhoben 1605 Anspruch auf die Insel Barbados in den Kleinen Antillen. Die Neue Welt unterlag damit nicht mehr länger fraglos der spanischen Herrschaft. Allerdings war sie somit auch nicht länger eine unerschöpfliche Quelle von Silber. Der Silberbergbau wurde ein gutes Stück teurer, als es nötig wurde, in tieferen Regionen zu graben. Außerdem sank der Bedarf an spanischen Importen in Südamerika rapide. Das Problem war, dass die spanischen Kolonialisten mehr oder weniger versucht hatten, die Wirtschaftsform Spaniens schlicht zu kopieren. Was sie vorher importiert hatten, bauten sie nun selbst an: Getreide, Wein, Öl, und stellten auch eigenes grobes Tuch her. Die spanischen Kaufleute, die lange einen erfolgreichen Handelsverkehr mit den beiden Amerikas geführt hatten, blieben nun auf ihren Waren sitzen. »Die Güter, die in Spanien produziert wurden, wollte Amerika nicht, und die Güter, die Amerika wollte, wurden in Spanien nicht produziert.« Ab den 1590er Jahren wurde Spanien für die Wirtschaft in seinen amerikanischen Kolonien immer unwichtiger und holländische wie englische Händler wurden dort immer aktiver.[45]

Natürlich fiel das spanische Reich nicht gleich tot um oder stellte auch nur seine Kriege ein. 1590 und im Folgejahr bewegten sich spanische Truppen in den Niederlanden nach Süden und kämpften diverse erfolglose Gefechte gegen die Franzosen. Und bald schon wurden beide Länder in den Dreißigjährigen Krieg verwickelt. Was sich wirtschaftlich wie militärisch für die Spanier ergab, war weiterhin nichts Gutes. Nachdem das Reich 1596 zum wiederholten Male seinen Bankrott erklärt hatte, tat es das Gleiche nochmals 1607, 1627, 1647 und 1653. Die Franzosen eroberten 1638 die mächtige Burg Breisach am Rhein und schlossen damit die Spanische Straße von Italien bis nach Rotterdam. Danach konnten spanische Truppen wie auch Lebensmittellieferungen die Niederlande nur noch über das Meer erreichen und waren sowohl den englischen wie holländischen Flotten ausgeliefert.

Zu diesem Zeitpunkt hatte sich das Blatt so unwiderruflich gewendet, dass bereits damalige Autoren immer häufiger Abhandlungen über den »Niedergang Spaniens« veröffentlichten. Doch war es das *Reich*, das da niederging; Spanien als solches war niemals aufgestiegen. Douglass C. North schrieb darüber in einem Buch, das ihm dabei half, den Nobelpreis für Wirtschaftswissenschaften zu gewinnen: »Bei seinem Versuch, politische Dominanz zu erlangen, blieb Spanien stets mittelalterlich. Wo es politisch bestimmend blieb, wie in den Spanischen Niederlanden, welkte seine Wirtschaft vor sich hin.«[46]

Frankreich: Besteuerung, Reglementierung und Stagnation

Auch Frankreich war eine rückständige Nation. Nach den Traumata und Zerwürfnissen des Dreißigjährigen Krieges setzte sich ein stark zentralisiertes, absolutistisches Regime an seine Spitze. Dieses neue Regime, das Historiker meist genau umgekehrt das alte, das »Ancien Régime« nennen, leistete sich schon bald eine erstaunlich breit angelegte und gewissenlose Bürokratie. Der König hatte das unumschränkte Recht, Steuern zu erheben und wurde von keinerlei Gesetzgebungsorganen kontrolliert. Wie zu erwarten war, schossen die Steuern für Landwirtschaft und Handel alsbald in unannehmbare Höhen. Daneben machte der Staat gemeinsame Sache mit den Gilden, was dazu führte, dass Industrie und Invention dermaßen überreguliert wurden, dass der Kapitalismus praktisch zu einem Ding der Unmöglichkeit wurde.

Die Schaffung eines absolutistischen Staates

Wie Spanien war auch Frankreich ein relativ neues Gebilde. Über Jahrhunderte gehörte ein Gutteil seines Territoriums der englischen Krone und der Rest teilte sich auf in vergleichsweise souveräne Einheiten. Als 1453 der Hundertjährige Krieg zu Ende ging, gehörte weniger als die Hälfte des Gebiets, das zu Frankreich wurde, zum Besitz der Krone. Wichtige Herzogtümer wie Burgund, die Bretagne, die Provence und das große Bourbonnais im Zentrum des Landes nebst weiteren, kleineren Regionen standen außerhalb des Königreichs. Ab 1461 bedurfte es dreier Könige – Ludwig XI., Karl VIII. und Ludwig XII. – sowie mehr als fünfzig Jahre, damit all dies vereint werden konnte. Jedoch behielten die ausgeprägten örtlichen Eigenarten, die lokalen Dialekte und sogar eigenständige Sprachen stets die Oberhand. Das sorgte zwar häufig für politische Probleme, untermauerte jedoch gerade den Machtanspruch des Zentralstaats, da die Zuständigkeiten der einzelnen Vertretungsorgane allzu zerstreut waren.

Schon seit dem frühen 10. Jahrhundert besaß Frankreich eine Art Nationalversammlung, die für die Belange des Landes eine wichtige Rolle spielte. 987 wurde Herzog Hugo Capet zum König gewählt, eben durch diese Versammlung, die den Adel, den Klerus und die einzelnen Städte repräsentierte.[47] Als die Vereinigung 1302 in Paris zusammentrat, gab sie sich den Namen »Generalstände«. Obwohl die Generalstände eine »wichtige Rolle spielten, da sie den Hundertjährigen Krieg zu einem erfolgreichen Ende brachten«,[48] verschwanden sie danach wieder in der Versenkung. Ludwig XI. berief sie erneut 1468 als beratende Versammlung; auch kamen sie 1483 zusammen, um dem noch sehr jungen König Karl VIII. ihre Huld zu erweisen. Abgesehen von zwei weiteren Treffen 1560 und 1614 blieben die Generalstände jedoch »in Unehren entlassen bis 1789«,[48] als ihre erneute Versammlung praktisch die Französische Revolution lostrat.

Es lag aber nicht nur am König, dass die Generalstände so selten zusammenkamen. Versuche, eine Nationalversammlung für das gesamte Frankreich einzusetzen, wurden immer wieder nicht nur von der Krone torpediert, sondern sogar noch energischer von denen, die an der Versammlung teilnehmen sollten. Da Frankreich von allen Ländern Westeuropas das mit Abstand größte Territorium besaß, war vielen die Reise zum Versammlungsort zu weit und zu teuer. Außerdem wurden ihre lokalen Anliegen meistens von dem Großteil all derer ignoriert, die wiederum aus ganz anderen Regionen kamen. Aus diesen Gründen begannen die französischen Könige, ihre Geschäfte direkt mit den kleinen Provinz-Einheiten zu machen und versuchten nicht länger, ein überregionales Organ einzurichten. Dabei war jede einzelne Provinz natürlich in einer eher schwachen Position gegenüber dem König. Wie groß die Macht seines ganzen Staates war, konnte daher von niemandem überprüft werden. Ludwig XIV. dürfte genau darauf angespielt haben, als er verkündete, er selbst sei der Staat (»L'état, c'est moi«). Der entscheidende Punkt bei diesem absolutistischen Staat war jedoch das Vorrecht des Königs, Steuern zu erheben, ohne irgendjemandes Zustimmung einholen zu müssen.[50]

Besteuerung
Sobald der absolutistische Staat begründet war, stiegen die Steuern in exorbitante Höhen, so wie sie es immer tun, wenn die, die sie erheben, aus der staatlichen Freigiebigkeit den größten Nutzen ziehen. Doch selbst unter diesen Bedingungen verschuldete sich die französische Krone immer mehr. Als die Steuereinnahmen den Höchststand von 200 Millionen Livre erreicht hatten, stand der König noch mit 2 Milliarden Livre in der Kreide.[51] Das lag zum Teil daran, dass Frankreich einen Großteil seines Geldes auf seine Streitkräfte verwendete – obwohl auch diese Kosten wesentlich hätten verringert werden können, wenn die Krone nicht ständig eine erfolglose Expansionspolitik betrieben hätte. Außerdem wurde, wie es unter Despoten offenbar nicht anders sein kann, ein gigantischer Jahresbetrag für das Hofleben verprasst. Man nimmt an, dass unter Ludwig XVI. mindestens sechs Prozent aller Staatseinkünfte auf das extravagante Treiben auf Schloss Versailles entfiel.[52] Noch mehr Steuern wurden für ein riesiges, unproduktives Gefüge

aus Verwandten und Kumpanen Ludwigs ausgegeben und wahrscheinlich auch für korrupte Beamte. Kardinal Richelieu war dafür berühmt, unter der Ägide Ludwigs XIII. de facto ganz Frankreich beherrscht, aber auch wiederholte Attentate überlebt zu haben. Noch berühmter sollte er aber eigentlich für seinen Hang zur Korruption sein, der ihn noch viel reicher werden ließ als es der König war. Sein Nachfolger Kardinal Mazarin überbot ihn darin sogar noch.[53]

Die wichtigste Steuer in Frankreich bemaß sich an Besitz und wurde *taille* genannt. Sie bestand praktisch nur aus Ungereimtheiten und willkürlichen Freistellungen. So zahlten Klerus und Adel keinerlei Steuern auf ihren Landbesitz. Dörfer mussten als Ganzes zahlen, wobei ihre Einstufung häufig »ein Relikt aus lang vergangenen Zeiten« war, da weder Einwohnerzuwächse noch -verluste mit einberechnet wurden.[54] Zudem mussten in Frankreich Steuern auch für verschiedene Allerweltsprodukte gezahlt werden: Salz, Wein, Spirituosen, Tabak, Kerzen und Seife brachten dem Fiskus hohe Einnahmen. Zu guter Letzt gab es die *capitation*, eine Kopfsteuer, die sich auf 22 Steuerklassen verteilte. Zunächst waren wie bei der *taille* sowohl Klerus wie Adel ausgenommen, was sich jedoch am 18. Januar 1695 mit folgender Verkündigung ändern sollte: »Niemand, gleich welchem Stand er angehört, soll von der *capitation* ausgenommen sein … Geistliche, Adelige, Amtsträger und Bewohner privilegierter Städte werden fortan in die große Menge der Bauern eingegliedert, indem nun auch sie direkte Steuern zahlen.« Aus unserer modernen Perspektive betrachtet, erscheint dies nur gerecht, doch stellte es für die damaligen Eliten eine außerordentliche Kränkung dar. In der Folge begannen sie zunehmend, politische Kampfansagen an den Staat zu unterstützen, der unwillentlich eine Revolution gegen sich selbst auf den Weg gebracht hatte.

Die erdrückenden Steuerlasten führten im französischen Leben zu krassen und entwürdigenden Verschleierungstaktiken, besonders seitens der Bauern. Nicht nur begnügten sie sich, da die hohen Steuern einen gänzlich negativen Anreiz darstellten, mit einer stark gedrosselten Eigenproduktion, sie stellten sich auch sehr viel ärmer, als sie sowieso schon waren. Zum Beweis dafür investierten sie rein gar nichts mehr in sichtbare Werkzeuge zur Produktionssteigerung. Adam Smith merkte an, dass die französischen Landwirte aufgrund der Steuern »Angst davor hatten, ein gutes Gespann von Pferden und Ochsen zu besitzen und ihre Böden lieber mit den aller gröbsten und minderwertigsten Instrumenten bearbeiteten, die sie finden konnten«. Im Gegensatz dazu drückte Voltaire während eines damaligen Besuchs in England seine Überraschung darüber aus, dass der englische Bauer »sich gänzlich ohne Furcht neues Vieh zulegt und seine Dächer sogar mit Ziegeln deckt, obgleich die hiesigen Steuern im nächsten Jahr erhöht werden sollen«.[55]

Obwohl fast jedermann in Frankreich deutlich überbesteuert war, rührten die destruktivsten Folgen für die Industrie und den Handel in Frankreich weniger von den Steuern her, als vom Verkauf von »Sonderrechten«. Praktisch alles war verboten, es sei denn, der König selbst gestattete es. Wollte jemand eine Mine eröffnen? Dann beanspruchte der König die Rechte auf alle Mineralien, die da unter der Erde gefunden würden, ganz gleich, wem das Land an sich gehörte.[56] Um in Frankreich Bergbau zu betreiben, musste man daher eine königliche Lizenz erwerben. Noch erstaunlicher aber ist der Umstand, dass ein Minenunternehmen – auf wessen Land auch immer – nach Mineralien suchen konnte und, wenn man Bodenschätze gefunden hatte, sie auch abbauen durfte, ohne dem eigentlichen Besitzer etwas dafür bezahlen zu müssen, sich stattdessen auf seinem Land nach Gutdünken ausbreiten durfte. Der Privatbesitz in Frankreich war also eine sehr heikle Angelegenheit. Man stelle sich etwa vor, man wollte ein bestimmtes Gewürz importieren. Hierzu musste man zunächst eine königliche Lizenz erwerben und durfte dann auch nur die Schiffe benutzen, die der König für diesen einen Zweck zugelassen hatte. Obwohl die Krone mitunter sogar mehrere Lizenzen für ein und dieselbe Geschäftstätigkeit ausstellte, war die Grundlage für den französischen Handel dennoch ein Monopol, das von der Krone gegen Geld erstanden werden konnte.

Nach dem Kauf einer Lizenz standen einem die betrieblichen Anlauf- und Bewirtschaftungskosten für ein spezifisches Unternehmen immer noch bevor. Und natürlich hatten die, die über besonders gute Verbindungen zum Staat verfügten, beim Erwerb einer gewünschten Lizenz immer einen beträchtlichen Vorteil. Folglich wurde die französische Industrie von der Aristokratie dominiert. 1771 waren unter 601 Investoren in der Metallindustrie 305 Adelige und 55 Geistliche.[57] Da die königlichen Lizenzen begrenzt waren, was häufig zu Monopolbildungen führte, gab es wenig gewerblichen oder industriellen Wettbewerb innerhalb der Nation und noch weniger mit dem Ausland, da beinahe alle französischen Güter auf heimischen Märkten verkauft wurden und hohe Importzölle die Produzenten vor fremdländischer Konkurrenz abschirmten.[58] Die Krone bevorzugte Monopole, da es für sie einfach war, für ein bestimmtes Projekt eine Exklusivlizenz auszustellen und danach die fällige Jahresgebühr dafür einzustreichen; es wäre ungleich komplizierter gewesen, zunächst festzulegen, welche Teile der Tätigkeiten und Vermögensstände eines Unternehmens besteuert werden sollen und die Steuern dann von diesem und einer ganzen Reihe gleichartiger Unternehmen einzuziehen. Auch aus diesem Grund ergriff die Krone im Streitfall praktisch immer Partei für die Gilden, da diese eine sehr lukrative und regelmäßige Einnahmequelle von Jahres- oder Verlängerungsgebühren darstellte und hin und wieder auch Gilden-Büros verkauft wurden, deren Erlöse dem Fiskus zufielen. Außerdem war es auch hier einfacher, den jeweiligen Gilden einen Jahresbeitrag abzuknöpfen, als jede ihrer Werkstätten oder jedes einzelne Gilden-Mitglied auf irgendeiner anderen Grundlage zu besteuern.

Mit der gleichen Geisteshaltung wollte die Krone auch keine Amtsleute und Bürokraten besteuern, sondern zog es vor, deren Positionen einfach zum Verkauf auszuschreiben.

Bürokratie

Das vorrevolutionäre Frankreich stützte sich auf eine riesige Bürokratie. Es gab bürokratische Schaltstellen mit großer Macht und Einfluss, andere waren »unnütze Büros ohne irgendwelche Pflichten und Aufgaben«.[59] Doch werden sie alle von Historikern als »käufliche Büros«

bezeichnet, da die Vorsteher ihre Positionen durchweg von ihren Vorgängern gekauft hatten. Zudem musste jeder Amtsträger an die Krone eine jährliche Gebühr (*droit annuel*) zahlen, die auf seinem ausgewiesenen Jahreseinkommen beruhte (welches sich meist aus Gebühren zusammensetzte, die das Volk zahlen musste). Diese Einkommenserklärungen waren »gewohnheitsmäßig nach unten korrigiert«.[60] Und doch gab es im Vorfeld der Revolution Zehntausende »käufliche Amtsträger«,[61] die vielleicht sogar zwei oder drei Prozent der erwachsenen männlichen Bevölkerung ausmachten. Die meisten von ihnen arbeiteten fast nichts, während die meisten anderen den Regierungsapparat in seinem Fehlbetrieb am Laufen hielten.

Die gesetzlichen Einnahmen aus den käuflichen Büros waren im Vergleich mit ihren Kosten ziemlich gering. Einige lukrativere Posten mögen im Jahr bis zu fünf Prozent auf die Investition abgeworfen haben, die meisten bewegten sich jedoch im Bereich von ein bis zwei Prozent und viele Leute kauften die Büros sogar, obwohl ihnen klar war, dass sie dabei Geld verlieren würden. Worin bestand also der Reiz? Im *Status!* Die französische Gesellschaft war »von einer regelrechten Prestige-Manie befallen«. Als Gegenleistung für das Vorrecht, ein Amtsträger zu sein, »gaben sich viele mit einem geringen Einkommen zufrieden und nahmen sogar Geldverluste in Kauf«.[62] Das Ergebnis war alles andere als eine gute Regierungsarbeit. Aufgaben wurden nur sehr nachlässig erledigt. Viele versuchten bloß, mit ihrer Arbeit Freunden oder den Mächtigen gefällig zu sein. Letztlich waren sie genauso käuflich wie ihre Büros.

Uneinsichtige Gilden

Über Generationen war es die gängige Ansicht, dass in einigen Teilen Europas, besonders in Frankreich, der Kapitalismus von den Gilden unterdrückt wurde. In der Mitte des 20. Jahrhunderts änderte sich das und die schädlichen Einflüsse der Gilden auf den Kapitalismus wurden als etwas Gutes gewertet.[63] Besonders marxistische Gelehrte und ihre vielen Sympathisanten wurden nicht müde zu betonen, dass die Gilden eine frühe Variante der Gewerkschaften gewesen seien, die ihren Mitgliedern Schutz boten vor der Ausbeutung durch gierige Kapitalisten, die sie entweder zu gering entlohnen oder gern auch durch neue Technologien ersetzen würden. Zu einem weiteren Glaubenssatz wurde die Vorstellung, dass die Gilden mit ihren strengen Regeln die Gesellschaft vor minderwertigen Produkten bewahrt hätten – man sah es als selbstverständlich an, dass traditionelle Handarbeit stets bessere Qualität hervorbringen würde als Maschinen oder Fließbänder. Und so die Gilden auf diesem Weg den Fortschritt des Kapitalismus aufgehalten haben, dann sei das – so ging das Argument weiter – doch nur umso besser. Denn es wisse ja schließlich jeder, dass der Kapitalismus der Todfeind der sozialen Gerechtigkeit sei.

Der Umstand, dass freie und unabhängige Gewerkschaften stets nur in kapitalistischen Gesellschaften möglich waren und sind, schien dabei überhaupt keine Rolle zu spielen. Auch verschwieg man tunlichst, dass eine der ersten Handlungen der französischen Revolutionäre in der Zerschlagung der Gilden bestand oder dass echte Gewerkschaften in der Sowjetunion stets verboten waren. Den Betreffenden war überdies nicht klar, dass altmodische Handarbeitsmethoden sogar generell Minderwertiges produzieren und es vielmehr die Gildenordnung war, die die Leute ausbeutete, indem sie künstlich hohe Preise festsetzte und eine unproduktive Wirtschaft erzwang. Zum Glück aber schaltete sich die Realität ein, und Fantasien über die Gilden als Dynamo der sozialen Gerechtigkeit haben sich größtenteils überlebt. Zugegeben, die Gilden dienten häufig den Interessen der Arbeiter und boten manchmal auch Schutz vor Despoten und Oligarchen. Mindestens genauso oft aber arbeiteten sie Hand in Hand mit oppressiven Regierungen und waren ein einziges Hindernis für die Freiheit und den Handel. Und letzteres war sicher der Fall in Frankreich vor der Revolution.

Unterstützt von Industriebeamten (die ihre Position, nicht anders als Gilden-Vorsitzende, vom Staat erworben hatten) legten die französischen Gilden extrem detaillierte Bestimmungen für jeden Teilbereich eines Herstellungprozesses und dessen Kontrolle fest. So war das Färben von Stoffen in Frankreich genau 317 Vorschriften unterworfen. Ihre Durchsetzung sah dann so aus, dass jedes Stück Stoff während der Fertigung mehrfach durch Gilden-Angestellte inspiziert wurde.[64] Überhaupt nahmen die Vorschriften der Gilden, angereichert durch königliche Edikte, jeglichen Erfindungen und Neuerungen den Wind aus den Segeln – »Die Innovation wurde überall von peinlich genauen Vorschriften unterdrückt, die keinerlei Abweichung von der Regel duldeten.«[65] Zum Beispiel wurde, wie bereits durch die Textil-Gilden in Venedig, auch in Frankreich die Übernahme neuer

Methoden des Färbens, die in England erfolgreich zum Einsatz gekommen waren, schlichtweg verboten.

Die Bestimmungen der Gilden sorgten überdies dafür, dass die Unternehmen durchweg sehr klein blieben. So durfte eine Weberei »nicht mehr als sechs Webstühle besitzen – wodurch verhindert werden sollte, dass ein herstellender Betrieb allzu große Kontrolle über seine Produktion bekommen konnte«,[66] da kleine Betriebe gemeinhin nicht in der Lage waren, kapitalintensive Innovationen einzuführen. Wo die Gilden außerdem mächtig waren wie in Frankreich, war es Usus, Arbeiter nicht von einem Unternehmen selbst anstellen zu lassen, sondern durch eine Gilde. Als 1751 ein Unternehmer in Lille direkt auf Arbeiter zugehen wollte, wurde es ihm durch den Stadtrat verboten – als Grund wurde genannt, dass »es Herstellern in Lille noch nie gestattet war, Beschäftigte direkt unter sich arbeiten zu lassen. Dieses Recht stand seit jeher ganz allein den Gilden zu.«[67] Gleichzeitig machte diese Gepflogenheit es einem Unternehmen schwer, wenn nicht unmöglich, unverlässliche oder leistungsschwache Arbeiter auch wieder loszuwerden, genauso wie besonders guten Arbeitern Prämien zukommen zu lassen. Und schließlich legten die Gilden in Absprache mit der Staatsbürokratie fest, welche Waren wie teuer verkauft werden durften, wobei die Preise so hoch wie möglich angesetzt wurden, damit Löhne und Steuern ebenfalls hoch sein konnten, ohne dass man hierbei die Kräfte des Marktes mit einkalkulierte.[68]

Gepflogenheiten dieser Art hatten bereits dazu beigetragen, den Kapitalismus in Venedig zu zerstören und sie verhinderten es auch, dass der Kapitalismus in Frankreich sich über ein bloß rudimentäres Niveau hinaus entwickeln konnte.

Der französische »Kapitalismus«

Der Kapitalismus beruht auf drei Faktoren: auf sicheren Eigentumsrechten, freien Märkten und freier Arbeit. Frankreich fehlte es an allen dreien. Für den Staat waren Eigentumsrechte ein Privileg, das man ebenso gut verkaufen wie ignorieren konnte. Die Märkte waren durch königliche Regularien und Lizenzen dermaßen eingeengt, dass ein Unternehmen außerstande war, eine wirtschaftliche Chance einfach zu ergreifen. Der Verkauf von Monopolen riegelte viele Märke ab und nahm den Unternehmern praktisch jeden Anreiz, die eigene Leistung zu steigern und sich Mühe zu geben. Nicht minder war der freie Arbeitsmarkt durch die Gilden eingeschränkt: so schwierig es für den einzelnen Arbeitnehmer war, neue Berufschancen zu ergreifen, war es für die Unternehmen, ihm solche zu bieten. Die französische Erwerbs- und Industrie-Wirtschaft bestand zum Großteil aus lizensierten Unternehmen, die sich nur auf bestimmten Märkten betätigen durften, jederzeit der widerrechtlichen Aneignung durch den Staat ausgesetzt waren und eben auch keine Arbeiter beschäftigten, sondern Gildenmitglieder. Unter diesen Umständen muss man sich eigentlich wundern, dass in Frankreich gleichwohl Spuren des Kapitalismus zu finden waren.

Obwohl es Indizien von vernunftorientierten Unternehmen gab, speziell im Bergbau und im Hüttenwesen, sah sich der französische Handel durch die klassische wirtschaftliche Schwäche jedes despotischen Regimes am Wachstum gehindert: dass man im finanziellen Vermögen kein Werkzeug erkennt, sondern bloß ein Kennzeichen, das besagt, dass der Besitzer einem höheren Rang angehört. Genauso viele Investoren, die bereitwillig ein »käufliches Büro« ohne jegliche Chance auf Einnahmen erstanden, waren umgekehrt äußerst widerwillig, wenn es darum ging, eigenes Geld in Wirtschafts- oder Industrieunternehmen zu stecken, da sie diese als weit unter ihrer Würde betrachteten. Die meisten, die dennoch in diese Dinge investierten, konnten es gar nicht erwarten, ihr Kapital bei der erstbesten Gelegenheit wieder herauszunehmen und es einem respektableren Zweck zuzuführen, etwa dem Kauf von Land, städtischem Eigentum, käuflichen Büros, selbst wenn die Erträge aus diesen Kapitalanlagen extrem niedrig waren (oft betrugen sie 1 Prozent und in seltenen Fällen allerhöchstens 5 Prozent). Dergleichen Investitionen bargen tatsächlich weder Chancen noch Risiken.

Welche Investitionen in Frankreich als respektabel zu gelten hatten, wurde von der Aristokratie definiert. Viele Leute übernahmen diese Definition, da sie hungrig auf gesellschaftliches Ansehen waren und außerdem wussten, dass sie das Spiel allein nach den Regeln mitspielen durften, die von denen vorgegeben wurden, die bereits einen hohen Status erlangt hatten. So gesehen war es nur konsequent, dass die Leute lieber ein Stück Land kauften, das ihnen weniger als 2 Prozent Ertrag einbrachte, als mit einer gewerblichen Investition 5 Prozent zu verdienen.[69] Wer Land oder städtische Immobilien besaß, erhielt nicht nur steuerliche Vergünstigungen, sondern *war jemand,* auch wenn er nicht zum Adel gehörte. Der Abbé

Coyer erklärte 1756 reumütig: »Es gibt wenig so Glanzvolles in der Karriere eines Kaufmanns, dass er sie, will er in Frankreich ›etwas werden‘, letztlich aufgeben muss. Dadurch entsteht viel Schaden. Um nämlich ›etwas‹ zu sein, tut ein Großteil des Adels faktisch gar nichts.«

Das bevorzugte Szenario eines Adeligen sah so aus, dass man von den Mieten von Bauern lebte, die von ihm Land gepachtet hatten. Und dass man, wenn größere Einnahmen vonnöten oder auch nur erwünscht waren, nicht etwa die landwirtschaftliche Produktivität zu steigern versuchte, sondern schlicht die Mieten erhöhte. Es verwundert daher nicht, dass eine sorgfältige Recherche, die der Vater der modernen Chemie Antoine Laurent de Lavoisier 1788 veranlasst hatte, ergab, dass die englischen Bauernhöfe fast dreimal mehr produzierten als die französischen, da die Franzosen kaum je in ihre Kapazitäten reinvestierten.[70]

Unter dem gleichen Problem litt die französische Industrie im Ganzen. Riesige Summen, die in jeder echten Kapitalwirtschaft reinvestiert worden wären, wurden entweder geradewegs aufgebraucht oder jenem typisch aristokratischen Wohlstands-Ideal zugeführt, das darin bestand, »wie ein Gentleman« zu leben.[71] Max Weber konnte daher zurecht behaupten, dass Frankreich »der Geist des Kapitalismus« fehlte. Doch war die Gepflogenheit, wirtschaftliches Kapital am besten auf die Erhöhung des eigenen Status zu verwenden, derart verbreitet, dass im Vorfeld der Revolution mehr als 80 Prozent des Vermögens in Frankreich in Land, Gebäude oder käufliche Büros investiert wurde, statt in den Handel oder die Industrie.[72]

Sicher gab es in Frankreich auch Ausnahmen von der Regel – obwohl es doch sehr wenige gewesen sein müssen, da George Taylor richtigerweise darauf hinwies, dass Historiker, die Beispiele für diese Ausnahmen geben, »immer wieder die gleichen nennen«.[73]

Auch hatten diese Ausnahmen keine große Bedeutung. Die Metallverarbeitung wird immer wieder als führende französische Industrie jener Zeit aufgeführt, doch war ihre Produktionsmenge in Wirklichkeit »unbedeutend, von geringer Qualität und dermaßen teuer … zudem war [nichts davon] Stahl im eigentlichen Sinn«. Ein Grund dafür war, dass die Franzosen damals nur sehr wenig Kohle abbauten.[74] Verglichen mit England, Holland oder zumindest den leidgeprüften italienischen Stadtstaaten waren die Industrien Frankreichs klein, rückwärtsgewandt und überhaupt wenig geachtet. Das Gleiche ließe sich auch über den Kapitalismus des Landes sagen und zwar aus den gleichen Gründen.

Nun kann man sich fragen, wie wohl das moderne Frankreich entstanden ist? Ganz bestimmt nicht durch die Revolution, die ja nur eine Tyrannei durch eine andere ersetzt hat. Auch nicht durch Napoleon, einen weiteren Tyrannen, der einer ganzen Generation von Franzosen Krieg und Tod bescherte. Nein, ironischerweise ist das moderne Frankreich gerade von den schwachbrüstigen und instabilen Regierungen der postnapoleonischen Ära auf den Weg gebracht worden. Diese sorgten nämlich für eine boomende kapitalistische Wirtschaft, vor allem im Norden des Landes, wo aus dem Inselmeer deutscher Fürstentümer schließlich eine neue und ehrfurchtgebietende Großmacht entstehen sollte. Endlich erlangten die französischen Unternehmer doch die Freiheit, die unabdingbar war, damit aus ihnen echte Kapitalisten werden konnten.

Was den Kapitalismus in Frankreich und Spanien einschränkte und ihn in Italien und den südlichen Niederlanden sogar unterdrückte, war nicht der Katholizismus, sondern die Tyrannei. Dabei ist es ironischerweise sehr gut möglich, dass es in der Weltgeschichte niemals Monarchen gegeben hat, die gewissenhafter, ehrlicher oder arbeitsamer waren als Karl V. und sein Sohn Philipp II. In ihrer Zeit begründeten sie das spanische Kolonialreich und regierten es über mehr als 80 Jahre. Praktisch jeden Tag standen sie in der Frühe auf und taten ihr Bestes, das riesige Imperium anständig zu verwalten. Und dennoch hätten sie, wären sie stattdessen Taugenichtse oder Playboys gewesen, sehr viel weniger Schaden angerichtet, gerade in Bezug auf die ihnen unterstellte Wirtschaft. Im Gegensatz zu ihnen waren die französischen Könige viel fauler und unehrlicher, doch erging es Frankreich unter ihrem Regime sehr viel besser, was seinen wirtschaftlichen Fortschritt anging. Und hierin liegt der größte Witz: dass despotische Herrschaft und ungezügelte Korruption innerhalb einer Regierung für einen Grad an Freiheit sorgen können, der unter ehrlichen und engagierten Tyrannen unmöglich wäre.

KAPITEL 7: FEUDALISMUS UND KAPITALISMUS IN DER NEUEN WELT

Es ist kein großes Detailwissen erforderlich, um zu verstehen, warum so viele illegale Einwanderer jedes Jahr von Mexiko aus in die Vereinigten Staaten eindringen. Wer würde wohl nicht der drückenden Armut entkommen und lieber am nordamerikanischen Wohlstand teilhaben wollen? Ebenso wenig Vorbildung ist nötig, um zu verstehen, warum die Neue Welt nördlich des Rio Grande als Wirtschaftsmacht schließlich sogar Europa überflügeln sollte, wohingegen der Süden auf der Stelle trat: weil Nordamerika nach dem Vorbild Englands gestaltet wurde, während der Süden zu einer Kopie Spaniens geriet.

Es war keineswegs nur symbolisch, dass die ersten britischen Siedlungen in Nordamerika *New England* genannt wurden und die ersten spanischen Kolonien *Nueva España*. Als britische Kolonisten erbten die Nordamerikaner die Freiheit und eine kapitalistische Wirtschaft. Dementgegen übernahmen die spanischen Kolonisten in Lateinamerika einen repressiven und unproduktiven Feudalismus. Beide Kontinente wurden gleichermaßen von Christen kolonisiert – von Katholiken im Süden und vornehmlich von Protestanten im Norden. Doch um den religiösen Unterschied ging es hier nicht. Wichtiger war, dass die katholische Kirche in Lateinamerika auffallend schwächelte, und dies sowohl politisch wie hinsichtlich ihres Rückhalts in der Bevölkerung. Diese

Tatsache wurde von dem Monopol-Status, den die Kirche besaß, lange verdeckt und blieb kaum erkannt. Im Gegensatz dazu brachten der Pluralismus, der sich in Nordamerika entwickelte, sowie der aus ihm resultierende Wettbewerb unter den Konfessionen ein unvergleichliches Ausmaß an individueller religiöser Hingabe und kultureller Prägung. Zudem lernten alle Konfessionen in Nordamerika rasch, dass sie weniger auf staatliche Unterstützung bauen, sondern besser auf Distanz zum Staat bleiben sollten. Sie machten große Investitionen in den Aufbau von Bildungseinrichtungen und predigten zugleich die Tugenden der Ehrlichkeit, des Fleißes, der Sparsamkeit und Eigenverantwortung.

Seltsamerweise geht die große Masse an Literatur über die wirtschaftliche Entwicklung Nord- und Südamerikas viel weniger auf die Religion und das Vermächtnis des spanischen Kolonialismus ein, als es angemessen wäre. Lateinamerikanische Autoren haben viel zu oft die Schuld für ihre missliche Lage auf den nordamerikanischen Kolonialismus geschoben und außer Acht gelassen, wie sehr ihrer Kultur das spanische Erbe in religiöser, politischer wie ökonomischer Hinsicht eingeschrieben ist.[1] Grundlegende Aspekte dieser Geschichte warten noch immer darauf, erzählt zu werden. Wenn dies im Folgenden geschieht, erlaubt es die Wiederaufnahme wie die Erweiterung der Argumente, die bereits in vorangegangenen Kapiteln entwickelt wurden: dass der christliche Glaube an Fortschritt und Vernunft, verbunden mit politischer Freiheit und der produktiven Kraft des Kapitalismus, die nordamerikanischen Kolonien zu Wirtschaftsgiganten gemacht hat.

Natürlich war Brasilien keine spanische Kolonie, da es durch den Vertrag von Tordesillas (1494) Portugal zugesprochen worden war. Doch wurde Portugal fast ein Jahrhundert lang von Spanien regiert, nachdem es 1580 durch den Herzog von Alba erobert wurde, wodurch Philipp II. von Spanien verwirrenderweise zu Philipp I. von Portugal wurde. Und obwohl das Land 1668 wieder zu einem unabhängigen Königreich wurde, behielt Portugal doch eine starke Ähnlichkeit mit Spanien. Beide Länder waren feudale und katholische Königtümer und errichteten feudale und katholische Kolonien. Daher gibt es wenig Grund, Brasilien hier gesondert zu behandeln.

Das Christentum: zwei religiöse Ökonomien

Religion ist nicht nur eine Sache individueller Hingabe, noch kann man sie begreifen, wenn man nur auf den einzelnen und seine Zugehörigkeit zu einer der verschiedenen Gruppen schaut. Religion ist ihrerseits stets in Gesellschaften eingebettet und erhält ihre Gestalt ganz wesentlich durch die Auflagen, die der religiösen Betätigung und Organisation seitens des Staates gegeben werden. Um diesen Umstand möglichst weitgehend auszuloten, wurde der Begriff der religiösen Ökonomie geschaffen.[2] Eine religiöse Ökonomie umfasst die gesamte religiöse Aktivität in einer Gesellschaft: einen »Markt« für aktuelle wie zukünftige Anhänger; eine Gruppe von zwei oder mehreren Organisationen, welche versuchen, Anhänger zu gewinnen oder zu behalten; sowie die spezifische religiöse Kultur, die von den Organisationen angeboten wird.

Da individuelle religiöse Vorlieben innerhalb einer Gesellschaft stets erheblich variieren und es kein »Unternehmen« gibt, das ein gleichermaßen heißes wie lauwarmes »Produkt« anbieten könnte, wäre die *Normalbedingung* jeder religiösen Ökonomie, so sie sich selbst überlassen bleibt, eigentlich der Pluralismus. In ihm könnten höchst unterschiedliche religiöse Unternehmen höchst verschiedene Marktsegmente bedienen. Da sie aber ein hohes Maß an religiöser Freiheit erfordert, ist die normale religiöse Ökonomie noch niemals die Regel gewesen, zumindest nicht in den Grenzen des Monotheismus. Stattdessen wurden religiöse Ökonomien meistens durch staatliche Vorschriften deformiert, die entweder ein Monopol-Unternehmen einsetzten oder eine Staatskirche derart stark subventionierten, dass andere religiöse Gruppen nicht mit ihr konkurrieren konnten.[3] Dabei erschlafft die Religion in einer monopolisierten religiösen Ökonomie, und das nicht nur, weil viele Menschen ihre religiösen Vorlieben darin nicht repräsentiert finden, sondern weil, nicht anders als bei Handelsmonopolen, monopolisierte religiöse Unternehmen gleichermaßen faul wie unwirtschaftlich werden. Im Gegensatz dazu prosperiert die Religion auf einem freien Markt, wo diverse religiöse Gruppen im Wettstreit um Anhänger werben und wo andere Unternehmen, denen Energie oder Anreize fehlen, auf der Strecke bleiben. Inzwischen gibt es eine große Forschungsliteratur, die diese Schlussfolgerungen stützt,[4] und nirgends decken sie sich mit den historischen Aufzeichnungen besser als dort, wo die beiden Amerikas miteinander verglichen werden. Da die europäische Besiedlung in Zentral- und Südamerika früher begann als im Norden, beginnt die Geschichte mit der lateinamerikanischen Kirche.

Ein unternehmenseigenes Monopol

Wenn Kirche und Staat in katholischen Nationen diskutiert werden, liegt der Akzent gewöhnlich auf der kirchlichen Macht. Die politisch Verantwortlichen werden bevorzugt beim Kniefall vor Bischöfen dargestellt, die freilich schon immer autoritären Strukturen und feudalen Gesellschaftssystem zugesprochen haben. So sieht eine Fantasie von protestantischen Historikern aus. Doch war es nicht der Papst, der in Spanien einfiel und Madrid plündern ließ, allerdings sehr wohl Karl V. von Spanien, der eben dies im 16. Jahrhundert in Italien und Rom tat.

Eine sehr viel akkuratere Perspektive auf die relative Macht von Kirche und Staat bekommt man, wenn man sich damit auseinandersetzt, wie Protestantismus und monarchischer Eigennutz zusammenhingen – was für die Könige und Fürsten also auf dem Spiel stand, wenn sie katholisch blieben oder dem Protestantismus in die Arme liefen. Für Heinrich VIII. etwa bedeutete es einen riesigen Geld- wie Machtgewinn, als er Englands katholische Bischöfe absetzte und die religiösen Orden auflöste. Das Gleiche galt für die Könige in Norwegen und Dänemark wie für die deutschen Fürsten. Anstatt es weiterhin zu dulden, dass lokale Bischöfe gewaltige Summen nach Rom schickten und die Kirche riesige, unbesteuerte Gebiete ihrer Ländereien besaß, konnten die Könige und Fürsten nun, indem sie Protestanten wurden, den Kirchenzehnten einstreichen und – indem sie den Kirchen

Teile ihres Grundbesitzes nahmen – ihre eigenen Anwesen ausbauen sowie die ihrer adeligen Unterstützer.[5]

Andere Könige und Fürsten hätten dagegen wenig zu gewinnen gehabt, wenn sie Protestanten geworden wären, da sie bereits höchst vorteilhafte Verträge mit dem Papst selbst abgeschlossen hatten. So verlieh 1516 (ein Jahr, bevor Luther seine 95 Thesen anschlug) das Konkordat von Bologna, unterzeichnet von Papst Leo X. und Franz I., dem König das Recht, alle höheren Posten in der französischen Kirche selbst zu besetzen: zehn Erzbischöfe, 82 Bischöfe sowie alle Prioren, Äbte und Äbtissinnen der vielen hundert Klöster, Abteien und Konvente. Durch diese Ernennungen in Eigenregie gewann der König vollständige Kontrolle über den Besitz der Kirchen und ihre Einnahmen. In den Worten von Owen Chadwick: »So er an das Kirchengeld ran wollte, musste er nun nicht einmal mehr listig sein.«[6] Doch hatte die spanische Krone ein noch vorteilhafteres Geschäft mit dem Papst gemacht. Im späten 15. Jahrhundert hatten Ferdinand und Isabella des Recht erhalten, nicht nur alle wichtigen Kirchenposten selbst zu besetzen, sondern auch Klerus wie Kirchenbesitz zu besteuern. Darüber hinaus hatten sie den Papst dazu gebracht, einzuwilligen, dass er für die Veröffentlichung päpstlicher Bullen und Dekrete zuerst stets das königliche Jawort einholen müsse. Die Unterordnung der Kirche gegenüber der spanischen Krone wurde während der Herrschaft Karls V. immer größer – unter anderem billigte es der Papst, dass Karl ein Drittel der Kirchenzehnten beanspruchte (von denen niemand ausgenommen war, was nicht einmal für die königlichen Steuern galt).

Diese Arrangements spielten eine wichtige Rolle, als es darum ging, Spanien und Frankreich katholisch zu belassen, doch wurde so die Kirche dem Staat gegenüber relativ unterwürfig. Das hatte spätestens dann schlimme Folgen, als der Papst versuchte, die Sklaverei in der Neuen Welt zu unterbinden.

Erinnern wir uns, dass die Kirche schon im frühen 6. Jahrhundert der Sklaverei entgegengetreten war und es am Ende des 10. Jahrhunderts geschafft hatte, sie in fast allen Teilen Europas außer Kraft zu setzen. Als die Spanier 1430 aber die Kanarischen Inseln kolonisierten, begannen sie die Urbevölkerung zu versklaven. Als Papst Eugen IV. davon Kunde bekam, erließ er umgehend eine Bulle, *Sicut dudum*. Der Papst redete nicht um den heißen Brei herum: unter Androhung der Exkommunikation gab er allen Beteiligten nach Erhalt der Bulle 15 Tage Zeit, »alle Bewohner der Kanarischen Inseln, gleich welchen Geschlechts sie sein mögen, zurück in die vormalige Freiheit zu entlassen ... Diese Leute soll man gehen lassen, ohne dass man von ihnen Geld nimmt.«[7] Doch wurde die päpstliche Bulle schlichtweg ignoriert, nicht anders als weitere Bullen gleichen Inhalts, die zwei spätere Päpste erlassen sollten.

Nach der erfolgreichen spanischen und portugiesischen Invasion in der Neuen Welt ging die Versklavung der Urbevölkerungen weiter und wurde bald noch vermehrt durch riesige Schiffsladungen von Sklaven aus Afrika. Manche Befürworter der Sklaverei argumentierten, dass kein Verstoß gegen die Lehren der Kirche vorläge, da man es ja nicht mit »vernunftbegabten Kreaturen« zu tun habe, sondern mit einer Spezies von »Tieren«. Davon wollte die Kirche aber gar nichts hören. 1537 erließ Papst Paul III. drei Dekrete gegen die Sklaverei in der Neuen Welt (die von Historikern bis heute ignoriert werden). In der ersten Bulle verkündete der Papst, dass »die Indianer sehr wohl echte Menschen sind und wir kraft unserer apostolischen Autorität erklären und verfügen, dass selbige Indianer *und alle anderen Menschen* – selbst wenn sich außerhalb des Glaubens stehen – nicht auf Sklaven reduziert werden dürfen und was immer an Gegenteiligem geäußert wird, null und nichtig ist«. In der zweiten Bulle führte der Papst die Exkommunizierung ins Feld, und zwar sollte sie jeden treffen, der sich an der Sklaverei beteiligte, »ungeachtet seines Ranges«.[8]

Die unverhohlene Versklavung der Indianer konnte durch die kirchliche Opposition tatsächlich beendet werden, selbst wenn es weiterhin viel Ausbeutung gab. Allerdings hatten die päpstlichen Bullen keinen Einfluss auf den Zustrom von Sklaven aus Afrika. Die spanischen Kolonien hatten ihren britischen und französischen Pendants zwar lange Zeit hinterhergehinkt – was man schon daran sieht, dass auf den Inselkolonien der beiden anderen Großmächte sich rasch eine auf Sklaven basierende Plantagenwirtschaft entwickelte. Jedoch lag das weder an unterschiedlichen wirtschaftlichen Konzepten noch an religiösen Erwägungen, auch wenn die Kirche in dem Maße, wie die Sklaverei in der Neuen Welt zunahm, ihre ablehnende Haltung erneut bekräftigte. 1639 gab Papst Urban VIII. auf Gesuch der Jesuiten Paraguays eine Bulle heraus, die die Exkommunikationsforderung Pauls III. für alle, die mit Sklaven handelten oder selbst Sklaven hielten, untermauert wurde.

Aber wie schon die Bullen Pauls III. hatten auch die Urbans keinerlei Wirkung und blieben praktisch unbemerkt. Der Standpunkt Roms wurde von vielen Bischöfen nicht geteilt – sie alle waren ja durch den spanischen König bestimmt worden. Erinnern wir uns außerdem daran, dass es gesetzeswidrig war, diese Bullen und auch jede andere päpstliche Erklärung in Spanien oder in der Neuen Welt herauszugeben, ohne dass der König seine Einwilligung gab – die in diesem Fall konsequenterweise ausblieb. Als Jesuiten in Rio de Janeiro die Bulle Urbans VIII. unerlaubterweise in der Öffentlichkeit verlasen, war die Folge, dass ein Mob ihr örtliches Kolleg niederbrannte und eine Anzahl Geistlicher verletzte. In Santos trat ein weiterer Mob auf den Generalvikar ein, als dieser sich anschickte, die Bulle zu veröffentlichen. Nachdem sie weiter gegen die Sklaverei opponiert und erstaunlich moderne und gelungene Kommunen für die Indianer aufgebaut hatten, wurden die Jesuiten 1767 brutal aus der Neuen Welt verjagt.[9]

Und doch blieben die Bischöfe im spanischen Amerika nicht ganz ohne Einfluss. Indem sie vor Gericht eine Beschwerde einlegten, dass die Versklavung der Indianer im Widerspruch stehe zu dem Bemühen, sie zu christianisieren, erreichten sie 1542 die Schaffung neuer Gesetze, die eben diese Versklavung untersagten und die generell auch befolgt wurden. Etwas später, als schon eine große Anzahl afrikanischer Sklaven in spanische Gebiete der Neuen Welt gebracht worden war, gelang es den Bischöfen vor dem spanischen Gericht, einen Kodex, den Código Negro Español, anzuerkennen, der die bisherigen Bedingungen der Sklaverei deutlich milderte.[10] Beide Vorstöße riefen »intensive Konflikte zwischen zivilen und religiösen Autoritäten" hervor.[11] Denken wir daran, dass der König zwar die Bischöfe auswählen konnte, dies aber aus einem Vorrat qualifizierter Kandidaten tun musste, die bereits durch den Vatikan ausgebildet und vorselektiert worden waren. Außerdem besaßen sie eine Anstellung auf Lebenszeit, so dass viele Bischöfe ihre adeligen Opponenten weit überdauerten. Und doch waren sie nie so mächtig wie die weltlichen Herrscher. Zudem erlebte die katholische Kirche, da sie auf die Reformation eine gute Antwort geben musste, drastische Veränderungen, wodurch sie dem Fortschritt und Handel gegenüber weniger aufgeschlossen war.

Der Katholizismus der Gegenreformation

Bald nach der Bekehrung des römischen Kaisers Konstantin des Großen im Jahr 312 kam es letztlich zu der Herausbildung zweier katholischer Kirchen. Vor Konstantin war die Kirche von einem engagierten, schlecht bezahlten und eher asketischen Klerus geführt worden, der manchmal sogar bewusst den Märtyrertod riskierte. Diese Gruppe und ihre Erben konstituierten die *Kirche der Frömmigkeit*. Als Konstantin aber damit begann, die Kirche mit Privilegien und Subventionen zu überschütten, »löste er einen Massenansturm in die Priesterschaft aus«,[12] und zwar seitens der Söhne der Oberschicht, da die Kirchenämter inzwischen mit hohen Einkommen und beträchtlichem politischem Einfluss winkten. Bald schon wurden Stellungen in der Kirche, und sei es auch nur die eines kleinen Gemeindepfarrers, als Investitionen gekauft und verkauft – je höher das Amt, desto höher das Preisschild, das an ihm hing. Diese neue Kirchen-Hierarchie begründete die *Kirche der Macht*. Wie schon in Kapitel 2 beschrieben, war ein aus »Investoren« bestehender Klerus dem Handel alles andere als feindlich gesonnen, vielmehr näherte er eine traditionell asketische religiöse Orientierung an ökonomische Realitäten an. Oder anders gesagt: wäre die *Kirche der Frömmigkeit* in Führung geblieben, hätte das Christentum wahrscheinlich weiterhin den Wucher gebrandmarkt, hätte Zinsen abgelehnt und vermutlich auch generell den Materialismus, so wie der Islam es noch heute tut.

Die heftigen Erschütterungen, die durch die sich immer mehr ausbreitende Reformation ausgelöst wurden, führte in der katholischen Kirche zu einiger Desorganisation, was etwa zur Folge hatte, dass beim Konzil von Trient (1562-63) die *Kirche der Frömmigkeit* erneut die Federführung übernehmen konnte. Die Veräußerung von käuflichen Büros wurde nun beendet und viele angemessene Reformen institutionalisiert, wie die Schaffung eines großen Netzwerks von Lehreinrichtungen, in denen Priester eine bestmögliche Schulung erhalten sollten. Aber es gab auch eine Schattenseite. Die Gegenreformation besaß einen ausgeprägt anti-intellektuellen Zug, von dem die *Kirche der Macht* lange Zeit abzulenken wusste. Nun aber ergaben sich neue Häresie-Verdachte, derentwegen die Kirche sich veranlasst sah, ihre Lehreinrichtungen zurechtzustutzen und förderte so falsche Vorstellungen über religiösen Widerstand gegen die Wissenschaft. Abgesehen davon war die *Kirche der Frömmigkeit*, nicht anders als der puritanische Protestantismus, sehr gespalten gegenüber dem Wohlstand und noch misstrauischer, was den Handel anging. Und so wie puritanische Geistliche ihre Verachtung gegenüber dem »Ehrgeiz« ausdrückten und die »Begierden« anprangerten, so äußerte auch der asketische Flügel, der die Kirche nun kontrollierte, seine tiefe Geringschätzung des »Fortschritts« und der »Modernität«. Wie viel besser war es doch, wenn die Leute zu Hause auf ihren Bauernhöfen und Dörfern blieben und ein schlichtes, demütiges und gottesfürchtiges Leben führten.

Die Ironie lag darin, dass die Anführer der Gegenreformation bei ihren Versuchen, verloren gegangene Werte der Kirche wiederzufinden, einen Glauben wiederbelebten, der besser in eine schon weit zurückliegende Zeit gepasst hätte und den man viel eher mit einer Planwirtschaft in Einklang hätte bringen können, denn mit der Demokratie oder gar dem Kapitalismus. Es war die Kirche, die in Südeuropa und den Kolonien der Neuen Welt die Oberhand hatte. Und genau aus diesen Gebieten stammten die jüngst verlautbarten Vorwürfe einiger lateinamerikanischer Kirchenführer, die von einem fehlgeleiteten Antikapitalismus sprachen, sowie die linken Fantasien einer »Befreiungstheologie«.

Träge Staatskirchen

Indem sie sich gemäß geltenden Verträgen in Spanien und Frankreich verhielt, gab die Kirche wesentliche Kontrolle über ihre Angelegenheiten in der Neuen Welt ab. Nicht nur ernannte der spanische König alle Bischöfe, die Krone und ihre Verwaltungsbeamten entschieden sogar über die Einrichtung neuer Diözesen und legten deren Grenzen fest. Als Gegenleistung ächtete die Krone jegliche Glaubensrichtung, die nicht die römisch-katholische war. Auch kümmerte sich der Staat um das Eintreiben des *diezmo* (oder Kirchenzehnten), sprich einer zehnprozentigen Steuer, die vom Einkommen abging. Auf der einen Seite war den Bischöfen dieses Arrangement recht, da der Staat ein sehr viel wirkungsvollerer Steuereintreiber war als der Klerus. Auf der anderen Seite mussten die Bischöfe ständig darauf drängen, die vollständigen Beträge überbracht zu bekommen, da die kolonialen Verwalter immer wieder »einen Teil des Geldes in die eigene Tasche steckten«.[13]

Dennoch hatte es die Kirche in der Neuen Welt ausgesprochen bequem. Mit Hilfe des Zehnten, großer Schenkungen von Land und der Erträge aus den Landwirtschaftsbetrieben wurde die lateinamerikanische Kirche ausgesprochen reich. Und wie schon zuvor in Europa tat sie sich durch kluge langfristige Planung und sorgfältiges Management hervor. Die Kirche war daher »zum Ende des 17. Jahrhunderts zur wichtigsten wirtschaftlichen Kraft der Kolonialgesellschaft geworden«.[14] Hundert Jahre später gab es beispielsweise in Peru »kaum ein Stück Land von nennenswerter Größe, das nicht teilweise oder zur Gänze dem Klerus gehörte. In Lima gehörten von 2.806 Häusern ganze 1.135 entweder zu religiösen Gemeinschaften, säkularen Geistlichen oder frommen Stiftungen.«[15] Zu dieser Zeit gehörten der Kirche in der riesigen Kolonie Neuspaniens die Hälfte aller ertragsfähigen Liegenschaften, sowohl auf dem Land wie in den urbanen Räumen, zum Beispiel beinahe zwei Drittel aller Häuser in Mexiko-Stadt.[16]

Doch trotz dieses enormen materiellen Vermögens war die lateinamerikanische Kirche arm an Unterstützern. Denn wie schon Adam Smith klarsichtig festgestellt hat, sind religiöse Organisationen nicht immun gegen die Krankheiten, an denen eher früher als später alle Monopole leiden. Denn wird er nur kräftig von Staatsseite alimentiert, »ruht sich der Klerus auf seinen Pfründen aus, verfällt in Trägheit« und versäumt es, »die Leidenschaft des Glaubens und der Hingabe im Gesamtkorpus des Volkes aufrechtzuhalten«.[17] In Lateinamerika war das sicher der Fall. Kraft der Monopolstellung, zu der der Staat ihr verholfen hatte, begnügte sich die Amtskirche damit, praktisch alle Gläubigen als Mitglieder zu beanspruchen und doch nichts für ihre aktive Mitwirkung zu tun.[18] Auch wenn die entsprechende Illusion jahrhundertelang aufrechterhalten wurde, ist Lateinamerika nie zu einem »katholischen Kontinent« geworden. Vielerorts wurde es nicht einmal christianisiert – indigene Glaubensrichtungen behielten die Oberhand und viele Reisende berichteten, dass es sogar in großen Regionen offenbar keinen einzigen Pfarrer gab.[19]

Diese Situation besteht selbst heute noch, auch wenn in jüngerer Zeit ein ungleich vitalerer Katholizismus in Lateinamerika entstanden ist. 1995 soll in Guatemala der katholische Pfarrer einer einzigen Diözese für 29.753 Gläubige zuständig gewesen sein, in Bolivien für 20.552 und in Brasilien für 17.853 (zum Vergleich waren es in den USA 1.822 Gläubige und in Kanada 1.956). Diese Zahlen sind natürlich Unsinn. Wie viele Pfarrer es in diesen Ländern gibt, ist zwar bekannt und amtlich hinterlegt, nicht jedoch die Anzahl der Katholiken, weshalb sie grotesk übertrieben werden konnte. Bei der Erhebung dieser Zahlen greifen die lokalen Beamten nämlich nicht auf Taufregister zurück oder ziehen in Betracht, wie viele Gläubige die Messen besuchen. Sie subtrahieren einfach einen winzigen Anteil der Gesamtbevölkerung und schlagen den ganzen Rest der Kirche zu. Bis vor kurzem noch berichteten offizielle Fachorgane wie der *Catholic Almanac,* dass über 95 Prozent der Gesamtpopulation eines lateinamerikanischen Landes katholisch gewesen seien.

Der Mangel an Priestern hat aber noch andere Gründe. Erstens ist der Einsatz für den Katholizismus offenbar nicht groß genug, um genügend Interessenten für das Priesteramt zu begeistern. Auch heute noch stammt ein großer Teil der lateinamerikanischen Priester aus dem Ausland – 87 Prozent in Mexiko und Guatemala, 75 Prozent in Venezuela und 55 Prozent in Chile. Dagegen sind nur 12 Prozent der katholischen Priester in Indien Ausländer.[20] Zweitens reichen diese sehr wenigen Priester offenbar aus, um alle ihnen unterstellten Aufgaben abdecken zu können. Gottesdienste sind in Lateinamerika noch nie gut besucht gewesen und selbst die Taufe ist nicht allgemein verbreitet – selbst wenn viele Eltern ihre Kinder taufen lassen, um ihren eigenen Wunsch nach »Glück« zu untermauern. Der ehrwürdige David Martin bemerkte hierzu: »Die Volkskultur blieb einigermaßen resistent gegenüber den katholischen Lehren … Es dürften weniger als 20 Prozent aller Lateinamerikaner sein, die regelmäßig die [katholische] Kirche besuchen.«[21]

Allerdings wurzelt die lateinamerikanische Irreligiosität nicht in irgendeiner Form der weltlichen Moderne, vielmehr erleben Magie und Aberglaube eine neue Blütezeit. Nein, die Lateinamerikaner stehen deshalb seit jeher der Kirche fern, weil ein subventionierter Klerus, wie Adam Smith sagte, schon vor langer Zeit damit zufrieden war, auf seinen Pfründen sitzenzubleiben und es dem Staat zu überlassen, jegliche Konkurrenz zu unterdrükken. Dies wurde augenfällig, nachdem die meisten lateinamerikanischen Ländern ihre Gesetze gegen nicht-katholische Religionen haben fallen lassen: kraftstrotzende protestantische Gruppen fegen über den Kontinent hinweg! In vielen lateinamerikanischen Ländern besteht der Großteil aller sonntäglichen Kirchgänger inzwischen aus Protestanten und die Zahl der ausländischen Missionare ist in den gleichen Ländern schon ein gutes Stück höher als die der katholischen Pfarrer. Neueste Theorien, die auf dem Konzept der religiösen Ökonomien beruhen, sagen voraus,[22] dass die vermehrte Konkurrenz den lateinamerikanischen Katholizismus wesentlich neu beleben wird. Denn wo immer es nun mehr Protestanten gibt, gehen auch wieder mehr Katholiken zur Messe![23] Zum ersten Mal in der Geschichte melden sich in vielen lateinamerikanischen Ländern immer mehr Interessenten für katholische Priesterseminare an[24] und die Bewegung der Charismatischen Erneuerung wächst stetig[25] – ein weiterer Beweis dafür, dass in pluralistischen religiösen Ökonomien die Religion selbst floriert.

Religion auf einem freien Markt

Die religiöse Freiheit ist nicht leicht herzustellen. Auch wenn sie selbst aus Europa geflüchtet waren, um Schutz vor Verfolgung zu finden, lernten die puritanischen Siedler aus dieser Erfahrung letztlich nichts über Toleranz, sondern nur etwas über die Anwendung von Macht. Von Beginn an präferierte die Massachusetts Bay Colony die Staatskirche und ächtete jegliche Abweichung von dieser Marschroute. Wann immer etwa Quäker auftauchten, und sei es auch nur an Bord von Schiffen, die still im Hafen lagen, ließen die Kongregationalisten sie aufgreifen, auspeitschen und vertreiben. Zwischen 1659 und 1661 wurden vier Quäker, die zuvor ausgepeitscht und aus Massachusetts hinausgeworfen worden waren, nach ihrer Wiederkehr sogar gehängt. Zwar waren nicht alle neuenglischen Kolonien so intolerant, doch begründeten die meisten von ihnen ebenfalls Staatskirchen – die Church of England in New York, Virginia, Maryland, North und South Carolina sowie Georgia, und eben die Kongregationalisten in den Kolonien Neuenglands.

Erstaunlicherweise bemerkten örtliche Beobachter schon bald, dass die Religion in den Kolonien gerade dort stärker und hingebungsvoller ausgeübt wurde, wo es keine subventionierte Kirche gab. Colonel Lewis Morris, der früher Kolonial-Gouverneur in New Jersey gewesen war, schrieb darüber in einem Brief an einen Freund:

»Wenn [den Leuten] durch Zwang teilweise ihr Gehalt abgenommen und an die Kirchenmänner weitergeleitet wird, mag das ja ein Mittel sein, um diese zu subventionieren; allerdings werden sie mit Geld niemals jemand zu ihrem Glauben bekehren ... Dagegen wird die Kirche [ohne Staatsfundament] aller Wahrscheinlichkeit nach aufleben und würde, wie ich glaube, heute sogar besser dastehen, wenn es keine Verordnung [zu ihrer gerichtlichen Etablierung durch das New Yorker Unterhaus] zu ihren Gunsten gegeben hätte. In New Jersey und Pennsylvania, wo eine solche Verordnung nicht erlassen wurde, gibt es viermal so viele Kirchenmänner als in New York; auch sind diese Männer religiös aus Prinzip, wohingegen es neun von zehn der unsrigen Priester relativ gleichgültig sein dürfte, zu welcher Kirche sie gehören. Es könnte auch gar nicht anders sein.«[26]

Dennoch gehen die religiöse Toleranz in Amerika und das verfassungsrechtliche Verbot einer Staatsreligion nicht auf Einsichten zurück, wie Morris sie hier geäußert hat, auch nicht auf liberales Denken. Die religiöse Freiheit war schlicht und einfach eine Notwendigkeit. Man mag es gutheißen oder nicht, aber der Pluralismus ergab sich praktisch von selbst. Viele Kolonisten hatten 1776 ihre jeweiligen Glaubensrichtungen mitgebracht und im Vorfeld der Revolution sah die religiöse Landschaft in den Kolonien aus wie auf Tabelle 3 dargestellt – und selbst auf die Kongregationalisten entfielen nur 20 Prozent aller Kongregationen. Natürlich verschwanden die Staatskirchen nicht einfach über Nacht, schon weil das Verbot der Bundesverfassung gegen eine Staatsreligion nicht so interpretiert wurde, dass es auch die einzelnen Staaten betraf: Connecticut etwa schaffte die Kongregationalistische Kirche 1818 wieder ab; New Hampshire tat das Gleiche 1819, wohingegen Massachusetts noch bis 1833 Steuern eintrieb, die der Unterstützung eines Kongregationalismus für das ganze Land dienen sollten.

Tabelle 3 *Anzahl der Kirchengemeinden in den 13 nordamerikanischen Kolonien im Jahre 1776, aufgeteilt nach Konfessionen*

Konfession	**Zahl der Gemeinden**
Kongregationalisten	668
Presbyterianer	588
Baptisten	497
Episkopalkirche (Kirche von England)	495
Quäker	310
Deutsche reformierte Kirche	159
Lutheraner (alle Synoden)	150
Holländische reformierte Kirche	120
Methodisten	65
Römisch-Katholische Kirche	56
Herrnhuter Brüdergemeinde	31
Separatistische und unabhängige Kirchen	27
Kirche der Brüder	24
Mennoniten	17
Hugenotten	7
Sandemanianer	6
Juden	5
(insgesamt)	3 228

Obwohl 1776 eine Diözese für ganze 650 Einwohner zuständig war, blieb die Kirchenzugehörigkeit in Amerika mit heutigen Standards verglichen gering. Zwar bekundete praktisch jeder, Christ zu sein, doch gehörten weniger als 20 Prozent einer spezifischen religiösen Vereinigung an. Selbst im puritanischen Boston saßen vermutlich mehr Leute samstagabends in einer Taverne, als sonntagmorgens in einer Kirche. Das war freilich ein Überbleibsel europäischer Tradition, wo die Vorherrschaft der etablierten Kirchen stets die Beteiligung ihrer Mitglieder unterdrückte, genau wie Colonel Morris schrieb, dass das auch gar nicht anders sein könnte. Wenn aber alle Kirchen einmal auf das gleiche Podest gestellt worden waren und sich aktiv um Unterstützer kümmern mussten, stellten sich die »Wunder« des Pluralismus ein. Etwa ein Jahrhundert später, 1860, gehörte bereits mehr als ein Drittel (37 Prozent) aller Amerikaner einer lokalen Kirchengemeinde an. Die 50 Prozent-Marke wurde zu Beginn des 20. Jahrhunderts erreicht. Über die vergangenen 30 Jahre waren etwas mehr als 60 Prozent »eingeschriebene« Gläubige, was vielleicht sogar die zu erreichbare Höchstmenge sein mag (90 Prozent aller Amerikaner sagen von sich, einer Konfession anzugehören, doch sind viele keiner Heimatgemeinde angegliedert).[27] In Kanada folgte die Kirchenzugehörigkeit einem ähnlichen Trend.

Aber selbst im frühen 19. Jahrhundert, als vielleicht nur einer von vier Amerikanern einer Ortsgemeinde angehörte, wunderten sich Reisende aus Europa über die amerikanische Frömmigkeit. 1818 schrieb der englische Intellektuelle William Cobbett an Freunde in seiner Heimat, sprich dem Städtchen Botley, über sein Erstaunen angesichts der Dichte und Popularität der amerikanischen Kirchen: »Es gibt hier sehr viele Kirchen ... doch denkt nicht, dass sie ärmlich und schäbig seien; eine jede ist größer und besser gebaut als jede bei uns in Botley.«[28] Als er von seinen US-Reisen der Jahre 1830-31 berichtete, schrieb Alexis de Tocqueville, dass »es auf der ganzen Welt kein Land gibt, in dem die christliche Religion eine so große Wirkung auf die Seelen der Menschen hat, als Amerika«.[29] Mitte des 19. Jahrhunderts bemerkte der Schweizer Theologe Philipp Schaff, dass die Besucherzahl in den lutherischen Kirchen in New York sehr viel höher war als in Berlin.[30] Und dabei kannte jeder dieser fremdländischen Beobachter den Grund dafür: den Pluralismus in den USA. Cobbett erklärte, »es ist der Umstand, dass die Kirche qua Gesetz begründet wurde, der sie für die eigentliche Religion eher unfruchtbar macht ... man zwingt den Leuten Priester auf, denen sie nicht vertrauen können und die sie, man muss es zugeben, letztlich sogar verachten müssen ... Wenn unsere Priester sagen, dass die Religion und die Kirche [ohne die Zehnten] in Gefahr gerate ... heißt das doch nur, dass sie selbst in die Gefahr kommen, für ihr Brot arbeiten zu müssen!«[31] Die österreichische Journalistin Frances Grund schrieb 1837, dass die Saturiertheit des Klerus diesen »träge und arbeitsscheu« gemacht habe, während es in Amerika kraft der Konkurrenz »niemand im Klerus es sich allzu einfach macht; alle sind gezwungen, sich Mühe zu geben, um für das seelische Wohl ihrer jeweiligen Gemeinden zu sorgen«.[32]

Allerdings strengten sich nicht alle Kleriker gleichermaßen an, was dazu führte, dass das Profil der amerikanischen Religionen heute extrem anders ist als 1776. Von den damals fünf größten Konfessionen sind vier zusammengeschrumpft und werden immer noch kleiner: die Kongregationalisten (heute Church of Christ), die Presbyterianer, die Episkopalisten und die Quäker. Dagegen wurden über das nächste Jahrhundert hinweg die Methodisten, die in kleiner Anzahl begonnen hatten, zur weit größten Konfessionsgruppe in Amerika; 1850 umfasste sie ein Drittel aller Kirchenmitglieder, gefolgt von den Baptisten mit 21 Prozent. Im Jahrhundert darauf wurden die Methodisten eine eher gefällige, temperamentlose Konfession, was zu einem starken Mitgliederschwund führte, besonders während der letzten vierzig Jahre. Währenddessen sind die Baptisten immer weiter angewachsen, und die Southern Baptist Convention ist heute die größte protestantische Gruppe im Lande. Die Baptisten haben die Methodisten hinter sich gelassen, weil eine wachsende Gruppe von methodistischen Klerikern, die sich der »modernen« Theologie verschrieben hatten, von mächtigen Bischöfen gestützt wurden, die ihre Ansichten teilten, welche aber bei ihren Mitgliedern nicht annähernd so populär waren. Dagegen stellte sich der baptistische Klerus mehr denn je in den Dienst seiner Gemeinden, und wenn ein Priester anstößig oder auch uninspiriert war, setzte man ihn an die Luft. Ebenso rasant, wie auf Tabelle 3 zu sehen ist, wuchsen die anderen evangelisch-reformierten Kirchen sowie die Mormonen. Aus all dem wird deutlich, dass sich in einer marktwirtschaftlichen religiösen Ökonomie stets die widerstandsfähigen, energetischen Organisationen durchsetzen.

Und obwohl miteinander wetteifernde Kirchen und strebsame Kleriker natürlich im besten Einklang mit den Prinzipien des Kapitalismus stehen, war es doch zunächst einmal ganz einfach die Freiheit, die es der nordamerikanischen Religion wie dem dortigen Handel ermöglichten, zu gedeihen und zu erblühen.

Tabelle 4 *Zuwächse und Verluste der amerikanischen Konfessionen*
Offizielle Mitglieder gerechnet auf 1000 US-Bürger

Konfession	**1960**	**2000**	**Unterschied in %**
United Church of Christ	12,4	5,0	−71
Episkopalkirche	18,1	8,2	−55
United Methodist Church	58,9	29,8	−49
Presbyterianer	23,0	12,7	−45
Evangelical Lutheran Church of America	29,3	18,2	−39
Uniterian Universalist	1,0	0,8	−20
Quäker	0,7	0,6	−14
Römisch-katholische Kirche	233,0	221,7	−5
Southern Baptist Convention	53,8	56,3	+5
Kirche des Nazareners	1,7	2,2	+35
Siebenten-Tags-Adventisten	1,8	3,1	+72
Church of the Foursquare Gospel	0,5	0,9	+80
Kirche Jesu Christi der Heiligen der letzten Tage (Mormonen)	8,2	18,2	+122
Assemblies of God	2,8	9,1	+225
Church of God (Cleveland, Tennessee)	0,9	3,1	+244
Church of God in Christ	2,2	19,5	+786

Alexis de Tocqueville schrieb von den Vereinigten Staaten im frühen 19. Jahrhundert als »einer der freiesten und aufgeklärtesten Nationen auf der ganzen Welt«.[33] Niemals wurde dergleichen über ein Land südlich des Rio Grande geschrieben.

Ein Vergleich von 1770 offenbart viele Gründe, warum. Zu dieser Zeit wurden die nordamerikanischen Kolonien rasch von eingewanderten Kleinbauern besiedelt, die in großen Wellen ins Land kamen, und von Gouverneuren in Zusammenarbeit mit gewählten Kolonialversammlungen regiert. Die maßgebliche politische Autorität lag in den Händen des britischen Parlaments, die Befugnisse des Königs waren inzwischen deutlich eingeschränkt. Den spanischen Kolonien dagegen standen Hidalgos aus der Oberschicht vor, die über riesige Ländereien verfügten, die ihnen durch Verordnung des Königs überlassen worden waren. Auf diesen *estancias* arbeiteten – mehr oder weniger genötigt – vor allem *indigenas,* wobei die Vormänner und Aufseher angeheuerte Europäer waren. Kleinbauern aus Europa gab es hier nur wenige.

Die offizielle Regierung der spanischen Kolonien bestand aus einem Vizekönig und einem Verwaltungsorgan, das den Namen Audienca trug und aus hohen Beamten bestand, die aus Spanien herübergeschickt worden waren. Überdies gab es überhaupt keine hiesigen Gesetzgebungsakte – alle geltenden Gesetze wurden in Spanien beschlossen.[34] Dort gab es freilich ebenfalls noch keine demokratische Regierung; das Land war weiterhin ein feudales Königreich. Tatsächlich wurden die kolonialen

Verwaltungsposten vom König sogar *verkauft*. Die Qualifikation der Bewerber spielte zwar schon eine gewisse Rolle, doch viel wichtiger waren Familienhintergrund und Zahlungsfähigkeit. Die Zahl der offiziellen Posten wurde noch sehr viel größer unter Philipp II., als dieser – erfolglos – versuchte, diverse Insolvenzen abzuwenden. Positionen, die identisch waren mit einem Ehrentitel, wurden vor allem aus Statusgründen gekauft, die meisten anderen aber waren als Investitionen gedacht, deren Rendite die jeweilige Position in Form von Einfluss und Möglichkeiten zum Geldgewinn erbringen sollte. Da aber bis gut ins 18. Jahrhundert hinein praktisch alle ernannten Amtsträger bisher nur in Spanien gelebt hatten, mit den Kolonien nicht vertraut waren und nach Büroschluss sozusagen gleich wieder nach Spanien zurückkehrten, waren ihre Entscheidungen keineswegs immer die richtigen.[35]

Schließlich gab es den Unterschied, dass fast alle britischen Kolonisten, die nach Amerika gekommen waren, dort auch bleiben wollten, wohingegen viele spanische Kolonisten sich bloß als Besucher sahen. Auch basierten die britischen Kolonien auf der Produktion, die spanischen auf Extraktion.

Kolonisierung

Der vielleicht erstaunlichste Umstand der spanischen Ansiedlung in der neuen Welt, vor allem vom frühen 16. bis weit ins 19. Jahrhundert, ist, dass nur so wenige Spanier kamen. Die Neue-Welt-Einwanderer mussten sich in der Casa de Contratación, dem Haus des Handels in Sevilla registrieren lassen. Während des gesamten 16.

Jahrhunderts taten dies nur etwa 56 000 Spanier. Zu einem bestimmten Zeitpunkt nahmen Historiker an, dass die Zahl der illegalen Einwanderer weitaus höher gelegen haben müsse, doch geht man heute davon aus, dass die Zahl im Gegenteil klein gewesen sei.[36] Ebenso wird eine frühere Schätzung, der zufolge zwischen 1500 und 1640 300 000 Spanier in die Neue Welt gekommen seien,[37] heute als viel zu hoch erkannt.[38] Doch selbst wenn die Zahl stimmte, wären die Europäer in Lateinamerika immer noch sehr wenige gewesen.

Es gibt viele Gründe dafür, warum die Spanier nicht in großen Massen Richtung Westen reisten. Zum einen war Spanien, anders als England, nicht reich an »Krämern« oder Menschen, die couragiert genug waren, um Kleinbauern zu werden – Spanien selbst war ja ein Land mit gigantischen Anwesen, die wiederum von Feldarbeitern bearbeitet wurden, die fast noch als Leibeigene hätten gelten können. Auch war die Perspektive nicht gerade rosig, erfolgreich Ladenbesitzer oder Kleinbauer in einer neuen Welt zu werden, die ihrerseits von feudalen Landbesitzern dominiert wurde – selbst wenn die Aussichten dort selbst für sehr arme Emigranten um einiges vielversprechender waren, als die Leute in Spanien es für sich selbst erträumen konnten.

Ein zweiter Grund, warum nicht sonderlich viele kamen, war mit den Gefahren der Reise gegeben. Nicht nur starben viele an Bord an verschiedenen Krankheiten und an Wassermangel, sondern es gingen auch viele Schiffe verloren. Der atlantische Ozean war groß und stürmisch und die Spanier hatten nur minderwertige Schiffe, die schlecht gewartet wurden und unerfahrene

Matrosen mit sich führten. Man erinnere sich nur an das schwere Los der beiden Armadas. Viele erhalten gebliebene Briefe und Tagebücher berichten detailliert von den Schrecken der langen Überfahrten. Darüber hinaus wurde die Anziehungskraft der Emigration dadurch geschmälert, dass viele ja gar nicht bleiben, sondern eher einen Abstecher wagen wollten, der sie auf die Schnelle reich machen sollte. Viele, wenn nicht sogar die meisten, denen das tatsächlich gelang, gingen im Anschluss sofort zurück nach Spanien und drückten – auch dies belegen Dokumente – ihre große Genugtuung darüber aus, wieder zu Hause zu sein. Andere, die weniger Glück hatten, schrieben häufig ihren Verwandten in der Heimat, dass es ihnen bereits leid tue, die Reise überhaupt angetreten zu haben.

Und zu guter Letzt wurde die Auswanderung aus Spanien wie die Einwanderung in die Kolonien von den Autoritäten auf beiden Seiten beschränkt. Da die spanische Wirtschaft in den Kolonien damals vor allem auf Abbau wie Export von Gold und Silber beruhte, sah man in einer größeren Bevölkerung vor allem einen Kostenfaktor, der das subventionierte Leben in den Kolonien nur teurer machen würde. Um möglichst wenige Menschen ins Land zu lassen, erteilten die Behörden häufig keine Einreiseerlaubnis, sofern die Betreffenden nicht bereits Verwandte in einer Kolonie hatten. Alle Nicht-Katholiken wurden ohnehin ausgeschlossen, ebenso alle Nicht-Spanier. Anfangs war es nur allein stehenden Männern erlaubt einzureisen, doch durften später auch verheiratete Männer mit ihren Familien in die Neue Welt kommen – allein stehende Frauen bekamen diese Erlaubnis nie (was die Zahl der neugeborenen Kreolen und Mestizen stark erhöhen sollte).

Dagegen kamen die Einwanderer aus Großbritannien in viel größeren Massen in die britischen Kolonien Nordamerikas, als die Spanier nach Lateinamerika. Man nimmt an, dass sich zwischen 1640 und 1760 mehr als 600 000 Briten einschifften,[39] wie noch sehr viel mehr aus Holland, Frankreich, Deutschland und anderen Ländern Europas. Viele Kolonisten kamen mit ihren ganzen Familien oder als Ehepaare. Was sie suchten, waren keine feudalen Anwesen und auch kein Gold und Silber. Die meisten kamen einfach wegen der hohen Löhne, die in den Kolonien gezahlt wurden, und wegen der hervorragenden Gelegenheiten, fruchtbares Ackerland zu erwerben oder auch um einen Produktionsbetrieb oder Laden zu eröffnen. Es lag ihnen nicht viel daran zurückzugehen. Und mehr noch: da sie mit britischen Schiffen und ein ganzes Jahrhundert später zu kommen begannen, waren ihre Überfahrten sehr viel sicherer, weniger kräftezehrend und außerdem kürzer. Obwohl viele Einwanderer Bauern wurden, waren sie nicht auf Subsistenzwirtschaft beschränkt.[40] Ihre Familienhöfe waren verglichen mit den Parzellen englischer Bauern riesig und sie erzielten beträchtliche regelmäßige Gewinne, wenn sie Getreide und Tierfelle nach Großbritannien exportierten, aber auch durch die Versorgung der nichtbäuerlichen Kolonisten. Im Gegensatz dazu importierten die Spanier nicht nur Fertigwaren, sondern auch große Mengen an Nahrungsmitteln, für die sie vorzugsweise mit Edelmetallen aus den lateinamerikanischen Minen bezahlten, die ihrerseits zumeist im Besitz der spanischen Krone waren. Ein weiterer Grund für die rasche Kolonisierung des Nordens lag darin, dass die britische Politik eine relativ freie Einwanderung aus den meisten europäischen Ländern ermöglichte – nicht zuletzt religiös Andersdenkende, gerade auch Katholiken, wurden bereitwillig aufgenommen. 1776 gab es in den 13 Kolonien bereits 56 katholische Kirchengemeinden sowie fünf Synagogen.

Koloniale Regierungsgewalt und Kontrolle
Im Prinzip wurden die spanischen Kolonien von autoritären Regimen beherrscht, die durch den spanischen Gerichtshof eingesetzt worden waren. Die Wirklichkeit zeigte jedoch, dass Spanien sehr weit entfernt lag – der Postweg mancher Korrespondenzen brauchte ein Jahr oder mehr –, so dass die lokalen Eliten zumeist einfach machten, was sie wollten. So wurden zum Beispiel die »neuen Gesetze«, die schon 1542 in Spanien eingesetzt worden waren und die Indianer vor Versklavung und Ausbeutung bewahren sollten, schlichtweg ignoriert – der Vizekönig Mexikos setzte die Gesetze sogar offiziell außer Kraft, um eine Rebellion zu vermeiden. Der Umstand aber, dass die Kolonien ohne die Hilfe der Kolonisten gar nicht regiert werden konnten, führte nicht zur Demokratie, sondern nur zu mehr lokalen Oligarchen, zusätzlich zu denen, die der König eingesetzt hatte.

Die britischen Kolonien boten ungleich mehr individuelle Freiheit und ein größeres Ausmaß an Demokratie. Von den frühesten Tagen an gab es in den britischen Kolonien gewählte Volksvertretungen, um sich mit »den englischen Gouverneuren zu beraten, aber diese oft auch in ihrer Machtausübung zu behindern«.[41] Natürlich durften nur Grundeigentümer oder Immobilienbesitzer bei den entsprechenden Versammlungen abstimmen, da jedoch viele Kolonisten eigene Bauernhöfe oder Ladengeschäfte besaßen, äußerte sich ihr Willen häufig in entsprechenden Mehrheiten.

Sieht man von dem eigentlichen Regierungsgeschehen ab, zeichnete sich die Kontrolle, die von europäischen Nationen in den Kolonien ausgeübt wurde, durch ein Geflecht wirtschaftspolitischer Maßnahmen aus, die Alan Smith als *Merkantilismus* bezeichnete. Dabei ging es vor allem darum, dass Länder so gut wie möglich von ihren Kolonien profitierten. Um dies zu erreichen, wollte man die Kolonien dazu bringen, ausschließlich mit der eigenen Kolonialmacht Handel zu treiben, also Rohstoffe gegen Fertigerzeugnisse einzutauschen, wobei die Handelsbilanz zugunsten der Kolonialmacht ausfallen sollte.

Dem merkantilistischen Politikansatz folgend, importierten die Briten massenhaft Agrarprodukte, Tierpelze und Tierhäute, tausende Pfund getrockneten Fischs und Walöls sowie Rohstoffe aus Nordamerika im Austausch gegen Fertigerzeugnisse. Dabei setzten sie alle Preise dergestalt fest, dass sie selbst in der Bilanz den Vorteil hatten. Als Resultat der Spannungen, zu denen dergleichen stets führt, fingen die Nordamerikaner kräftig an zu schmuggeln, illegalen Handel zu betreiben und viele kleine regionale Produktionsunternehmen zu gründen. Deren Modell stammte aus dem englischen Kapitalismus. Mit der Zeit wurden die Rohstoffe, die Nordamerika exportierte, immer weniger »roh«, was sich in der lokalen Wirtschaftsentwicklung niederschlug. So wurde 1770 aus den amerikanischen Kolonien mehr fertiges Mehl nach England ausgeführt als ungemahlenes Korn, riesige Mengen Seifen und Kerzen und weitaus mehr Fassdauben, Masten und voll verarbeitete Schultafeln, als lose Holzscheite, eine irrsinnige Menge Rum (und keinen undestillierten Sirup) und sogar 3.149 Paare Schuhe.[42] Ein weiterer ökonomischer Stimulus für Nordamerika bestand darin, dass die Engländer, obwohl sie die Überlegenheit ihrer Marine dazu nutzen, ausländische Schiffe (besonders die holländischen) davon abzuhalten, ihre Frachten in den Kolonien abzuliefern, es kolonialen Schiffen erlaubten, frei auf dem Meer zu agieren. Und da Schiffe viel billiger in New England als in Großbritannien gebaut werden konnten (viele wichtige Materialen für den Schiffbau gehörten zu den Haupt-Exportgütern aus der Neuen Welt), ergab sich hieraus sowohl ein starker Anreiz für die koloniale Marine-Industrie wie für die amerikanische Handelsmarine: 1773 wurden in amerikanischen Werften 638 Hochseeschiffe gebaut.[43] Eine derart große Handelsmarine machte es ausgesprochen einfach, Schmuggel und illegalen Handel zu betreiben, so dass 1770 die Exporte, die von den amerikanischen Kolonien in Europa und auf den westindischen Inseln anlangten, ebenso viel Gewinn abwarfen wie die Exporte nach England.[44]

Betrachtet man aber nur die Handelsstatistiken, wird deutlich, dass Großbritannien mit seiner merkantilen Politik in den Kolonien durchaus Profite erzielte. 1772 wurden die Exporte aus den amerikanischen Kolonien nach England auf 1,3 Millionen Pfund Sterling taxiert, wogegen die Importe aus England sich auf 3 Millionen beliefen.[45] Und dennoch übersteigen – hier darf man generell sprechen – die Kosten für die Aufrechterhaltung von Kolonien bei weitem den Preis, den die Kolonialmacht für deren Importe zahlt. Weitere unwägbare Kosten entstehen den Regierungen dadurch, dass sie ihre Kolonien administrieren, verteidigen und manchmal auch kontrollieren müssen. Im Falle Nordamerikas musste Großbritannien seine Kolonien vor allem verteidigen, besonders während dreier kostspieliger Kriege gegen Frankreich. Angesichts des auffallend großen Reichtums der Kolonien (in denen das Pro-Kopf-Einkommen weitaus höher war als in Großbritannien), entschied das Parlament, entsprechende Steuern zu erheben, um die hohen Verteidigungskosten auszugleichen. Dies stieß auf energische Gegenwehr und sollte letztlich zur Revolution führen, wodurch England freilich gigantische neue Kosten entstanden.

Spanien wiederum schien anfangs von seinen Kolonien in der Neuen Welt enorm zu profitieren. Schatzschiffe segelten nach Osten, während Frachter mit Nahrungsmitteln und Fertigwaren nach Westen unterwegs waren. Wegen der Gefahr, die durch britische und holländische Räuber und Piraten drohte, und um den Schmuggel zu reduzieren, verteilten die Spanier ihren Handel jährlich auf zwei Konvois zwischen Sevilla und Häfen in der Karibik: die eine Flotte war für den Export spanischer Güter zuständig, die andere für den fremdländischen Import, was riesige Ladungen von Gold und Silber aus den Minen der Neuen Welt mit einschloss, nicht anders als Frachten von pazifischen Schatzschiffen, die über Panama fuhren. Wie aber schon in Kapitel 6 beschrieben, führten die asiatischen Schätze und das Gold und Silber aus der Neuen Welt letztlich nur dazu, dass Spanien weit über seine Verhältnisse lebte und dass die wirtschaftliche Entwicklung in Spanien wie in seinen Kolonien verhindert wurde. Denn anders als Großbritannien konnte Spanien seine Kolonien nicht mit Gütern aus eigener Produktion versorgen, sondern musste Fertigerzeugnisse zunächst aus anderen europäischen Ländern kaufen (oft aus England), die es zu erhöhten Preisen dann wiederum in seinen Kolonien veräußerte. Dadurch wurde der Schmuggel extrem profitabel und weithin praktiziert. Was jedoch nicht angeregt wurde, war die vermehrte Güterproduktion in den spanischen Kolonien. Denn nicht nur hätte der König sie abgelehnt, sie wäre auch unvereinbar gewesen mit dem ländlichen Feudalismus, auf dem die Kolonien gründeten. Von dort konnten auch praktisch gar nicht viele Rohstoffe nach Spanien exportiert werden, da die meisten Gehöfte sich ausschließlich selbst versorgten; außerdem hätte eine nicht-industrialisierte Wirtschaft wie die spanische die Rohstoffe auch kaum zu verarbeiten gewusst.

Um es zusammenzufassen: Die britischen Kolonien besaßen ein sehr hohes Maß an lokalpolitischer Autonomie, die auf einigermaßen demokratischen Institutionen basierte. Die spanischen Kolonien wurden demgegenüber von Oligarchen regiert, sowohl von Spanien aus wie vor Ort. Gleichzeitig wurden beide Kolonie-Varianten ausgebeutet, was wiederum ihre Ökonomien durcheinanderbrachte und sie dem Merkantilismus überantwortete. Im Norden wurde dadurch die Binnenkonjunktur angeregt, im Süden dagegen der Feudalismus untermauert.

Unabhängigkeit

Dies ist nicht der Ort, um die amerikanische Revolution zusammenzufassen oder auch nur die verschiedenen Kämpfe, die zur Befreiung Lateinamerikas führten. Stattdessen betrachten wir einige zentrale Unterschiede zwischen dem Norden und dem Süden, die nachhaltige Folgen haben sollten.

Der amerikanische Unabhängigkeitskrieg war nicht annähernd so ungleichmäßig wie er gerne dargestellt wird. Die Kolonien waren relativ dicht besiedelt und konnten die Streitkräfte daher stets mit neuen Kämpfern versorgen – 1776 hatten die 13 Kolonien eine Gesamtpopulation von 2,5 Millionen Menschen, wogegen in Großbritannien (Irland ausgerechnet) 8,3 Millionen lebten. Die Kolonien lagen dicht beieinander und waren durch Kultur, Handel, innere Haltung und persönliche Beziehungen miteinander verbunden. Ihre Geschlossenheit wurde durch die Erfordernisse und Notlagen des Krieges noch verstärkt, späterhin auch durch die Abwanderung der vielen Kolonisten, die die Briten unterstützt hatten. Dennoch blieb es eine Tatsache, dass die amerikanischen Kolonien nun in Gegnerschaft zur weltgrößten Wirtschaftsmacht standen, also einer Nation, die in der Lage war, selbst in Übersee große Armeen anzuheuern und zu unterhalten, die ihrerseits wichtigste Städte belagern und einnehmen konnten. Doch war die Nachschublinie der Kolonisten bald 5000 Kilometer lang und die britischen Versuche, die Kolonien zu blockieren, wurden nicht nur durch die koloniale Handelsflotte behindert, sondern obendrein von französischer wie holländischer Seite. Am Ende fehlten den Briten sowohl die

Truppen wie die öffentliche Rückendeckung, um einen schwer fassbaren Gegner auf dessen vertrautem Boden zu schlagen, zumal die Kosten für eine Fortführung des Krieges nicht mehr gerechtfertigt werden konnten – jedenfalls nicht vor einem gewählten Parlament. Am Ende des Krieges konnte die neue Nation problemlos geeint werden und die lange Tradition der britischen politischen Kultur war ein Garant für die Schaffung demokratischer Institutionen, die Bestand haben sollten.

Nicht beteiligt indes waren die Kolonien bei den langen und anspruchsvollen Freiheitskämpfen in Lateinamerika, die, ihrerseits gegen eine mächtige Nation Europas geführt, ebenfalls zu größerer innerer Einheit beitrugen. Als Spanien 1808 von Napoleon erobert wurde, lagen seine Schwachpunkte offen zutage, so dass das Land, als gegen seine Kolonien in der Neuen Welt eine Revolte ausbrach, keinerlei Unterstützung aus Europa erhielt. Gegen die Revolte sprachen sich nur inländische Kolonisten aus, die sich der »Revolutions«-Rhetorik der »Befreier« nicht beugen wollten. Doch sogar die Niederlage Napoleons 1815 versetzte die Spanier nicht zurück in den Stand, ihre Ansprüche auf die Kolonien geltend zu machen. In den frühen 1820er Jahren waren Spaniens einzige verbliebene Kolonien Cuba und Puerto Rico – der Rest war bereits »befreit« worden. Brasilien wurde 1822 zu einem unabhängigen Königreich.

Für die Kirche ergaben sich aus der Unabhängigkeit Gewinne wie Verluste. Einerseits musste die Kirche sich nun nicht länger der spanischen oder portugiesischen Krone unterordnen, der Vatikan konnte selbstständig seine Bischöfe ernennen und auch päpstliche Mitteilungen wurden nicht mehr zensiert. Andererseits fanden die Befreier es durchaus nützlich, sich die Unterstützung der Kirche zu erhalten und gewährten ihr zu diesem Zweck viele Privilegien.[46] Jedoch wurden später im 19. Jahrhundert in vielen Nationen Ländereien der Kirche enteignet (im Namen der *liberación*) und die gesetzlichen Verbote von nicht-katholischen Glaubensrichtungen wurden einigermaßen gelockert. Dennoch spielte die Kirche in weltlichen Dingen weiter eine wesentliche Rolle.

Als sie ihre Freiheit einmal erkämpft hatten, waren die Lateinamerikaner sehr optimistisch. Die meisten Bürger, die über einen gewissen Einfluss verfügten, glaubten, dass sie bloß genügend Kapital und gute Arbeitskräfte bräuchten, um die vielen natürlichen Ressourcen des Kontinents ausbeuten zu können. Denn nun, da ihnen die Spanier nicht mehr im Weg standen, hätten sie ja freien Zugang zu den europäischen Märkten.[47] Jedoch blieben, wie wir noch sehen werden, qualifizierte Arbeitskräfte weiter Mangelware und außerdem fehlte etwas ganz wesentlich, das viele bereits als selbstverständlich angenommen hatten: die Freiheit.

Die nun befreiten Kolonien stellten nämlich kein gefestigtes, nachbarschaftlich verbundenes Gebilde aus einzelnen Siedlungen dar, sondern waren vielmehr auf die Breite des Landes verstreut und durch geographische Grenzen voneinander isoliert. Selbst kleine Areale wurden von einzelnen Cliquen und Opportunisten bestimmt. Es kam zu vielen kriegerischen Auseinandersetzungen, woraufhin größere politische Einheiten in viele kleinere zerlegt wurden. 1828 hatte Mittelamerika sich von Mexiko getrennt. »Großkolumbien – der von Simón

Bolivar ins Leben gerufene Zusammenschluss von Venezuela, Kolumbien und Ecuador – zerbrach 1830 nach dem Tod des Befreiers, und die kurzlebige Verbindung von Peru und Bolivien fiel in den 1830ern in sich zusammen, woraufhin es zu einer Invasion durch die Chilenen kam.«[48] Aus all diesem Aufruhr gingen repressive und zumeist habgierige Regime hervor. Üblicherweise galten die Gesetze des Militärs, es gab Republiken mit nur einer einzigen Partei und ganz gleich, welche Regierungsform vorherrschte – die alte Kastenordnung blieb im großen Ganzen bestehen. Selbst in Ländern, die tatsächlich Wahlen abhielten, hatten nur sehr wenige Bürger das Recht, an die Urne zu treten.[49]

Das Ende der Sklaverei

Was der Umsturz der spanischen Kolonialherrschaft aber dennoch hervorbrachte, war das Ende der Sklaverei. Mehrere Faktoren spielten hierbei eine Rolle. Zunächst hatte Lateinamerika, abgesehen von Brasilien, nie eine Plantagenindustrie entwickelt, so dass der Einsatz von afrikanischen Sklaven sich stets in Grenzen hielt. Zweitens standen die Sklavenhalter meistens in Widerspruch zu den Freiheitsbewegungen, so dass diese, als sie die Emanzipation hochhielten, nun Sklaven für die »gute Sache« anwerben konnten – wobei es den Revolutionsführern mit ihrer Gegnerschaft zur Sklaverei wahrscheinlich doch ernst war. Jedenfalls wurde die Emanzipation in Lateinamerika schon lange vor dem amerikanischen Bürgerkrieg auf den Weg gebracht: 1813 in Argentinien, 1814 in Kolumbien, 1823 in Chile, 1829 in Mexiko und in den 1850er Jahren in Ecuador, Peru und Venezuela.

Damit blieben Brasilien und Puerto Rico auf der Strecke. Die Niederlage der Konföderierten besiegelte schließlich ihr Schicksal – zu Anfang des Sezessionskriegs hatten manche einen Zusammenschluss der Südstaaten und Puerto Rico und vielleicht sogar mit Brasilien erwartet. Nach dem Krieg, als die britische Marine die meisten Schiffe abfing, die noch Sklaven aus Afrika in die beiden verbliebenen Sklavenländer bringen sollten, sowie unter enormem wirtschaftlichen wie diplomatischen Druck aus Europa und den Vereinigten Staaten, wurden die Sklaven schließlich befreit – 1873 in Puerto Rico, 1888 in Brasilien.

Es ist nicht ganz klar, inwiefern die Sklaverei der Wirtschaftsentwicklung in Lateinamerika abträglich war, denn die Befreiung der Sklaven hatte gerade keinen Entwicklungsschub zur Folge. Was man jedoch sicher weiß, ist, dass die Sklaverei die ökonomische Entwicklung in Nordamerika in großem Stil beeinflusst hat. 1860, ein Jahr vor Beginn des Sezessionskriegs, waren die nordöstlichen USA zu einer der wichtigsten Industriemächte der Welt geworden. Dem gegenüber war der Süden nichts als eine feudale, agrarwirtschaftliche Region, der es sowohl an Städten wie auch an Industrie mangelte. Es ist jedoch nicht wahr, dass die auf Sklaverei beruhende Plantagenwirtschaft unrentabel gewesen sei und an ihrem eigenen Mangel an Produktivität zugrunde gegangen wäre, selbst wenn ganze Generationen von Historikern an diesem Ammenmärchen festgehalten haben.[50] Die Plantagen warfen sogar sehr große Profite ab und standen im perfekten Einklang mit kapitalistischen Grundprinzipien. Allerdings sorgten sie finanziell nicht für Weiterentwicklung. Stattdessen hielten sie Politeliten am Leben, die geradezu militant einen »Southern Way of Life« verteidigten, der mit industrieller Entwicklung und Wandel rein gar nichts anzufangen wusste.

Kapitalismus

Als 1620 die *Mayflower* in See stach, war Großbritannien die führende Wirtschaftsmacht der Welt und wurde doch von feindseligen wie neidischen Europäern als eine »Nation von Krämern« verunglimpft. Der boomende Kapitalismus in Großbritannien ließ jede andere Wirtschaftsform der bisherigen Geschichte hinter sich und brachte mit seinem raschen industriellen Wachstum und seinen Innovationen etwas auf den Weg, das bald darauf als industrielle Revolution bekannt wurde. Die gleichen kapitalistischen Methoden und Perspektiven kamen just zu dem Zeitpunkt in die britische Neue Welt, als die Kolonien entstanden und von Einwanderern bevölkert wurden. Und diese fühlten sich gerade nicht von Städten aus Gold angezogen, sondern von den zahllosen Betätigungsfeldern, die ein »unerschöpflicher« Bestand an fruchtbarem Ackerland und natürlichen Lebensgrundlagen ihnen bot. Diese sich rasch entwickelnde, reich begüterte neue Zivilisation hatte einen riesigen Bedarf an Kaufleuten und qualifizierten Handwerkern ebenso wie nach Landwirten. Und da all diese Berufsgruppen in großer Zahl eintrafen, besonders in den Kolonien des Nordens,[51] wurde das britische Amerika zu einem Land von ehrgeizigen Kleinbauern und Händlern, von deren Arbeitseifer und Wirtschaftlichkeit Benjamin Franklin so trefflich in aphoristischer Form sprach (was dann wiederum Max Weber stark überinterpretieren sollte). Selbst in den frühesten puritanischen Gemeinschaften, die auf scheinbar kooperativen Grundsätzen beruhten, florierte bereits das Unternehmertum, die Bodenspekulation breitete sich aus und die meisten neuen Städte wurden gegründet und entwickelten sich, weil es im Hintergrund die Erwartung von Immobiliengewinnen gab.[52]

Industrie und Arbeit

1776 wurden in Nordamerika noch sehr wenige Güter hergestellt. Es gab zwar viele kleine Werkstätten, die Gebrauchsartikel wie Schuhe, Pferdegeschirr, Kessel, Nägel, Eimer und schlichte Handwerkzeuge produzierten, doch verkaufte man diese nur vor Ort. Produktion in größerem Umfang war auf die Veredelung von Lebensmitteln beschränkt (etwa auf das Mahlen von Mehl oder die Destillation von Rum). Etwas feingliedriger waren Betriebe, die Kerzen und Seifen herstellten oder die Tierhäute für den Export bearbeiteten. Ebenso gab es viele kleine Werkstätten, die Gewehre herstellten (und keine schweren Musketen wie sie damals noch in Europa vor allem zum Einsatz kamen) und, wie bereits genannt, vielbeschäftigte Schiffswerften. Und doch wurden die meisten in den amerikanischen Kolonien verkauften Waren immer noch aus Großbritannien importiert – 1770 etwa 5 928 Sensen und 5 603 Äxte.[53]

Ein Jahrhundert später, 1870, waren die Vereinigten Staaten jedoch schon zu einem Produktions-Giganten geworden und rangierten gleich hinter England, aber bereits vor Deutschland und Frankreich, was die Menge an Fertigerzeugnissen anging. Dagegen gab es in Spanien und Lateinamerika praktisch nichts dergleichen. Nochmal 30 Jahre später hatten die USA Großbritannien schon weit überholt und produzierten bereits ein Drittel aller auf der Welt erzeugten Waren, doppelt so viel wie in England. 1929 stellten die USA vollends alles in den Schatten, als sie 42,2 Prozent aller Güter überhaupt produziert hatten, wogegen Deutschland bei 11,6 Prozent lag und England bei 9,4. Spanien gelang es noch immer nicht, separat aufgeführt zu werden, doch zum ersten Mal produzierte Lateinamerika genug, um überhaupt auf der Liste zu landen, wobei der gesamte Kontinent letztlich aber doch nur 80 Prozent mehr herstellte als das spärlich besiedelte Kanada.

Ein Grund für den erstaunlichen Fortschritt der USA waren reichlich vorhandene Bodenschätze, ganz besonders große und relativ einfach zu fördernde Vorkommen an Eisen und Kohle; überdies gab es eine beträchtliche Menge an günstig gelegener Wasserkraft. Ein weiterer Vorteil war der sehr ertragreiche Agrarsektor, der sowohl einer zügigen Urbanisierung Vorschub leistete wie auch große Mengen an Baumwolle für die nordöstlichen Textilfabriken hervorbrachte. Nicht zuletzt profitierte die Industrialisierung von einem großen und stetig wachsenden Binnenmarkt. Doch einer der wichtigsten Gründe für die Industrialisierung in den USA waren die sehr hohen Löhne.

Man wird vielleicht denken, dass hohe Löhne dem Wachstum von Fabriken hinderlich gewesen seien, da diese sich ja auf dem internationalen Markt behaupten mussten. Doch tatsächlich trieben die hohen Löhne die amerikanischen Kapitalisten nur dazu an, noch mehr in neue Technologien zu investieren, damit ihre Arbeiter derart produktiv würden, dass die Lohnkosten sich wieder ausglichen. Und genau so geschah es.

Überdies waren die amerikanischen Löhne deshalb so hoch, weil die Arbeitgeber mit den vielen Selbstständigen im Wettbewerb standen und versuchen mussten, ausreichend viele qualifizierte Arbeiter für sich zu gewinnen. Alexander Hamilton erklärte es kurz nach der amerikanischen Revolution folgendermaßen: »Die Leichtigkeit, mit der die Abhängigkeit eines Handwerkers gegen die Unabhängigkeit eines Landwirts eingetauscht werden kann, wird auf Dauer dazu führen, dass es den Fertigungsberufen an Werktätigen mangelt und die Arbeit sich überhaupt verteuert.«[54] Gutes Ackerland war in so großer Fülle vorhanden und so günstig zu erstehen, dass selbst Einwanderer, die über keinerlei Ersparnisse verfügten, nach wenigen Jahren Arbeit in den USA genug Geld zurückgelegt haben konnten, um ein eigenes Gehöft zu kaufen und zu bewirtschaften. Man bedenke, dass in den 1820er Jahren die US-Bundesregierung gutes Land für 1,25 $ pro Morgen verkaufte, wobei der Durchschnittslohn eines qualifizierten Arbeiters zwischen 1,25 $ und 2,00 $ am Tag betrug.[55] Man brauchte daher nicht lange, um genügend Geld für eine Farm zusammenzuhaben, auf der man anschließend Feldfrüchte anbauen und mit diesen Profite erwirtschaften konnte, die wiederum der Einsatz zum Erwerb weiteren Ackerlandes waren. Und man bedenke ebenfalls, dass es in den USA keinen obligatorischen Kirchenzehnten gab und auch die Steuern sehr niedrig waren.

Tabelle 5 *Prozentuale Anteile der weltweiten Produktionsleistung*

Land	**1870**	**1900**	**1929**
Großbritannien	31,8	14,7	9,4
USA	23,3	35,3	42,2
Deutschland	13,2	15,9	11,6
Frankreich	10,3	6,4	6,6
Russland	3,7	5,0	4,3
Belgien	2,9	2,2	1,9
Italien	2,4	3,1	3,3
Kanada	1,0	2,0	2,4
Schweden	0,4	1,1	1,0
Indien	–	1,1	1,2
Japan	–	0,6	2,5
Finnland	–	0,3	0,4
Lateinamerika	–	–	2,0
China	–	–	0,5
alle anderen	11,0	12,3	10,7

Die Situation der britischen Hersteller war auf dramatische Weise anders. Der gewöhnliche Arbeiter konnte sich letztlich nur für die Lohnarbeit entscheiden – sei es als Tagelöhner oder als Industriearbeiter. Ackerland war kostspielig und stand selten zum Verkauf. Inzwischen gab es wenige günstige Gelegenheiten, um Kaufmann oder auch Facharbeiter zu werden. Da die Bevölkerung immer größer wurde, gab es beständig eine große Auswahl an Arbeitern, selbst wenn die ambitioniertesten unter ihnen oft nach Amerika auswanderten. So konnten die britischen Arbeitgeber die Löhne sehr niedrig ansetzen und dennoch genügend Arbeiter anlocken. Wie also war es möglich, dass die amerikanischen Hersteller preislich konkurrenzfähig waren, wo sie doch viel höhere Lohnkosten hatten? Einfach durch eine bessere Technologie.

Die britischen Hersteller waren eher widerwillig, was die Investition in neue Maschinen und Verfahren anging, da diese ihre Kosten in die Höhe trieben und damit die Profite senkten, es sei denn, die Preise würden erhöht. Die Amerikaner hingegen begrüßten begeistert jede neue Technologie, wenn sich durch sie die Produktivität der Arbeiter nur genügend steigern ließ. Ihre Rechnung war folgende: Wenn ein Arbeiter, der sich der neuen Technologie bediente, mehr produzierte als die weniger mechanisierte Konkurrenz in Großbritannien und Europa, senkte dies den relativen Arbeitslohn in den USA *per item*. Dabei war es egal, ob amerikanische Arbeiter dreimal so viel in der Stunde verdienten als britische und europäische Arbeiter (was oft der Fall war), so sie denn fünf- oder sechsmal so viel in der Stunde produzierten. Sie machten damit obendrein ihre höheren Löhne wett und ebenso die Investitionen, die die Arbeitgeber in die neue Technologie getätigt hatten. Während des ganzen 19. Jahrhunderts waren die USA tonangebend, was die Entwicklung und den Einsatz neuer Technologien und Arbeitsverfahren betraf. Und anders als den damaligen britischen Kapitalisten gelang ihnen dies, ohne dass deswegen reaktionäre Oppositionelle auf die Barrikaden gingen – es gab in den USA eben keine Ludditen, die in einem »Maschinensturm« Webstühle und Werkshallen zertrümmerten. Und warum gab es sie nicht? Weil angesichts des beständigen Arbeitskräftemangels die amerikanischen Hersteller miteinander im Wettstreit um Arbeiter lagen und einen Gutteil ihrer Produktivitätsgewinne in höhere Löhne steckten, um damit besser für sich zu werben. Im Gegensatz dazu waren »viele englische Arbeitgeber, selbst noch als arbeitssparende Geräte eingeführt wurden, derart an niedrige Löhne gewöhnt, dass sie nicht bereit waren, in die Löhne auch die höheren Erträge mit einzubeziehen, die durch die neuen Geräte zustande kamen«.[56]

Eine deutlich gesteigerte Ertragsfähigkeit der Arbeiter war die Grundlage für den unerhörten Anstieg der amerikanischen Produktionsleistung, der auf Tabelle 4 abzulesen ist. Diese ist auch der Grund, warum Großbritannien gegen die USA praktisch abgeschlagen war. Dabei waren die amerikanischen Arbeitgeber keineswegs die besseren Menschen. Sie waren ganz einfach fortschrittlichere Kapitalisten, die verstanden hatten, dass zufriedene und produktive Arbeiter das größte Wirtschaftsgut schlechthin sind! Diese Einstellung zur Arbeit blieb ein Hauptgrund dafür, dass weiterhin die fähigsten und motiviertesten Arbeiter aus Großbritannien und Europa in die USA übersiedelten, wodurch sich auch die dortige Erwerbsbevölkerung vergrößerte, was dann wiederum zu neuem Industriewachstum führte. Leider gibt es viel zu viele Beschreibungen (zumal in Schulbüchern) der amerikanischen Industrieentwicklung, in denen die Rede ist von »Raubtierkapitalisten« und »Plutokraten«, die böswillig die Arbeiterschaft »ausgebeutet« und insbesondere die »ungebildeten« Einwanderer missbraucht hätten. Traktate dieser Art sind jedoch vollkommen anachronistisch, schon weil sie die Arbeitsbedingungen von damals nicht aus sich heraus verstehen wollen, sondern sie nur in Bezug auf die veränderten Bedingungen von heute sehen. Das ist in etwa so, als ob sie für die Fabrik-Latrinen von 1850 nachträglich eine Toilettenspülung forderten. Der einzige Vergleich, der hier taugen würde, wäre der zwischen den amerikanischen Arbeitsbedingungen und denen in anderen industrialisierten Ländern der gleichen Zeit.

Abgesehen davon, dass sie besser bezahlt waren und Zugriff auf die neuesten Technologien hatten, zeichneten sich die amerikanischen Arbeiter aber noch durch etwas anderes aus: Sie waren sehr viel gebildeter als die Arbeiter irgendwo sonst auf der Welt (mit Ausnahme Kanadas).

Investitionen in Humankapital

Der gleiche William Cobbett, der sich 1818 in einem Brief nach England so begeistert über das rege religiöse Leben in den USA äußerte, schrieb ebenfalls: »Es gibt nur sehr wenige wirklich *ignorante* Menschen in Amerika ... Denn sie alle haben von ihrer Jugend an stets *gelesen* [kursiv im Original].«[57] Seit den frühesten Tagen ihrer Besiedlung hatten die amerikanischen Kolonisten kräftig in »Humankapital« investiert, um ein Wort heutiger Ökonomen zu verwenden. Und gerade auch an dieser Stelle spielte die Religion eine wichtige Rolle.

Ein wesentlicher Streitpunkt während der Reformation betraf die Lektüre der Bibel. Jahrhundertelang hatte die Kirche geglaubt, dass ständiges Gezänk um die Auslegung der Worte Gottes am besten dadurch zu vermeiden sei, dass überhaupt nur gut ausgebildete Theologen die Bibel lesen dürften. Zu diesem Zweck widersetzte sich die Kirche allen Übersetzungen der Bibel in zeitgenössische Sprachen, wodurch ihre Leser bloß auf diejenigen beschränkt waren, die Latein oder Griechisch verstanden, was selbst auf den Großteil des Klerus nicht zutraf. Darüber hinaus gab es in der Zeit vor der Erfindung des Buchdrucks so wenige Exemplare der Bibel, dass selbst die meisten Bischöfe sich keine eigene beschaffen konnten. Daraus ergab es sich, dass der Klerus die Bibel eigentlich nur über Sekundärquellen kennenlernte, welche ihrerseits vor allem das Ziel hatten, dem Klerus erbauliches Material an die Hand zu geben, das dann in Predigten zitiert werden konnte. Was die Öffentlichkeit von der Bibel wusste, bestand also allein aus dem, was ihr von den Pfarrern erzählt wurde.

Dann aber kam der Buchdruck. Sogleich war die Bibel das erste Buch, das Gutenberg überhaupt veröffentlichte. Es war zwar erneut auf Latein geschrieben, doch folgten alsbald Bibeln in allen wichtigen »vulgären« Sprachen (daher der Begriff »Vulgata«), wodurch die Bibel zum allerersten Bestseller der Weltgeschichte wurde. Wie aber zu befürchten war, kam es schnell zu vielen Konflikten und Zwisten, als ein Reformer nach dem anderen auf der Bildfläche erschien und diverse Kirchenlehren, die es bis dahin gegeben hatte, als unbiblisch verurteilte. Die eine zentrale Doktrin, die unter den vielen protestantischen Bewegungen die meiste Zustimmung erhielt, war die Forderung, dass die Heilige Schrift von einem jeden selbstständig gelesen werden sollte. Als die Pilgerväter 1620 in Neuengland ankamen, bemühten sie sich mit als erstes um die Erziehung ihrer Kinder.

1647 wurde in der Kolonie Massachusetts das erste Gesetz erlassen, dass alle Kinder in die Schule schickte.[58] Es sah vor, dass in jeder Gemeinde mit mindestens fünfzig Familien eine Person bestimmt wurde, die den Kindern lesen und schreiben beibringen sollte. Das Entgelt für die Lehrer sollte entweder von den Eltern oder anteilig von allen Einwohnern gezahlt werden. Ferner sollte in jeder Gemeinde mit hundert oder mehr Familien eine eigene Schule gegründet werden, »deren Oberhaupt fähig sei, die Jugend dergestalt zu instruieren, dass sie die Universitäten besuchen können«. Gegen jede Gemeinde, die diese Bildungsdienste nicht erbringen konnte, wurden Geldstrafen verhängt, »bis sie den Auftrag schließlich erfülle«. Weitere Staaten folgten diesem Beispiel bald und kostenlose öffentliche Schulen wurden zu einem festen Bestandteil des amerikanischen Lebens. Als die Nation sich nach Westen hin ausbreitete, gehörten Schulen mit nur einem Klassenraum zu den ersten Dingen, die von den Siedlern errichtet wurden (nebst einem Saloon, einem Gefängnis und mehreren Kirchen). In Kanada geschah mehr oder weniger das Gleiche und am Ende des 18. Jahrhunderts besaß Nordamerika die bei weitem »lesetüchtigste Bevölkerung der ganzen Welt«.[59]

Man bemerke, dass das Schulgesetz in Massachusetts vorsah, dass Schulmeister entsprechend qualifiziert seien, um die Schüler für die Universität vorzubereiten. Das war alles andere als unvernünftig. Zehn Jahre bevor das Gesetz beschlossen wurde und sechzehn Jahre nachdem die Pilger in Plymouth Rock angelegt hatten, war von den Puritanern die Universität Harvard gegründet worden. Damit begannen drei Jahrhunderte erbitterter Konkurrenz zwischen den religiösen Konfessionen um ihre eigenen Colleges und Universitäten. Wie auf Tabelle 5 zu sehen ist, hatten bereits vor der Revolution zehn höhere Lehranstalten mit ihrer Arbeit in den Kolonien begonnen (verglichen mit zweien in England). Von diesen war nur die Universität von Pennsylvania, die von Benjamin Franklin zur Ausbildung von Geschäftsmännern gegründet worden war, nicht an eine Konfession angegliedert. Nach der Revolution und noch vor 1800 wurden mindestens zwanzig neue Colleges gegründet, einschließlich der Universität Georgetown, die 1789 von Jesuiten errichtet wurde. Während des nächsten Jahrhunderts entstanden buchstäblich Hunderte von Colleges und Universitäten in den USA, die ihren Ursprung alle in einer Konfession hatten, selbst wenn diese Verbindung im 20. Jahrhundert häufig gekappt wurde.

Derweil war der Einfluss der Religion auf die Schulbildung südlich des Rio Grande durchaus negativ. Wie schon im Europa des Mittelalters beanspruchte die Kirche in ganz Lateinamerika zwar Autorität über die Schulbildung, besaß aber keine Mittel, um Schulen nicht nur für Kinder aus der Oberschicht zur Verfügung zu stellen. Die Regierungen waren es zufrieden, die Bildung der Kirche zu überlassen, da auf diese Weise Geld gespart wurde und den Regenten sowieso nicht daran gelegen war, dass Bauern lesen konnten. Übereinstimmend mit dieser Haltung war es bis gut ins 20. Jahrhundert hinein in den meisten Ländern Lateinamerikas verboten, Bibeln zu verkaufen.[60] In der Konsequenz entsprach 1860, direkt vor Ausbruch des Sezessionskriegs, der Alphabetisierungs-Durchschnitt der farbigen Amerikaner (21 %) in etwa dem der Gesamtbevölkerung Argentiniens (24 %) und war höher als der entsprechende Wert in Brasilien (16 %), Chile (18 %), Guatemala (11 %), Honduras (15 %) und Puerto Rico (12 %). Die Zahlen in Spanien und Portugal waren vermutlich nicht höher, betrachtet man die dortigen sehr geringen Schülerzahlen. Im krassen Gegensatz dazu konnten 89 Prozent aller weißen Amerikaner 1860 lesen und schreiben, so wie 83 Prozent aller Kanadier,[61] wobei die meisten Analphabeten noch aus der ersten Generation der Einwanderer stammten.

Fast 150 Jahre später gibt es diese riesigen Unterschiede in der Bildung noch immer. Wenn wir uns nur die Personen im Alter von 25 Jahren und darüber ansehen, hatten sie (im Jahr 2000) in den USA durchschnittlich 12,3 Schuljahre verbracht und in Kanada 12,1. In Argentinien dagegen war der Vergleichswert 8,8, in Chile und Peru 7,6, in Mexiko 7,2, in Venezuela 6,6, in Ecuador 6,4, in Kolumbien 5,3, in Brasilien 4,9, in Nicaragua 4,5 und in Guatemala 3,5. Diese Zahlen liegen nicht viel tiefer als der Durchschnittswert für Spanien, wo die Musterperson 7,3 Jahre zu Schule ging, oder für Portugal, wo es 5,9 Jahre waren.[62]

Dieser Bildungsrückstand ist für den wirtschaftlichen Fortschritt in Lateinamerika absolut kritisch. In jüngeren Jahren hat eine gründliche Studie nach der anderen herausgefunden, dass die bei weitestem wichtigste Größe in der Wirtschaftsentwicklung die Bildung ist.[63] Aber nicht nur das: Bildung ist auch etwas, worum sich selbst kleine, lokale Gruppen kümmern können. Selbst in sehr armen Ländern wurden wesentliche Bildungsfortschritte ohne fremde Hilfe erzielt. Man bedenke, dass es in der ersten Generation der Pilger auch Analphabeten gegeben hat. Jedoch nicht mehr in der zweiten. Es ist alles eine Frage der Perspektive und des persönlichen wie kollektiven Einsatzes.

Traurig ist heutzutage der Umstand, dass viele lateinamerikanische Länder Unsummen für Bildung ausgeben und praktisch nichts dafür zurückbekommen. In einem Bericht der Inter-American Development Bank hieß es dazu 1998: »Trotz angemessener öffentlicher Ausgaben … hat sich die Verbreitung von Bildung mit der Zeit nicht verbessert.«[64] Das heißt, das Geld wird von der Bürokratie der Lehrinstitute aufgesaugt, »ohne dass man Prioritäten setzen würde oder auch nur ein Auge hätte auf die Buchführungen, die ausgedehnte Korruption sowie die politischen Manipulationen des Systems«.[65]

Lateinamerikanischer Protestantismus: Opium oder Ethik?

Der Protestantismus wächst in Lateinamerika extrem schnell. Erweckungsprediger füllen riesige Fußballstadien und in vielen Ländern besteht ein Großteil der Kirchenbesucher aus Protestanten – die meisten sind Anhänger verschiedener Pfingstbewegungen.[66] Viele Sozialwissenschaftler sowohl aus Nord- wie Südamerika haben dies als neues, diesmal noch wirkmächtigeres »Opium des Volkes« bloßgestellt. Rowan Ireland stellte die Frage, ob es stimme, dass diese jüngst konvertierten Protestanten »apolitische Konservative sind, die die Ungerechtigkeiten der Welt der Fürsorge des Herrn überlassen, öffentliche Belange privatisieren und implizit autoritäre politische Projekte unterstützen?« Nachdem er ausführlich mit zwei Konvertiten gesprochen hatte, war seine Antwort schlichtweg »Ja«. Ireland erklärte, dass die moralische Vision ihrer Religion nicht über den Punkt hinauskommt, wo »man aktiv höchstens kleine Missstände verbessert, da man ansonsten auf den Herrn vertraut, der allein in der Lage ist, Gerechtigkeit zu schaffen«.[67] Auf ähnliche Weise beklagte Pablo Deiros, dass die lateinamerikanischen Protestanten »Fundamentalisten mit unterdrücktem sozialen Gewissen« seien, »deren Organisationen diesen Umstand sogar noch untermauern, indem sie soziokulturelle Strukturen schaffen, die der Unterdrückung seitens des Staates einen sakralen Charakter verleihen«.[68]

Viele dieser Sozialwissenschaftler spotten nicht nur über die lateinamerikanischen Protestanten, sondern tun dies, indem sie wiederum die radikal-katholische »Befreiungstheologie« preisen sowie deren Bemühungen, die Armen in »Basisgemeinden« zu bündeln, von welchen dann radikale politische Aktionen ausgehen sollen. Nachdem sie Mitte der 1960er Jahre im Anschluss an das Zweite Vatikanische Konzil entstanden war, wurde die *liberación*, wie sie vor allem von katholischen Aktivisten wie dem Pfarrer Gustavo Gutierréz beworben wird, zu einem echten Modebegriff unter linken Intellektuellen. Sogar eindeutig marxistische Gruppierungen, etwa die Sandinisten, bekannten sich zu ihm und behaupteten, von seinem religiösen Unterbau beeinflusst worden zu sein. In der Folge wurden viele Konferenzen abgehalten und viele marxistisch-christliche Dialoge fanden statt. Ansonsten geschah aber praktisch nichts, abgesehen davon, dass die »Massen« nun scharenweise der Pfingstbewegung in die Arme liefen. Heutzutage wird die Befreiungstheologie weitestgehend als naiver klerikaler Wunschtraum betrachtet, auch wenn viele Akademiker sich an diesem Punkt immer noch stur stellen.[69] Unterdessen verurteilen andere Stimmen freilich weiterhin *alle* Religionen, die katholische wie die protestantische, und werfen ihnen vor, als »Opium« zu fungieren. Nochmals andere behaupten, dass der lateinamerikanische Protestantismus vielmehr ein Aufputschmittel für den Fortschritt sei. Indem sie sich auf Max Webers These von der protestantischen Ethik beziehen und darauf verweisen, dass unter lateinamerikanischen Protestanten Sparsamkeit und persönliche Verantwortung großgeschrieben würden, behaupten diese Sozialwissenschaftler, dass die Verbreitung des Protestantismus in Lateinamerika die kapitalistische Entwicklung vorantreibe. Oder dass sie zumindest die Zahl derer vergrößere, die bereit sind, als verantwortliche Bürger ihrer Länder die Demokratisierung voranzutreiben.[70] Welche Sichtweise ist die richtige – oder stimmt etwa keine?

Einige Fallstudien, die in kleinen lateinamerikanischen Gemeinden durchgeführt wurden, ergaben, dass der Übertritt zum Protestantismus tatsächlich in einem Zusammenhang steht mit individuellen wirtschaftlichen Verhaltensweisen. Konvertiten haben demnach die Tendenz, eigene Sparsamkeit mit genereller Verantwortlichkeit in Gelddingen zu verknüpfen und ebenso dem Unternehmertum zuzuneigen.[71] Gleichwohl belegen manche Studien auch, dass dieses Wirtschaftsverhalten der Konversion mitunter auch vorausging – dass der Protestantismus also gerade Leuten gefällt, die die sogenannte protestantische Ethik bereits verinnerlicht haben. Leider basierte keine der Studien auf fachgerechter Vorbereitung und benutzte auch keine adäquaten statistischen Verfahren.

Dagegen veröffentliche Anthony Gill vor kurzem eine statistisch sehr ausgefeilte Studie, die auf vielen Stichproben aus Mexiko, Argentinien, Brasilien und Chile basiert.[72] Die Ergebnisse sind fesselnd. Gill fand heraus, dass sehr engagierte Protestanten und Katholiken in ihrem Wirtschaftsverhalten wie ihren politischen Ansichten gar nicht weit auseinanderliegen. Die Angehörigen beider Gruppen sind tendenziell liberal, politisch eher konservativ eingestellt, partizipieren gern am öffentlichen Geschehen und haben ein größeres Vertrauen in ihre Regierung als weniger religiöse Menschen. Angesichts des Ausbleibens echter Unterschiede zwischen diesen Gruppen schrieb Gill: »In Lateinamerika ist Max Weber offensichtlich nicht am Werk.« Marx allerdings auch nicht. Denn die Religion führt keineswegs zu politischer Leidenschaftslosigkeit oder Entfremdung.

Vielleicht wird Lateinamerika irgendwann ebenfalls den nordamerikanischen Weg zum Erfolg einschlagen. Neue Dimensionen der Freiheit haben bereits zu religiösem Pluralismus geführt wie zur Bildung unabhängiger politischer Parteien. Der alten Einparteienherrschaft scheint das gleiche Schicksal beschieden zu sein wie der

Monopolkirche. Womöglich werden die Lateinamerikaner in der Folge die nötigen Grundlagen für eine funktionierende kapitalistische Wirtschaft schaffen – allerdings wird ihnen das nur gelingen, wenn sie unter dem Deckmantel neuer demokratischer Entwicklungen nicht doch wieder auf die alte Planwirtschaft verfallen, wie es in der Vergangenheit schon so oft passiert ist.

FAZIT: GLOBALISIERUNG UND MODERNE

Das Christentum hat die westliche Zivilisation geschaffen. Wären die Jünger Jesu eine obskure jüdische Sekte geblieben, hätten die meisten von Ihnen niemals lesen gelernt und praktisch alle würden weiter von Hand kopierte Schriftrollen entziffern. Ohne eine Theologie, die sich der Vernunft, dem Fortschritt und der moralischen Gleichheit verschrieben hat, wäre die gesamte heutige Welt immer noch dort, wo nicht-europäische Kulturen um 1800 herum waren: es gäbe weiterhin Astrologen und Alchemisten, aber keine Wissenschaftler. Die Welt wäre voll von Despoten, besäße keine Universitäten, Banken, Fabriken, Brillen, Schornsteine und Klaviere. Die wenigsten Kinder dieser Welt würden ihren fünften Geburtstag erleben und viele Mütter wären schon bei der Geburt gestorben – diese Welt würde tatsächlich im »finsteren« Mittelalter feststecken.

Die moderne Welt ist ausschließlich in christlichen Gesellschaften entstanden. Nicht im Islam. Nicht in Asien. Nicht in einer »säkularen« Gesellschaft – denn eine solche hat es nie gegeben. Und alle Modernisierungen, die seither fernab des Christentums stattgefunden haben, wurden vom Westen importiert und häufig von Kolonisatoren und Missionaren mitgebracht. Und dennoch gehen viele Modernisierungsapostel fest davon aus, dass ein ähnlicher Fortschritt wie im Westen heute nicht nur ohne das Christentum, sondern auch ohne Freiheit oder Kapitalismus erlangt werden könne. Mit anderen Worten, dass also die Globalisierung alle wissenschaftlichen, technischen, ökonomischen Kenntnisse weithin unter die Menschen bringen werde, ohne erneut die sozialen und kulturellen Bedingungen zu schaffen, die sie überhaupt erst hervorgebracht hat. Eine kurze Beurteilung dieser Dinge soll am Ende dieses Buches stehen.

Es erscheint mehr als fragwürdig, ob eine leistungsfähige, moderne Wirtschaft ohne den Kapitalismus möglich ist – Negativbeispiele für das Gegenteil sind etwa die Planwirtschaften der Sowjetunion und Chinas. Die Sowjets konnten zwar Raketen in den Orbit schießen, aber nicht dafür garantieren, dass in Moskau Zwiebeln erhältlich waren. In China mussten erst Millionen sterben, damit bewiesen war, dass eine kollektivierte Landwirtschaft unproduktiv ist. Heute, wo der Kapitalismus in vielen Ländern erblüht, die aus der sowjetischen Unterdrückung befreit wurden, und wo auch den Chinesen inzwischen klar ist, dass sie, was die Güterherstellung angeht, lange von Taiwan in den Schatten gestellt wurden, versuchen nun sowohl Russland wie China kapitalistische Ökonomien aufzubauen. Es bleibt abzuwarten, ob die beiden Nationen eine Freiheit gewährleisten können, ohne die ein erfolgreicher Kapitalismus unmöglich ist. In Ermangelung sowohl der Freiheit wie auch des Kapitalismus verharren die islamischen Länder in einem Semi-Feudalismus und sind nicht fähig, die meisten im täglichen Leben benötigten Güter selbst herzustellen. Ihre Lebensstandards machen gewaltige Importe nötig, für die sie mit Geld aus Öl-Geschäften bezahlen, so wie die Spanier sich gerne an den Erzeugnissen anderer Nationen erfreuten, solange diese sich mit Gold und Silber aus der Neuen Welt bezahlen ließen. Doch können sich moderne Gesellschaften ohne sichere Eigentumsrechte und dauerhafte individuelle Freiheit nicht zur Gänze entfalten.

Wenn also die Modernisierung immer noch Kapitalismus und Freiheit nötig hat, wie steht es dann um das Christentum? Auf der einen Seite gibt es gute Argumente dafür, dass, obwohl das Christentum für die Entstehung der Wissenschaft notwendig war, diese inzwischen zu einer derart festen Form in der Gesellschaft geworden ist, dass sie keinerlei christliche Vollmacht mehr benötigt. Das Gleiche kann auch für den Glauben an den Fortschritt gelten. Die Überzeugung, dass wir tief in die Geheimnisse der Natur eindringen und hochentwickelte Technologien benutzen können, mag mit dem Glauben schon gar nichts mehr zu tun haben, da man den Technologie-Einsatz ja allerorts sehen kann.

Auf der anderen Seite kann man fragen, warum das Christentum, so es denn für die Modernisierung irrelevant geworden ist, sich weiterhin so rapide ausbreitet? Das hat damit zu tun, dass das Christentum sehr viel schneller globalisiert wird, als etwa die Demokratie, der Kapitalismus oder die Moderne selbst. Die religiöse Revolution, die in Lateinamerika stattfindet, ist weniger eine Protestantisierung als überhaupt eine Christianisierung – die meisten frischen lateinamerikanischen Protestanten waren zuvor überhaupt nicht katholisch. Afrika wird so rapide christlich, dass es schon sehr viel mehr Anglikaner südlich der Sahara gibt, als in Großbritannien oder Nordamerika, ganz zu schweigen von den zig Millionen Baptisten, Pfingstkirchlern, Katholiken und erst recht von den Mitgliedern lokaler protestantischer Sekten.[1] Und dabei könnte die Christianisierung der südlichen Halbkugel noch in den Schatten gestellt werden von dem, was diesbezüglich aktuell in China geschieht.

Als die dortigen Kommunisten 1949 an die Macht kamen, gab es vielleicht eine Million Christen in China. Diese wurden damals nicht nur von den Marxisten, sondern sogar von amerikanischen liberalen Kirchenführern als »Reis-Christen« verunglimpft – Leute, die die Missionierung bloß über sich ergehen ließen, um dafür Lebensmittel zugeteilt zu bekommen. Fünfzig Jahre später wissen wir allerdings, dass diese chinesischen Reis-Christen so »heuchlerisch« waren, dass sie jahrzehntelange drakonische Unterdrückung ertrugen, während derer ihre Zahl sich immer wieder verdoppelte – so dass es heute etwa 100 Millionen Christen in China gibt![2] Darüber hinaus findet der Übertritt zum Christentum gerade nicht vor allem unter Bauern oder Armen statt, sondern unter den Gebildetsten und Modernsten der chinesischen Bevölkerung.

Es gibt viele Gründe, warum Menschen dem Christentum zusprechen. Einer der wichtigsten ist sicher, dass der Christ befähigt wird, einen tiefen emotionalen und befriedigenden Glauben zu leben. Ein anderer wichtiger Faktor ist jedoch die Anziehungskraft, die das Christentum auf die Vernunft ausübt sowie der Umstand, dass es so untrennbar mit dem Aufstieg des Abendlandes verbunden ist. Für viele Nicht-Europäer gehört zum Christ-Sein immanent auch das Modern-Sein. Daher ist es voll und ganz plausibel, dass das Christentum ein ganz wesentliches Element in der Globalisierung der Moderne bleibt. Man denke noch ein wenig über diese Aussage eines großen chinesischen Gelehrten nach:

Zu den Dingen, die wir uns vor Augen führen sollten, gehörten die Gründe für den Erfolg oder, besser noch, die Vorrangstellung des Westens auf der Welt. Wir studierten also alles, was uns eine historische, politische, wirtschaftliche und kulturelle Einsicht zu geben versprach. Zunächst dachten wir, es läge daran, dass ihr bessere Waffen besessen habt als wir. Dann dachten wir, es läge an eurem besseren politischen System. Später konzentrierten wir uns auf euer Wirtschaftssystem. Doch erst in den letzten zwanzig Jahren ist uns langsam aufgegangen, was das eigentliche Herz eurer Kultur ist: das Christentum. Aus diesem einen Grund ist der Westen so mächtig geworden. Die aus dem Christentum kommende moralische Grundierung des sozialen und kulturellen Lebens war es, was den Kapitalismus und danach den geglückten Wandel zu einer demokratischen Politik ermöglicht hat. Daran haben wir überhaupt keinen Zweifel.[3]

Und ich auch nicht.

Danksagungen

Wie jedermann, der eine historische Studie von einigem Umfang schreibt, habe ich mich auf Hunderte von Spezialisten gestützt, damit sie mich über ihre Fachkenntnisse belehren. Es wurde schon andernorts darauf hingewiesen, dass jemand, der bereit ist von einem Gelehrten-Lager zum nächsten zu ziehen, von einigem Nutzen sein kann, so er seine neuen versprengten Kenntnisse in den Dienst eines größeren Entwurfs zu stellen vermag. Genau das war meine Absicht. Auch schrieb ich das Buch für den am Allgemeinen interessierten Leser. Damit ging jedoch kein Verlust an Kenntnissen einher, wohl aber ein Verzicht auf Fachjargon und akademischen Krimskrams.

Neben den einzelnen Autoren bin ich vor allem meinem Agenten Giles Anderson zu Dank verpflichtet; zum einen gab er mit wertvolle Ratschläge, als ich mein Buch zu schreiben begann, zum anderen wählte er klug Random House als meinen neuen Verlag aus. Das wiederrum ermöglichte es mir, mit Will Murphy zusammenzuarbeiten, dessen guter Geschmack und Sinn für Struktur das Buch noch entscheidend verändert und sehr viel besser gemacht hat. Ursprünglich hatte ich vor, das Buch mit einem kurzen Fazit abzuschließen, das nun auf Kapitel 5 folgt. Von Will kam der Vorschlag, die Geschichte über den Atlantik zu bringen und mit den Entwicklungen in der Neuen Welt zu beenden. Ja sicher – wie naheliegend! Auch war es Wills Idee, das Buch mit einem Kapitel zur rationalen Theologie zu beginnen, das eigentlich an zweiter Stelle kommen sollte und nach einem langen Kapitel über die Zerstörung, die dem Handel von Despoten angetan wird. Er lag absolut richtig und das Despoten-Kapitel ist sogar ganz verschwunden (wobei Fragmente daraus sich über das Buch verstreut finden). Wie schön ist es doch, mit einem echten Profi zu arbeiten.

Auch bedanke ich bei verschiedenen Freunden und guten Gelehrten, besonders bei: Daniel Chirot, Anthony Gill, Laurence R. Iannaccone, David Lyle Jeffrey und Arthur Wu.

Corrales, New Mexico
August 2004

Anmerkungen

Einführung

1 Sie erschien 1904 und 1905 in Form zweier Abhandlungen in der Zeitschrift *Archiv für Sozialwissenschaften und Sozialpolitik*; englische Erstübersetzung 1930.

2 Siehe Lenski, Nolan und Lenski 1995; Smelser 1994; und auch die Zusammenfassung bei Hamilton 1996.

3 Von einer kleinen Ausnahme abgesehen, nahm Weber es als selbstverständlich an, dass in ganz Europa die Protestanten, was Bildung und Arbeitsbeschaffung anging, sehr viel erfolgreicher gewesen seien als die Katholiken. Das gleiche betrifft die Annahme, dass die protestantischen Gebiete während der industriellen Revolution die Führungsrolle innegehabt hätten. Die Ausnahme bestand in seinem eher lässigen Zitat einer Studie seines Studenten Martin Offenbacher, die den Anschein zu erwecken versuchte, dass protestantische Jugendliche eher Schulen besuchten, die auf Mathematik und Wissenschaft spezialisiert waren, denn auf Schulen mit klassischer Ausrichtung. Nicht nur war dies ein sehr dürftiger Beweis für eine These von großer geschichtlicher Tragweite, es war auch falsch – die Defizite von Offenbachs »Befunden« sind inzwischen in vollem Umfang aufgedeckt worden (Becker 2000, 1997; Hamilton 1996). Jedenfalls gibt Webers Ansatzpunkt wissenschaftlich nicht viel her, sondern spiegelt vor allem den blasierten Anti-Katholizismus seiner Zeit wider. Daniel Chirot merkte mir gegenüber an, dass Weber diesen Anti-Katholizismus innerlich zutiefst geteilt habe und dieser auch der Grund für seine Geringschätzung französischer Wissenschaftler gewesen sei.

4 Trevor-Roper [1969] 2001: 20–21.

5 Pirenne widerlegte jedoch nicht Weber, sondern Sombart 1902 sowie andere Marxisten, die den Kapitalismus mit der industriellen Revolution gleichgesetzt hatten.

6 Braudel 1977: 66–67.

7 Gilchrist 1969: I.

8 Wobei Großbritannien natürlich an der Spitze der industriellen Revolution stand.

9 Delacroix und Nielsenn 2001; Samuelsson [1961] 1993.

10 Chiranis 1953; Chirot 1985; Ostrogorsky 1957; Schluchter 1981; Weber 1921, 1917–19, 1921.

11 Waldron 2002.

12 Stark 2003a

13 ebd.

Kapitel 1

1 *Versuch über den menschlichen Verstand*, Buch 3, Kapitel 10.

2 Rahner 1975: 1687.

3 Clough 1997: 57.

4 *Der Gottesstaat*, Buch 5, Kapitel 1.

5 Bauckham 1990.

6 Die Zitate aus Thomas von Aquins *Summe der Theologie* stammen aus der Übersetzung von Monroe 1975: Buch 14, Kapitel 28. [Das vorliegende Buch zitiert aus der Übersetzung von Ceslaus Maria Schneider, Regensburg 1886 – 1992; Anm. d. Ü.]

7 *De Poenitentia*, Kapitel 1.

8 *Rekognitionen*, Buch 2, Kapitel 69.

9 Zititert nach Lindberg und Numbers 1986: 27–28.

10 Southern 1970a: 49.

11 Ozment 1980.

12 Bernhard von Clairvaux (1090–1153).

13 Colish 1997.

14 Das reformierte Judentum lehnte die Autorität der Bibel ab und huldigte einem äußerst vagen Gottesbild, das zu unpersönlich und unnahbar war, als dass eine Theologie auf ihm hätte aufgebaut werden können.

15 Denny 1993: 612.

16 Nach Ayoub 1996: 414.

17 Macmurray 1938: 113.

18 Jeffrey 1996: 12

19 Der erste Brief an die Korinther 13,9.

20 [Die vorliegende Ausgabe zitiert die Übersetzung von Hans Zirker, Darmstadt 2003].

21 Nach Lindberg 1986: 27.

22 *Der Gottesstaat*: Buch 22, Kapitel 24.

23 Nach Gimpel 1961: 165.

24 Nach Gimpel 1976: 149.

25 Nach Hartwell 1971: 691.

26 Grant 1986; Meyer 1944.

27 Southern 1970: 50.

28 Nach Lindberg 1986: 27–28.

29 *Bekenntnisse*: Buch 12, Kapitel 18.

30 Nach Benin 1993: 68.

31 Calvin [1555] 1980: 52–53.

32 Eine Darstellung dieser Entwicklung findet sich bei Stark 2003a.

33 Bloch [1940] 1961: 83.

34 Darwin und Seward 1903: I: 195.

35 *Über den Himmel*.

36 Cohen 1985; Collins 1998; Dorn 1991; Grant 1994, 1996; Huff 1993; Jaki 1986; Kuhn 1962; Lindberg 1992, 1986; Mason 1962; Neugebauer 1975.

37 Nach Crosby 1997: 83.

38 Whitehead [1925] 1967: 13.

39 ebd., 12.

40 ebd. 13.

41 Jeffrey 1979: 14.

42 *Œuvres*: Buch 8, Kapitel 61.

43 Russell 1922: 193.

44 Das Russell-Zitat geht folgendermaßen weiter: »Ich zweifele überhaupt nicht daran, dass, so die Chinesen eine stabile Regierung und ausreichende Geld-

mittel hätten, ihnen in den nächsten dreißig Jahren ein ganz erstaunlicher wissenschaftlicher Fortschritt möglich wäre. Es könnte gut sein, dass sie uns dabei hinter sich ließen.«

45 Needham 1954: 581.

46 Lang 1997: 18.

47 Nach Mason 1962: 36–37.

48 Grant 1994, 1996; Jaki 1986; Lindberg 1992; Mason 1962, und natürlich auch die zitierten Originalquellen.

49 Lindberg 1992.

50 Mason 1962.

51 Lindberg 1992. 54.

52 Nach Jaki 1986: 114.

53 Der ganze Text findet sich bei Danielson 2000: 14–15.

54 Aus *Timaios*.

55 Jaki 1986: 105.

56 Lindberg 1992; Mason 1962.

57 Southern 1953: 64.

58 Farah 1994; Hodgson 1974; Jaki 1986; Nasr 1993.

59 Farah 1994: 199.

60 Nasr 1993.

61 Morris [1972] 2000: 2.

62 ebd.

63 Finley 1973: 28.

64 Morris [1972] 2000: 4.

65 *Julius Caesar*: Akt 1, Szene 2.

66 Zum Beispiel bei Gurevich 1995; Morris [1972] 2000; Ulmann 1966.

67 *Über den freien Willen*: Buch 3, Kapitel 1.

68 *Der Gottesstaat*: Buch 5, Kapitel 9.

69 *Summe gegen die Heiden. Über die Wahrheit des katholischen Glaubens*, Buch 3, Kapitel 113.

70 Nisbet 1973: 482.

71 *Der Gottesstaat*: Buch 2, Kapitel 26.

72 Henry 1927.

73 Schlaifer 1936.

74 Davis 1966: 66.

75 Schlaifer 1936.

76 *Der Staat*: Buch 1: 1254.

77 Bensch 1998: 231.

78 Fogel 1989: 25.

79 Bloch [1940] 1961, 1975; Davis 1966.

80 Nach Bonnassie 1991: 6.

81 Duby 1974: 32.

82 Gesamtschauen von Ansichten dieser Art finden sich bei Bonnassie 1991 sowie bei Dockès 1982.

83 Lopez 1979: 138.

84 Conrad und Meyer 1958; Easterlin 1961; Fogel und Engerman 1974; Stark 2003a.

85 Bloch 1975: 13.

86 Bonnassie 1991: 30.
87 Bloch 1975: 14.
88 Nach Bonnassie 1991: 54.
89 *Via Regia*, Übersetzung von mir.
90 Bloch 1975: II.
91 ebd., 30.
92 Lopez 1952: 353.
93 Stark 2003.
94 ebd.
95 Benedict 1946.
96 Finley 1973: 28.
97 Lewis 1990; Watt 1961, 1965.
98 Nach Gordon 1989: 19.
99 Ich sollte diese Behauptung vielleicht dadurch stützen, indem ich an daran erinnere, wie geschickt viele protestantische Theologen einen Bogen um den Umstand machen, dass Jesus Wein trank.

Kapitel 2

1 Zu der Frage, warum das finstere Mittelalter erfunden wurde, siehe das Kapitel über den Aufstieg der Wissenschaft bei Stark 2003a.
2 Gimpel 1976: viii, 1.
3 *Œuvres* XII.
4 Die zweite Ausgabe von Websters *Unabridged Dictionary* (1934) definiert »the dark ages« [der englische Begriff für »finsteres Mittelalter«, aber auch für »Mittelalter« an sich; Anm. d. Ü.] als »den ersten Teil [des Mittelalters], wegen seiner intellektuellen Stagnation« und die College Edition von *Webster's New World Dictionary* von 1958 definiert den Begriff als »1. die Zeit nach dem Untergang des Weströmischen Reiches (476 AD) bis zum Beginn der Neuzeit (ca. 1450). 2. Den früheren Teil des Mittelalters, bis etwa zum Ende des 10. Jahrhunderts ... eine Zeit in der Geschichte Europas, die, vor allem in ihren Anfängen von einer allumfassenden Unwissenheit gekennzeichnet war.«
5 *The New Columbia Encyclopedia* (1975) sagt, dass der Begriff »dark ages« nicht länger von Historikern benutzt werde, da jene Zeit »nicht mehr als derart dunkel und unterbelichtet angesehen wird«. Und in ihrem Eintrag zu »dark ages« berichtet die 15. Ausgabe der *Encyclopaedia Britannica* (1981), dass der Begriff »inzwischen selten gebraucht wird, da er ein unakzeptables Werturteil impliziere« und daher »abschätzig« sei, indem er behauptet, dass es hier um »eine Epoche der intellektuellen Finsternis und Barbarei« gehe.
6 Gibbon [1776–88] 1994: II: 1443.
7 Bridbury 1969: 533.
8 Vogt 1974: 25. Trotz seines Einsatzes für die »Massen« nahm Friedrich Engels den gleichen Standpunkt ein.
9 Bairoch 1988: 109–10; Nicholas 1997.
10 Chandler und Fox 1974.
11 Southern 1953: 12–13.
12 Lopez 1976: 43.

13 Die Zahl ist zu niedrig angesetzt, da das Buch sich nur aus einem beschränkten Fundus an Informationen speiste; siehe Gies und Gies 1994: 113.
14 Gimpel 1976: 13.
15 ebd., 16.
16 Gies und Gies 1994: 117.
17 Landes 1998: 46.
18 Gimpel 1976: 14.
19 ebd., 25–27.
20 ebd., 32.
21 Smil 2000; White 1962.
22 Lopez 1976: 44.
23 Bairoch 1988: 25; Gimpel 1976: 43.
24 White 1962.
25 Tobin 1996: 128.
26 Hunt und Murray 1999: 17.
27 Gies und Gies 1994; Gimpel 1976; White 1962.
28 Gimpel 1976: 44–45.
29 ebd., 46.
30 Caropino 1940: 36.
31 ebd.
32 Landes 1998: 46.
33 Macfarlane und Martin 2002.
34 Mumford 1939: 14.
35 Jones 1987, Gimpel 1976.
36 Lewis 2002: 118.
37 Gimpel 1976: 169.
38 Montgomery 1968; White 1962.
39 Hyland 1994.
40 Needham 1980.
41 Hime 1915; Manucy 1949, Parington [1960] 1999.
42 Barclay und Schofield 1981: 488.
43 Besonders Cipolla 1965; Howarth 1974, McNeill 1982.
44 McNeill 1974: 50.
45 Cipolla 1965, Gies und Gies 1994.
46 Beeching 1982; Hanson 2001.
47 Lane [1934] 1992: 35–53.
48 Hitchins und May 1951 May und Howard 1981; Needham 1962.
49 McNeill 1974: 50–51.
50 Nicholas 1997: 3.
51 Bridbury 1969: 532.
52 Lopez 1952, 1976.
53 Lopez 1976: 8.
54 Leighton 1972: 59.
55 ebd., 74–75.
56 ebd., 71.
57 Übersetzung bei Leighton 1972: 121 [die deutsche Übersetzung stützt sich auf diese; Anm. d. Ü.].

58 Postan 1952: 147.
59 Usher 1966: 184.
60 Daniel 1981: 705.
61 Gardner und Crosby 1959: 236.
62 De la Croix und Tansey 1975: 533.
63 Johnson 2003: 190.
64 Lopez 1967: 198.
65 Colish 1997: 266.
66 Cohen 1985; Gingerich 1975, Jaki 2000; Rosen 1971.
67 Nach Clagett 1961: 536.
68 White 1967.
69 Gimpel 1976: 148.
70 Wobei einige Autoren tatsächlich behaupten, dass ja »sowieso jeder wisse«, was der Kapitalismus sei; siehe Rosenberg und Birdzell 1986: vi.
71 Die althergebrachte marxistische Definition ist klar und einfach: Der Kapitalismus existiert überall dort, wo die tatsächlichen Produzenten Lohnarbeiter sind, denen weder ihre Arbeitsmittel gehören, noch die Rohstoffe, die sie verwenden, noch das von ihnen verfertigte Produkt; all dies sei exklusiver Besitz des Arbeitgebers (siehe Sombart 1902 sowie Hilton 1952). Nimmt man sie allerdings ernst, besagt diese Definition, dass sogar die Inhaber kleinster Handwerksläden, etwa von Töpfereien oder Metallschmieden in weit zurückliegenden Zeiten, samt und sonders Kapitalisten gewesen seien. Das erscheint umso seltsamer, als die Marxisten überzeugt davon sind, dass der Kapitalismus zuerst während der industriellen Revolution aufgetreten sei (und diese sogar verursacht habe). Stimmt man Marxens Annahme zu, dass historische Veränderungen stets auf einem Wandel von Produktionsweisen beruhen, ergibt dies ja auch Sinn. Aus diesem Grund verurteilen Marxisten »das ganze Gerede von dem Kapitalismus vor dem Ende des 18. Jahrhunderts« (Braudel 1979: 2:238). Für alle anderen aber, die den Kapitalismus mit bestimmten Unternehmen und Märkten verbinden, ist die marxistische Definition nicht nützlich.
72 Braudel 1979: 2: 232–48.
73 Auch wenn er ständig über die »Lohnsklaverei« wettert, beginnt Marx seine Studie *Grundrisse der Kritik der politischen Ökonomie* mit der Aussage: »Eine der historischen Bedingungen des Kapitals ist die freie Arbeit.«
74 Der zweite Brief an Timotheus 6,10.
75 Little 1978: 38.
76 Baldwin 1959: 15.
77 Mumford 1966: 266.
78 Collins 1986: 47.
79 ebd., 55.
80 ebd., 52
81 Hayes 1917, Herlihy 1957; Ozment 1975.
82 Dickens 1991.
83 Little 1978: 62.
84 Johnson 2003: 144.
85 Gimpel 1976: 47.
86 Gilchrist 1969; Russell 1958, 1972.

87 Little 1978: 93.
88 Dawson 1957: 63.
89 Duby 1974: 218.
90 Little 1978: 65.
91 ebd.
92 Fryde 1963: 441–43.
93 De Roover 1948: 9.
94 Duby 1974: 216.
95 ebd., 91.
96 ebd.
97 Gimpel 1976: 47.
98 Mumford 1967: I: 272.
99 Dawson 1957; Hickey 1987; King 1999; Mayr-Harting 1993; Stark 2003b.
100 Collins 1986: 54.
101 Kapitel 40, »Die tägliche körperliche Arbeit«.
102 Hilton 1985: 3.
103 Friedrich Prinz, nach Kaelber 1998: 68.
104 Laut Nelson 1969: 11; Little 1978: 56–57 behauptet das Gleiche.
105 Gilchrist 1969: 107.
106 Nelson 1969: 9.
107 Olsen 1969: 53.
108 Aus seinem *Kommentar zu den Sentenzen des Petrus Lombardus,* zitiert in Roover 1958: 422.
109 *Die Summe der Theologie*
110 Little 1978: 181.
111 Gilchrist 1969; Little 1978; Raftus 1958.
112 Gilchrist 1969: 67.
113 Hunt und Murray 1999: 73.
114 Dempsey 1943: 115, 160.
115 De Roover 1946b: 154.
116 Little 1978: 181.
117 Southern 1970b: 40.
118 Eine Zusammenfassung von Geschehnissen dieser Art findet sich bei Stark 2003a.
119 Lopez 1952: 289; 1976.
120 Rodinson 1978: 139.
121 Esposito 1980; Mills und Presley 1999; Saeed 1996; Udovitch 1970.

Kapitel 3

1 Hartwell 1966, 1967, 1971; McNeill 1982.
2 Reade 1925: 108.
3 Beeching 1982; Hanson 2001.
4 Hanson 2001: 262.
5 Grossman 1963.
6 Manche sture Marxisten käuen immer noch den Slogan wieder: »Keine freie Marktwirtschaft, sondern eine Markt-freie Wirtschaft«
7 Lopez 1976: 65–66.

8 Lewis 2002: 69.
9 Nach Finley 1970: 21–22.
10 Finley 1970: 23.
11 Andreau 1999.
12 Nach MacMullan 1988: 61.
13 Das Leben des Marcellus 17:3–4.
14 Childe 1952: 53.
15 Hayek 1988: 33.
16 Eine hervorragende Erörterung dieses Sachverhalts findet sich bei Waldron 2002.
17 Pennock 1944: 859.
18 Dworkin 1977; Howard und Donnelly 1986.
19 Waldron 2002.
20 Der Brief an die Galater 3,27–28.
21 Der Brief an die Epheser 6,7.
22 *Göttliche Unterweisungen*, München 1919; kursive Stellen auch im Original.
23 Zitiert bei O'Donovan und O'Donovan 1999: 256.
24 ebd., 368.
25 ebd., 408.
26 Nach Little 1978: 176.
27 *Die Summe der Theologie* II: 66:1–2.
28 Moorman 1968: 307–19; Southern 1970a: 54–55.
29 Nach Shepard 1933: 25–26.
30 Lewis 2002: 99.
31 Lewis 2002: 96.
32 Matthäus 22,21, auch bei Markus 12,17 und Lukas 20,25.
33 *Der Gottesstaat*: Buch 4, Kapitel 4.
34 Deane 1973: 423.
35 Southern 1970b: 37.
36 Zitiert nach O'Donovan und O'Donovan 1999: 492.
37 *Über die Herrschaft der Fürsten*: Buch1, Kapitel 6.
38 Waterbolk 1968: 1099.
39 Jones 1987: 105–6.
40 ebd., 106.
41 Chirot 1985: 183.
42 Lopez 1976: 99.
43 Lane 1973: 4.
44 Lopez 1967: 129.
45 Wickham 1989: 90.
46 Waley 1988: 35.
47 Lane 1973: 95–101; Nicholas 1997: 248–55.
48 Lane 1973: 91.
49 Bairoch 1988.
50 Epstein 1996: 14.
51 Lopez 1976: 101.
52 Greif 1994: 280.
53 ebd., 282.

54 Waley 1988.
55 Greif 1994: 284.
56 Lopez 1964: 446–47.
57 Russell 1972; Chandler und Fox 1974.
58 Epstein 1966.
59 Burckhardt 1860: 65.
60 Brucker 1983: 248; Nicholas 1997.
61 Nicholas 1997: 46.
62 Machiavelli [1525] 1988:105.
63 Hibbert [1974] 2003.
64 Hale 1977; Hibbert [1973] 2003.
65 Nicholas 1997: 46.
66 ebd., 118.
67 Waley 1988.
68 Chandler und Fox 1974: 11.
69 Citarella 1968: 533.
70 Hutchinson 1902: 416.
71 Citarella 1968: 534.
72 Kreutz 1991: 87.
73 Matthew 1992 371.
74 van Werveke 1963: 19–24.
75 Witt 1971.
76 Nicholas 1997.
77 Moeller 1972: 41.
78 Rörig 1967: 27.
79 Nach Moeller 1972 46.

Kapitel 4

1 Lopez 1952: 289.
2 Lopez 1976.
3 Lopez 1952: 334.
4 Weber 1961, 1958, 1946.
5 Weber 1946: 197.
6 Spufford 2002: 30.
7 ebd., 29.
8 Gies und Gies 1969.
9 Sapori [1937] 1953: 57–58.
10 ebd., 63.
11 Hunt und Murray 1999: 108–09.
12 ebd., 108.
13 de Roover 1966: 45.
14 Swetz 1987: 21–23.
15 Nach Sapori [1937] 1953: 61.
16 Swetz 1987: 17.
17 Hunt und Murray 1999: 109.
18 de Roover [1942] 1953.
19 Hunt und Murray 1999: 62.

20 Sapori [1937] 1953: 60.
21 de Roover 1946a: 39.
22 Beide nach Sapori [1937] 1953: 56.
23 Lopez 1956: 219.
24 Spufford 2002: 37.
25 Holmes 1960: 193.
26 Hunt und Murray 1999: 65.
27 Usher [1934] 1953.
28 Edler de Roover 1945.
29 Akt I, Szene 1.
30 Spufford 2002: 32.
31 Edler de Roover 1945: 1988.
32 ebd., 181.
33 de Roover 1948; Hunt 1994; Kaeuper 1973; Lloyd 1982.
34 de Roover 1948: 88.
35 Neben der Bardi- und Peruzzi-Bank.
36 Kaeuper 1973; 1977: 164.
37 Kaeueper 1973: 121.
38 Kaeuper 1977: 170.
39 Sapori 1970: 23.
40 ebd., 21–28.
41 Kaeuper 1977: 169.
42 Brentano 1916; Fanfani [1934] 2003; Robertson 1933; Samuelsson [1961] 1993; Tawney 1926.
43 Andrews 1999; Bolton 1983; Grundmann [1961] 1995; Moore 1994.
44 Bolton 1983: 63.
45 Moore 1994: 227.
46 Grundmann [1961] 1995: 70.
47 Soweit ich weiß, sind die entsprechenden marxistischen Texte alle auf Italienisch; der berühmteste stammt von Luigi Zanoni aus dem Jahr 1911; er findet sich zusammengefasst bei Andrews 1999, Kapitel 1.
48 Grundmann [1961] 1995: 71.
49 Moore 1994: 227.
50 Stark 2003b.
51 Nach Killerby 2002: 21.
52 ebd., 28–29, 36.
53 Hibbert [1974] 2003: 21.
54 Ziegler 1971: 17.
55 Nicholas 1999.
56 Hunt und Murray 1999; Miller 1963.
57 Gray 1924: 17–18.

Kapitel 5

1 Hunt und Murray 1999: 39.
2 Carus-Wilson 1952: 389–90.
3 Carus-Wilson 1952: 386.
4 Nicholas 1987; TeBrake 1993.

5 Murray 1970: 29.
6 Carus-Wilson 1952: 400.
7 ebd., 392.
8 de Roover 1948: 9.
9 de Roover 1948: 84.
10 Van Houtte 1966: 30.
11 Russell 1972; de Roover 1948.
12 de Roover 1948: 12.
13 ebd., 14–16.
14 Nicholas 1987: 183.
15 Russell 1972: 117.
16 Nicholas 1987: 291.
17 Murray 1970: 3.
18 Ehrenberg [1928] 1985: 234.
19 ebd., 233–35.
20 Wedgewood 1961: 142.
21 Hunt und Murray 1999: 233.
22 Chandler und Fox 1974.
23 Ehrenberg [1928] 1985: 236.
24 ebd.
25 Murray 1970: 32.
26 Limberger 2001.
27 Ehrenberg [1928] 1985: 238.
28 ebd.
29 Murray 1970: 34.
30 ebd.
31 ebd., 6.
32 Israel 1998: 308.
33 ebd., 312.
34 Barbour 1930: 267.
35 Tawney 1926: 211.
36 Murray 1970: 7.
37 Pollman 1970; Israel 1998 Murray 1970; Robertson 1933.
38 Israel 1998: 381.
39 Robertson 1933: 173.
40 O'Brien 2001: 15.
41 Lloyd 1982.
42 Carus-Wilson und Coleman 1963: 13.
43 Gray 1924.
44 Carus Wilson 1952: 374.
45 ebd., 415.
46 Carus-Wilson 1941: 40.
47 Carus-Wilson 1952: 409.
48 Bridbury 1982; Gray 1924; Miller 1965.
49 Carus-Wilson 1952: 422.
50 ebd.
51 Usher 1966: 270.

52 ebd., 269.
53 Bridbury 1982: 103.
54 Galloway, Keene und Murphy 1996: 449.
55 Net 1934: 102.
56 Reynolds 1983: 77–79.
57 Shedd 1981: 477.

Kapitel 6
1 Nach Kamen 1978: 26.
2 Nach Cipolla 1994: 238.
3 Beide Zitate nach Kamen 1978: 24–28.
4 Kamen 1978: 2002.
5 Russell 1958.
6 Elliot 1966; North und Thomas 1973.
7 Elliot 1966: 49.
8 ebd., 33.
9 North und Thomas 1973: 130.
10 Elliot 1966: 120.
11 Cipolla 1994: 239.
12 Kamen 2002: 169.
13 ebd., 160, 171.
14 Parker 1970: 188.
15 Elliot 1966: 197–98.
16 Kamen 2002: 287.
17 Elliot 1966: 180.
18 Nach Cipolla 1965: 36.
19 Pike 1962.
20 Kamen 2002: 89.
21 North und Thomas 1973: 129.
22 Parker 1970: 75.
23 ebd., 85.
24 ebd., 86.
25 Read 1933.
26 Kamen 2002: 61.
27 Rapp 1975: 506.
28 Supple 1964: 147.
29 Rapp 1975: 510.
30 ebd., 510.
31 Nach Rapp 1975: 510.
32 Israel 1999: 148.
33 ebd.
34 Kamen 2002: 178.
35 Israel 1998: 156–57.
36 Wegg 1924: 202–3.
37 ebd.
38 Mattingly 1962: 88.
39 Barbour 1930: 263.

40 Mattingly 1962: 88.
41 Marcus 1961: 89.
42 Nach Mattingly 1962: 109.
43 Marcus 1961: 84.
44 ebd., 121.
45 Elliot 1966: 289.
46 North und Thomas 1973: 131.
47 Myers 1975.
48 Ertman 1997: 91.
49 Wesson 1978: 138.
50 North und Thomas 1973; Wesson 1978.
51 De Vries 1976: 203.
52 Root 1994: 203.
53 ebd.
54 De Vries 1976: 200.
55 Beide Zitate nach Root 1994: 62.
56 Miskimin 1984: 108.
57 Taylor 1964: 496.
58 North und Thomas 1973: 123.
59 ebd., 122.
60 Taylor 1967: 477.
61 ebd.
62 Beide Zitate nach Taylor 1967: 479.
63 Ein folgenreiches Beispiel hierfür sowie eine Zusammenfassung ähnlicher Beurteilungen finden sich bei Thrupp 1963.
64 North und Thomas 1973: 126.
65 ebd., 126–27.
66 Bossenga 1988: 695.
67 ebd.
68 North und Thomas 1973: 127.
69 Taylor 1967: 473.
70 ebd., 476.
71 ebd., 485.
72 ebd.
73 Taylor 1964: 493.
74 Goubert 1997: 56.

Kapitel 7

1 So etwa Amin 1976; Cardoso und Faletto 1978. Entsprechendes auch bei Frank 1967, 1972.
2 Stark 1983, 1985; Stark und Finke 2000.
3 Stark und Finke 2000; Stark 2001.
4 Eine Zusammenfassung davon bei Stark und Finke 2000.
5 Stark 2003a: Kapitel 1.
6 Chadwick 1972: 26.
7 Nach Panzer 1996: 8.
8 Meine Hervorhebung. Nach Panzer 1996: 19–21.

9 Eine weitergehende Darstellung bei Stark 2003a: Kapitel 4.
10 Stark 2003a.
11 Rodríguez León, zitiert bei Gill 1988: 22.
12 Fletcher 1997: 38.
13 Chesnut 2003: 19.
14 ebd., 22.
15 Mecham [1934] 1966: 38.
16 ebd., 39.
17 Smith [1776] 1981: II: 789.
18 Gill 1998: 68.
19 Robinson 1923.
20 Gill 1998: 86.
21 Martin 1990: 57–58.
22 Stark und Finke 2000.
23 Gill 2004.
24 Gill 1999.
25 Chesnut 2003: Kapitel 4.
26 Nach O'Callaghan 1855: 322–23.
27 Stark und Finke 2000.
28 Cobbett [1818] 1964: 229.
29 Tocqueville [1835–39] 1956: 314.
30 Schaff [1855] 1961: 91.
31 Cobbett [1818] 1964: 229–32.
32 Nach Powell 1967: 80.
33 Tocqueville [1818] 1956: 314.
34 Kamen 2002: 142.
35 Burkholder und Johnson 2001.
36 Kamen 2002: 130.
37 Engerman und Sokoloff 1997: 264.
38 Jacobs, nach Kamen 2002: 130.
39 Engerman und Sokoloff 1997: 264.
40 Breen 1986.
41 Webster 1981: 888.
42 *Historical Statistics of the United States*, Vol. 2.: Tabelle Z 294.
43 ebd., Z 510–15.
44 ebd., Z 294.
45 ebd., Z 213–26.
46 Mecham [1934] 1966: besonders 96.
47 Bulmer-Thomas 1995: 2.
48 ebd., 20.
49 Mariscal und Sokoloff 2000: 206.
50 Siehe Stark 2003a: Kapitel 4.
51 Anderson 1985.
52 Martin 1991.
53 *Historical Statstics of the United States*, Vol. 2: Tabellen Z 406–17.
54 Nach Habakkuk 1967: 11–12.
55 Habakkuk 1967: 12–13.

56 ebd., 169.
57 Cobbett [1818] 1964: 195–96.
58 Stark 2003c.
59 Mariscal und Sokoloff 2000: 161.
60 Gill 1998. Noch 1880 durchsuchte die italienische Polizei das Reisegepäck aller Touristen nach »protestantischen« Bibeln, damit diese nicht nach Rom gelangten (Bainbridge 1882).
61 Mariscal und Sokoloff 2000.
62 Nach *Nations of the Globe,* einer elektronischen Datenbank, vertrieben von Wadsworth/Thomson Learning 2002.
63 Delacroix 1977; Firebaugh und Beck 1994, Hage, Garnier und Fuller 1988.
64 Ratliff 2003: 8.
65 Ratliff 2003: 9.
66 Chesnut 2003, 2004; Martin 1990, 2002; Stolll 1990.
67 Ireland 1993: 45, 64.
68 Deiros 1991: 175.
69 Siehe Smith 2002.
70 Bruso 1995; Gooren 2002; Putnam 1993.
71 Ausführliche Darstellungen dieses Umstands finden sich bei Martin 1990, O'Conner 1979 und Turner 1979.
72 Gill 2004.

Fazit

1 Barrett, Kurian und Johnson 2001; Jenkins 2002.
2 Aikman 2003.
3 Aikman 2003: 5.

Verwendete Literatur

Aikman, David: *Jesus in Beijing: How Christianity is Transforming China and Changing the Global Balance of Power*, Washington DC 2003.

Amin, Samir: *Unequal Development: An Essay on the Social Formation of Peripheral Capitalism*, New York 1975; dt. *Die ungleiche Entwicklung. Essay über die Gesellschaftsformation des peripheren Kapitalismus*, Hamburg 1975.

Anderson, Virginia Dejohn: »Migrants and Motives: Religion and Settlement of New England«, in: *New England Quarterly* 58, S. 339–83.

Andreau, Jean: *Banking and Business in the Roman World*, Cambridge 1999.

Andrews, Frances: *The Early Humiliati*, Cambridge 1999.

Arberry, A. J.: *The Koran Interpreted*, New York 1955.

Arnott, Peter: *The Romans and Their World*, New York 1970.

Ayoub, Mohmoud M: »The Islamic Tradition«, in: Willard G. Oxtoby (Hrsg): *World Religions*, Oxford 1996, S. 352–491.

Bailie, John: *The Belief in Progress*, New York 1951.

Bainbridge, William E.: *Along the Lines at the Front: A General Survey of Baptist Home and Foreign Missions*, Philadelphia 1882.

Bairoch, Paul: Economics and World History: *Myths and Paradoxes*, Chicago 1993.

(ders.): *Cities and Economic Developments: From the Dawn of History to the Present*, Chicago 1988.

Baker, Herschel: *The Wars of Truth*, Cambridge 1952.

Balazs, Etienne: *Chinese Civilization and Bureaucracy,* New Haven 1964.

Baldwin, John W.: *The Medieval Theories of the Just Price,* Philadelphia 1959.

Barbour, Violet: *Capitalism in Amsterdam in the 17th Century,* Ann Arbor 1966 (EA 1950).

Barbour, Violet: »Dutch and English Merchant Shipping in the Seventeenth Century", in: *The Economic History Review,* 2/1930, S. 261–290.

Barclay, Brig, Cycil Nelson und Brian Betham Schofield, »Gunnery« in: *Encyclopedia Britannica,* Chicago 1981, S. 488–98.

Barnes, Harry Elmer: *Historical Sociology: Its Origins and Development,* New York 1948; dt. *Soziologie der Geschichte. Theorien zur Entwicklungsgeschichte der menschlichen Gesellschaft,* Wien 1951.

Barrett, David B., George T. Kurian und Todd M. Johnson: *World Christian Encyclopedia,* New York 2001.

Bauckham, Richard: *Jude and the Relatives of Jesus in the Early Church,* Edinburgh 1990.

Baumol, William J.: »Entrepreneurship: Productive, Unproductive, and Destructive«, in: *Journal of Political Economy,* 98 (1990), S. 893–921.

Bautier, Robert-Henri: *The Economic Development of Medieval Europe,* New York 1971.

Beard, Miriam: *A History of the Business Man,* New York 1938.

Becker, Carl: *The Heavenly City of the Eighteenth-Century Philosophers,* New Haven 1932.

Becker, George: »Educational ›Preference‹ of German Protestants and Catholics: The Politics Behind Educa-

tional Specialization«, in: *Review of Religious Research* 41 (2000), S. 311–27.
(ders.): »Replication and Reanalysis of Offenbacher's School Enrollment Study: Implications for the Weber and Merton Thesis«, in: *Journal for the Scientific Study of Religion* 36 (1997), S. 483–96.
Beeching, Jack: *The Galleys at Lepanto*, New York 1982.
Benedict, Ruth: *The Chrysanthemum and the Sword: Patterns of Japanese Culture*, Boston 1946; dt. *Die Chrysantheme und das Schwert: Formen der Japanischen Kultur*, Frankfurt/M. 2006.
Benin, Stephen D.: *The Footprints of God: Devine Accomodation in Jewish and Christian Thought*, Albany 1993.
Bensch, Stephen P.: »Historiography: Medieval European and Mediterranean Slavery«, in: Seymour Drescher / Stanley L. Engerman (Hrsg.): *A Historical Guide in World Slavery*, New York 1998, S. 229–31.
Bloch, Marc: *Rois et serfs. Un chapitre d'histoire capétienne*, Paris 1920.
(Ders.): *La société féodale*, Paris 1939–40 (2 Bände); dt. *Die Feudalgesellschaft*, Frankfurt /M. 1996.
Bolton, Brenda: *The Medieval Reformation*, London 1983.
Bonnassie, Pierre: *From Slavery to Feudalism in South-Western Europe*, Cambridge 1991.
Bossenga, Gail: »Protecting Merchants: Guilds and Commercial Capitalism in Eighteenth-Century France«, in: *French Historical Studies* 15 (1988), S. 693–703.
Botterill, Steven (Hrsg.): *Dante: De vulgari eloquentia*, Cambridge 1996.
Braudel, Fernand: *Civilisation matérielle, économie et capitalisme (XVe–XVIIIe siècles*, Paris 1979 (3 Bände), dt. *So-*

zialgeschichte des 15. – 18. Jahrhunderts: Der Alltag / Der Handel / Aufbruch zur Weltwirtschaft, Reinbek 1990.

(ders.): *Afterthoughts on Material Civilization and Capitalism*, Baltimore 1977.

(ders.): *The Mediterranean and the Mediterranean World in the Age of Philipp II.*, New York 1976.

Breen, T. H.: »An Empire of Goods: The Anglicization of Colonial America, 1690–1776«, in: *Journal of British Studies* 25 (1986): S. 467–99.

Brentano, Lujo: *Die Anfänge des modernen Kapitalismus*, München 1916.

Brett, Stephen F.: *Slavery and the Catholic Tradition*, New York 1994.

Bridbury, A. R.: *Medieval English Clothmaking: An Economic Survey*, London 1982.

(ders.): »The Dark Ages«, in: *The Economic History Review* 22 (1969), S. 525–37.

Brooke, John Hedley: *Science and Religion: Some Historical Perspectives*, Cambridge 1991.

Brucker, Gene Adam: *Florence: The Golden Age, 1138–1737*, New York 1983; dt. *Florenz: Stadtstaat, Kulturzentrum, Wirtschaftsmacht*, Rösrath 1991.

Brusco, Elizabeth: *The Reformation of Machismo: Evangelical Conversion and Gender in Colombia*, Austin 1995.

Bulmer-Thomas, Victor: *The Economic History of Latin America Since Independence*, Cambridge 1995.

Burckhardt, Jacob: *Die Kultur der Renaissance in Italien*, Berlin 2009 [1860].

Burkholder, Mark A. und Lyman L. Johnson: *Colonial Latin America*, New York 2001.

Calvin, Johannes: *Predigten über das Deuteronomium und den 1. Timotheusbrief* (Werkausgabe Bd. 7), Neukirchen-Viuyn 2009 [ca. 1555]

Caropino, Jerome: *Daily Life in Ancient Rome,* New Haven 1940; dt. *Rom. Leben und Kultur in der Kaiserzeit,* Leipzig 1992.

Cardoso, Fernando Henrique und Enzo Faletto: *Dependency and Development in Latin America,* Berkeley 1978.

Carus-Wilson, Eleanora: »Chapter VI: The Woolen Industry«, in: *The Cambridge Economic History of Europe, Vol. 2, Trade and Industry in the Middle Ages,* Cambridge 1952, S. 355–428.

(dies.): »Trends in the Export of English Woollens in the Fourteenth Century«, in: *The Economic History Review* 3 (1950), S. 162–79.

(dies.): »An Industrial Revolution of the Thirteenth Century«, in: *The Economic History Review* 11 (1941), S. 39–60.

Carus-Wilson, Eleanora und Olive Coleman: *England's Export Trade, 1275–1547,* Oxford 1963.

Chadwick, Owen: *The Reformation,* London 1964.

Chandler, Tertius und Gerald Fox: *3000 Years of Urban Growth,* New York 1974.

Charanis, Peter: »Economic Factors in the Decline of the Byzantine Empire«, in: *The Journal of Economic History* 13 (1953), S. 412–24.

Cheetham, Nicolas: *Keeper of the Keys: A History of the Popes from St. Peter to John Paul II.,* New York 1983.

Chesnut, R. Andrew: »Pragmatic Consumers and Practical Products: The Success of Pneumacentric Religion Among Women in Latin America's New Religious

Economy«, in: *Review of Religious Research* 45 (2004), S. 20–31.
(ders.): *Competetive Spirits: Latin America's New Religious Economy*, Oxford 2003.
Childe, V. Gordon: »Chapter I: Trade and Industry in Barbarian Europe till Roman Times«, in: *The Cambridge Economic History of Europe, Vol. 2, Trade and Industry in the Middle Ages*, Cambridge 1952, S. 1–32.
Chirot, Daniel: »The Rise of the West«, in: *American Sociological Review* 50 (1985), S. 181–95.
Chorley, Patrick: »The Cloth Exports of Flanders and Northern France During the Thirteenth Century: A Luxury Trade?«, in: *The Economic History Review* 40 (1987), S. 349–79.
Cipolla, Carlo M.: Before the Industrial Revolution: *European Society and Economy*, 1000–1700, 3. Ausgabe, New York 1994.
(ders.): *Vele e cannoni*, Bolgona 1965; dt. *Segel und Kanonen. Die europäische Expansion zur See*, Berlin 1995.
Citarella, Armand O.: »Patterns of Medieval Trade: The Commerce of Amalfi Before the Crusades«, in: *The Journal of Economic History* 28 (1968), S. 531–55.
Clagett, Marshall: *The Science of Mechanics in the Middle Ages*, Madison 1961.
Clough, Bradley S.: »Buddhism«, in: Jacob Neusner (Hrsg.): *God*, Cleveland 1997, S. 56–84.
Cohen, I. Bernard: *Revolution in Science*, Cambridge 1985; dt. *Revolutionen in der Naturwissenschaft*, Frankfurt/M. 1994.
Colish, Marica L.: *Medieval Foundations of the Western Intellectual Tradition 400–1400*, New Haven 1997.

Collins, Randall: *The Sociology of Philosophies: A Global Theory of Intellectual Change*, Cambridge 1998.

(ders.): »An Asian Route to Capitalism: Religious Economy and the Origins of Self-Transforming Growth in Japan«, in: *American Sociological Review* 62 (1997), S. 843–65.

(ders.): *Weberian Sociological Theory*, Cambridge 1986.

Conrad, Alfred H. und John R Meyer.: *The Economics of Slavery and Other Studies in Econometric History*, Chicago 1958.

Crosby, Alfred W.: *The Measure of Reality: Quantification and Western Society 1250–1600*, Cambridge 1997.

Cummings, John Thomas, Hossein Askari und Ahmad Mustafa: »Islam and Modern Economic Change«, in: John L. Esposito (Hrsg.): *Islam and development: Religion and Sociopolitical Change*, Syracuse 1989, S. 25–47.

Daniel, Ralph Thomas: »Music, Western«, *Encyclopaedia Britannica*, Chicago 1981, S. 704–15.

Danielson, Dennis Richard: *The Book of the Cosmos: Imagining the Universe from Heraclitus to Hawking*, Cambridge 2000.

Dantzig, Tobias: *Number: The Language of Science*, New York 1954.

Darwin, Francis und A. C. Seward (Hrsg.): *More Letters of Charles Darwin*, 2 Bände, New York 1903.

Davis, David Brion: *The Problem of Slavery in Western Culture*, Ithaca 1966.

Davis, R. H. C.: *A History of Medieval Europe from Constantine to Saint Louis*, London 1970.

Dawson, Christopher: *Religion and the Rise of Western Culture*, New York 1950; *Die Religion im Aufbau der abendländischen Kultur*, Düsseldorf 1953.

(ders.): *Progress and Religion*, New York 1929.

Deane, Herbert A.: »Classical and Christian Political Thought«, in: *Political Theory* 1 (1973), S. 415–25.

Deiros, Pablo A.: »Protestant Fundamentalism in Latin America«, in: Martin E. Marty und R. Scott Appleby (Hrsg.): *Fundamentalism Observed*, Chicago 1991.

De la Croix, Horst und Richard G. Tansey: *Helen Gardner's Art Through the Ages*, 6. Auflage, New York 1975.

Delacroix, Jacques: »The Export of Raw Materials and Economic Growth: A Cross-National Study«, in: *American Sociological Review* 42 (1977), S. 795–808.

Delacroix, Jacques und François Nielsen: »The Beloved Myth: Protestantism and the Rise of Industrial Capitalism in Nineteenth-Century Europa«, in: *Social Forces* 80 (2001), S. 509–53.

De Vries, Jan: *The Economy of Europe in the Age of Crisis, 1600–1750*, Cambridge 1976.

Dempsey, Bernard W.: *Interest and Usury*, Washington 1943.

Denny, Frederick M.: »Islam and the Muslim Community«, in: H. Byron Earhart (Hrsg.): *Religious Traditions of the World*, San Francisco 1993, S. 605–718.

de Roover, Raymond: *The Rise and Decline of the Medici Bank, 1397–1494*, New York 1966.

(ders.): »Chapter II. The Organization of Trade«, in: M. M. Postan, E. E. Rich, Edward Miller (Hrsg.), *The Cambridge Economic History of Europe, Vol. 3, Economic Organization and Politics in the Middle Ages*, Cambridge 18 (1963), S. 418–34.

(ders.): »The Concept of the Just Price: Theory and Economic Policy«, in: *The Journal of Economic History* 18 (1958), S. 418–34.

(ders.): »The Commercial Revolution of the Thirteenth Century«, in: Frederic C. Lane, Jelle C. Riemersma (Hrsg.), *Enterprise and Secular Change: Readings in Economic History*, Homewood 1954 [1942], S. 80–85.
(ders.): *Money, Banking and Credit in Medieval Bruges*, Cambridge 1948.
(ders.): »The Medici Bank Organization and Management«, in: *The Journal of Economic History* 6 (1946a), S. 24–52.
(ders.): »The Medici Bank Financial and Commercial Operations«, in: *The Journal of Economic History* 6 (1946b), S. 153–72.
Dickens, A. G.: *The English Reformation*, State College 1991 (1964).
Dobbs, Darrell: »Aristotle's Anticommunism«, in: *American Journal of Political Science* 29 (1985), S. 29–46.
Dockès, Pierre: *Medieval Slavery and Liberation*, Chicago 1982.
Dorn, Harold: *The Geography of Science*, Baltimore 1991.
Duby, Georges: *The Early Growth of the European Economy: Warriors and Peasants from the Seventh to the Twelfth Century*, Ithaca 1974; dt. *Krieger und Bauern. Die Entwicklung der mittelalterlichen Wirtschaft und Gesellschaft bis um 1200*, Frankfurt/M. 1984.
Dworkin, Ronald: *Taking Rights Seriously*, Cambridge 1977.
Earle, Peter: »The Economy of London, 1660–1730«, in: Patrick O‹ Brien, Derek Keene, Marjolein 't Hart, Herman van der Wee (Hrsg.): *Urban Achievemennt in Early Modern Europe*, Cambridge 2001, S. 81–96.
East, W. Gordon: *The Geography Behind History*, New York 1965.

Easterlin, Richard A.: »Regional Income Trends, 1840–1850«, in: Seymour Harris (Hrsg.): *American Economic History*, New York 1961, S. 525–47.

Edler de Roover, Florence: »Early Examples of Marine Insurance«, in: *The Journal of Economic History* 5 (1945), S. 172–200.

Ehrenberg, Richard: *Das Zeitalter der Fugger – Geldkapital und Kreditverkehr im 16. Jahrhundert* (2 Bände), Lindau 2012 [1928].

Eisenstein, Elizabeth L.: *The Printing Press as an Agent of Change*, Cambridge 1979; dt. *Die Druckerpresse. Kulturrevolutionen im frühen modernen Europa*, Wien/New York 1997.

Elliot, J. H.: *Imperial Spain 1469–1716*, New York 1966.

Engerman, Stanley L., Kenneth L. Sokoloff: »Factor Endowments, Institutions, and Differential Paths of Growth Among the New World Economies«, in: Stephen Haber (Hrsg.): *How Latin America Fell Behind*, Stanford 1997, S. 260–304.

Epstein, Steven A.: *Genoa and the Genovese, 958–1528*, Chapel Hill 1996.

Ertman, Thomas: *Birth of the Leviathan: Building States and Regimes in Medieval and Early Modern Europe*, Cambridge 1997.

Esposito, John I. (Hrsg.): *Islam and Development: Religion and Sociopolitical Change*, Syracuse 1980.

Fanfani, Amintore: *Catholicism, Protestantism, and Capitalism*, Norfolk 2003 [1934].

Farah, Caesar E.: *Islam: Beliefs and Observances*, Hauppauge 1994.

Fei, Hsiao-tung, Chih-i Chang: *Earthbound China*,

Chicago 1945.
Finke, Roger, Rodney Stark: *The Churching of America, 1776–1990*, New Brunswick 1992; 2. Auflage: *The Churching of America, 1776–2000*, New Brunswick 2005.
Finlay, Robert: »Portuguese and Chinese Maritime Imperialism: Camoes's Lusiads and Luo Maodeng's Voyage to the San Bao Eunuch«, in: *Comparative Studies* 34 (1992), s. 225–41.
Finlay, M. I.: *Economy and Society in Ancient Greece*, New York 1981.
(ders.): *Ancient Slavery and Modern Ideology*, New York 1980.
(ders.): *The Ancient Economy*, Berkeley 1973.
(ders.): »Aristotle and Economic Analysis«, in: *Past and Present* 47 (1970), S. 120–25.
(ders.): »Technical Innovation and Economic Progress in the Ancient World«, in: *The Economic History Review* 18 (1965), S. 29–45.
Firebaugh, Glenn, Frank D. Beck: »Does Economic Growth Benefit the Masses? Growth, Dependence, and the Welfare in the Third World«, in: *American Sociologial Review* 59 (1994), S. 631–53.
Fletcher, Richard: The Barbarian Conversion: *From Paganism to Christianity*, New York 1997.
Fogel, Robert William: *Without Consent or Contract: The Rise and Fall of American Slavery*, New York 1989.
Fogel, Robert William, Stanley L. Engerman: *Time on the Cross: The Economics of American Negro Slavery* (2 Bände), New York 1974.
Forbes, Robert J.: *Studies in Ancient Technology*, Leiden 1955.

Frank, André Gunder: *Lumpenbourgeoisie, Lumpendevelopment: Dependence, Class, and Politics in Latin America*, New York 1972.

(ders.): *Capitalism and Underdevelopment in Latin America: Historical Studies of Chile and Brazil*, New York 1967.

Frank, Tenney: *An Economic Survey of Ancient Rome*, Vol. 6, Baltimore 1940.

Fryde, E. B.: »Chapter VII: Public Credit, with Special Reference to North-Western Europe«, in: *The Cambridge Economic History of Europe, Vol. 3, Economic Organization and Politics in the Middle Ages*, Cambridge 1963, S. 430–553.

Gardner, Helen, Sumner McK. Crosby: *Helen Garnder's Art Through the Ages*, New York 1959.

Gerschenkron, Alexander: *Europe in the Russian Mirror: Four Lectures in Economic History*, Cambridge 1970.

Gibbon, Edward: Decline and Fall of the Roman Empire (6 Bände), New York 1994 [1776–88]; dt. Verfall und Untergang des Römischen Reiches (6 Bände), München 2003.

Gies, Frances und Joseph Gies: *Cathedral, Forge, and Waterwheel: Technology and Invention in the Middle Ages*, New York 1994.

Gies, Joseph und Frances Gies: *Leonard of Pisa and the New Mathematics of the Middle Ages*, New York 1969.

Gilchrist, John: *The Church and Economic Activity in the Middle Ages*, New York 1969.

Gill, Anthony: »The Political Origins of Religious Liberty: A Theoretical Outline«, in: *Interdisciplinary Journal of Research on Religion* 1 (2005).

(ders.): »Weber in Latin America: Is Protestant Growth Enabling the Consolidation of Democratic Capitalism?«, in: *Democratization*, Vol. 2, Nr. 4 (2004), S. 1–25.

(ders.): »The Struggle to Be Soul Provider: Catholic Responses to Protestant Growth in Latin America«, in: Christian Smith und Joshua Prokopy (Hrsg.), *Latin American Religion in Motion*, New York 1999, S. 14–42.

(ders.): Rendering unto Caesar: *The Catholic Church and the State in Latin America*, Chicago 1998.

Gimpel, Jean: *La révolution industrielle du moyen âge*, Paris 1975; dt. *Die industrielle Revolution des Mittelalters*, Zürich 1986.

(ders.): *Les bâtisseurs de cathedrales*, Paris 1958; dt. *Die Kathedralenbauer*, Hamburg 1996.

Gingerich, Owen: »›Crisis‹ Versus Aesthetic in the Copernican Revolution«, in: *Vistas in Astronomy* 17 (1975), S. 85–93.

Glotz, Gustave: *Ancient Greece at Work*, New York 1965 [1925].

Goldthwaite, Richard A.: »The Medici Bank and the World of Florentine Capitalism«, in: *Past and Present* 11 (1987), S. 3–31.

Gooren, Henri: »Catholic and Non-Catholic Theologies of Liberation: Poverty, Self-Improvement, and the Ethics Among Small-Scale Entrepreneurs in Guatemala City«, in: *Journal for the Scientific Study of Religion* 41 (2002), S. 29–45.

Gordon, Mary L.: »The Nationality of Slaves Under the Early Roman Empire«, in: *Journal of Roman Studies* 14 (1924), S. 93–111.

Gordon, Murray: *Slavery in the Arab World*, New York 1989.

Goubert, Pierre: *The Ancien Régime: French Society, 1600–1750*, London 1997.

Grant, Edward: T*he Foundations of Modern Society in the Middle Ages: Their Religious, Institutional, and Intellectual Contexts*, Cambridge 1996.

(ders.): Planets, Stars, and Orbs: *The Medieval Cosmos, 1200–1687*, Cambridge 1994.

Grant, Michael: *A History of Rome*, London 1978; dt. *Die Geschichte Roms. Von den Etruskern bis zum Untergang des Römischen Reiches*, Bindlach 1997.

Gray, H. L.: »The Production and Exportation of English Woollens in the Fourteenth Century«, in: *The English Historical Review* 39 (1924), S. 13–35.

Greif, Avner: »On the Political Foundations of the Late Medieval Commercial Revolution: Genoa During the Twelfth and Thirteenth Centuries«, in: *The Journal of Economic History* 54 (1994), S. 271–87.

Grossman, Gregory: »Notes for a Theory of the Command Economy«, in: *Soviet Studies* 15 (1963), S. 101–23.

Grundmann, Herbert: *Ketzergeschichte des Mittelalters*, Göttingen 1963

Guilmartin, John F.: *Gunpowder and Galleys: Changing Technology and Mediterranean Warfare at Sea in the Sixteenth Century*, Cambridge 1974.

Gurevich, Aaron: *The Origins of European Individualism*, Oxford 1995.

Habakkuk, H. J.: *American and British Technology in the Nineteenth Century*, Cambridge 1967.

Hage, Jerald, Maurice Garnier und Bruce Fuller: »The Active State, Investment in Human Capital, and Economic Growth«, in: *American Sociological Review* 53 (1988), S. 824–37.

Hale, John R.: *Florence and the Medici*, London 1977; dt: *Die Medici und Florenz*, Stuttgart 1982.

Hall, John A.: Powers and Liberties: *The Causes and Consequences of the Rise of the West*, Berkeley 1986.

Hamilton, Richard F.: *The Social Misconstruction of Reality*, New Haven 1996.

Hammond, Mason: »Economic Stagnation in the Early Roman Empire«, in: *The Journal of Economic History* 6 – Beilage (1946), S. 63–90.

Hanson, Victor David: *Carnage and Culture: Landmark Battles in the Rise of Western Power*, New York 2001.

Hartwell, Robet: »Historical Analogism, Public Policy, and Social Science in Eleventh- and Twelfth-Century China«, in: *The American Historical Review* 76 (1971), S. 690–727.

(ders.): »Markets, Technology, and the Structure of the Enterprise in the Development of the Eleventh-Century Chinese Iron and Steel Industry«, in: *The Journal of Economic History* 26 (1966), S. 29–58.

Hayek, Friedrich August von: *Die verhängnisvolle Anmaßung. Die Irrtümer des Sozialismus*, Tübingen 1988.

Hayes, Charlton J. H.: *Political and Social History of Modern Europe* (2 Bände), New York 1917.

Henry, Margaret Y: »Cicero's Treatment of the Free Will Problem«, in: *Transactions and Proceedings of the American Philological Association* 18 (1927), S. 32–42.

Herlihy, David: »Church Property on the European Continent, 701–1200«, in: *Speculum* 18 (1957), S. 89–113.

Herre, Franz: *Die Fugger in ihrer Zeit*, Augsburg 2009 [1985].

Hibbert, Christopher: *The House of Medici: Its Rise and Fall*, New York 2003 [1974].

Hickey, Anne Ewing: *Women of the Roman Aristocracy as Christian Monastics*, Ann Arbour 1987.

Hilton, R. H.: »Capitalism – What's in a Name?«, in: *Past and Present* 1 (1952), S. 32–43.

Hilton, Walter: *Toward a Perfect Love*, Portland 1985.

Hime, Henry W.: *Origin of Artillery*, London 1915.

Historical Statistics of the United States, Colonial Times to 1970, 2 Bände, Washington o. J.

Hitchins, H. L. und William E. May: *From Lodestone to Gyro-Compass*, London 1951.

Hodges, Richard: »The Not-So-Dark Ages«, in: *Archaeology* 51 (1998), S. 61–78.

Holmes, G. A.: »Florentine Merchants in England, 1346–1436«, in: *The Economic History Review* 13 (1960), S. 193–208.

Howard, Rhoda E. und Jack Donnelly: »Human Dignity, Human Rights, and Political Regimes«, in: *The American Political Science Review* 80 (1986), S. 801–17.

Howarth, David: *Sovereign of the Seas: The Story of Britain and the Sea*, New York 1974.

Huff, Toby: *The Rise of Early Modern Science: Islam, China, and the West*, Cambridge 1993.

Huffman, Joseph P.: *Family, Commerce, and the Religion in London and Cologne: Anglo-German Emigrants, c. 1000–c. 1300*, Cambridge 1998.

Hunt, Edwin S.: *The Medieval Super-Companies: A Study of the Peruzzi Company of Florence*, Cambridge 1994.

Hunt, Edwin S. und James M. Murray: *A History of Business in Medieval Europe, 1200–1550*, Cambridge 1999.
Hutchinson, Lincoln: »Oriental Trade and the Rise of the Lombard Communes«, in: *The Quarterly Journal of Economic* 16 (1902), S. 413–32.
Hyland, Ann: *The Medieval Warhorse: From Byzantinum to the Crusades*, London 1994.
Innes, Matthew: *State and Society in the Early Middle Ages: The Middle Rhine Valley, 400–1000*, Cambridge 2000.
Ireland, Rowan: »The Crentes of Campo Alegre and the Religious Construction of Brazilian Politics«, in: Virginia Garrad-Burnett und David Stoll: *Rethinking Protestantism in Latin America*, Philadelphia 1993.
Israel, Jonathan L.: T*he Dutch Republic: Its Rise, Greatness, and Fall, 1477–1806*, Oxford 1998.
Jaki, Stanley L.: *The Savior of Science*, Grand Rapids 2000.
(ders.): *Science and Creation*, Edinburgh 1986.
Jeffrey, David Lyle: *People of the Book: Christian Identity and Literary Culture*, Grand Rapids 1996.
(ders., Hrsg.): *By Things Seen: Reference and Recognition in Medieval Thought*, Ottawa 1979.
Jenkins, Philipp: *The Next Christendom: The Coming of Global Christianity*, Oxford 2002; dt. *Die Zukunft des Christentums: Eine Analyse der weltweiten Entwicklung im 21. Jahrhundert*, Basel 2006.
Johnson, Paul: *Art: A New History*, New York 2003.
Jones, A. H. M.: *The Later Roman Empire, 284–602*, Oxford 1964.
(ders.): »Over-Taxation and the Decline of the Roman Empire«, in: *Antiquity* 33 (1959), S. 39–43.

(ders.): »Slavery in the Ancient World«, in: *The Economic History Review* 9 (1956), S. 185–99.

Jones, E. L.: *The European Miracle: Environments, Economies, and Geopolitics in the History of Europe and Asia*, Cambridge 1987.

Kaelber, Lutz: *Schools of Asceticism: Ideology and Organization in Medieval Thought*, State College 1998.

Kaeuper, Richard W.: »The Societas Riccardorum and Economic Change«, in: David Lyle Jeffrey (Hrsg.), *By Things Seen: Reference and Recognition in Medieval Thought*, Ottawa 1979.

(ders.): *Bankers to the Crown: The Riccardi of Lucca and Edward I.*, Princeton 1973.

Kamen, Henry: *Spain's Road to Empire: The Making of a World Power, 1492–1763*, London 2002.

(ders.): »The Decline of Spain: A Historical Myth«, in: *Past and Present* 81 (1978), S. 24–50.

Kehr, Marguerite Witmer: »The Doctrine of the Self in St. Augustine and in Descartes«, in: *The Philosophical Review* 25 (1916), S. 587–615.

Killerby, Catherine Kovesi: *Sumptuary Law in Italy, 1200–1500*, Oxford 2002.

King, Peter: *Western Monasticism: A History of the Monastic Movement in the Latin Church*, Kalamazoo 1999.

Kinser, Samuel: »Ideas of Temporal Change and Cultural Process in France, 1470–1535«, in: A. Molho und J. Tedeschi (Hrsg.), *Renaissance: Studies in Honor of Hans Baron*, DeKalb 1971, S. 703–57.

Klein, Julius: *The Mesta*, Cambridge 1920.

Kreutz, Barbara M: *Before the Normans: Southern Italy in the Ninth and Tenth Centuries*, Philadelphia 1991.

Kuhn, Thomas S.: Die Struktur wissenschaftlicher Revolutionen, Frankfurt/M. 1967.

Kwass, Michael: »A Kingdom of Taxpayers: State Formation, Privilege, and Political Culture in Eighteenth Century France«, in: *The Journal of Modern History* 70 (1998), S. 295–339.

Lambert, Malcolm: *Medieval Heresy*, Oxford 1992; dt. *Ketzerei im Mittelalter*, Augsburg 2002.

Landes, David S.: *The Wealth and Poverty of Nations*, New York 1998; dt. *Wohlstand und Armut der Nationen: Warum die einen reich und die anderen arm sind*, München 1999.

(ders.): »What Room for Accident in History? Explaining Big Changes by Small Events«, in: *The Economic History Review* 47 (1994), S. 637–56.

Lane, Frederic Chapin: *Venetian Ships and Shipbuilders of the Renaissance*, Baltimore 1992 [1934].

(ders.): *Venice. A Maritime Republic*, Baltimore 1973.

(ders.): »Venetian Merchant Galleys, 1330–1334, Private and Communal Operation«, in: *Speculum* 38 (1963), S. 179–204.

Lang, Graeme: »State Systems and the Origins of Modern Science: A Comparison of Europe and China«, in: *East-West Dialogue* 2 (1997), S. 16–31.

Lapidus, Ira M: *Muslim Cities in the Later Middle Ages*, Cambridge 1967.

League of Nations: *Industrialization and Foreign Trade*, Genf 1945.

Leighton, Albert C.: *Transport and Communication in Early Medieval Europa, A.D. 500–1000*, Newton Abbot 1972.

Lenski, Gerhard, Patrick Nolan und Jean Lenski: *Human Societies: An Introduction to Macrosociology*, New York 1995.

Lewis, Bernard: *What Went Wrong?*, Oxford 2002; dt. *Der Untergang des Morgenlandes*, Köln 2002.

(ders.): *Race and Slavery in the Middle East*, Oxford 1990.

Limberger, Michael: »›No Town in the World Provides More Advantages‹: Economies and Agglomeration in the Golden Age of Antwerp«, in: Patrick O'Brien, Derek Keene, Marjolein 't Hart und Herman van der Wee (Hrsg.), *Urban Achievement in Early Modern Europe*, Cambridge 2001.

Lindberg, David C.: *The Beginnings of Western Science*, Chicago 1992; dt. *Von Babylon bis Bestiarium*, Stuttgart 1994.

(ders.): »Science and the Early Church«, in: David C. Lindberg und Ronald L. Numbers (Hrsg.), *God and Nature: Historical Essays on the Encounter Between Christianity and Science*, Berkeley 1986.

(ders.): *Science in the Middle Ages*, Chicago 1978.

Lipson, E.: *Economic History of England*, London 1937.

Little, Lester K.: *Religious Poverty and the Profit Economy in Medieval Europe*, Ithaca 1978.

Lloyd, T. H.: *Alien Merchants in England in the High Middle Ages*, New York 1982.

Lopez, Robert S.: »The Principal Transmission of Medieval Culture«, in: David Lyle Jeffrey (Hrsg.), *By Things Seen: Reference and Recognition in Medieval Thought*, Ottawa 1979, S. 125–42.

(ders.): *The Commercial Revolution of the Middle Ages*, Cambridge 1976.

(ders.): *The Birth of Europe,* New York 1967.
(ders.): »Market Expansion: The Case of Genoa«, in: *The Journal of Economic History* 24 (1964), S. 445–64.
(ders.): »Back to Gold, 1252«, in: *The Economic History Revue* 9 (1956), S. 219–40.
(ders.): »The Trade of Medieval Europe: The South«, in: *The Cambridge Economic History of Europe, Vol. 2, Trade and Industry in the Middle Ages,* Cambridge 1952, S. 257–354.
(ders.): »Aux origines du capitalisme genois«, in: *Annales* 9 (1937), S. 429–54.
Love, John: »Max Weber and the Theory of Ancient Capitalism«, in: *History and Theory* 25 (1986), S. 152–72.
Lovejoy, Paul E.: *Transformation in Slavery: A History of Slavery in Africa,* Cambridge 2000.
Luzzato, Gino: *An Economic History of Italy: From the Fall of the Roman Empire to the Beginning of the Sixteenth Century,* London 1961.
Macfarlane, Alan: *Glass: A World History,* Chicago 2002; dt. *Eine Welt aus Glas: Kulturgeschichte einer Entdekkung,* Berlin 2004.
Machiavelli, Niccolo: *Istorie fiorentine,* Rom 1525; dt. *Geschichte von Florenz,* Zürich 1993.
MacMullen, Ramsay: *Corruption and the Decline of Rome,* New Haven 1988.
Macmurray, John: *The Clue to History,* London 1938.
Malinowski, Bronislaw: *Argonauts of the Western Pacific,* New York 1961 [1922]; dt. *Argonauten des westlichen Pazifik – Ein Bericht über Unternehmungen und Abenteuer der Eingeborenen in den Inselwelten von Melanesisch-Neuguinea,* Hamburg 1992.

Manucy, Albert C.: *Artillery Through the* Ages, Washington 1949.

Marcus, G. J.: *A Naval History of England I: The Formative Centuries,* Boston 1961.

Mariscal, Elisa und Kenneth L. Sokoloff: »Schooling, Suffrage, and the Persistence of Inequality in the Americas, 1800–1945«, in: Stephen Haber (Hrsg.), *Political Institutions and Economic Growth in Latin America,* Stanford 2000, S. 159–217.

Martin, David: *Pentecostalism: The World Their Parish,* Oxford 2002.

(ders.): *Tongues of Fire: The Explosion of Protestantism in Latin America,* Oxford 1990.

Martin, John: »Inventing Sincerity, Refashioning Prudence: The Discovery of the Individual in Renaissance Europe«, in: *The American Historical Review* 102 (1997), S. 1309–42.

Martin, John Frederick: *Profits in the Wilderness: Entrepreneurship and the Founding of New England Towns in the Seventeenth Century,* Chapell Hill 1991.

Mason, Stephen F: *A History of the Sciences,* New York 1962; dt. *Geschichte der Naturwissenschaft in der Entwicklung ihrer Denkweisen,* Diepholz 1997.

Matthew, Donald: *The Norman Kingdom of Sicily,* Cambridge 1992.

Matthew, K. S.: *Ingo-Portuguese Trade and the Fuggers of Germany,* Neu-Delhi 1997.

Matthews, George T. (Hrsg.): *News and Rumor in Renaissance Europe (The Fugger Newsletters),* New York 1959.

Mattingly, Garrett: *The Armada,* Boston 1962; dt. *Die Armada. Sieben Tage machen Weltgeschichte,* München 1988.

May, William E. und John L. Howard: »Compass«, in: *Encyclopedia Britannica*, Chicago 1981.

Mayr-Harting, Henry: »The West: The Age of Conversion (700–1050)«, in: John McManners (Hrsg.): *The Oxford History of Christianity*, Oxford 1993, S. 101–29.

Mazzaoui, Maureen Fennell: »The Cotton Industry of Northern Italy in the Late Middle Ages: 1150–1450«, in: *The Journal of Economic History* 32 (1972), S. 262–86.

McAdam, Doug: *Freedom Summer*, New York 1988.

McGrath, Alister E.: *Science and Religion*, Oxford 1999; dt. *Naturwissenschaft und Religion*, Freiburg 2001.

McNeill, William H.: *The Pursuit of Power. Technology, Armed Force, and Society Since A. D. 1000*, Chicago 1982; dt. *Krieg und Macht: Militär, Wirtschaft und Gesellschaft vom Altertum bis heute*, München 1987.

(ders.): Venice: *The Hinge of Europe, 1081–1797*, Chicago 1974.

(ders.): *The Rise of the West*, Chicago 1963.

Mecham, J. Lloyd: *Church and State in Latin America*, Chapel Hill 1966 [1934].

Meltzer, Milton: *Slavery: A World History*, New York 1993.

Meyer, Hans: *Thomas von Aquin – Sein System und seine geistesgeschichtliche Stellung*, Bonn 1938.

Miller, Edward: »The Fortunes of the English Textile Industry During the Thirteenth Century«, in: *The Economic Revue* 18 (1965), S. 64–82.

(ders.): »The Economic Politics of Governments: France and England«, in: *The Cambridge Economic History of Europe, Vol. 3*, Cambridge 1963, S. 290–339.

Mills, Paul S. und John R. Presley: *Islamic Finance: Theory and Practice*, London 1999.

Miskimin, Harry A.: *Money and Power in Fifteenth Century France*, New Haven 1984.
Moeller, Bernd: *Reichsstadt und Reformation*, Tübingen 2011 [1962].
Mommsen, Theodor E.: »St. Augustine and the Christian Idea of Progress: The Background of the City of God«, in: *Journal of the History of Ideas* 12 (1951), S. 346–74.
Monroe, Arthur Eli: *Early Economic Thought: Selections from Economic Literature Prior to Adam Smith*, New York 1975.
Montgomery, Bernard Law: *A History of Warfare*, New York 1968.
Moore, R. I.: *The Origins of European Dissent*, Toronto 1994.
Moorman, John: *The Franciscan Order from Its Origins to 1517*, Oxford 1968.
Morris, Colin: *The Discovery of the Individual, 1050–1200*, Toronto 1994 [1972].
Mumford, Lewis: *The Myth of the Machine*, Vol. 1, New York 1967; dt. *Mythos und Maschine*, Berlin 1986.
(ders.): *Technics and Civilization*, New York 1939.
Murray, John J: *Antwerp in the Age of Plantin and Brueghel*, Norman 1970.
Myers, A. R.: *Parliaments and Estates in Europe, to 1789*, London 1975.
Nasr, Seyyed Hossein: *An Introduction to Islamic Cosmological Doctrines*, Albany 1993.
Needham, Joseph: »The Guns of Khaifengfu«, in: *Times Literary Supplement*, 11. 1. 1980.
(ders.): *Science and Civilization in China* (6 Bände), Cambridge 1954–84.

Nef, John U.: »Chapter VII: Mining and Metallurgy in Medieval Civilization«, in: *The Cambridge Economic History of Europe, Vol. 2, Trade and Industry in the Middle Ages, 429–92,* Cambridge 1952.

(ders.): »The Industrial Revolution Reconsidered«, in: *Journal of Economic History* 3 (1943), S. 1–31.

(ders.): »A Comparison of Industrial Growth in France and England from 1540 to 1640: III«, in: *The Journal of Political Economy* 44 (1936), S. 643–66.

(ders.): »The Progress of Technology and the Growth off Large-Scale Industry in Great Britain, 1540–1640«, in: *Economic History Review* 5.

Nelson, Benjamin: *The Idea of Usury: From Tribal Brotherhood to Universal Otherhood,* Chicago 1969 (2. Auflage).

Neugebauer, Otto: *Vorlesungen über die Geschichte der antiken mathematischen Wissenschaften* (3 Bände), Berlin 2012 [1934].

Neuhaus, Richard John: »The Idea of Moral Progress«, in: *First Things* 95 (1999), S. 21–27.

Nicholas, David: *The Growth of the Medieval City: From Late Antiquity to the Early Fourteenth Century,* London 1997.

(ders.): »Of Poverty and Primacy: Demand, Liquidity, and the Flemish Economic Miracle«, in: *The American Historical Revue* 96 (1991), S. 17–41.

(ders.): *The van Arteveldes of Ghent: The Varieties of Vendetta and the Hero in History,* Ithaca 1988.

(ders.): *The Metamorphosis of a Medieval City: Ghent in the Age of the Arteveldes, 1302–1390,* Lincoln 1987.

Nicol, Donald M: *Byzantinum and Venice: A Study in Diplomatic and Cultural Relations,* Cambridge 1988.

Niebuhr, Reinhold: *Glaube und Geschichte: Eine Auseinandersetzung zwischen christlichen und modernen Geschichtsanschauungen*, München 1951.

Nisbet, Robert: *History of the Idea of Progress*, New York 1980.

(ders.): »The Myth of the Renaissance«, in: *Comparative Studies in History of Science* 15 (1973), S. 473–92.

North, Douglass: *The Economic Growth in the United States, 1790–1860*, New York 1966.

O'Brien, Patrick: »Reflection and Meditations on Antwerp, Amsterdam and London in Their Golden Age«, in: Patrick O'Brien, Derek Keene, Marjolein 't Hart und Herman van der Wee (Hrsg.), *Urban Achievement in Early Modern Europe*, Cambridge 2001, S. 3–35.

O'Callaghan, E. B. (Hrsg.): *Documents Relative to the Colonial History of New York, Vol. 5*, Weed 1855.

O'Connor, Mary: »Two Kinds of Religious Movements Among the Maya Indians of Sonora, Mexico«, in: *Journal for the Scientific Study of Religion* 18 (1979), S. 260–68.

O'Donovan, Oliver und Joan Lockwood O'Donovan (Hrsg.): *A Sourcebook in Christian Political Thought*, Grand Rapids 1999.

Olsen, Glenn: »Italian Merchants and the Performance of Papal Banking Functions in the Early Thirteenth Century«, in: David Herlihy, Robert S. Lopez und Vsevold Slessarev (Hrsg.), *Economy, Society, and Government in Medieval Italy: Essays in Memoriam of Robert L. Reynolds*, Kent 1969.

Ostrogorsky, George: *The History of the Byzantine State*, New Brunswick 1957.

Ozment, Steven: *The Age of Reform, 1250–1550: An Intellectual and Religious History of Late Medieval and Reformation Europe*, New Haven 1980.
(ders.): *The Reformation in the Cities*, New Haven 1975.
Pagden, Anthony: Spanish Imperialism and the Political Imagination, New Haven 1990.
Palmer, Alan: *The Decline and Fall of the Ottoman Empire*, New York 1992; dt. *Verfall und Untergang des Osmanischen Reiches*, München 1997.
Panzer, Joel S.: *The Popes and Slavery*, New York 1996.
Parker, Geoffrey: »Spain, Her Enemies and the Revolt of the Netherlands, 1559–1648«, in: *Past and Present* 49 (1970), S. 72–95.
Parsons, Talcott: *The Structure of Social Action*, New York 1937.
Partington, J. R.: *A History of Greek Fire and Gunpowder*, Baltimore 1999 [1960].
Paullin, Charles O.: *Atlas of Historical Geography in the United States*, Washington 1932.
Pennock, J. Roland: »Reason, Value Theory, and the Theory of Democracy«, in: *The American Political Science Review* 38 (1944), S. 855–75.
Peregallo, Edward: *Origin and Evolution of Double Entry Bookkeeping*, New York 1938.
Pike, Ruth: »The Gegoese in Sevilla and the Opening of the New World«, in: *The Journal of Economic History* 22 (1962), S. 348–78.
Pirenne, Henri: *Histoire de l'europe des invasions au XVIe siècle*, Paris/Brüssel 1936; dt. *Europa im Mittelalter. Von der Völkerwanderung bis zur Reformation*, Köln 2019.

(ders.): *Mahomet et Charlemagne,* Paris/Brüssel 1937; dt. *Mohammed und Karl der Große,* Stuttgart 1993.

(ders.): *La civilisation occidentale au moyen âge du milieu du XVe siècle,* Paris 1933; dt. *Stadt und Handel im Mittelalter,* Köln 2009.

(ders.): »The Stages in the Social History of Capitalism«, in: *The American Historical Review* 19 (1978), S. 494–515.

Poggi, Gianfranco: *The Development of the Modern State,* Stanford 1978.

Pollman, Judith: *Religious Choice in the Dutch Republic,* Manchester 1999.

Postan, Michael: »Chapter IV: The Trade of Medieval Europe: The North«, in: *The Cambridge Economic History of Europe, Vol. 2, Trade and Industry in the Middle Ages,* Cambridge 1952, S. 119–256.

Pounds, N. J. G.: *An Economic History of Medieval Europe,* London 1974.

Powell, Milton B. (Hrsg.): *The Voluntary Church: Religious Life, 1740–1860, Seen Through the Eyes of European Visitors,* New York 1967.

Raftus, J. A.: »The Concept of Just Price: Theory and Economic Policy: Discussion«, in: *The Journal of Economic History* 18 (1958), S. 435–37.

Rahner, Karl: *Lexikon für Theologie und Kirche* (10 Bände), Freiburg 1993 [1957–68].

Rapp, Richard: »The Unmaking of the Mediterranean Trade Hegemony: International Trade Rivalry and the Commercial Revolution«, in: *The Journal of Economic History* 35 (1975), S. 499–525.

Ratliff, William: *Doing It Wrong and Doing It Right: Education in Latin America and Asia,* Stanford 2003.

Read, Conyers: »Queen Elizabeth's Seizure of the Duke of Alva's Pay-Ships«, in: *The Journal of Modern History* 5 (1933), S. 443–64.

Read, Piers Paul: *The Templars*, New York 1999; dt. *Die Templer*, Hamburg 2009.

Reade, Winwood: *The Martyrdom of Man*, London 1925.

Reynolds, Terry S.: *Stronger Than a Hundred Men: A History of the Vertical Water Wheel*, Baltimore 1983.

Robertson, H. M.: *Aspects of the Rise of Economic Individualism: A Criticism of Max Weber and His School*, Cambridge 1933.

Robinson, Charles Henry: *History of Christian Missions*, New York 1923.

Rodinson, Maxime: *Islam and Capitalism*, Austin 1978; dt. *Islam und Kapitalismus*, Frankfurt/M. 1986.

Root, Hilton L.: *The Fountain of Privilege: Political Foundations of Markets in Old Regime France and England*, Berkeley 1994.

Rörig, Fritz: *Die europäische Stadt und die Kultur des Bürgertums im Mittelalter*, Berlin 1964.

Rosen, Edward: *Three Cooperation Treatises*, New York 1971.

Rosenberg, Nathan und L. E. Birdzell Jr.: *How the West Grew Rich: The Economic Transformation of the Industrial World*, New York 1986.

Rostovtzeff, M.: *The Social and Economic History of the Roman Empire*, Oxford 1957.

Runciman, Steven: *The Sicilian Vesper: A History of the Mediterranean World in the Later Thirteenth Century*, Cambridge 1958; dt. Die Sizilianische Vesper: *Der Volksaufstand von 1282 und die europäische Geschichte im 13. Jahrhundert*, München 1976.

(ders.): *Byzantine Civilisation,* New York 1933; dt. *Byzanz: Von der Gründung bis zum Fall Konstantinopels,* München 1976.

Russell, Bertrand: *The Problem of China,* London 1922; dt. *China und das Problem des fernen Ostens,* München 1925.

Russell, Josiah Cox: *Medieval Regions and Their Cities,* Newton Abbot 1972.

(ders.): »Late Ancient and Medieval Populations«, in: *Transactions of the American Philosophical Society* 48 (1958), S. 3–152.

Saeed, Abdullah: *Islamic Banking and Interest,* Leiden 1996.

Salzman, L. F.: *English Industries in the Middle Ages,* Oxford 1923.

Samuelsson, Kurt: R*eligion and Economic Action: The Protestant Ethic, the Rise of Capitalism, and the Abuses of Scholarship,* Toronto 1993 [1961].

Sapori, Armando: *The Italian Merchant in the Middle Ages,* New York 1970.

(ders.): »The Culture of the Medieval Italian Merchant«, in: Frederic C. Lane und Jelle C. Riemersma (Hrsg.): *Enterprise and Secular Change: Readings in Economic History,* Homewood 1953 [1937], S. 53–65.

Sayer, Derek: *Capitalism and Modernity: An Excursus on Marx and Weber,* London 1991.

Schaff, Philipp: *America: A Sketch of Its Political, Social, and Religious Character,* Cambridge 1961 [1855].

Schlaifer, Robert: »Greek Theories of Slavery from Homer to Aristotle«, in: *Harvard Studies in Classical Philology* 47 (1936), S. 165–204.

Schluchter, Wolfgang: *Die Entstehung des okzidentalen Rationalismus. Eine Analyse von Max Webers Gesellschaftsgeschichte,* Tübingen 1979.

Shedd, Thomas Clark: »Railroads and Locomotives«, in: *Encyclopedia Britannica,* Chicago 1981.

Shepard, Max A.: »William of Occam and the Higher Law, II«, in: *The American Political Science Review* 27 (1933), S. 24–38.

Sherkat, Darren E. und T. Jean Blocker: »The Development of Sixties Activists: Identifying the Influence of Class, Gender, and Socialization of Protest Participation, in: *Social Forces* 72 (1994), S. 821–42.

Smelser, Neil: *Sociology,* Cambridge 1963; dt. *Soziologie der Wirtschaft,* München 1972.

Smith, Adam: *An Inquiry into the Nature and Causes of the Wealth of Nations* (2 Bände), London 1776; dt. *Der Wohlstand der Nationen,* Stuttgart 2013.

Smith, Christian: »›Las Casas‹ As Theological Counteroffensive: An Interpretation of Gustavo Gutiérrez's Las Casas – In Search of the Poor for Jesus Christ«, in: *Journal for the Scientific Study of Religion* 41 (2002), S. 69–73.

Smith, Preserved: *Erasmus: A Study of His Life, Ideals and Place in History.* New York 1962 [1923].

Sokoloff, Kenneth L.: »The Evolution of Suffrage Institutions in the New World: A Preliminary Look«, in: Stephen Haber (Hrsg.), *Crony Capitalism in Economic Growth in Latin America,* Stanford 2002, S. 75–107.

Sombart, Werner: *Die Juden und das Wirtschaftsleben,* New York 1962 [1911].

(ders.): »Medieval and Modern Commercial Enterprise«, in: Frederic C. Lane und Jelle C. Riemersma

(Hrsg.), *Enterprise and Secular Change: Readings in Economic History,* Homewood 1953 [1916].
(ders.): *Der Bourgeois. Zur Geistesgeschichte des modernen Wirtschaftsmenschen,* München/Leipzig 1913.
(ders.): *Der moderne Kapitalismus* (3 Bände), München/Leipzig 1902.
Southern, R. W.: *Medieval Humanism and Other Studies,* New York 1970.
(ders.): *Western Society and the Church in the Middle Ages,* London 1970b; dt. *Kirche und Gesellschaft im Abendland des Mittelalters,* Berlin/New York 1976.
(ders.): *The Making of the Middle Ages,* New Haven 1953; dt. *Geistes- und Sozialgeschichte des Mittelalters,* Stuttgart 1980.
Spufford, Peter: *Power and Profit. The Merchant in Medieval Europe,* New York 2002; dt. *Handel, Macht und Reichtum: Kaufleute im Mittelalter,* Stuttgart 2004.
Stark, Rodney: *For the Love of God: How Monotheism led to Reformations, Science, Witch-Hunts, and the End of Slavery,* Princeton 2003a.
(ders.): »Upperclass Asceticism: Social Origins of Ascetic Movements and Medieval Saints«, in: *Review of Religious Research* 45 (2003b), S. 5–19.
(ders.): Sociology, Belmont 2003c.
(ders.): *One True God: Historical Consequences of Monotheism,* Princeton 2001.
(ders.): »From Church-Sect to Religious Economies«, in Phillip E. Hammond (Hrsg.), *The Sacred in a Post-Secular Age,* Berkeley 1985, S. 139–49.
(ders.): »Religious Economies: A New Perspective«, Vortrag bei der Conference on New Directions in Religious Research, University of Lethbridge 1983.

(ders. und Roger Finke): *Acts of Faith: Explaining the Human Side of Religion*, Berkeley/Los Angeles 2000.
Stroll, David: *Is Latin America Turning Protestant?*, Berkeley/Los Angeles 1990.
Strait, Paul: *Cologne in the Twelfth Century*, Gainesville 1974.
Strieder, Jakob: *Jakob Fugger der Reiche*, Leipzig 1926.
Supple, Barry: *Commercial Crisis and Change in England, 1600–1642*, Cambridge 1959.
Swaetz, Frank J.: *Capitalism and Arithmetic: The New Math of the 15th Century*, LaSalle 1987.
Tawney, Richard H.: *Religion and the Rise of Capitalism: A Historical Study*, New York 1922; dt. *Religion und Frühkapitalismus: Eine historische Studie*, Bern 1946.
Taylor, George V.: »Noncapitalist Wealth and the Origins of the French Revolution«, in: *The American Historical Review* 72 (1967), S. 469–96.
(ders.): »Types of Capitalism in Eighteenth-Century France«, in: *The English Historical Review* 79 (1964), S. 478–97.
TeBrake, William H.: *A Plague of Insurrection: Popular Politics and Peasant Revolt in Flanders, 1323–1328*, Philadelphia 1993.
Thrupp, Sylvia A.: »Chapter V. The Guilds«, in: M. M. Postan, E. E. Rich und Edward Miller (Hrsg.), *The Cambridge Economic History of Europe, Vol. 3, Economic Organization and Politics in the Middle Ages*, Cambridge 1965, S. 230–80.
Tobin, Stephen: *The Cistercians: Monks and Monastries of Europe*, Woodstock 1966.

Tocqueville, Alexis de: *De la démocratie en Amérique* (2 Bände), Paris 1835–1839; dt. *Über die Demokratie in Amerika*, Stuttgart 2014.

Trevor-Roger, H. R.: *The Crisis of the Seventeenth Century: Religion, the Reformation, and Social Change*, Indianapolis 2001 [1969].

Trinkaus, Charles: »Humanism, Religion, Society: Concepts and Motivations of Some Recent Studies«, in: *Renaissance Quarterly* 29 (1976), S. 676–713.

Troeltsch, Ernst: *Gesammelte Schriften, Teil 2: Zur religiösen Lage, Religionsphilosophie und Ethik*, Aalen 1977 [1922].

Turner, Bryan S.: »Religious Conversion and Community Development«, in: *Journal for the Scientific Study of Religion* 18 (1979), S. 252–60.

Udovitch, Abraham L.: *Partnership and Profit in Medieval Islam*, Princeton 1970.

Ullman, Walter: *Individuum und Gesellschaft im Mittelalter*, Göttingen 1974.

Usher, Abbott Payson: *A History of Mechanical Inventions*, Cambridge 1966.

(ders.): »The Origins of Banking: The Primitive Bank of Deposit«, in: Frederic C. Lane und Jelle C. Riemersma (Hrsg.), *Enterprise and Secular Change: Readings in Economic History*, Homewood 1953, S. 262–91 [1934].

Van Houtte, J. A.: »The Rise and Decline of the Market and Bruges«, in: *The Economic History Review* 19 (1966), S. 29–47.

van Roes, Jan L. R.: »Antwerp«, in: *Encyclopedia Britannica*, Chicago 1981.

van Werveke, H.: »Chapter I: The Rise of the Towns«, in: *Cambridge Economic History of Europe, Vol. 2., Econo-*

mic Organization and Politics in the Middle Ages, Cambridge 1963, S. 3–41.
Verhulst, Adriaan: »The Decline of Slavery and the Economic Expansion of the Early Middle Ages«, in: *Past and Present* 133 (1991), S. 195–203.
Vogt, Joseph: *Sklaverei und Humanität im klassischen Griechentum,* Wiesbaden 1953.
Wagar, W. Warren: »Modern Views of the Origins and the Idea of Progress«, in: *Journal of the History of Ideas* 28 (1967), S. 55–70.
Walbank, Frank William: »Trade and Industry Under the Later Roman Empire in the West«, in: *The Cambridge Economic History of Europe, Vol. 2, Trade and Industry in the Middle Ages,* Cambridge 1967, S. 22–85.
Waldron, Jeremy: *God, Locke, and Equality,* Cambridge 2002.
Waley, Daniel: *The Italian City-Republics,* London 1988 [1952]; dt. *Die italienischen Stadtstaaten,* München 1969.
Walker, P. C. Gordon: »Capitalism and the Reformation«, in: *The Economic History Review* 8 (1937), S. 1–19.
Waterbolk, H. T.: »Food Production in Prehistoric Europe«, in: *Science* 162 (1968), S. 1093–1102.
Watt, W. Montgomery: *Muhammad at Medina,* London 1965.
Weber, Max: *Die römische Agrargeschichte in ihrer Bedeutung für das Staats- und Privatrecht,* Hamburg 2016 [1891].
(ders.): *Wirtschaftsgeschichte. Abriß der universalen Sozial- und Wirtschaftsgeschichte. Aus den nachgelassenen Vorlesungen,* Berlin 2011 [1923].

(ders.): *Gesammelte Aufsätze zur Religionssoziologie* (3 Bände), Band 2: *Hinduismus und Buddhismus*, Hamburg 2015 [1921].

(ders.): *Die protestantische Ethik und der »Geist« des Kapitalismus*, Tübingen 2016 [1904–05].

(ders.): *Gesammelte Aufsätze zur Religionssoziologie* (3 Bände), Band 3: *Das antike Judentum*, Hamburg 2015 [1921].

(ders.): *Gesammelte Aufsätze zur Religionssoziologie* (3 Bände), Band 1: *Konfuzianismus und Taoismus*, Hamburg 2015 [1921].

Webster, Richard A: »Colonialism«, in *Encyclopedia Britannica*, Chicago 1981.

Wedgewood, C. V.: *The Thirty Years* War, New York 1961.

Wegg, Jervis: *The Decline of Antwerp Under Philipp of Spain*, London 1924.

Wesson, Robert G.: *State Systems: International Pluralism, Politics, and Culture*, New York 1978.

White, Lynn, Jr.: »The Historical Roots of Our Ecologic Crisis«, in: *Science* 155 (1967), S. 1203–7.

(ders.): *Medieval Technology and Social Change*, Oxford 1962; dt. *Die mittelalterliche Technik und der Wandel der Gesellschaft*, München 1968.

(ders.): »The Spared Wolves«, in: *Saturday Review of Literature* 37 (1954), S. 41–56.

(ders.): »Technology and Invention in the Middle Ages«, in: *Speculum* 15 (1940), S. 141–56.

Whitehead, Alfred North: *Science and the Modern World*, New York 1967 [1925].

Wickham, Chris: *Early Medieval Italy: Central Power and Local Society, 400–1000*, Ann Arbor 1989.

(ders.): »The Other Transition: From the Ancient World to Feudalism«, in: *Past and Present* 103 (1984), S. 3–36.
Witt, Ronald G.: »The Landlord and the Economic Revival of the Middle Ages in Northern Europe, 1000–1250«, in: *The American Historical Review 76* (1971), S. 965–88.
Wittfogel, Karl A.: *Oriental Despotism: A Comparative Study of Total Power*, New York 1981 [1957].
Yang, L.: *Money and Credit in China*, Cambridge 1952.
Yearbook of American Churches, New York 1962.
Ziegler, Philipp: *The Black Death*, New York 1971.

Titel der Originalausgabe:
The Victory of Reason.
How Christianity Led to Freedom, Capitalism and Western Success

Umschlag: *Marktplatz in Novgorod* von Apollinari Michailowitsch Wasnezow, 1908–09, gestaltet auf der Grundlage eines Bildes von Wikimedia Commons.
Autorenfoto: © bei Lynne Roberts

Edition Sonderwege
© Manuscriptum Verlagsbuchhandlung Thomas Hoof
Lüdinghausen und Berlin 2019

Satz: Achim Schmidt, Graphische Konzepte, Mettmann
Gesetzt aus ArnoPro
Umschlag: Frank Ortmann, freies grafikdesign, Potsdam

ISBN 978-3-944872-95-7
www.manuscriptum.de